Metafiktion

Kaleidogramme Band 57

J. Alexander Bareis / Frank Thomas Grub (Hg.)

Metafiktion

Analysen zur deutschsprachigen
Gegenwartsliteratur

Kulturverlag Kadmos Berlin

Für die freundlich gewährte finanzielle Unterstützung bei der Drucklegung dieses Bandes danken wir dem schwedischen Wissenschaftsrat (*Vetenskapsrådet*) und dem Deutschen Akademischen Austauschdienst (*DAAD*) sehr herzlich.

Bibliografische Information der Deutschen Nationalbibliothek

Die Deutsche Nationalbibliothek verzeichnet diese Publikation in der Deutschen Nationalbibliografie; detaillierte bibliografische Daten sind im Internet unter <http://dnb.d-nb.de> abrufbar

Das Werk einschließlich aller seiner Teile ist urheberrechtlich geschützt. Jede Verwertung ist ohne Zustimmung des Verlages unzulässig. Das gilt insbesondere für Vervielfältigungen, Übersetzungen, Mikroverfilmungen und die Einspeicherung und Verarbeitung in elektronischen Systemen.
Copyright © 2010,
Kulturverlag KADMOS Berlin. Wolfram Burckhardt
Alle Rechte vorbehalten
Internet: www.kv-kadmos.com
Umschlaggestaltung: kaleidogramm, Berlin.
Gestaltung und Satz: kaleidogramm, Berlin
Druck: Bookstation, Sipplingen
Printed in Germany
ISBN (10-stellig) 3-86599-102-5
ISBN (13-stellig) 978-3-86599-102-7

Inhalt

Vorwort   7

ANDREAS BÖHN
Metafiktionalität, Erinnerung und Medialität in Romanen
von Michael Kleeberg, Thomas Lehr und Wolf Haas 11

FRANK THOMAS GRUB
»Ich bin eine Buchperson«: Zur Funktion metafiktionaler
Schreibstrategien bei Giwi Margwelaschwili 35

SONJA KLIMEK
»Wer spricht?« – Metafiktion und »doppelte Mimesis« in
Wolfram Fleischhauers Campus-Roman *Der gestohlene Abend* 61

VILLÖ HUSZAI
Spange im Dichtermund. Fiktive Autorschaft in Robert Musils
Mann ohne Eigenschaften und in Michel Mettlers *Spange* 87

TILMANN KÖPPE
Der Konjunktiv in Andreas Maiers Roman *Wäldchestag*
und die Theorie der Metafiktionalität 115

KLAUS SCHENK
Metafiktion als Metaskription in *Kindheitsmuster* von
Christa Wolf 135

BRIGITTE KAUTE
»Das Eingeständnis unserer Not« – eine epistemologische
Lektüre von Christa Wolfs *Medea. Stimmen* 155

JAN WIELE
Das Ich und der Andere: Metafiktion als kontrollierte »Entgrenzung« in Peter Handkes *Don Juan (erzählt von ihm selbst)* 173

REMIGIUS BUNIA
  Mythenmetz & Moers in der *Stadt der Träumenden Bücher* –
  Erfundenheit, Fiktion und Epitext 189

MICHAEL JAUMANN
  »Aber das ist ja genau das Thema der Geschichte!« Dialog
  und Metafiktion in Wolf Haas' *Das Wetter vor 15 Jahren* 203

LINDA KARLSSON
  Vorerst das letzte Wort haben – Metafiktion in
  Katja Lange-Müllers Roman *Böse Schafe* 227

ALEXANDER BAREIS
  ›Beschädigte Prosa‹ und ›autobiographischer Narzißmus‹ –
  metafiktionales und metaleptisches Erzählen in Daniel
  Kehlmanns *Ruhm* 243

Autorinnen und Autoren 269

Vorwort

Metafiktionale Erzählweisen sind ein weit verbreitetes Phänomen zahlreicher literarischer Texte. Vor allem internationale Studien haben deren zentrale Bedeutung insbesondere im Kontext der Postmoderne belegt, analysiert und diskutiert, dabei aber auch immer wieder darauf hingewiesen, dass Metafiktion kein allein auf die Postmoderne beschränktes Phänomen darstellt.[1] Auch in der deutschsprachigen Forschung hat die Rede von Metaisierungen sowohl in Bezug auf die Theoriebildung als auch im Hinblick auf die literarische Praxis seit einigen Jahren Konjunktur, wenngleich mit einer gewissen Verspätung im Vergleich zum anglo-amerikanischen Wissenschaftsbetrieb.

Von einer allgemein akzeptierten Definition der Metafiktion auszugehen, wäre nach wie vor verfehlt: Bereits 1993 erklärte der Anglist Werner Wolf in seiner für die deutschsprachige Forschung grundlegenden Arbeit zur Illusionsdurchbrechung in der Erzählkunst, dass der »implizite Konsens, der [...] darüber zu bestehen scheint, was Metafiktion sei«, noch immer einer umfassenden Definition entbehre, »die alle unter ›Metafiktion‹ subsumierten Phänomene erfassen würde und gleichzeitig ein Ausufern des Begriffs und seine indifferente Applizierbarkeit auf alles und jedes verhindern könnte«.[2]

Dieser Befund gilt – mit einigen Einschränkungen und Modifizierungen – auch heute noch. Allerdings wurde eine Reihe kohärenter Versuche unternommen, das Phänomen der Metafiktion sowohl in Hinblick auf literarische Formen[3] als auch medienübergreifend unter Berücksichtigung

---

[1] Vgl. folgende Untersuchungen, die mittlerweile als klassisch gelten können: Scholes, Robert, *Fabulation and Metafiction*, Urbana 1979; Hutcheon, Linda, *Narcisssistic Narrative. The Metafictional Paradox*, Waterloo 1980; Waugh, Patricia, *Metafiction. The Theory and Practice of Self-Conscious Fiction*, London, New York 1984.

[2] Wolf, Werner: *Ästhetische Illusion und Illusionsdurchbrechung in der Erzählkunst. Theorie und Geschichte mit Schwerpunkt auf englischem illusionsstörenden Erzählen*, Tübingen 1993, 221.

[3] Maßgeblich in der deutschsprachigen Literaturwissenschaft sind hier vor allem die Studien von: Böhn, Andreas, *Vollendende Mimesis. Wirklichkeitsdarstellung und Selbstbezüglichkeit in Theorie und literarischer Praxis*, Berlin, New York 1992; Scheffel, Michael, *Formen selbstreflexiven Erzählens. Eine Typologie und sechs exemplarische Analysen*, Tübingen 1997; Frank, Dirk, *Narrative Gedankenspiele. Der metafiktionale Roman zwischen Modernismus und Postmodernismus*, Wiesbaden 2001.

vergleichbarer und verwandter Phänomene in anderen Disziplinen zu fassen, die sich mit darstellenden Künsten in einem weiten Verständnis auseinandersetzen.⁴

Eine der wichtigsten Implikationen der vielfältigen und bisweilen disparaten Definitionsvorschläge von Metafiktion ist die nach wie vor umstrittene Frage, was denn Fiktion eigentlich sei, die im Rahmen der Metafiktion eine Metaisierung erfahren solle. Die verschiedenen theoretischen Prämissen führen zwangsläufig zu unterschiedlichen Definitionen und damit einhergehenden Begriffen: Selbstreflexivität, Selbstreferentialität, Metanarration, Metafiktion, Metaisierung und Potenzierung sind nur einige der terminologischen Vorschläge, die im Kontext des jeweiligen theoretischen Modells unterschiedlich gebraucht werden.

Der vorliegende Band versucht daher gar nicht erst, die theoretischen Auseinandersetzungen und Definitionsversuche zu vereinheitlichen oder gar aufzulösen; vielmehr geht es in den einzelnen Beiträgen darum, die Vielfalt nicht nur der theoretischen, sondern gerade auch der funktionalen und interpretatorischen Betrachtungsweisen zu zeigen. Die deutschsprachige Forschung zu metafiktionalen Erzählweisen hat zwar zahlreiche theoretisch ausgerichtete Studien und Beiträge zum Thema hervorgebracht, die das jeweilige theoretische Modell an unterschiedlichen literarischen Texten exemplifizieren, doch ist damit das Funktionspotential metafiktionaler Erzählstrategien nicht komplett erschlossen.

Dies gilt in besonderem Maße für die Gegenwartsliteratur. Denn überblickt man die einschlägigen Beiträge, so ist festzustellen, dass auch in den jüngeren Untersuchungen metafiktionale Erzählweisen vorwiegend an älteren Erzähltexten belegt und analysiert werden. Bevorzugte Gegenstände stellen dabei Texte dar, die gemeinhin der Moderne zugerechnet werden, beispielsweise von Arno Schmidt und Robert Musil. Mit Michael Scheffels Studie *Formen selbstreflexiven Erzählens* liegt zwar ein Versuch vor, metafiktionales (und in Scheffels eigener Terminologie selbstreflexives) Erzählen aus diachroner Perspektive zu erfassen. Doch auch seine Untersuchung schließt mit einem Text, der bereits 1989 erschienen ist, dem Roman *Die Beschattung* von Martin Grzimek. Der Bereich der neuesten deutschsprachigen Literatur ab 1990 ist in Bezug auf metafiktionale Erzählweisen somit praktisch unbearbeitet. Diese Lücke versucht der vorliegende Band zu schließen: Mit einer Ausnahme sind die analysierten Texte in den vergangenen zwanzig Jahren erschienen.

---

4   Vgl. hierzu vor allem den breit angelegten Sammelband von Hauthal, Janine/Nadj, Julijana/Nünning, Ansgar/Peters, Henning, *Metaisierung in Literatur und anderen Medien. Theoretische Grundlagen – Historische Perspektiven – Metagattungen – Funktion*, Berlin, New York 2007.

Den Herausgebern ging es weniger um eine kritische Revision der vorhandenen theoretischen Modelle als vielmehr um das genaue Ausloten der unterschiedlichen Funktionsweisen metafiktionalen Erzählens in den analysierten Texten. Nichtsdestotrotz werden eine Reihe von Strategien deutlich, die zugleich neue oder zumindest nuancierte theoretische Beschreibungen einfordern. Insofern bieten die vorliegenden Analysen mehr als ›nur‹ Theorie oder ›nur‹ interpretatorische Praxis.

J. Alexander Bareis zeigt am Beispiel von Daniel Kehlmanns 2009 erschienenem Roman *Ruhm* auf, dass metaisierende und illusionsdurchbrechende Schreibstrategien grundlegende Bestandteile der Kehlmann'schen Poetik darstellen. Remigius Bunia untersucht die Metafiktionalität des Romans *Die Stadt der Träumenden Bücher* (2004) von Walter Moers, dessen literarischem Werk bislang nur wenig Aufmerksamkeit seitens der Literaturwissenschaft zuteil wurde. Andreas Böhn widmet gleich drei Romanen seine Aufmerksamkeit: Michael Kleebergs *Ein Garten im Norden* von 1998, Thomas Lehrs *Nabokovs Katze* von 1999 und Wolf Haas' *Das Wetter vor 15 Jahren* aus dem Jahr 2006. Dabei zeigt er auf, dass das Erinnern und die Form der medialen Vermittlung eine entscheidende Rolle für die jeweilige Metaisierungsform spielt. Frank Thomas Grub analysiert die Funktion metafiktionaler Schreibstrategien am Beispiel der Anfang der neunziger Jahre erschienenen Romane *Das böse Kapitel* und *Muzal* sowie weiterer Texte des deutsch-georgischen Schriftstellers Giwi Margwelaschwili. Im Zentrum seiner Betrachtungen steht die These, dass metafiktionale Schreibstrategien zugleich als Überlebensstrategien begriffen werden können. Villö Huszai setzt sich mit Michel Mettlers Roman *Die Spange* (2006) auseinander; ihr besonderes Augenmerk gilt sowohl der Funktion fiktionaler Autorschaft des Erzählers als auch der narratologischen Theoriebildung. Michael Jaumann geht auf den Roman *Das Wetter vor 15 Jahren* von Wolf Haas ein; dabei betont er das poetologische Potential der Dialogform dieses auch von Andreas Böhn analysierten Erfolgsbuches. Linda Karlsson untersucht neben metanarrativen und metafiktionalen Erzählstrategien auch metaästhetische Aspekte des Romans *Böse Schafe* von Katja Lange-Müller (2007). Brigitte Kaute setzt sich mit Christa Wolfs Roman *Medea. Stimmen* auseinander und nimmt die vielfältigen selbstreflexiven Schreibstrategien des Romans zur Basis einer vertieften Interpretation. Sonja Klimek analysiert Wolfram Fleischhauers *Der gestohlene Abend* von 2008 und charakterisiert diesen Campus-Roman, der eine Reihe von komplexen literaturwissenschaftlichen Fragen aufwirft, als Meta-Dokufiktion. Tilmann Köppe liefert eine eingehende Auseinandersetzung mit theoretischen und terminologischen Grundfragen der Metafiktion und verdeutlicht deren Relevanz an Andreas Maiers Roman *Wäldchestag* (2002). Jan Wieles Augenmerk gilt Peter

Handkes *Don Juan (erzählt von ihm selbst)* aus dem Jahr 2004. Dabei weist er auf Kontinuitäten hinsichtlich einer Poetik hin, die Handke bereits in *Mein Jahr in der Niemandsbucht* entwickelte. Eine Ausnahme in Bezug auf das Erscheinungsjahr des Primärtextes bildet der Beitrag von Klaus Schenk, der am Beispiel von Christa Wolfs *Kindheitsmuster* von 1976 u. a. untersucht, »wie sich die metafiktionale Schreibweise des Textes zum ästhetischen Paradigma der Spätmoderne bzw. Postmoderne verhält«. Sein Beitrag schlägt damit eine Brücke zu Brigitte Kautes Analyse von Wolfs *Medea. Stimmen* (1996).

Kurzum: Die Analysen zeigen, dass die betrachteten Autorinnen und Autoren ein breites Spektrum metafiktionaler Strategien virtuos einzusetzen wissen: Von metanarrativen und illusionsverstärkenden Verwendungsweisen hin zum totalen Bruch mit der Illusion des Erzählens, von einfachen rhetorischen metaleptischen Figuren hin zu ontologischen Brüchen der Erzähllogik finden sich sämtliche Spielarten der Metafiktion in den analysierten Werken. Ob dies ein bewusstes Nachholen der angeblich in der deutschsprachigen Literatur versäumten postmodernen Experimentierfreude ist, sei dahingestellt. Dass die vergangenen zwanzig Jahre eine beeindruckende Vielfalt an deutschsprachigen metafiktionalen Texten hervorgebracht haben, von denen die hier präsentierten wohl nur einen Bruchteil darstellen, kann dagegen als sicher gelten.

J. Alexander Bareis & Frank Thomas Grub
Göteborg, im Januar 2010

Metafiktionalität, Erinnerung und Medialität in Romanen von Michael Kleeberg, Thomas Lehr und Wolf Haas

Andreas Böhn

Fiktionale Texte teilen mit nicht-fiktionalen Texten, dass sie sich auf etwas anderes als sich selbst beziehen. Eine Reportage oder ein Roman verweisen mich als Leser auf das, wovon sie berichten oder erzählen, einfach und pauschal gesagt: auf die Welt. Die Unterschiede zwischen Fiktion und Nicht-Fiktion bestehen in der Verschiedenheit der Anforderungen, die an die Wahrheit der enthaltenen Aussagen, die Aufrichtigkeit des Autors und die Einbettung der Kommunikation in die Situation bestehen, nicht jedoch hinsichtlich der grundsätzlichen Orientierung auf die Welt.[1] Metafiktionalität richtet sich hingegen nicht auf die Welt, sondern auf den Text, genauer gesagt auf eben seine Eigenschaft der Fiktionalität, und ist somit ein Sonderfall von Selbstbezüglichkeit. Der fiktionale Text bringt sich hierdurch selbst zur Geltung, er präsentiert sich als etwas Gemachtes, als Konstrukt, und zerstört dadurch die Transparenz auf seinen Inhalt, die etwa unterhaltende, auf Spannung ausgerichtete narrative Texte kennzeichnet. Im Extrem völliger Autoreferenz verschwindet die Fiktion als entworfene, erfundene Welt hinter dem metafiktionalen Text, der nur noch als er selbst wahrgenommen werden möchte.[2]

Die Moderne hat bekanntlich Metafiktionalität als Ausstellen der Fiktion als Fiktion wie auch insgesamt Autoreferentialität in den verschiedenen

---

[1] Zum Begriff der ›Fiktionalität‹ und seinem Bezug zur Welt, zu Handeln und Erkenntnis vgl. Landwehr, Jürgen, *Text und Fiktion. Zu einigen literaturwissenschaftlichen und kommunikationstheoretischen Grundlagen*, München 1975, bes. 157–199.

[2] Vgl. zu diesen einleitenden Bemerkungen über das Verhältnis von Fiktion und Metafiktion, Wirklichkeitsdarstellung und Selbstbezüglichkeit Böhn, Andreas, *Vollendende Mimesis. Wirklichkeitsdarstellung und Selbstbezüglichkeit in Theorie und literarischer Praxis*, Berlin, New York 1992. Bei der Verwendung des Begriffs ›Metafiktion‹ orientiere ich mich an der Bestimmung des weiteren Metafiktionalitätsbegriffs von Wolf: »Metafiktional sind binnenfiktionale metaästhetische Aussagen und alle autoreferentiellen Elemente eines Erzähltextes, die unabhängig von ihrer impliziten oder expliziten Erscheinung als Sekundärdiskurs über nicht ausschließlich als histoire bzw. (scheinbare) Wirklichkeit begriffene Teile des eigenen Textes, von fremden Texten und von Literatur allgemein den Rezipienten in besonderer Weise Phänomene zu Bewußtsein bringen, die mit der Narrativik als Kunst und namentlich ihrer Fiktionalität (der fictio- wie der fictum-Natur) zusammenhängen.« (Wolf, Werner, *Ästhetische Illusion und Illusionsdurchbrechung in der Erzählkunst. Theorie und Geschichte mit Schwerpunkt auf englischem illusionsstörenden Erzählen*, Tübingen 1993, 228.)

Künsten geradezu zum Kriterium ernstzunehmender Kunstproduktion gemacht, und die Postmoderne hat sich zwar vom Aspekt des Ernstes, aber nicht von der Propagierung der Metafiktion distanziert. Zu Beginn des Zeitraums, der in diesem Band im Fokus des Interesses steht, also Anfang der 1990er Jahre, erhoben sich jedoch vernehmliche Stimmen gegen die anhaltende Tendenz zur Metaisierung, zum Beispiel die von Botho Strauß, der hierin menschliche Usurpation der Stelle eines Anderen und eine Demonstration der Erhebung des Sekundären und Parasitären zum Selbstzweck sah. Unter Berufung vor allem auf George Steiner plädierte er 1990 in der *Zeit* für »die Befreiung des Kunstwerks von der Diktatur der sekundären Diskurse, [...] die Wiederentdeckung nicht seiner Selbst-, sondern seiner theophanen Herrlichkeit, seiner transzendentalen Nachbarschaft«.[3] Nicht der Text selbst solle im Text erscheinen, sich zeigen und zur Beschäftigung der »sekundären Diskurse« (sprich: Literaturwissenschaft) mit ihm *als Text* anregen, auch nichts Ästhetisches oder sonst Menschliches solle daraus entspringen. »Weder ist es ein utopisches Humanum noch ein höherer ästhetischer Gemütsreflex, noch überhaupt etwas vom Menschen Vermochtes, das sich in der Schönheit verbirgt. Vielmehr klingt in ihr an oder schimmert durch: Realpräsenz, Anwesenheit [...]. Wir antworten mit Widerschein.«[4] Doch auch Strauß' Text zeigt mehr als er sagt. Denn die Metapher des »Widerscheins«, des »Scheinens« und »Erscheinens« überhaupt verweist auf das Bildfeld der Reflexion, in das ebenso die Selbstbespiegelungen der Autoreferentialität gehören. Durch den antwortenden Widerschein wird die erscheinende »Anwesenheit« in die Figur ihrer Selbstreflexion eingebunden, der Gesprächspartner zur Spiegelfläche reduziert. Diese göttliche Selbstbezogenheit garantiert gerade nach Strauß, dass beliebige materielle Signifikanten den Geist der »Realpräsenz« widerspiegeln können, wofür er ausdrücklich die Eucharistie als Beispiel anführt. Die Aufhebung dieser festen Beziehung, der Deckung der »Gefühlsmünze« und ihre Ersetzung durch »Gedankenschecks«[5] führt die Moderne herauf, eine Verlusterfahrung, die nach Strauß immer auf einen Ursprung gelingender Selbstbezüglichkeit zurückverweist.

> Nun aber war es zum Kontraktbruch zwischen Welt und Wort gekommen. Fortan sprach sich die Sprache selbst [schlechte Selbstbezüglichkeit; A. B.], und die Welt, Gottes Schöpfung, war ihr: die reale Abwesenheit; nicht da, wo Worte. Von der Aufkündigung der semantischen Verbindlichkeit (bei gleich-

---

[3] Strauß, Botho, »Der Aufstand gegen die sekundäre Welt. Anmerkungen zu einer Ästhetik der Anwesenheit«, in: *Die Zeit*, 22.6.1990, 57.
[4] Ebd.
[5] Musil, Robert, *Der Mann ohne Eigenschaften. Roman*, 1. Bd., hg. von Adolf Frisé, Reinbek 1978, 116 (Gesammelte Werke, Bd. 1).

zeitiger Emanzipation des Gottmenschen) bis zur reinen Selbstreferenz der Diskurse, dem nihilistischen Vertexten von Texten verging ein Jahrhundert, das die großen ›Zeichensetzer‹ der Moderne mit gewaltigen, heroischen Bedeutungsschöpfungen bestritten. Aber sie alle, ob Marx, Freud, Wittgenstein, ob rational oder irrational, gingen hervor aus dem Verlust des tautologischen Urvertrauens in die Sprache: Ich bin der ich bin [gute Selbstbezüglichkeit; A. B.].[6]

Diesem Problem der Moderne, in dem sich die paradoxe Beziehung einer guten zu einer schlechten Selbstbezüglichkeit verbirgt, die formal nicht zu unterscheiden sind, sucht Strauß durch ein anderes Paradox beizukommen, nämlich indem er sich auf etwas beruft, was gerade charakteristisch für die kritisierte Moderne ist: den Zweifel an den Formen und Möglichkeiten der Repräsentation. So lange die fortwährende Gültigkeit und Verlässlichkeit einer bestimmten Verfassung der Welt nicht in Frage stand, war auch ihre Vergegenwärtigung jederzeit möglich. Die Symbole des Glaubens konnten im rituellen Akt zum Erscheinungsort des durch sie Symbolisierten werden, etwa im Abendmahl. Erst der Verlust dieses Glaubens lässt die Differenz von Zeichen und Bezeichnetem ins Bewusstsein treten und nach den Gründen ihrer Zuordnung fragen, wobei durch die Entdeckung der unaufhebbaren Vermitteltheit der Beziehung zur Welt auch das Verhältnis von Subjekt und Objekt problematisch wird. Diese in der Moderne sich radikalisierende Erfahrung – Strauß nennt Mallarmé als historischen Zeugen – versucht er nun zu ihrer Kritik zu verwenden. »Die Unangemessenheit der sprachlichen Explikation [...] ist eine erste Erfahrung des Unmittelbaren und der Andersheit, die im Kunstwerk Asyl genießen.«[7] Die Plötzlichkeit dieses ganz Anderen lässt ihn erwägen, ob nicht

> ein geringer abrupter Wechsel innerhalb eines ›Systemganzen‹ zuweilen genügt, um die Heraufkunft von etwas völlig Unvorhergesehenem und Neuem zu bewirken. Kein noch so komplexes, hochentwickeltes, gleichgültiges, liberales und strapazierfähiges Gemeinsames vermag sich gegen den Blitz zu schützen, der es umordnet. Wenn der Schein wild wird nach Gestalt, wird er den Spiegel zum Bersten bringen.[8]

Da der Schein aber nur auf einer Reflexionsfläche Gestalt gewinnen, »erscheinen« kann, wäre dies ein Akt der Selbstvernichtung.[9] Der Mythos

---

[6] Strauß, Botho, »Der Aufstand gegen die sekundäre Welt. Anmerkungen zu einer Ästhetik der Anwesenheit«, in: *Die Zeit*, 22.6.1990, 57.
[7] Ebd.
[8] Ebd.
[9] Wie so manches bei Strauß verweist dies auf die Tradition mystischer Erfahrung: »Das, was als mystische Erfahrung beschrieben wird, zerstört sich als Erfahrung selbst, insofern ihr Objekt das Subjekt zur Selbstpreisgabe zwingt« (Blumenberg, Hans, *Die Legitimität der Neuzeit*, 2. Aufl., Frankfurt a. M. 1988, 599–600).

von Narziss kam da noch mit einer weniger brachialen Metapher aus. Auf den Menschen bezogen mündet das Aufbegehren gegen die Tatsache, dass er immer nur reflektorisch ein Bild von sich selbst gewinnen kann, bei Strauß in die Forderung nach »Zerreißen all der Texte und Texturen, in die er sein Herz und sein Antlitz gehüllt hat«. Das für das Selbstbild konstitutive Reflexionsmedium erscheint in dieser Perspektive gerade als Verdeckung des Eigentlichen, des Kerns des Selbst.

Strauß bekennt sich zu dem, was er hier betreibt: »Remythologisierung«. Er postuliert einen Ursprung, der als Inbegriff von Fülle und Unbegrenztheit sowohl alle Realität in sich enthält, als auch zeitlos allgegenwärtig ist und der in tautologischer Selbstgenügsamkeit mit sich identisch ist. Dennoch spiegelt sich diese »Realpräsenz« vermittels der Kunst in den Menschen, die ihren Schein zurückwerfen, jedoch dadurch ja wohl auch teilhaben an dem, was ihre Teilnahme doch gar nicht brauchen dürfte. Die Sprache als bevorzugtes Ausdrucksmittel des Menschen soll passiv empfangend bleiben, nur so kann sie etwas zur Darstellung bringen, was jede aktive Bemühung gerade verhüllen würde. Denn Aktivität würde bedeuten, *aus sich heraus* das Gesuchte schaffen zu wollen – der Sündenfall schlechthin. Deshalb muss es höchstes Ziel der Darstellung sein, das Darstellende im Dargestellten völlig aufgehen zu lassen, da es ja nur als Mittel für dessen Erscheinung zu ihm hinzutritt, ohne ihm etwas Positives beifügen zu können. Mithin ist es bloßer Zusatz und kann sich nur negativ bemerkbar machen, als Trübung, als Defizienz, als Parasit. Diese Konzeption von Darstellung als Mimesis ohne Eigenwert, als pures reflektorisches Abbild, prägt die frühe Geschichte des Mimesisbegriffs. Ihr ist Selbstbezüglichkeit der Darstellung, Produktion des Dargestellten durch das Darstellende, diametral entgegengesetzt. Die Durchsetzung dieser Position in der Kunsttheorie der Neuzeit erfolgt meist in deutlicher Absetzung von dem früheren Modell, sei es im Stolz auf die eigene schöpferische Tätigkeit, sei es in melancholischer Niedergeschlagenheit über die verlorene Anbindung an ein verbindliches Vorbild. Der Rückbezug auf ein Vorgängiges und zugleich Übergeordnetes widerstreitet jedem Vorgriff auf ein Neues, das nicht nur Wiederholung des Ewig-Alten wäre.

Zur Kritik dieser Auffassung genügt es, die Blickrichtung umzukehren und in der autoreferentiellen Quelle der Anwesenheit eine Projektion zu sehen, welche für den Menschen eben die Spiegelfunktion übernimmt, die er sich in dem oben skizzierten Weltbild selbst zuschreibt. Als Wesen, das keine bestimmte Umwelt hat, sondern sie sich schafft, ist er von Beginn an auf sich zurückgeworfen.[10] Diese reflektorische Rückbezüglichkeit bedeutet immer zugleich, sich ein Bild von sich selbst machen zu müssen und dies nur über die Relation mit anderen tun zu können. Die Gattung Mensch konstituiert sich fortwährend aufs Neue, indem sie sich kulturelle ›Spiegel‹ schafft, die es ihr erlauben, ihr eigenes Bild darin zu sehen. Sowohl auf der phylo- als auch auf der ontogenetischen Ebene gehören Selbstbewusstsein und Sozialität zusammen. Da beides zeichenhaft und medial vermittelt ist, richtet sich der Wunsch nach Orientierung und Sicherheit in der so konstituierten Welt auf Garantien für die Gültigkeit der zugrunde liegenden Zeichenordnung und die Verlässlichkeit der medialen Vermittlung. Wie wären diese besser zu erlangen, als indem man den autopoietischen Charakter des Produzierten leugnete und es als von einer Außeninstanz Empfangenes auffasste, die als gesteigertes und erhöhtes Bild des subjektivischen, in den elementaren Sozialbeziehungen gewonnenen Eigenmodells gestaltet ist? Diese Außeninstanz bringt keine Störung, da sie nur ein hinausprojiziertes Innen ist, sie bestätigt die innere Verfassung von einem scheinbar objektiven und ausgezeichneten Standort aus, und schließlich gibt sie die Möglichkeit, das Phantasma einer nicht vermittlungsbedürftigen und dennoch erfüllten Selbstbezüglichkeit zu entwerfen. Durch sie vermeidet man also ohne zusätzliches Risiko missliche, weil zu auffällige Zirkelschlüsse.[11] Zugleich gibt man der Hoffnung Nahrung, dass das Aus-sich-Heraustreten, das erst in die kreisläufigen Verweise hineinführt, ›eigentlich‹ gar nicht nötig sei.[12]

Die äußerste Abstraktheit und Vagheit, die diese Außeninstanz bei Strauß angenommen hat, ist nun sicherlich ein Spätprodukt und kaum noch steigerbarer Endpunkt ihrer historischen Entwicklung.[13] Dass sie blitzartig in Erscheinung tritt, verweist noch, neben dem Bezug der Metapher zu Opsis und Reflexion, auf das traditionelle Motiv, das Überraschende des Einbrechens des Jenseitigen anschaulich zu machen. Ihre rein negative Bestimmung durch die Inadäquatheit jedes möglichen Ausdrucks gemahnt in

---

[10] Vgl. zum Folgenden Dux, Günter, *Die Logik der Weltbilder. Sinnstrukturen im Wandel der Geschichte*, Frankfurt a.M. 1982.

[11] Man kann das auch systemtheoretisch formulieren: »Es muß sozusagen ein Widerstand eingeschaltet werden, der verhindert, daß man sich immer gleich auf sich selbst bezieht. Der Selbstkontakt oder die innere Interdependenz darf nicht beseitigt werden; aber er muß *im System selbst* unterbrochen werden können. [Das heißt:] daß gerade in Systemen, die all ihre Operationen über interne Interdependenzen steuern, diese Interdependenzen *intern asymmetrisiert werden müssen*, damit operativ unproduktive Zirkel vermieden werden.« (Luhmann, Niklas, Selbstreferenz und Teleologie in gesellschaftstheoretischer Perspektive. In: Ders., *Gesellschaftsstruktur und Semantik. Studien zur Wissenssoziologie der modernen Gesellschaft*, Bd. 2, Frankfurt a.M. 1981, 9–44, hier 32).

[12] Es handelt sich also gerade nicht um Verkehr mit einem unbegreiflichen ›ganz Anderen‹, eher um seine Eliminierung durch Integration, um Reduktion von Unsicherheit; vgl. ebd., 201–202.

[13] Sie teilt das allgemeine Schicksal der Gottesvorstellung, deren sozialevolutionäre Entwicklung sie ihrer ursprünglichen praktischen Funktionen weitgehend beraubt hat; vgl. ebd., 164 u. 245–247.

dieser Radikalität an mystische Auffassungen. Diese stellen jedoch ihrerseits immer schon Krisenphänomene dar, die aus dem Ungenügen an orthodoxen Modellen geregelter Beziehungen zwischen ›innen‹ und ›außen‹ resultieren. Daher kennen die jüdische und die christliche Religion, die beide eine scharfe Entgegensetzung dieser beiden Sphären annehmen, wiederkehrende mystische Gegenbewegungen. Beider Wechselspiel begründet einen latenten Gegensatz zwischen orthodoxer Deutung der Welt als Darstellung sie transzendierender Strukturen und mystisch geprägter Infragestellung der Erfassbarkeit dieser Strukturen.[14] Schon in der griechischen Kultur, so sehr sie im Übrigen diesem Zug des jüdisch-christlichen Weltbilds entgegengesetzt ist,[15] findet sich bei Platon eine Mimesiskonzeption, die zwar eine fundierende Beziehung der Ideen zur erfahrbaren Welt postuliert und somit diesen eine Garantieleistung im oben genannten Sinne zuschreibt, aber sie zugleich so stark erhöht, dass sie Mimesis nur noch als Defizienz deuten kann. Erkenntnis lässt sich dann nicht mehr als mimetische, sondern nur noch als anamnetische zweifelsfrei begründen. Die negativen Folgen für die mimetisch verstandene Kunst sind bekannt.

Aristoteles hingegen vermeidet diese Abwertung der Mimesis, indem er die strukturelle Absicherung der Welt und ihrer Erkennbarkeit durch die Ideen in eine funktionale Beziehung *innerhalb* der Welt transformiert und dieser im Entelechiebegriff ein dynamisches Moment verleiht. Der dem Modell des lebendigen Organismus folgende Perspektivenwechsel von statischen Einheiten zu den sie tragenden Prozessen erlaubt es, das Mimetische gerade in der Darstellung einer modellhaften Struktur zu sehen und gegenüber der schlichten Wiedergabe des Tatsächlichen zu privilegieren. Mit der Einführung der Kohärenz eines seine Teile fortschreitend integrierenden Ganzen als Kriterium der Mimesis umgeht Aristoteles das Argument Platons, dass die Kunst zwangsläufig weiter von der Idee entfernt sei als die Wirklichkeit, da Aristoteles beider Konstitutionsprinzipien gleichsetzt

---

[14] Dieser Gegensatz von Orthodoxie und Mystik kann aus kulturanthropologischer Sicht mit Victor Turner (1969) als spezielle Ausprägung des Gegensatzes von ›Struktur‹ einer Gesellschaft und ›Anti-Struktur‹ verstanden werden. Letztere wird in sog. ›Liminalitätsphasen‹ als strukturaufhebende ›Communitas‹ an Stelle der üblichen Ordnung gesetzt, um von diesem künstlichen Naturzustand aus die Kultur rituell neuzugewinnen und -begründen zu können. Die Absolutsetzung solcher Schwellenzustände ist Kennzeichen millenarischer religiöser Bewegungen, zu denen auch mystische Tendenzen im hier verstandenen Sinne gehören. Vgl. Turner, Victor, *The Ritual Process. Structure and Anti-Structure*, New York 1969.
[15] Aus beider Gegensatz hat Auerbach seine beiden ›Grundtypen‹ für ›die literarische Darstellung des Wirklichen in der europäischen Kultur‹ entwickelt, die sich mit den hier formulierten gegensätzlichen Haltungen zum Darstellungsproblem parallelisieren lassen. Vgl. Auerbach, Erich, *Mimesis. Dargestellte Wirklichkeit in der abendländischen Literatur*, 4. Aufl., Bern, München 1967, 5–27, bes. 26.

und die Besonderheit der Kunst über den Addressatenbezug definiert. Ihre kathartische Wirkung setzt Überschaubarkeit und Anschaulichkeit in Verbindung mit Erwartungsbrechung und Überraschung voraus. Wenn diese Ausweitung der Tragödientheorie zulässig ist, dann ist Kunst Darstellung einer Krise, eines Problems in möglichst ungebrochenem Zusammenhang mit der unproblematischen und nicht krisenhaften Realitätserfahrung und gerade darin mimetisch. Durch ihre formale Nachahmung der für wirklichkeitskonstitutiv gehaltenen Strukturen integriert sie sonst nicht Bewältigbares, und zwar in einer für die Rezipienten *erfahrbaren* Weise.

In dieser Position sind Rechtfertigung der Mimesis und Selbstreferentialität des Kunstwerks auf komplexe Weise aufeinander bezogen. Nur indem das Kunstwerk eine eigene Kohärenz entwickelt und sich damit von der Wirklichkeit tendenziell abhebt, kann es seine Darstellungsleistung erbringen, nämlich, wenngleich nur modellhaft, die Totalität von Wirklichkeitserfahrung zu gewährleisten. Eine ähnliche Vermittlung der beiden Pole wird jedoch erst wieder Ende des 18. Jahrhunderts möglich. Zuvor ist die ästhetische Dimension der Darstellung und ihrer Erfahrbarkeit und Nachvollziehbarkeit in die jeweiligen Gesamtzusammenhänge der Weltdeutungen einbezogen.[16] Noch in den großen philosophischen Systemen der frühen Neuzeit geht Ästhetik letztlich in Ontologie und Erkenntnistheorie auf, da Schönheit als Erscheinungsweise der Ordnung und Vollkommenheit der Welt als ganzer und ihre Zugänglichkeit als Problem der Erkenntnis aufgefasst werden.

Mit der Autonomisierung der Künste und der Verselbständigung des ästhetischen Diskurses stellen sich Fragen nach der Funktion der Literatur im Rahmen der Funktionen anderer Kulturbereiche, nämlich einerseits solcher, die als Vorläufer und/oder Konkurrenten der Literatur an der gesellschaftlichen Sinnproduktion beteiligt sind wie Mythos, Religion und Philosophie, und andererseits solcher, die Leistung und Verfahren der Literatur – deskriptiv oder normativ – zu bestimmen versuchen, also Literaturkritik, Literaturwissenschaft und philosophische Ästhetik. Übernimmt die Literatur die Funktion etwa des Mythos, ist sie ein mehr oder weniger zufriedenstellender Ersatz für etwas nicht mehr Funktionsfähiges, oder transformiert sie die Rolle des Mythos, ist sie gerade Moment einer Bewegung hin zum nicht mehr Mythischen? Ist sie, insbesondere in ihrer modernen Form, Fortschreibung oder Überwindung vorangehender

---

[16] Vgl. Blumenberg, Hans, *Die Legitimität der Neuzeit*, 2. Aufl., Frankfurt a.M. 1988, 401–404. Dass dabei schon implizit Ästhetisches als Komplement zum Theoretischen Verwendung findet, wenngleich ohne als solches reflektiert zu werden, zeigt Blumenberg an Nikolaus von Kues (566f.).

sinnvermittelnder Strukturen? Und zum anderen: Soll das Reden über Literatur deren Funktion klären, um ihr dadurch zu helfen, eben diese besser wahrnehmen zu können? Setzt es sich damit *über* die Literatur, indem es ihr vorschreibt, wie sie zu verfahren habe? Oder ist dieses Reden nur Erfüllungsgehilfe bei der Vermittlung eines Gehalts, der sich doch nur in *einer*, eben literarischen, Weise sagen lässt? Metafiktionalität könnte hier Auswege bieten, da es sich dabei um *literarische* Rede *über* Literatur handelt, die es ermöglicht, fiktional produzierten Sinn sogleich wieder metafiktional in Frage zu stellen und selbst den Meta-Sinn, der in eben diesem Vorgehen liegt, wiederum zu reflektieren.

Das soll jedoch gerade nicht heißen, dass metafiktionale Literatur als Fundus theoretischer, zumindest aus ihr erschließbarer Äußerungen missbraucht werden soll. Im Gegenteil ist Literatur mit Jürgen Landwehr als »Handlungsform« zu verstehen, als Vollzug einer »Poiesis«, eines Gemachtseins, das den Schriften »spurenhaft und inzitiv eingeschrieben ist«,[17] vom Leser als Niederschlag vergangenen Handelns aufgefasst und zur Vorlage eigenen Handelns gemacht wird. Das bedeutet, dass literarische Texte selbstbezüglich auf sich verweisen und eben darin mimetisch sind, also Strukturen aufweisen, die es Lesern ermöglichen und sie dazu auffordern, in diesen Texten Darstellungen von deren eigener Genese zu sehen.

> So gelesen, repräsentieren Schriftstücke durchaus etwas, nämlich ihr Geschriebensein. Da dies aber erst als kohärent, als einer Logik folgend und darin eben als Ergebnis eines Handelns begriffen werden kann, wenn es erneut vollzogen wird, repräsentieren Schriften dann primär nicht etwas Abwesendes, sondern etwas, das als Vorlage für etwas dienen kann, das allererst werden soll. Sie sind programmatisch im eigentlichen Sinne: Vor-Schriften. [...] Aus der Mimesis von ›Welt‹ durch Literatur wird die Mimesis der Poiesis.[18]

Das impliziert die These, dass Selbstbezüglichkeit als formales Kennzeichen von Literatur und als Konstituens der Darstellungsleistung literarischer Texte immer gegeben ist, wenngleich sich die theoretische Erkenntnis und Gewichtung dieses Sachverhalts historisch erst nach und nach entwickelt und die literarische Thematisierung der eigenen Selbstbezüglichkeit, Selbstbezüglichkeit zweiter Stufe also in der Form von Metafiktionalität, erst in der Moderne ihren vorläufigen Höhepunkt erreicht. Sie reagiert damit auch auf die in Literaturwissenschaft, -kritik oder Ästhetik ausgesprochen oder unausgesprochen wirksamen Theorien der Literatur. Insofern passte zu dem

---

[17] Landwehr, Jürgen, »Von der Repräsentation zur Selbstbezüglichkeit und die Rückkehr des/zum Imaginären. Konzepte von Literatur und literarischem (Struktur-)Wandel und ein ›verkehrtes‹ Mimesis-Modell«, in: Michael Titzmann (Hg.), *Modelle des literarischen Strukturwandels*, Tübingen 1991, 275–295, hier 288–289.
[18] Ebd.

theoriefreudigen Umgang mit Literatur der siebziger und achtziger Jahre des 20. Jahrhunderts eine Literatur, die sich auf der Höhe der theoretischen Reflexion zeigte, versiert im Umgang mit den formalen und stilistischen Errungenschaften der klassischen Moderne, aber zugleich spielerisch mit theoretischen Vorgaben und formalen Möglichkeiten hantierte, souverän sowohl über metafiktionale Distanzierungsstrategien als auch über die Fähigkeit zum unterhaltenden Erzählen verfügte. Auf genau diese Virtuosität reagierten Strauß wie auch manche Literaturhistoriker ablehnend: »Die Gefahr postmoderner Erzählspiele liegt in der Selbstbezüglichkeit dieser Texte«.[19] In den neunziger Jahren wurde von der Literatur vielerorts eine verstärkte Orientierung an der sozialen Wirklichkeit gefordert, etwa unter dem Schlagwort des ›Wenderomans‹, und von vielen Autoren auch vollzogen, beispielsweise in der verstärkten Hinwendung zur Sphäre der Ökonomie und Erwerbsarbeit.[20] Welche Möglichkeiten bleiben also unter dieser verschärften Beobachtung für metafiktionale Strategien an der Wende zum 21. Jahrhundert?

Gerade ein Erzählen, das sich auf die Authentizität des tatsächlich Geschehenen beruft oder auch nur damit spielt, sei es dass historische Fakten in die Darstellung integriert werden, sei es dass eine persönliche Lebensgeschichte zumindest mit dem Anspruch der Stimmigkeit des emotionalen Erlebens gestaltet wird, kommt um den Aspekt der Erinnerung nicht herum. Geschehen muss zunächst erinnert werden, bevor es erzählt werden kann, und zwischen die Erinnerung, die ihren eigenen Gesetzmäßigkeiten folgt, und das konkrete Erzählen schiebt sich zwangsläufig die metanarrative Reflexion über die sinnvolle Art der Präsentation. Diese kann jedoch auch metamediale Züge annehmen, denn eine Darstellung von Erinnertem ist grundsätzlich in verschiedenen Medien möglich. Damit ist verknüpft, dass die Erinnerung selbst sich bestimmter Medien bedienen kann, die dann in ein Verhältnis zu den Medien der Darstellung der Erinnerung treten. Was wir über die Vergangenheit, über die große Geschichte, unsere Familiengeschichte oder unsere eigene Jugend wissen, wissen wir auch durch Photographien, Filme, Objekte in Museen, durch Monumente und Erinnerungsorte, Stadtanlagen, wichtige Gebäude und

---

[19] Rath, Wolfgang, »Romane und Erzählungen der siebziger bis neunziger Jahre (BRD)«, in: Horst A. Glaser (Hg.), *Deutsche Literatur zwischen 1945 und 1995. Eine Sozialgeschichte*, Stuttgart, Wien 1997, 309–328, hier 323.
[20] Es ist denn auch auffällig, dass jüngere, gegen Ende der neunziger Jahre erschienene Arbeiten zu Metafiktion und selbstreflexivem Erzählen in der deutschsprachigen Literatur keine Beispiele aus den neunziger Jahren behandeln, sondern 1983 bzw. 1989 enden; vgl. Scheffel, Michael, *Formen selbstreflexiven Erzählens. Eine Typologie und sechs exemplarische Analysen*, Tübingen 1997; Sprenger, Mirjam, *Modernes Erzählen. Metafiktion im deutschsprachigen Roman der Gegenwart*, Stuttgart, Weimar 1999.

Ruinen. Die kollektive oder persönliche Erinnerung können wir wiederum in Romanen, Filmen oder Museen gestalten. Und auch die Rezeption solcher Gestaltungen muss sich nicht in dem Medium vollziehen, für das sie ursprünglich produziert wurden, sondern wir können etwa einen Roman auch zunächst oder ausschließlich über seine Verfilmung, eine Rezension oder ein Interview mit dem Autor rezipieren.

Die drei im Laufe des letzten Jahrzehnts erschienen Romane, die hier genauer betrachtet werden sollen, haben gemeinsam, dass sie die narrative Vermittlung einer fiktionalen Geschichte auf Umwegen ins Werk setzen, die die Vermittlung und die Medien, die sie benötigt, hervorheben. In allen drei Texten geht es um Erinnerung, um eine zeitliche Differenz, die es zu überwinden gilt, und um die Mittel, die dies ermöglichen. In Michael Kleebergs *Ein Garten im Norden* (1998) ist es das Buch im Buch, welches eine ›andere‹ deutsche Geschichte vermittelt, aber auch das Verhältnis von Literatur als Medium der Erinnerung und Traditionsbildung zum Dokumentarfilm, zum Archiv, zum Museum und zu Erinnerungsorten wird thematisiert.[21] Thomas Lehrs Roman *Nabokovs Katze* (1999) setzt sich selbst als Erinnerungsmedium in Konkurrenz zum Spielfilm.[22] Wolf Haas schließlich löst in *Das Wetter vor 15 Jahren* (2006) den Roman, als der das Buch laut Untertitel firmiert, in einem fingierten Interview mit einer Literaturkritikerin auf.[23] Alle drei sind metafiktional in dem Sinne, dass sie Fiktion als Fiktion thematisieren, aber auch als etwas, das sich bestimmter medialer Möglichkeiten bedient, die in Konkurrenz zu anderen denkbaren Medien stehen, und diese spezifische Medialität im Zusammenhang mit der Fiktionalität in ihrer Rolle für die Konstitution von Erinnerung reflektieren.

Kleebergs Text lässt sich als ›Wenderoman‹ klassifizieren. Es ist nicht überraschend, dass das bedeutende historische Ereignis der Wende Reaktionen auf verschiedenen kulturellen Feldern provoziert hat, die im Umgang mit dem zu erinnernden Geschehen selbst und der dahinter stehenden deutschen Geschichte im 20. Jahrhundert verschiedene ästhetische Strategien verfolgen.[24] Silke Arnold-de Simine analysiert Beispiele aus den Bereichen

---

[21] Kleeberg, Michael, *Ein Garten im Norden. Roman*, Berlin 1998; fortan im Text zitiert mit Sigle *Garten* und Seitenzahl.
[22] Lehr, Thomas, *Nabokovs Katze. Roman*, Berlin 1999; fortan im Text zitiert mit Sigle *Katze* und Seitenzahl.
[23] Haas, Wolf, *Das Wetter vor 15 Jahren. Roman*. Hamburg 2006; fortan im Text zitiert mit Sigle *Wetter* und Seitenzahl.
[24] Zum Aspekt der Erinnerung in Kleebergs Roman vgl. Agazzi, Elena, *Erinnerte und rekonstruierte Geschichte. Drei Generationen deutscher Schriftsteller und die Fragen der Vergangenheit*, Göttingen 2005, 116ff., zur Berlin-Darstellung Langer, Phil C., *Kein Ort. Überall. Die Einschreibung von ›Berlin‹ in die deutsche Literatur der neunziger Jahre*, Berlin 2002, 197ff.

historisches Museum, Literatur und Film und bemerkt, dass diese Techniken der Narration und der Musealisierung kombinieren:

> Different memory media are increasingly convering. With the so-called *Wenderoman* and *Wendefilm* the need to present a social panorama, an exemplary examination of the twofold German history and identity, is pressing on these media. In this context the tasks associated with processes of musealization have also come to be imposed on film and literature. These tasks comprise an institutionalized, official version of our cultural memory, but also one with which people are able to identify.[25]

Diese gerade in der deutschen Literatur- und Filmkritik der neunziger Jahre sehr verbreitete Tendenz scheint von einer ganz anderen Art des Umgangs mit der eigenen Vergangenheit konterkariert zu werden, nämlich dem Entwerfen einer alternativen Geschichte. Die fiktionale Konstruktion einer kontrafaktischen Welt, die auf mindestens einer Veränderung eines wichtigen Elements der tatsächlichen Geschichte basiert und deren Auswirkungen extrapoliert, scheint das Gegenteil von ›an institutionalized, official version of our cultural memory‹ zu produzieren. Das narrative Genre der alternativen Geschichte hat in den letzten Jahrzehnten zunehmende Aufmerksamkeit erfahren, möglicherweise inspiriert von bedeutenden literarischen Werken wie *The Alteration* von Kingsley Amis (1976) oder *SS GB* von Len Deighton (1978).[26] Aber auch Historiker haben Interesse an diesem intellektuellen Spiel mit der alternativen Geschichte gezeigt.[27] Über andere Möglichkeiten im Lauf der Geschichte nachzudenken, kann helfen, die Ursachen des tatsächlichen Geschehens besser zu verstehen, aber es kann auch den Eindruck von Zwangsläufigkeit in Frage stellen, der durch die übliche Geschichtsschreibung und Erklärung der Bedingungen historischer Ereignisse entstehen mag. Daher hat nach Jörg Helbig das, was er den ›parahistorischen Roman‹ nennt, starke Affinitäten zu postmo-

---

[25] Arnold-de Simine, Silke, »Themepark GDR? The Aestheticisation of Memory in post-Wende Museums, Literature and Films«, in: Christian Emden, David Midgley (Hg.), *Cultural Memory and Historical Consciousness in the German-Speaking World Since 1500. Papers from the Conference ›The Fragile Tradition‹, Cambridge 2002*, Vol. 1, Oxford 2004, 253–280, hier 277.

[26] Vgl. Helbig, Jörg, *Der parahistorische Roman: Ein literarhistorischer und gattungstypologischer Beitrag zur Allotopieforschung*, Frankfurt a.M. 1988; Hellekson, Karen, *The Alternate History: Refiguring Historical Time*, Kent, Ohio 2001; *Uchronia: The Alternate History List*, URL: http://www.uchronia.net, gesehen am 12. 5. 2009; sowie ausführlicher zu den Aspekten alternative Geschichte und Musealisierung in *Ein Garten im Norden* Böhn, Andreas, »Memory, Musealization and Alternative History in Michael Kleeberg's Novel ›Ein Garten im Norden‹ and Wolfgang Becker's Film ›Good Bye, Lenin!‹«, in: Silke Arnold-de Simine (Hg.), *Memory Traces: 1989 and the Question of German Cultural Identity*, Oxford 2005, 245–260.

[27] Vgl. Demandt, Alexander, *Ungeschehene Geschichte: Ein Traktat über die Frage: Was wäre geschehen, wenn …?*, 4., erg. Aufl., Göttingen 2005.

dernen Tendenzen: »Viele Autoren nutzen die parahistorische Schreibweise als Medium, um die Verbindlichkeit historischer und empirischer Normen in Frage zu stellen und die Subjektivität der Wirklichkeitserfahrung zu betonen«.[28]

Kleebergs Roman spielt in Berlin und scheint auf den ersten Blick vergleichbar mit Texten wie *Ein weites Feld* von Günter Grass (1995) oder Uwe Timms *Rot* (2001), die ebenfalls von Lokalitäten in Berlin ausgehen und Erzählungen entfalten, die von der Gegenwart bis in die Zeit Fontanes oder zur Geschichte der Achtundsechziger-Bewegung zurückgreifen, indem sie die verschiedenen Zeitebenen miteinander verzahnen. Während jedoch Grass und Timm einen zwar mit Zweifeln an den gewohnten Darstellungen verbundenen Blick auf die Geschichte werfen, der jedoch in keiner Weise den Fakten der tatsächlichen Geschehnisse widerspricht, erfindet Kleeberg eine alternative Geschichte, um das Schicksal eines fiktiven Ortes im Niemandsland zwischen Ost- und West-Berlin zu erklären.

1995 kehrt der deutsche Autor Albert Klein nach langem Auslandsaufenthalt nach Deutschland zurück, das er nicht zuletzt aufgrund einer Abneigung gegen das Land und seine Bewohner verlassen hatte. Sein Vater und sein nun im Immobiliengeschäft tätiger Cousin aus der früheren DDR zeigen ihm ein mysteriöses Stück Land mitten in Berlin, das offensichtlich keinen identifizierbaren Eigentümer hatte, bevor es zu einem Teil des Todesstreifens an der Grenze wurde. Albert Klein reist nach Prag und erwirbt dort in einem Antiquariat ein seltsames Buch mit leeren Seiten, das alles in es Geschriebene in Realität zu transformieren vermag. Albert Klein beginnt die Geschichte eines Mannes namens Albert Klein zu schreiben, der in der ersten Hälfte des 20. Jahrhunderts lebte; diese entwickelt sich zur Geschichte des erwähnten Grundstücks und zu einer anderen Geschichte Deutschlands. Es ist die Geschichte eines besseren Deutschlands, die nichtsdestoweniger mit der Machtergreifung der Nazis, Hitler und dem Zweiten Weltkrieg endet, genauso wie die reale Geschichte, dabei aber dennoch nicht verwirklichte Möglichkeiten entfaltet. Der Albert Klein dieser Geschichte-in-der-Geschichte steigt vom mittellosen kleinen Angestellten zum Bankier auf und schafft mit seinem so gewonnenen Vermögen einen außergewöhnlichen Garten mitten in Berlin, der zum Treffpunkt dieses ›guten‹ Deutschlands, von Künstlern, Wissenschaftlern und Politikern wird.

Dieser Garten bildet eine Gesellschaft-in-der-Gesellschaft mit idyllischer und paradiesischer Einfärbung, der jedoch offen für alle Fragen der

---

[28] Helbig, Jörg, *Der parahistorische Roman: Ein literarhistorischer und gattungstypologischer Beitrag zur Allotopieforschung*, Frankfurt a. M. 1988, 170.

modernen Welt ist, unter Einschluss von Politik, Ökonomie und Technik. Er stellt eine Utopie der aufgeklärten Zivilisation dar, basierend auf Dialog und Toleranz. Als Kern der alternativen Geschichte, die der Roman entwirft, erfüllt er auch die Funktion eines Archivs oder Museums. Der Garten selbst versammelt Pflanzen aus der ganzen Welt, wodurch er zu einem Abbild und Museum der Schönheit der Natur wird. Die Gebäude im Garten beherbergen nicht nur ein Studienzentrum, Konferenzräume usw., sondern auch ein audiovisuelles Archiv der menschlichen Kultur und ihrer Diversität, das das allgemeine Ziel des Werbens um Toleranz und gegenseitiges Verständnis unterstützen soll. Studenten und Wissenschaftlern aus der ganzen Welt wird ermöglicht, das Dokumentarmaterial zu studieren, wodurch ein Austausch von Personen, Sichtweisen und Wissen angeregt wird.

Beides, die Erfindung einer alternativen Geschichte und die Musealisierung biologischer und kultureller Diversität, sind Strategien gegen die destruktiven Tendenzen der Moderne, welche durch den Nazismus repräsentiert werden. Aber sie erscheinen als keineswegs unabhängig von diesen Tendenzen, sondern vielmehr engstens mit ihnen verbunden. Das Museum soll bewahren, wird aber am Ende zerstört, und die Veränderung der Geschichte entfaltet andere Möglichkeiten, die den Aufstieg Hitlers jedoch nicht überstehen. Daher scheinen beide Strategien in eine Sackgasse zu führen. Aber das grundsätzliche Ziel von Kleebergs Roman besteht nicht darin, eine Strategie oder eine Möglichkeit des Umgangs mit der Vergangenheit zu propagieren, sondern in einer sehr stark selbstreflexiven Thematisierung solcher unterschiedlicher Strategien.

Beispielsweise wird die Stadt Berlin in der ersten Hälfte des 20. Jahrhunderts als äußerst ambivalent in ihrer Beziehung zur Vergangenheit präsentiert. Einerseits ist sie trotz ihrer Modernität und ihres rasanten Wandels ›rückwärtsgewandt‹, weshalb sie mit Paul Klees berühmtem *Angelus Novus* verglichen wird, den Walter Benjamin in seinen Überlegungen zum Begriff der Geschichte deutete:

> Wie Benjamins Angelus Novus weht es diese Stadt mit rückwärtsgewandtem Gesicht nach vorn, und ihre faktische Modernität kleidet sich in einen Digest pseudoimperialistisch-horizontaler Stadtarchitektur, deren kontinuierliches Zu-spät-Kommen die Illustration eines sie bedingenden anachronistischen politischen Systems ist, das modernen übernationalen Kapitalismus mit den Mottenkleidern eines gottgewollten Königtums behängt. (*Garten* 147)

Berlin schaut zurück, aber es schaut auf eine gefälschte Geschichte, eine historisierende Camouflage der Modernität, während es auf der anderen Seite die Überreste seiner tatsächlichen Geschichte vernachlässigt und die

Erinnerung daran vermeidet: »Die Stadt zerstört permanent ihr eigenes Gedächtnis, sie hat keine Zeit, sich zu erinnern, nicht einmal Zeit zu sein, sie wird.« (*Garten* 148)

Als Albert Klein im Juli 1914 von einer Weltreise zurückkehrt und feststellen muss, dass der Krieg unvermeidlich erscheint, sieht er die audiovisuellen Aufzeichnungen, die er und sein Reisegefährte Lukas mit nach Hause gebracht haben, mit anderen Augen:

> Und all das, was ihre beweglichen Bilder zeigten, als geschehe es hier und jetzt, würde nun also bald Vergangenheit sein und vielleicht nur mehr auf Lukas' Zelluloid weiterleben. Würde verschwinden, spurlos verschwinden und von irgend etwas neuem, dessen glattes Gesicht nichts von Erinnerung wüßte, abgelöst werden. (*Garten* 158–159)

Die Aufzeichnungen, die zunächst nur unter Einsatz der modernsten Technik Eindrücke von fremden Kulturen festhalten sollten, verwandeln sich in ein Archiv einer Vergangenheit, die ansonsten vergessen werden würde. Was zur Begründung einer besseren Zukunft gedacht war, wird zum Medium des Gedenkens an eine verlorene Geschichte.

Die im Buch-im-Buch präsentierte alternative Geschichte wird in Diskussionen zwischen dem Autor Albert Klein und dem Antiquar, der ihm das leere Buch verkauft hat, reflektiert. Klein weist die verführerische Perspektive zurück, dass er gottgleich eine *bessere* Geschichte erschaffen könnte: »›Noch einmal‹, sagte ich, ›ich will nichts *verbessern*. Was immer Sie glauben, dazu bin ich zu bescheiden. Ich will nur eine andere Erinnerung. Ich begnüge mich damit, meine Erinnerung umzuschreiben.‹« (*Garten* 182) Er kultiviert einen Musil'schen *Möglichkeitssinn* gegenüber der Geschichte, so wie ihn sein *alter ego* im Verhältnis zum realen Leben übt, etwa als er entscheiden muss, ob er nach Russland oder nach Indien fahren soll:

> Ich habe keine Lust, mich entscheiden zu müssen! Es gibt nichts Schlimmeres auf der Welt als dieses ewige Entweder-Oder. Daß wir nicht alles haben können! Rußland *und* Indien. *Mein* Leben *und* all die hundert anderen, die ich an jeder verfluchten Wegbiegung ebensogut hätte einschlagen können. (*Garten* 165)

Am Ende des Romans hat er die Geschichte verändert, und etwas, dem er sein weiteres Leben widmet, ist es, sich um die Überreste und Dokumente dieser anderen Geschichte zu kümmern.[29]

Gottfried Fliedl hat darauf hingewiesen, dass Situationen abrupter politischer Veränderung in Verbindung mit der Zerstörung früherer sozialer Strukturen und Hierarchien Musealisierungsprozesse begünstigen.[30] Die

---

[29] Vgl. *Garten*, 585.

deutsche Vereinigung beendete die DDR, aber in gewisser Weise auch die alte BRD. Man diskutierte über das neue Deutschland, die *Berliner Republik* und was man sich darunter vorzustellen hatte. In dieser Situation lag es nahe, auf die deutsche Geschichte zurückzublicken, und auch, dies mit einem musealisierenden Blick zu tun. Musealisierung tendiert zunächst einmal dazu, Kontinuität zwischen Vergangenheit und Gegenwart zu stiften, aber die betrachtende und reflektierende Hinwendung zu den musealisierten Objekten kann auch auf Diskontinuitäten aufmerksam machen. Walter Benjamin hat den Sammler als zutiefst melancholische Figur beschrieben, der verschiedene Möglichkeiten seine Sammlung zu ordnen erprobt und dadurch die Relativität jeder gegebenen Ordnung erfährt.[31] Kein gewähltes Muster erscheint als notwendig, zu jedem gibt es eine Alternative.

Der Schluss des Romans bringt auf der Handlungsebene die archivalische Geste des Bewahrens und das Bewusstsein von der Relativität jeder Geschichte zusammen, während sie sich auf der Konstruktionsebene des Textes im metafiktionalen Wechselspiel zwischen der Geschichte des Buchs-im-Buch, den Reflexionen über diese Geschichte in den Diskussionen zwischen Albert Klein und dem Antiquar und ihren Auswirkungen auf Kleins Leben in der Erzählgegenwart spiegeln. Wir bekommen etwas präsentiert, was wir gerne gehabt hätten, aber es wird dabei bewusst gehalten, dass die Realität eine andere war. Während eine Autorin wie Christa Wolf unter dem Titel *Was bleibt*[32] über die Vergangenheit lamentiert und mit diesem Titel unter Rückgriff auf Hölderlin nebenbei die Frage aufwirft, welche Rolle Literatur oder allgemeiner Fiktion unter den gegebenen Umständen spielen könnte, konstatiert *Ein Garten im Norden*, dass, was bleibt, »einige Gedanken, Erinnerungen und Vorsätze in einigen einzelnen Menschen«[33] sind, die dennoch hilfreich sein können für das Projekt, das dem letzten Kapitel des Romans seinen Titel gibt: »Zukunftsbewältigung«. (*Garten* 579)

---

[30] Fliedl, Gottfried, »Testamentskultur: Musealisierung und Kompensation«, in: Wolfgang Zacharias (Hg.), *Zeitphänomen Musealisierung. Das Verschwinden der Gegenwart und die Konstruktion der Erinnerung*, Essen 1990, 166–179, hier 171; vgl. Fliedl, Gottfried (Hg.), *Die Erfindung des Museums. Bürgerliche Museumsidee und Französische Revolution*, Wien 1996.
[31] Vgl. Benjamin, Walter, »Kapitel H [Der Sammler]«. In: Ders., *Gesammelte Schriften. Bd. V: Das Passagen-Werk*, hg. von Rolf Tiedemann, Frankfurt a. M. 1982, 269–280.
[32] Wolf, Christa, *Was bleibt*. Berlin, Weimar 1990.
[33] »»Voll, voll«, sagte ich. »Irgendwo wird sich schon noch eine leere Zeile finden oder ein weißer Rand, auf den wir schreiben können, wie es nun weiterging und was schließlich bleibt.« / »Was bleibt? Das fragen SIE mich!« rief der Antiquar und sah mich mit erstaunten, kugelrunden Augen an, und einem Lächeln, in dem Ironie und Zuneigung sich die Waage hielten. »Was bleibt? Nun, wie Sie selbst sagten: Einige Gedanken, Erinnerungen und Vorsätze in einigen einzelnen Menschen ...«« (*Garten* 557).

Thomas Lehrs Roman *Nabokovs Katze* beginnt mit einem ›vorläufigen Ende‹, so der Titel des Prologs vor dem ersten Kapitel. (*Katze* 9) Dessen erster Satz lautet: »Die Geschichte der Erfindung Camilles könnte in der Badewanne beginnen oder in einem Bordell in Mexiko City, wo es zum Äußersten kommt.« (*Katze* 11) Die Geschichte der erotischen Faszination des Protagonisten Georg durch seine Jugendliebe Camille, als die der Klappentext den Roman präsentiert, verschiebt sich hier schon zur Geschichte »der Erfindung Camilles« und zum Ringen um deren Erzählbarkeit, das in dem Konjunktiv »könnte« und den anschließenden Alternativen deutlich wird:

> Auch eine Intensivstation der Zukunft wäre als Ausgangspunkt vorstellbar, mit Flachbildschirmen, auf denen vor den Augen der Sterbenden der Film ihres Lebens vorüberzuckt, dank des direkten Zugriffs auf ihren Gedächtnisspeicher. Georg denkt weiterhin an den mit Hollywood-Plakaten dekorierten Keller eines Einfamilienhauses [...]. »Camille ist heilig wie Dantes Beatrice [...]. Sie ist oberflächlich wie das Kino. Sie ist ein Bild, ein Schatten, die selbsterschaffene Statue, die der König Pygmalion in sein Bett legte, um sie zu beschlafen!« (*Katze* 11)

Eine Figur eines Films, inspiriert von Hollywood und Dante, ein Bild, ein Schatten, eine Statue, die aus der Erinnerung aufsteigt, für die der Film, als den man angeblich kurz vor dem Sterben sein Leben sieht, nur als Metapher steht, die aber in der Zukunft vielleicht tatsächlich als Film externalisiert werden kann, oder aber ein ›selbsterschaffenes‹ Wesen, das eben *nur* Bild, Schatten, Statue ist, sich aber dann verlebendigt oder zumindest scheinbar verlebendigt (wie die Bilder im Film), so dass die Erinnerung daran von der Erinnerung an tatsächlich Gekanntes und Erlebtes nicht mehr klar zu unterscheiden ist. Von dieser sich gleichermaßen aufdrängenden und entziehenden Figur möchte Georg erzählen. »›Ich muß das Ende erst noch erfinden‹, sagt Georg [...]. ›Dabei weiß ich nicht einmal den Anfang.‹ / ›Erfinde den doch auch‹, schlägt [sein Freund] Herrmann vor. ›Oder fang dort an, wo du gerade bist.‹« (*Katze* 11) Wo und wann das ist, wird den Lesern durch die folgende Notiz Georgs klargemacht:

> »Manhattan, Dezember 1994. Das Jahr des Hundes geht zur Neige.« Kurz kann er über diese drei Zeilen lachen wie über seine ganze hundserbärmliche Geschichte. Immerhin. / Nein, er wird nicht in New York beginnen, sondern mit der Erfindung eines sentimentalen und womöglich in Schwarzweiß zu filmenden Endes, das im Jahr 1995 spielt. Drehort: Heidelberg. (*Katze* 12)

Dieses fiktive, von der Gegenwart der Erzählung aus gesehen in der Zukunft liegende Ende, das jedoch als Ende eines Films und nicht eines Romans erscheint, wird im Folgenden ausgeführt und ermöglicht Georg den ersehnten Einstieg ins Erzählen, anscheinend gerade wegen seiner Fiktivität und Irrealität. Das erfundene Ende ist der ersehnte Anfang. Die im Präsens gehaltene Er-Erzählung von der Suche nach einem Erzählanfang, mit der der Roman beginnt und die die Leser schon sehr eng an Georgs Perspektive und Erleben bindet, verschiebt sich in der Folge zur gewissermaßen noch intimeren und durch Kursivierung abgehobenen Ich-Erzählung im Präsens (in der das Erzählte bzw. Geschriebene dann wieder nicht-kursiv erscheint), die uns direkt am Schreibprozess teilnehmen lässt. Der Beginn des Erzählens/Schreibens ist durch Erfindung und damit durch Distanzierung vom Realen gekennzeichnet. Dem entspricht der Wechsel ins Präteritum:

> Camille hieß nicht Camille. Ich tippe das ein. / »Past tense, nice«, sagt Mary. »Es war einmal! Wie geht es weiter mit Camille, die nicht Camille hieß? Was folgt nun?« / »Die Hölle. Präteritum. Nicht verfilmbar.« / »Und weiter?« / »Nach der Hölle? Was weiß ich! Ich weiß nur, daß am Eingang der Hölle Camille steht, die auf mich gewartet hat.« / »Also: Es waren einmal Georg und Camille ...« (*Katze* 16)

Mit dem Erreichen der ›klassischen‹ Kombination von Er-Erzählung und Präteritum und der Erinnerung an den wirklichen Anfang im Jahre 1972 endet der Prolog, allerdings selbst noch in der Ich-Form gehalten – und zugleich scheint sich der Text damit zu entscheiden, nicht mehr Metafiktion, sondern Fiktion und zudem kein Film-Drehbuch, sondern ein Roman sein zu wollen: »›Was sagst du? Es klingt besorgt. Ja, jetzt höre ich es wieder, am Eingang zur Hölle: Bist du sicher, daß deine Eltern nicht da sind? / Und ich nickte bedächtig – und Schluß, Klappe, Präteritum.« (*Katze* 17) Der direkt anschließende Beginn des ersten Kapitels des ersten Teils lautet: »›Bist du sicher, daß deine Eltern nicht da sind?‹ fragte Herrmann (besorgt). / Georg nickte (bedächtig).« (*Katze* 21)

Doch trotz dieser zwischenzeitlichen Wendung zum traditionellen fiktionalen Erzählen präsentiert sich der Roman überwiegend weniger als Erzählung von der Beziehung zwischen Georg und Camille denn als Erzählung davon, wie Georg versucht, sich an Camille zu erinnern und von dieser Beziehung zu erzählen, wobei er zwischen verschiedenen medialen Möglichkeiten wechselt, zwischen literarischem Erzählen, zwischen Filmen, die über die teilweise drehbuchartige Beschreibung einzelner Szenen in den Romantext integriert werden, und schließlich E-Mail und digitaler dreidimensionaler Animation:

> Hier sollte die Geschichte wie folgt enden: *Exit without saving? (Y)es, (N)o or (A)bort*. Dies nämlich ist mein interaktiver Lieblingssatz. Die unsichtbaren Luftkameras unserer Erzählung sind an den nahezu durchsichtigen Körpern der Engel befestigt, die Du mit dem Mauszeiger im Menü der Observationsmittel anklicken und über die bewegliche, auf ein feingehäkeltes Moskitonetz von ungefähr 1024 mal 768 Pixeln aufgerasterte 3D-Fotografie der Stadt

Heidelberg ziehen kannst, um jedweden Einblick zu haben oder Überblick zu verlieren. (*Katze* 496)

Hier durchdringen sich intermedial literarische Erzählung, Film und digitale Animation in den (filmischen) ›Luftkameras‹ der (literarischen) ›Erzählung‹ an den (digitalen) ›Körpern der Engel‹, mit denen man sich über den Handlungsort des Geschehens erheben und dadurch im wörtlichen Sinne eine *meta*-fiktionale Perspektive einnehmen kann. Diese Er-, wenn nicht Überhebung, die die Geschichte in ein Computerspiel verwandelt, in dem man im Unterschied zu einem Roman oder Film als Rezipient immer wählen kann und selbst nach dem Tod seines Avatars noch weitere Leben zur Verfügung hat, wird jedoch sogleich zurückgebunden an das reale Heidelberg und ein dortiges Erinnerungsobjekt. Der Heidelberger Brückenaffe erinnert an den mittelalterlichen Brückenaffen, der an derselben Stelle stand, und an eine Weltsicht, die uns heute nicht mehr unmittelbar geläufig ist und die im Akt des Beschreitens einer Brücke über einen Fluss, in dem Verbindendes und Trennendes sich eng verschränken, einen Anlass zur selbstbezüglichen Reflexion auf die eigene Existenz sah. Er weckt aber auch in Georg Erinnerungen:

> Aber nachdem ich das Ringelsockentor durchschritten und mich nach rechts gewandt hatte, hielt mir der Heidelberger Affe den Spiegel vors Gesicht. Vor Jahren hatte ich einmal von diesem Affen gelesen und daran gedacht, am Anfang eines meiner Filme eine solche Figur zu verwenden. Die Idee war mir dann zu herablassend und zu übermütig erschienen, aber das mittelalterliche Heidelberg war fröhlich genug gewesen, an seinem Stadttor das Publikum aufzufordern, sich im Affenspiegel zu vergleichen. Daß es in der Stadt nun wieder einen solchen Affen gab, überraschte mich mehr, als ihn persönlich anzutreffen. Es handelte sich um eine moderne Bronzeskulptur, wohl in den achtziger Jahren hergestellt, einen schäferhundgroßen Mandrill, der den Spiegel mit einer Hand, fast wie einen Ping-Pong-Schläger beim Abfangen eines schwach geschlagenen gegnerischen Balls, hielt. Er saß auf seinem Sandsteinpodest mit einem wie mir schien wundersamen Gespür für seine Notwendigkeit; auf seinen gespitzten Lippen jedoch lag das Lächeln der Kontingenz. (*Katze* 500–501)

Der Affe wird hier zur Allegorie, die die Notwendigkeit der Reflexion und die Unausweichlichkeit der Kontingenz gleichermaßen verkörpert. Hierauf reagiert das Wechselspiel von Fiktion und Metafiktion, das die Notwendigkeit der Wahl, die die Fiktion konstituiert, und die Zufälligkeit des Gewählten, die die Metafiktion deutlich macht, als zwei Seiten einer Medaille (oder eines Spiegels) präsentiert.

Wolf Haas' Buch *Das Wetter vor 15 Jahren* trägt den alles andere als redundanten Untertitel *Roman*. Denn auf den ersten Blick handelt es sich hier um gar keinen Roman, nicht einmal um einen erzählenden Text.

Die Kritik hat darin geradezu »die genialische Erfindung eines Genres« gesehen.[34] Es handelt sich um ein fiktives Interview einer im Text unter »Literaturbeilage« firmierenden Kritikerin mit dem Autor über seinen fiktiven Roman. Während uns Leserinnen und Lesern das Interview als fiktionaler Text vorliegt, erfahren wir von dem Roman nur durch dieses Interview. Seine Handlung wird dennoch lückenlos rekonstruierbar: Vittorio Kowalski aus dem Ruhrgebiet fährt mit seinen Eltern jedes Jahr in den österreichischen Ort Farmach, um dort Ferien zu machen, und verliebt sich in die Tochter der Betreiber der Pension, Anni Bonati. Als die beiden vor einem plötzlich aufziehenden Gewitter in die Schmugglerhütte von Annis Vater fliehen und dieser unweit der Hütte durch das Unwetter ums Leben kommt, reist Vittorios Familie überstürzt ab, um nie mehr wiederzukehren. Vittorio jedoch kultiviert die Erinnerung an das Jugenderlebnis, indem er sich jeden Tag über das Wetter in Farmach informiert und dieses im Gedächtnis behält. Mit dieser außergewöhnlichen Fähigkeit tritt er schließlich in der Fernsehsendung *Wetten, dass ..?* auf, wodurch der Schriftsteller Wolf Haas auf ihn aufmerksam wird und beschließt, seine Geschichte in einem Roman zu verarbeiten. Er versucht, Kowalski aufzuspüren, reist ihm nach Farmach hinterher, wo sich die Ereignisse dramatisch zuspitzen und die Geschichte in Gegenwart des Autors insofern zu ihrem Ende kommt, als Anni und Vittorio letztlich doch ein Paar werden, was wiederum Wolf Haas erlaubt, seinen Roman abzuschließen.

Diese lineare Rekonstruktion ergibt sich aus dem vorliegenden Gespräch zwischen »Literaturbeilage« und »Wolf Haas«, in dem die Handlung jedoch in einer Fülle von Vor- und Rückverweisen, Kommentaren und kritischen Bemerkungen eingeschachtelt ist, die sich vorgeblich auf die ebenfalls nicht durchgehend lineare Darstellung im Roman beziehen. Auch hier wird wie bei Lehr der Anfang eigens zum Thema gemacht, und zwar der Anfang sowohl des Interviews als auch des Romans. Der Text beginnt nach der Kapitelüberschrift »Erster Tag« wie folgt:

LITERATURBEILAGE   Herr Haas, ich habe lange hin und her überlegt, wo ich anfangen soll.
WOLF HAAS   Ja, ich auch.
LITERATURBEILAGE   Im Gegensatz zu Ihnen möchte ich nicht mit dem Ende beginnen, sondern –
WOLF HAAS   Mit dem Ende beginne ich streng genommen ja auch nicht. Sondern mit dem ersten Kuss.
LITERATURBEILAGE   Aber es ist doch ürgendwie [sic!] das Ergebnis der Geschichte, die Sie erzählen. Oder meinetwegen der Zielpunkt, auf den alles

---

[34]   Gropp, Rose-Maria, »Aber jetzt platzt der Berg. Temperatur, Luftdruck, Niederschlag: Wolf Haas kennt alle Wetter«, in: *Frankfurter Allgemeine Zeitung*, 4.10.2006, L 5.

zusteuert. Streng chronologisch gesehen würde das an den Schluss der Geschichte gehören. Ihr Held hat fünfzehn Jahre auf diesen Kuss hingearbeitet. Und am Ende kriegt er ihn endlich. Aber Sie schildern diese Szene nicht am Schluss, sondern ziehen sie an den Anfang vor. (*Wetter* 5)

Der selbstreferentielle Beginn des Interviews mit dem Raisonnement über eben diesen Beginn geht über in die metafiktionale Auseinandersetzung über den Beginn des Romans, dessen Fiktionalität im Interview immer wieder relativiert wird. Denn es soll ja eine Geschichte geben, die sich tatsächlich zugetragen hat, und die der Autor bei der Transformation in seinen Roman nur möglichst schonend verändert, um sie den ästhetischen Erfordernissen anzupassen. So werden die Abweichungen von der realen Vorlage besonders herausgestellt und im Detail diskutiert. Als sich der Autor allzu sehr auf die Vorgaben der Realität beruft, widerspricht ihm die Literaturkritikerin:

> LITERATURBEILAGE Sie argumentieren, eine reale Figur hätte Ihnen keine Wahl gelassen? Da kommen mir doch einige sehr dezidierte Aussagen zu Ihren früheren Büchern in den Sinn, wo Sie sich stets von dem »naiven Realismus« distanzieren, der die meisten Krimis kennzeichne.
> WOLF HAAS Das hab ich früher nur gesagt, weil ich zu faul zum Recherchieren war.
> Literaturbeilage Ach ne!
> WOLF HAAS Ich finde es viel leichter, eine Geschichte zu erfinden. Wo man mit keinem reden muss. […]
> LITERATURBEILAGE Die Reise des Herrn Haas in die Würklichkeit [sic!].
> (*Wetter* 44)

Die Textfigur ›Wolf Haas‹, die mit dem realen Wolf Haas unter anderem teilt, dass beide mit einer Reihe von Kriminalromanen bekannt geworden sind, präsentiert sich also als Autor, der sich erstmals von einer wahren Geschichte und damit von der »Würklichkeit« leiten ließ, deren Verlauf wie auch deren romanhafte Transformation wir aber nur vermittelt über das metafiktionale Spiel von Wolf Haas' Text *Das Wetter vor 15 Jahren* kennen lernen. Diese Vermittlung ersetzt das zu Vermittelnde hierbei völlig und entlarvt damit ihren Vermittlungscharakter als Fiktion. »Autoren beklagen sich ja oft bitter darüber, dass in der Zeitung schon vorab die ganze Handlung verraten wird.« (*Wetter* 5) Genau dies geschieht hier ebenfalls und macht damit den ohnehin inexistenten Roman überflüssig. Der vorliegende Text ist beides zugleich und beides ist unauflöslich ineinander verschränkt: Roman und mediale Vermittlung des Romans im Interview, angeblich wahre Geschichte und deren Verarbeitung im Roman, Fiktion und metafiktionaler Kommentar. Der Roman-im-Interview zieht seinen verführerischen Reiz aus einer 15 Jahre lang aufgeschobenen Liebesgeschichte, auf deren Erfüllung jedoch zu Beginn mit der Vorwegnahme des Kusses schon verwiesen wird; das Interview lockt die Leserinnen und Leser mit den stückweise gebotenen Informationen über diese Geschichte, die sie ja auf anderem Wege nicht bekommen können; und die (weibliche) ›Literaturbeilage‹ lässt sich von den Auslassungen in Romantext und dem bisherigem Verlauf des Interviews zu Nachfragen an ›Wolf Haas‹ über erotische Details hinreißen, die aber nur außerhalb des Interviews beantwortet und damit folgerichtig auch uns vorenthalten werden:

> LITERATURBEILAGE   So lassen Sie Vittorio Kowalski überhaupt nichts von den entscheidenden Minuten im Schmugglerlager erzählen, nachdem die beiden sich splitternackt ins dampfende Heu gelegt haben. [...] Herr Haas, was hat sich in den Minuten, als Herr Bonati verzweifelt an den verriegelten Eingang seines Schmugglerlagers hämmerte, würklich zwischen den beiden Kindern abgespielt?
> WOLF HAAS   Meinetwegen. Wenn du es unbedingt wissen willst, kann ich dir ja verraten, wie es wirklich war. Aber da musst du vorher das Aufnahmegerät ausschalten.
> LITERATURBEILAGE   Ach, du kannst es mir auch so erzählen. Ich lass es dann einfach weg, wenn du es nicht drin haben möchtest.
> WOLF HAAS   Schalt lieber aus, dann kann ich dir wirklich alles erzählen.
> LITERATURBEILAGE   Na gut, aber erinnere mich auf jeden Fall daran, dass ich wieder einschalte, wenn wir dann über Frau Ba (*Wetter* 223–224)

So endet der Text, indem er uns auf sein Jenseits, nämlich die Wirklichkeit verweist und damit das erotische Spiel von Zeigen und Verschweigen, Rätsel und Lösung, Versprechen und Verweigerung vorführt, das fiktionales Erzählen charakterisiert. Zumindest auf Spannung angelegtes literarisches Erzählen kann nur funktionieren, wenn wir etwas erfahren wollen, was es nicht gibt und das mithin weder erfahren noch im eigentlichen Sinne gewusst, sondern eben nur erfunden werden kann. Wissen zu wollen, wie etwas ausgeht, das nie geschehen ist, stellt ein Paradox dar, das einen wichtigen Teil der »willing suspension of disbelief« (Coleridge) ausmacht, die die Praxis des Umgangs mit Fiktionalität konstituiert. Erst das Absehen von der Nicht-Existenz des Fiktiven macht erfundene Geschichten als ergebnisoffen erlebbar und damit spannend. Die vorgebliche Behauptung der Realität eröffnet den Raum für das Spiel des Fiktionalen, das das Reale zugleich als sein Jenseits ausschließt und die gewünschte Erfüllung damit ins Unendliche verschiebt.

Das Spannungsverhältnis zwischen Realitätsbezug und Metafiktion durchzieht alle drei analysierten Texte aus dem letzten Jahrzehnt. Erinnerung, deren Thematisierung im Zusammenhang mit Erzählen üblicherweise eine Authentifizierungsstrategie darstellt, da man sich nur an etwas erinnern kann, das sich tatsächlich zugetragen hat, erscheint auch hier als Instrument einer auf Wirklichkeit gerichteten Mimesis, ist jedoch auf das engste verbunden mit Metafiktionalität und mit Thematisierungen von und Reflexionen über die Medialität, die jedes Erinnern und jedes Erzählen bedingt und prägt.

Literaturverzeichnis

Primärtexte

Haas, Wolf, *Das Wetter vor 15 Jahren. Roman*, Hamburg 2006; im Text zitiert mit Sigle *Wetter*.
Kleeberg, Michael, *Ein Garten im Norden. Roman*, Berlin 1998; im Text zitiert mit Sigle *Garten*.
Lehr, Thomas, *Nabokovs Katze. Roman*, Berlin 1999; im Text zitiert mit Sigle *Katze*.
Musil, Robert, *Der Mann ohne Eigenschaften. Roman*, 1. Bd., hg. von Adolf Frisé, Reinbek 1978 (Gesammelte Werke, Bd. 1).
Wolf, Christa, *Was bleibt*, Berlin, Weimar 1990.

Sekundärliteratur

Agazzi, Elena, *Erinnerte und rekonstruierte Geschichte. Drei Generationen deutscher Schriftsteller und die Fragen der Vergangenheit*, Göttingen 2005.
Arnold-de Simine, Silke, »Themepark GDR? The Aestheticisation of Memory in post-Wende Museums, Literature and Films«, in: Christian Emden und David Midgley (Hgg.), *Cultural Memory and Historical Consciousness in the German-Speaking World Since 1500. Papers from the Conference ›The Fragile Tradition‹, Cambridge 2002, Vol. 1*, Oxford 2004, 253–280.
Auerbach, Erich, *Mimesis. Dargestellte Wirklichkeit in der abendländischen Literatur*, 4. Aufl., Bern, München 1967.
Benjamin, Walter, »Kapitel H [Der Sammler]«, in: Ders., *Gesammelte Schriften. Bd. V: Das Passagen-Werk*, hg. von Rolf Tiedemann, Frankfurt a. M. 1982, 269–280.
Blumenberg, Hans, *Die Legitimität der Neuzeit*, 2. Aufl., Frankfurt a. M. 1988.
Böhn, Andreas, »Memory, Musealization and Alternative History in Michael Kleeberg's Novel ›Ein Garten im Norden‹ and Wolfgang Becker's Film ›Good Bye, Lenin!‹«, in: Silke Arnold-de Simine (Hg.), *Memory Traces: 1989 and the Question of German Cultural Identity*, Oxford 2005, 245–260.
Böhn, Andreas, *Vollendende Mimesis. Wirklichkeitsdarstellung und Selbstbezüglichkeit in Theorie und literarischer Praxis*, Berlin, New York 1992.
Demandt, Alexander, *Ungeschehene Geschichte: Ein Traktat über die Frage: Was wäre geschehen, wenn ...?*, 4., erg. Aufl., Göttingen 2005.
Dux, Günter, *Die Logik der Weltbilder. Sinnstrukturen im Wandel der Geschichte*, Frankfurt a. M. 1982.
Fliedl, Gottfried, »Testamentskultur: Musealisierung und Kompensation«, in: Wolfgang Zacharias (Hg.), *Zeitphänomen Musealisierung. Das Verschwinden der Gegenwart und die Konstruktion der Erinnerung*, Essen 1990, 166–179.
Fliedl, Gottfried (Hg.), *Die Erfindung des Museums. Bürgerliche Museumsidee und Französische Revolution*, Wien 1996.
Gropp, Rose-Maria, »Aber jetzt platzt der Berg. Temperatur, Luftdruck, Niederschlag: Wolf Haas kennt alle Wetter«, in: *Frankfurter Allgemeine Zeitung*, 4.10.2006, L 5.
Helbig, Jörg, *Der parahistorische Roman: Ein literarhistorischer und gattungstypologischer Beitrag zur Allotopieforschung*, Frankfurt a. M. 1988.
Hellekson, Karen, *The Alternate History: Refiguring Historical Time*, Kent, Ohio 2001.
Landwehr, Jürgen, »Von der Repräsentation zur Selbstbezüglichkeit und die Rückkehr des/zum Imaginären. Konzepte von Literatur und literarischem (Struktur-)Wandel und ein ›verkehrtes‹ Mimesis-Modell«, in: Michael Titzmann (Hg.), *Modelle des literarischen Strukturwandels*, Tübingen 1991, 275–295.
Landwehr, Jürgen, *Text und Fiktion. Zu einigen literaturwissenschaftlichen und kommunikationstheoretischen Grundlagen*, München 1975.
Langer, Phil C., *Kein Ort. Überall. Die Einschreibung von ›Berlin‹ in die deutsche Literatur der neunziger Jahre*, Berlin 2002.

Luhmann, Niklas, Selbstreferenz und Teleologie in gesellschaftstheoretischer Perspektive, in: Ders., *Gesellschaftsstruktur und Semantik. Studien zur Wissensoziologie der modernen Gesellschaft*, Bd. 2, Frankfurt a. M. 1981.

Rath, Wolfgang, »Romane und Erzählungen der siebziger bis neunziger Jahre (BRD)«, in: Horst A. Glaser (Hg.), *Deutsche Literatur zwischen 1945 und 1995. Eine Sozialgeschichte*, Bern, Stuttgart, Wien 1997, 309–328.

Scheffel, Michael, *Formen selbstreflexiven Erzählens. Eine Typologie und sechs exemplarische Analysen*, Tübingen 1997.

Sprenger, Mirjam, *Modernes Erzählen. Metafiktion im deutschsprachigen Roman der Gegenwart*, Stuttgart, Weimar 1999.

Strauß, Botho, »Der Aufstand gegen die sekundäre Welt. Anmerkungen zu einer Ästhetik der Anwesenheit«, in: *Die Zeit*, 22.6.1990, 57.

Turner, Victor, *The Ritual Process. Structure and Anti-Structure*, New London 1969.

Uchronia: The Alternate History List, URL: http://www.uchronia.net, gesehen am 12. 5. 2009.

Wolf, Werner, *Ästhetische Illusion und Illusionsdurchbrechung in der Erzählkunst. Theorie und Geschichte mit Schwerpunkt auf englischem illusionsstörenden Erzählen*, Tübingen 1993.

»Ich bin eine Buchperson«:
Zur Funktion metafiktionaler Schreibstrategien bei Giwi Margwelaschwili[1]

Frank Thomas Grub

> … ein Buch, das vor- und zurückschwingt, das näher kommt und sich wieder zurückzieht, dicht an den Leser rückt, wieder zurückweicht und weiterströmt, wie ein Fluß, immer neue Länder umspülend, bis uns, die wir auf diesem Fluß fahren, vor dieser Fülle von Eindrücken schwindelt, obwohl sie ziemlich langsam vorüberziehen und uns die Gelegenheit geben, sie in aller Ruhe zu betrachten und mit dem Blick zu verfolgen. Ein Buch, das eine Unzahl von Sujets an einem Stamm trägt und wie ein Baum wächst, der den Raum zu einer homogenen Masse von Laub und Luft zusammenschließt. Ein Buch, das atmet – die Lunge hat übrigens die Form eines auf den Kopf gestellten Baumes –, sich nahezu unendlich ausdehnt, um sich gleich darauf zu einem Punkt zusammenzuziehen, dessen Sinn letztlich unbegreiflich ist wie der Seele letztes Korn.
> (Andrej Sinjawskij: *Eine Stimme im Chor. Die Werke des Abram Terz*)[2]

> Aber auch – so glaub ich – wenn Sie gegen den dunkelnden Sinn meines Gedichtes läsen, wenn Sie da, wo es finstert, dächten: »Es bleibe hell!«, »Es bleibe Tag!«, »Es leuchte die Sonne!«, wäre mir sicher schon viel geholfen. Denn WIE Sie uns lesen, so leben wir auch.
> (Giwi Margwelaschwili: *Kurze Versweltlebensfreude*)[3]

---

[1] Der vorliegende Beitrag ist die grundlegend überarbeitete, im Hinblick auf den Aspekt der ›Metafiktion‹ und um zahlreiche Textbeispiele erweiterte Fassung eines Vortrags, den der Verfasser am 13.06.2005 im Rahmen des Forschungsschwerpunktes *Grenzregionen und Interferenzräume* an der Universität des Saarlandes, Saarbrücken, sowie am 22.11.2008 im Rahmen der MOVENS-Tagung *Od transgresije k dialoškosti v medkulturnosti: sprememba literarnih in kulturnih paradigem / Von der Grenzüberschreitung zur Dialogizität und Interkulturalität: ein literarischer und kultureller Paradigmenwechsel* an der Universität Ljubljana hielt. Eine frühere Fassung mit einer ausführlichen Bibliographie der bis 2005 erschienenen Primär- und Sekundärliteratur findet sich unter dem Titel *Zwischen ›Realwelt‹ und ›Buchwelt‹ – ›deutsch‹ und ›georgisch‹. Zur Prosa des Schriftstellers Giwi Margwelaschwili*, in: Germanistische Studien No. 5. *Eine Zeitschrift des Vereins Deutsche Sprache (Georgien)*, Tbilissi 2005, 29–42.
[2] Sinjawskij, Andrej, *Eine Stimme im Chor. Die Werke des Abram Terz*. Band II. Aus dem Russischen von Swetlana Geier. Hrsg. und mit einem Nachwort versehen von Taja Gut. Durchgesehene und verbesserte Neuausgabe, Frankfurt a. M. 2009, [7].
[3] Margwelaschwili, Giwi, Kurze Versweltlebensfreude, in: *GEDICHTWELTEN – REALWELTEN. Giwi Margwelaschwili*. Mit Beiträgen von Carsten Gansel, Helmut Glück, Heinz Gockel, Alexander Kartosia, hrsg. von Heinz Gockel, Bamberg 1994, 111–112, hier 112.

1 Vorbemerkungen

Dass ›Metafiktion‹ zu den umstritteneren Begriffen der Literaturwissenschaft gehört, zumal eine mehr oder minder allgemein anerkannte Definition fehlt und infolgedessen das Verständnis sowohl eng als auch sehr weit gefasst werden kann,[4] muss im Rahmen des vorliegenden Bandes kaum eigens betont werden. Insofern sind die im Folgenden zitierten Definitionen lediglich als grobe Orientierung zu verstehen.

Uwe Spörl definiert im *Metzler Lexikon Literatur* »Metafiktion« als

> Erzähllit., die ihre [...] Fiktionalität gezielt und grundsätzlich offenlegt, bzw. entsprechende Erzähl- oder Darstellungsstrategien. [...] Umstritten bzw. im Einzelfall zu prüfen ist, inwieweit M. die Illusionsbildung auf Seiten des Rezipienten grundsätzlich stört oder gar zerstört oder ob sie nur ein Bewusstsein des Lesers für das fiktionale Als-ob-Spiel schafft oder verlangt.[5]

Gero von Wilpert sieht »Metafiktion« als

> Sammelbz. für erzählende Texte, die selbst bewußt die Erzählfiktion bzw. Leserillusion durchbrechen, selbstreferentiell und systematisch den Kunstcharakter des Werkes spielerisch bloßstellen und ihrerseits durch Analysen und Kommentare des fingierten Erzählprozesses thematisieren, das Unzureichende der Erzählkonventionen aufdecken und die Frage nach dem Verhältnis von Fiktion zur Realität neu stellen, wobei der Leser zugleich Nachvollzieher des fiktiven Textes und von dessen Selbstreflexion ausgeschlossen ist.[6]

Werner Wolf versteht im *Metzler Lexikon Literatur- und Kulturtheorie* »Metafiktion« als

> (Teil einer) Erzählung, die von Metafiktionalität, einer Sonderform von [...] Metatextualität und damit von literar. Selbstreferentialität [...] bzw. Selbstreflexivität, geprägt ist. Metafiktional sind selbstreflexive Aussagen und Elemente einer Erzählung, die nicht auf Inhaltliches als scheinbare Wirklichkeit zielen, sondern zur Reflexion veranlassen über [...] Textualität und [...] ›Fiktionalität‹ – im Sinne von ›Künstlichkeit, Gemachtheit‹ oder ›Erfunden-

---

[4] Vgl. überblicksartig Nünning, Ansgar, »Metanarration als Lakune der Erzähltheorie: Definition, Typologie und Grundriß einer Funktionsgeschichte metanarrativer Erzähleräußerungen«, in: *Arbeiten aus Anglistik und Amerikanistik* 26 (2001), 125–164; Fludernik, Monika, »Metanarrative and Metafictional Commentary: From Metadiscursivity to Metanarration and Metafiction«, in: *Poetica* 35 (2003), 1–39, sowie den Sammelband *Metaisierung in Literatur und anderen Medien. Theoretische Grundlagen – Historische Perspektiven – Metagattungen – Funktionen*, hrsg. von Janine Hauthal, Julijana Nadj, Ansgar Nünning & Henning Peters, Berlin, New York 2007.

[5] [USP; d. i. Spörl, Uwe]: »Metafiktion«, in: *Metzler Lexikon Literatur. Begriffe und Definitionen*. Begründet von Günther und Irmgard Schweikle, hrsg. von Dieter Burdorf, Christoph Fasbender und Burkhard Moennighoff, 3. völlig neu bearbeitete Auflage, Stuttgart, Weimar 207, 493–494, hier 493.

[6] Wilpert, Gero von, »Metafiktion«, in: Ders., *Sachwörterbuch der Literatur*, 8., verbesserte und erweiterte Auflage, Stuttgart 2001, 512–513, hier 512.

heit‹ –, mitunter auch über eine angebliche Faktualität der Geschichte und über Phänomene, die mit all dem zusammenhängen.[7]

An anderer Stelle heißt es bei Wolf:

> Metafiktional sind metaästhetische Aussagen und alle autoreferentiellen Elemente eines Erzähltextes, die – unabhängig von ihrer impliziten oder expliziten Erscheinung – folgender Bedingung genügen: Sie müssen den Rezipienten in spürbarer Weise Phänomene zu Bewußtsein bringen, die sich nicht auf den Inhalt von Erzählungen als scheinbare Wirklichkeit beziehen, sondern auf das eigene, fremde oder allgemeine Erzählen als (Sprach-)Kunst und namentlich auf dessen Fiktionalität (im Sinne sowohl der Gemachtheit des Erzähltextes wie der ›Unwirklichkeit‹ oder Erfundenheit der in ihm vermittelten Welt).[8]

Noch vor Wolf hatte Patricia Waugh den Aspekt der Selbstreferentialität metafiktionaler (Erzähl-)Texte ausführlich thematisiert, wie bereits der Titel ihrer grundlegenden Studie erkennen lässt: *Metafiction. The Theory and Practice of Self-Conscious Fiction*: »*Metafiction* is a term given to fictional writing which self-consciously and systematically draws attention to its status as an artefact in order to pose questions about the relationship between fiction and reality.«[9] Dabei ist zu berücksichtigen:

> [...] metafiction is not so much a sub-genre of the novel as a tendency *within* the novel which operates through exaggeration of the tensions and oppositions inherent in all novels: of frame and frame-break, of technique and countertechnique, of construction and deconstruction of illusion.[10]

Im Rahmen dieses Beitrags soll es, anknüpfend vor allem an Werner Wolfs und Patricia Waughs hinreichend offenes und dennoch nicht uferloses Verständnis des Begriffs, um metafiktionale Schreibstrategien in ausgewählten Prosatexten des deutsch-georgischen Schriftstellers Giwi Margwelaschwili gehen. Im Anschluss an einen für die nachfolgenden Überlegungen unerlässlichen biographischen Überblick soll insbesondere den Fragen nachgegangen werden, wie die konkrete Ausformung dieser Strategien aussieht und zu welchem Zweck Margwelaschwili sich ihrer bedient. Eine Herangehensweise mit Hilfe der begrifflichen Prämissen von ›Metafiktion‹ bietet sich an, da sich Margwelaschwilis Werke althergebrachten literaturwis-

---

[7] [WW; d.i. Wolf, Werner], »Metafiktion«, in: Ansgar Nünning (Hg.), *Metzler Lexikon Literatur- und Kulturtheorie. Ansätze – Personen – Grundbegriffe*. Dritte, aktualisierte und erweiterte Auflage, Stuttgart, Weimar 2004, 447–448, hier 447.
[8] Wolf, Werner, »Metafiktion. Formen und Funktionen eines Merkmals postmodernistischen Erzählens. Eine Einführung und ein Beispiel: John Barth, ›Life Story‹«, in: *Literatur in Wissenschaft und Unterricht* 30 (1997), 31–49, hier 37; im Original fett gedruckt.
[9] Waugh, Patricia, *Metafiction. The theory and practice of self-conscious fiction* (1984), London, New York 2003, 2.
[10] Ebd., 14.

senschaftlichen Beschreibungskriterien in der Regel entziehen: Begriffe wie ›Autor‹, ›Ich-Erzähler‹ bzw. ›lyrisches Ich‹ etc. führen zumindest in ihrem traditionellen Verständnis bereits im Hinblick auf die Deskription von Margwelaschwilis Texten wenig weiter.

2 Auf den Spuren von »Kapitän Wakusch« – Biographische Eckdaten

Giwi Margwelaschwili wurde am 14. Dezember 1927 in Berlin-Charlottenburg als Sohn georgischer Einwanderer geboren. Der Vater, Titus von Margwelaschwili (Jahrgang 1891), hatte nach dem Abitur in seiner Heimatstadt Kutaissi ab 1909 in Leipzig studiert und 1913/14 an der Universität Halle-Wittenberg promoviert.[11] Die Annexion Georgiens durch Russland 1921 war Anlass für seine Übersiedlung nach Berlin, wo er Philosophie und Orientalistik an der *Friedrich-Wilhelms-Universität* lehrte und an der georgischen Exilzeitschrift *Kaukasus* mitarbeitete. Die Mutter, Maria Chetschinaschwili, starb früh; der Vater fand keine Zeit, dem Sohn Georgisch beizubringen.

Giwi Margwelaschwili wurde in Berlin also ausschließlich deutschsprachig groß. In seiner Freizeit hielt er sich gerne in Dixie-, Jazz- und Foxtrottkneipen auf. Niedergelegt sind diese und weitere Erfahrungen im ersten des auf fünf Bücher angelegten autobiographischen Romans *Kapitän Wakusch*, der den Untertitel »In Deuxiland« trägt.[12] Hier lässt sich bereits die Vorliebe des Autors für Wort-, Laut- und Buchstabenspiele erkennen: Aus »Dixieland« und »Deutschland« wird »Deuxiland« – ein Wort, das

---

[11] Vgl. Margwelaschwili, Titus von, *Colchis, Iberien und Albanien um die Wende des 1. Jahrhunderts v. Chr. mit besonderer Berücksichtigung Strabo's. Inaugural-Dissertation zur Erlangung der Doktorwürde der Hohen Philosophischen Fakultät der Vereinigten Friedrichs-Universität Halle-Wittenberg*[,] vorgelegt von Titus von Margwelaschwili[,] Koutaïs (Georgien), Halle (S.) 1914.
Der erste Band von *Kapitän Wakusch* »ist auf ihr [der Dissertation; F.Th.G.] aufgebaut«. (Giwi Margwelaschwili: handgeschriebener Brief an den Verfasser, 23.10.2005, 1).

[12] Zum Verhältnis von Realität und Fiktion in *Kapitän Wakusch* erklärt Giwi Margwelaschwili am Beispiel der Figur des italienischen Saxophonisten Tullio Mobiglia: »Tullio spielte in der Rosita-Bar am Bayrischen Platz. Den Kakadu gab es in der späteren Kriegszeit gar nicht mehr oder er hatte dann schon allen seinen Glanz verloren. Dennoch lasse ich Tullio im Kakadu musizieren. Warum? Weil dieser Name literarisch viel verwertbarer ist als Rosita. Der Kakadu ist eine Tingeltangelparodie auf den Reichsadler. (Nicht nur auf den deutschen, sondern auch auf den russischen). In einem späteren Wakuschband gibt es bei mir folgende Proposition: ›Vom Zarenadler zur roten Fahne‹ und ›Von der roten Fahne zum Kakadu‹. Damit ist die gesamte russische Revolutionsgeschichte von A bis Z sehr treffend ausgedrückt.« (Margwelaschwili, Giwi, handgeschriebener Brief an den Verfasser, 23.10.2005, 1).

für Deutschland als Teil von Westeuropa bzw. des ›Westens‹ überhaupt steht, im Gegensatz zum ›Osten‹ der Sowjets.

1944 wollten Titus und Giwi zusammen mit anderen georgischen Emigranten über die Alpen nach Italien fliehen. Sie kamen jedoch nur bis Salzburg und mussten von dort wieder zurück nach Berlin fahren. Das erste Buch von *Kapitän Wakusch* endet 1946 mit dem wohl tiefsten Einschnitt in Margwelaschwilis Leben. Diesen beschreibt er in seinem »Lese-Lebenslauf« folgendermaßen:

> Im Februar 1946 Übertölpelung meines Ex-Mamassachlissimus (= Vater) durch den Geheimdienst des Kolchosischen Kosmos, seine Entführung zusammen mit Söhnchen (mit mir) aus dem dixieländisch-bostonischen Sektor Berlins in den kolchosischen. Hier die Trennung der beiden (Ex-Mamassachlissimus ist nach Verurteilung ... dann irgendwo am Polarkreis interniert und anonym verstorben). Sein Sohn (ich) ist nach 1 Monat Bunkerhaft und 1 1/2 Jahren Aufenthalt in Sachsenhäuschen ... über Moskau nach Tbilissi geflogen und dort bei seiner Tante zur Bemutterung abgegeben worden. Seither auf der Wartburg gegen alle menschenrechtswidrigen Auswüchse der Dikatur des Proletariats.[13]

Hinter diesem zumindest auf der sprachlichen Ebene vergleichsweise distanzierten Umgang mit der eigenen Biographie stecken Erlebnisse, die äußerste Belastungssituationen darstellen: Am 6. Februar 1946 wurde Margwelaschwili zusammen mit seinem Vater unter dem Vorwand der Einladung zu einem »georgischen Bankett«[14] vom sowjetischen Geheimdienst *NKWD* aus dem amerikanischen in den Ost-Sektor Berlins gelockt. Titus wurde der Prozess gemacht; er wurde noch im selben Jahr erschossen.[15] Giwi wurde nach sechs Wochen Bunkerhaft ohne Verhör und Urteil eineinhalb Jahre lang im nunmehr sowjetisch geführten Konzentrationslager Sachsenhausen, dem »Spezialager Nr. 7«, interniert. Im Herbst 1947 schob man ihn via Moskau nach Tbilissi ab, wo er keineswegs mit offenen Armen empfangen wurde: Der Geheimdienst brachte ihn zu einer Tante, der Schwester seines Vaters, die zunächst Beweise sehen wollte, dass Giwi tatsächlich ihr Neffe sei.

An dem zitierten Ausschnitt aus dem »Lese-Lebenslauf« wird deutlich, dass gerade die Auseinandersetzung mit der eigenen Biographie durch eine

---

[13] Zit. nach Gansel, Carsten, »Leben im Ontotext oder Künsterische Rebellion gegen das Schicksal«, in: *Giwi Margwelaschwili – Leben im Ontotext. Poesie – Poetik – Philosophie*, hrsg. und mit einem Vorwort von Carsten Gansel, Neubrandenburg [o.J.], 5–22, hier 16. Die originale und von den in Deutschland geltenden Regeln bisweilen abweichende Rechtschreibung des Autors wurde aus Gründen der Authentizität in den Zitaten beibehalten.

[14] Jacob, Barbara, »Die phantastischste Expedition aller Zeiten. Giwi Margwelaschwili schreibt von der Notwendigkeit der großen Korrektur«, in: *Neue Zeit*, 24.03.1993.

[15] In *Kapitän Wakusch* ist noch von der Internierung des Vaters die Rede; die Wahrheit erfuhr Giwi Margwelaschwili erst später.

spezifische Sprache geprägt ist, die in den beiden Bänden von *Kapitän Wakusch* nach und nach systematisch eingeführt wird. Im Zentrum des zweiten Bandes des autobiographischen Romans stehen Margwelaschwilis Erfahrungen während der Haftzeit; Untertitel ist der euphemistisch zu verstehende Diminutiv »Sachsenhäuschen«.

In Tbilissi musste der Zwanzigjährige erst einmal Georgisch und Russisch lernen. Dank der Hilfe einflussreicher Freunde und Verwandter durfte er studieren. Von 1954 bis 1970 arbeitete er als Englisch-,[16] vor allem aber als Deutschlehrer am Pädagogischen Fremdspracheninstitut. In dieser Zeit entstanden auch seine ersten Romane und philosophischen Arbeiten. Als Heinrich Böll in den sechziger Jahren Georgien besuchte, zeigte er sich beeindruckt vom ersten Band des *Kapitän Wakusch* und bot seine Hilfe an. Aus Angst vor negativen Konsequenzen händigte Margwelaschwili ihm das Manuskript jedoch nicht aus.

1971 wurde er Mitarbeiter am Philosophischen Institut der Georgischen Akademie der Wissenschaften; Schwerpunkte seiner dortigen Tätigkeit bildeten Forschungen über die Phänomenologie von Husserl, Scheler und Heidegger. Im Herbst 1983 lernte er den Ostberliner Künstler Ekkehard Maaß kennen, der ihn alljährlich besuchte und ihn auch in die DDR einladen konnte. Auf Vermittlung von Maaß wurden Anfang der neunziger Jahre die ersten Bände des literarischen Werks veröffentlicht: bei *Rütten & Loening* in Berlin, bei *Insel* in Frankfurt am Main und Leipzig sowie im *Südverlag*, Konstanz. Seit 2007 erscheinen seine Werke in loser Folge im Berliner *Verbrecher Verlag*.[17]

Heute lebt Giwi Margwelaschwili im Berliner Wedding; seit 1994 besitzt er wieder die deutsche Staatsbürgerschaft:

> Die Rückkehr ist – auch wenn sie keine definitive mehr sein kann – natürlich mit großen positiven Emotionen verbunden. Schon allein der Umstand, daß der Gang der Weltgeschichte mir heute die Möglichkeit verschafft, dorthin zurückzugehen, wo er mich viele Jahre zuvor ungerechterweise entfernt hat, gibt Genugtuung […].[18]

An Preisen und Auszeichnungen sind hervorzuheben das einmonatige Amt des Stadtschreibers von Saarbrücken 1990, Stipendien der *Heinrich-Böll-Stiftung* und des *DAAD* 1991, die Bamberger Poetik-Professur

---

[16] Für diesen Hinweis danke ich Frau Prof. Dr. Mzia Gwenzadse, Tbilissi.
[17] Vgl. *Officer Pembry. Roman*, Berlin 2007; *Zuschauerräume. Ein historisches Märchen*, Berlin 2008; *Vom Tod eines alten Lesers. Erzählungen*, Berlin 2008; *Der Kantakt. Aus den Lese-Lebenserfahrungen eines Stadtschreibers*, Berlin 2009.
[18] Gansel, Carsten, »Gespräch mit Giwi Margwelaschwili«, in: *Giwi Margwelaschwili – Leben im Ontotext. Poesie – Poetik – Philosophie*, hrsg. und mit einem Vorwort von Carsten Gansel, Neubrandenburg [o.J.], 23–44, hier 41.

1994, der *Ehrenpreis* des *Brandenburgischen Literaturpreises* 1995, der *Förderpreis Literatur* zum *Kunstpreis Berlin* 1997, die Ehrendoktorwürde der Staatlichen *Iwane-Dshawachischwili-Universität*, Tbilissi, 1998, der *Gustav-Regler-Literaturpreis* 2002, die *Goethe-Medaille* 2006[19], das *Bundesverdienstkreuz* 2008 sowie – seit 1994 – ein Ehrenstipendium des Bundespräsidenten.

3 »Leben im Ontotext« – Poetologische Aspekte

Wenn es so etwas wie eine eigene Margwelaschwilische Poetik gibt, dann lässt sich diese am ehesten mit den Begriffen ›Ontotextualität‹ bzw. ›Ontotext‹ fassen. In einem 1991 geführten Gespräch mit dem Literaturwissenschaftler Carsten Gansel erklärt Margwelaschwili ›Ontotext‹ wie folgt:

> Die Texte der Muttersprache – ob gesprochen, ob geschrieben, macht keinen Unterschied – sind regelrechte Onto-texte [sic], also Sinngefüge, deren lesendes (dekodierendes) Verständnis mit dem Leben selbst in den Menschen hineinwächst. Das gilt vor allem für den gesprochenen muttersprachlichen Ontotext.
> Der muttersprachliche Ontotext ist aber auch immer so etwas wie ein Spiegel unserer Innen- und Außenwelt, er beformt diese Welten mit seinen Bedeutungen, verwandelt sie in entsprechende »ontotextuelle« Dimensionen (in spezifische Sprachwelten), die dem Menschen wie ontotextologische Bestimmungen anhängen, ihn in diesen oder jenen sprachweltlichen »Ontokontext« einordnen.[20]

Folglich wurde Margwelaschwili 1946/47 aus seinem »deutschen Ontokontext herausgerissen und in anderssprachige (russische und georgische) Ontotextualitäten hineingeworfen«[21], die ihm vollkommen fremd waren. Detlef Claußen erklärt in diesem Zusammenhang: »Der gewaltsame Sprachentzug verdichtet sich für den achtzehnjährigen Abiturienten zum Beginn einer unmöglichen Existenz, einer unheilbaren lebensgeschichtlichen Beschädigung durch die Geschichte, die Margwelaschwili in einer unendlichen Anstrengung zu bearbeiten sucht.«[22] Das Schreiben auf Deutsch ist für Margwelaschwili also Überlebenshilfe in der für ihn besonders belasten-

---

[19] Vgl. dazu Margwelaschwili, Giwi, »Goethes temporale Bruchrechnung« [Rede anlässlich der Verleihung der Goethe-Medaille 2006]; Typoskript, in: Süddeutsche Zeitung, 24.03.2006.
[20] Gansel, Carsten, »Gespräch mit Giwi Margwelaschwili«, in: *Giwi Margwelaschwili – Leben im Ontotext. Poesie – Poetik – Philosophie* hrsg. und mit einem Vorwort von Carsten Gansel, Neubrandenburg [o.J.], 23–44, hier 23 f.
[21] Ebd., 24.
[22] Detlef Claußen; zit. nach Gansel, Carsten, »Leben im Ontotext oder Künsterische Rebellion gegen das Schicksal«, in: *Giwi Margwelaschwili – Leben im Ontotext. Poesie – Poetik – Philosophie*, hrsg. und mit einem Vorwort von Carsten Gansel. Neubrandenburg [o.J.], 5–22, hier 18.

den, grenzwertigen Lebenssituation der Sowjetunion. Er selbst erläutert in diesem Zusammenhang:

> Ich habe den Verlust meines primären sprachlichen (also deutschen) Ontokodes niemals akzeptieren können. Je weiter die äußeren Ereignisse in meinem Leben diesen Kode und seine ontotextuelle Realität von mir abrückten, desto kostbarer und in ihrer Art unersetzlicher erschienen sie mir. Als den von dieser ontotextuellen Basis geprägten Menschen wollte ich mich nicht verlieren, und das ist denn wohl auch mit ein Hauptgrund, warum ich »drüben« zu schreiben anfing: es war, um dem Ontokode eine – wie auch immer ungeschickt gefügte und im Wesentlichen sicher auch nur aus der Phantasie gezogene – Bedeutungswelt zu geben [...]. Ich glaube, daß mein Geschreibsel dem deutschsprachigen Ontokode in mir in einem nicht geringen Maße geholfen hat, seine Überlagerung durch andere Ontotextualitäten ohne zu viel Schaden zu überstehen und sich als die ontotextologische Dominante meiner Person zu erhalten.[23]

Für alle fiktionalen Werke Giwi Margwelaschwilis gilt die grundsätzliche Unterscheidung zwischen einer ›Realwelt‹ und einer ›Buch-‹ bzw. ›Vers-‹ oder ›Sujetwelt‹, folglich auch zwischen ›Realpersonen‹, die sich in der ›Realwelt‹ bewegen, und ›Buchpersonen‹, die dies in der ›Buchwelt‹ tun. Es mag zunächst nahe liegen, diese Begriffe mit ›real‹ und ›fiktional‹ zu identifizieren, also mit der real existierenden Ebene der Welt des Lesers bzw. der Leserin oder einer historisch belegbaren Welt und der fiktionalen Ebene des literarischen Texts. Eine solche Zuschreibung greift jedoch allein schon deshalb zu kurz, weil sowohl die ›Realwelt‹ als auch die ›Buchwelt‹ zwei verschiedene Ebenen innerhalb des fiktionalen Textes darstellen und somit auch die scheinbar ›reale‹ Welt im Bereich der Fiktion angesiedelt ist oder zumindest dahin verschoben wird. Der Beginn von *Muzal. Ein georgischer Roman* (1991) veranschaulicht diese Dichotomie und kann als Einführung in die literarische Begriffswelt des Autors gelesen werden:

> Ich bin eine Buchperson. Das bedeutet, daß ich eigentlich nur in einem Buch zu Hause bin, nur zwischen zwei Deckeln richtig existiere und statt einer Telephonnummer eine Seitennummer habe. Ab und zu – es geschieht nicht oft, aber auf ein paar Besuche im Jahr kann ich immer rechnen – steckt eine Realperson ihren Kopf zu mir herein. Ich sollte sagen zu uns, denn ich bin nicht allein in meinem Buch. Mit mir zusammen sind da noch hundert andere Gestalten. Wir bilden eine zahlreiche, auch ziemlich weit verzweigte thematische Verwandtschaft. Als beiläufige Erklärung sei eingeschoben, daß die Buchpersonenfamilien im Unterschied zur Realwelt – wo die Leute doch vor allem nach ihren Blutsverwandtschaften geordnet sind – immer ein Thema zur Grundlage haben. Zum Beispiel kann ich mir mein Leben ohne all die

---

[23] Gansel, Carsten, »Gespräch mit Giwi Margwelaschwili«, in: *Giwi Margwelaschwili – Leben im Ontotext. Poesie – Poetik – Philosophie*, hrsg. und mit einem Vorwort von Carsten Gansel, Neubrandenburg [o.J.], 23–44, hier 30 f.

anderen Personen, die in meinem Buch vorkommen, gar nicht vorstellen. Obwohl uns überhaupt keine Verwandtschaft im geläufigen Sinne verbindet, ich bin sogar ganz anderer Abstammung als die übrigen, sind wir doch am engsten aufeinander angewiesen, und genau so sieht es – wie man sagt – in allen anderen Büchern aus. [...]

Während der ohnehin nur sehr kurzen Zeit, die mir in meinem Buch zu leben vergönnt ist, habe ich keine einzige Sekunde frei. Meine ganze Aufmerksamkeit wird von einer anderen Buchperson in Anspruch genommen, welche mir an den Kragen will [...].[24]

Die letzten Sätze verweisen bereits unmittelbar auf die Handlung von *Muzal* (vgl. dazu 4). Wie eng die ›Real-‹ und die ›Buchwelt‹ bzw. im folgenden Beispiel die ›Sujetwelt‹ miteinander in Verbindung sein können, zeigt die Vorbemerkung zu dem Theaterstück *Zuschauerräume* (1991):

Eine für dieses Stück notwendige thematische Grundbedingung besteht in folgendem: Die ersten zwei Sitzreihen des realen Zuschauerraumes sind geräumt. Die leeren Plätze dürfen von keinem Zuschauer (keiner Realperson) belegt werden. Zu beiden Seiten der Sitzreihen sind zwei große, weiße, mit schwarzen Druckbuchstaben beschriftete Plakate aufgestellt. Sie enthalten folgenden Hinweis:

An unser verehrtes realweltliches Publikum!

Wie uns die Erfahrung zeigt, ist das Leben in der Sujetwelt, welche wir Ihnen heute zur Ansicht freigeben, kein strenges Für-sich-Sein. Die Sujetpersonen dieses Stückes zeigen eine Tendenz zum Einsehen und sogar Einbrechen in unsere realen Zuschauerräume. Sie brauchen sich aber deswegen nicht zu beunruhigen. Es kommt hier nur einmal und nur bei einer Sujetperson zu dem Weltsphärenwechsel. Sie taumelt auch schon halbtot zu uns herein und gibt dann ihren Geist zwischen den leeren Stühlen auf. Es ist ganz harmlos.

Die Theaterdirektion[25]

Die beiden Textauszüge präsentieren sich trotz der unterschiedlichen Gattungen – im Falle der Vorbemerkung zum Theaterstück ist dies besonders bemerkenswert – als hochgradig selbstreflexiv. Aus dem in *Zuschauerräume* angekündigten »Weltsphärenwechsel« lässt sich zudem ableiten, dass weder eine konsequente Trennung von ›Real-‹ und ›Buchwelt‹ möglich ist noch eine solche zwischen (fiktionaler) ›Realwelt‹ und der (real existierenden) Welt der Theaterinszenierung – mit der zumindest traditionell die Absicht der Illusionsbildung einhergeht.

Ergänzend zu den beiden Beispielen sei eine Äußerung von Giwi Margwelaschwili zitiert, in der mögliche Funktionen dieser als Strategien ver-

---

[24] Margwelaschwili, Giwi, *Muzal. Ein georgischer Roman*, Frankfurt a. M., Leipzig 1991, 7.
[25] Margwelaschwili, Giwi, *Zuschauerräume. Ein historisches Märchen*, Berlin 2008, 7.

stehbaren ästhetischen Vorgehensweise angedeutet werden. Gefragt, ob der »Umgang des Giwi Margwelaschwili mit Buchweltpersonen auch als ein Reflex auf erlebte Unfreiheit zu sehen [sei; F.Th.G.] und als ein Akt der inneren Befreiung und Gegenwehr«[26], antwortete der Autor:

> Ich glaube, mich kennzeichnet wirklich ein durchaus ontotextologisches Verständnis von Buchpersonen, d. h. ein Verständnis, das diese Menschen in ihrer Gebundenheit an ihre Text(um)welt begreift, das sie in ihrer prinzipiellen Abhängigkeit von Sinn und Thema dieser Welt sieht. In dieser Sicht erscheinen die ontothematischen Bindungen von Buchweltpersonen – da sie ja für ewig sind, da die buchwelt(bezirks)thematischen Lebensläufe sich ja immer wieder in demselben Sinne zu entwickeln haben und selbst auch der Zufall nichts an dem streng vorgeschriebenen, thematischen Kurs der buchweltlichen Ereignisse ändern kann – als der grausamste Ausdruck einer in jedem Bezuge invariablen (jede freie Entscheidung, etwas anderes, bzw. Un- oder gar Antithematisches zu versuchen, apriorisch ausschliessenden [sic]) Existenznotwendigkeit. [...] Es ist daher nur logisch, wenn (m)ein ontotextologisches Verständnis für Buchweltpersonen auch nach Möglichkeiten sucht, die ontothematische Klammer, in der diese Personen zu leben haben (gelesen werden), zu lösen, das Gefüge ihres Welttextes aufzulockern, da Lücken oder Nischen zu schaffen, wo sie sich auch mal un- bzw. heterothematisch entfalten können u. ä. Und selbstverständlich ist das alles und vor allem eine Weise meines Reagierens auf den ideologischen Weltkäfig, in dem ich wie so viele Millionen andere zu leben hatte, eine Art, diesen Käfig – wenn auch auf einem ganz anderen, von der uns damals quälenden Ontotextualität völlig unterschiedlichen, textologischen Niveau – umzustürzen und den Menschen wieder in seinen ontotextuellen Grundzustand der Weltoffenheit zurückzubringen.[27]

Hier wird zugleich deutlich, was mit der sowohl eingangs als auch im biographischen Teil dieses Beitrags angedeuteten Verbindung von Leben und Werk gemeint ist: Das Schreiben, aber auch das Lesen werden zu Akten der Befreiung auf der Autor-, der Figuren- und der Leserebene; reale biographische Ereignisse werden also im Schreiben – und folglich auch im Lesen – auf der Ebene der Phantasie bearbeitet. Margwelaschwilis metafiktionale Schreibstrategien bieten sich hierfür in besonderem Maße an, spielen sie doch mit den Begriffen ›real‹ und ›fiktional‹ und reflektieren nicht nur das Schreiben selbst und dessen Prozess, sondern mit ihrem Bezug auf die Wirklichkeit auch Fragen der Konstituierung von Realität außerhalb jeglichen Texts.

Die poetologischen Überlegungen des Schriftstellers sind dabei keineswegs neu; sie werden von ihm aber zweifellos mit besonderer Konsequenz

---

[26] Gansel, Carsten, »Gespräch mit Giwi Margwelaschwili«, in: *Giwi Margwelaschwili – Leben im Ontotext. Poesie – Poetik – Philosophie*, hrsg. und mit einem Vorwort von Carsten Gansel. Neubrandenburg [o.J.], 23–44, hier 36; im Original kursiv.
[27] Ebd., 36 f.

umgesetzt. Mit der Vorstellung vom ›Text im Text‹ bzw. vom ›Buch im Buch‹ und damit letztlich von der Fiktion in der Fiktion bewegt Margwelaschwili sich in einer Tradition, die von Novalis' *Heinrich von Ofterdingen* (1802) über Ludwig Tieck und Jean Paul zu Elias Canettis *Die Blendung* (1935), Arno Schmidts *Zettels Traum* (1970) und Michael Endes *Die unendliche Geschichte* (1979) reicht.[28] Zudem bezieht sich Margwelaschwili mehrfach auf Goethe,

> der sich in seinem ›Faust‹ [II; F.Th.G.] und da in der Helena-Episode mit der Synthese zweier Welten (einer ›realen‹ und ›irrealen‹) befasst, die man als ontotextologische Synthese bezeichnen kann. Wie die ›realen‹ und ›irrealen‹ Textweltmenschen hier zusammenkommen, wie ihr Beisammensein von ihrer jeweiligen Ontotextualität her bestimmt wird und wie es dann an der textlichen Gegensätzlichkeit der beiden Welten zerschellen muß, ist eines der lehrreichsten Kapitel über Ontotextologie.[29]

Weitere zu nennende Vorbilder sind die lateinamerikanische Literatur, vor allem Jorge Luis Borges[30], aber auch die Italiener Italo Calvino und Umberto Eco sowie der russische Emigrant Andrej Donatowitsch Sinjawskij alias Abram Terz mit seinem autobiographischen Roman *Gute Nacht* (1984)[31] – Autoren, die vielfach auch in der Forschung zur Metafiktion eine zentrale Rolle einnehmen. In einem umfangreichen Poetik-Vortrag geht Margwelaschwili selbst unter anderem auf *Wo warst du, Adam?* (1951) ein, den ersten Roman von Heinrich Böll, in dessen Titel bereits die Ontotextualität angelegt sei.[32]

4 Die Romane *Das böse Kapitel*, *Muzal* und weitere Beispiele anderer Gattungen

War bisher im Wesentlichen von biographischen Aspekten und solchen der Margwelaschwili'schen Poetik die Rede, so sollen im Folgenden die beiden großen Romane *Das böse Kapitel* und *Muzal* sowie ergänzend einige

---

[28] Vgl. ebd., 38f.
[29] Ebd., 39; vgl. dazu ausführlicher Margwelaschwili, Giwi, »Die Homerische Sujetwelt in Goethes ›Faust‹«, in: *Giwi Margwelaschwili – Leben im Ontotext. Poesie – Poetik – Philosophie*, hrsg. und mit einem Vorwort von Carsten Gansel, Neubrandenburg [o.J.], 147–168.
[30] Vgl. Gansel, Carsten, »Gespräch mit Giwi Margwelaschwili«, in: *Giwi Margwelaschwili – Leben im Ontotext. Poesie – Poetik – Philosophie*, hrsg. und mit einem Vorwort von Carsten Gansel, Neubrandenburg [o.J.], 23–44, hier 39f.
[31] Vgl. Margwelaschwili, Giwi, »Ontotextualität in Philosophie und Kunst«, in: *Giwi Margwelaschwili – Leben im Ontotext. Poesie – Poetik – Philosophie*, hrsg. und mit einem Vorwort von Carsten Gansel, Neubrandenburg [o.J.], 45–76, hier 76.
[32] Vgl. ebd., 73f.

kürzere Texte anderer Gattungen einer genaueren Betrachtung unterzogen werden. Gemeinsam ist den hier interessierenden Werken nicht nur die bereits thematisierte Unterscheidung in eine ›Real-‹ und eine ›Buchwelt‹, sondern auch und vor allem das Muster, bekannte Prätexte zu ›korrigieren‹ bzw. deren Figuren zu befreien.

4.1 *Das böse Kapitel*

Das böse Kapitel erschien 1991 als erster Roman des Zyklus' *Die große Korrektur*. Zwölf schwer bewaffnete Figuren, die die Decknamen der Jünger Jesu tragen und aus deren kollektiver Perspektive zunächst erzählt wird, sind unterwegs in das Bethlehem des Matthäus-Evangeliums. Angeführt werden sie von Thaddäus, der später auch als Ich-Erzähler fungiert. Das erklärte Ziel des Trupps ist die Korrektur des aus der Sicht jener ›Realpersonen‹ stellenweise allzu blutrünstigen Bibeltextes, hier der Kindermorde von Bethlehem.

Der beschrittene Weg erweist sich als problematisch, zumal nicht die gesamte Bevölkerung hinter dem Projekt steht: Bezeichnenderweise engagieren sich lediglich die Eltern von Kleinkindern, während die restlichen Bürgerinnen und Bürger kaum etwas tun. Über Bethlehem wird schließlich das Kriegsrecht verhängt. Einige Priester verbannt man ins Alte Testament, diverse Nebenpersonen werden hingerichtet. Eine dem Kontext angepasste Fassung von »Ein feste Burg ist unser Gott« singend, beabsichtigt man dem Feind entgegenzutreten; dieser erscheint zunächst jedoch gar nicht.

Spekulationen werden laut, ob Herodes seine Pläne geändert habe, unter Umständen gar nicht komme oder aber zu einem anderen Zeitpunkt mit verstärkten Truppen anrücken werde. Die Korrektoren schlafen ein, was den Erzähler Thaddäus in die Verzweiflung treibt:

> Der ganze korrigierende Trupp und alle mit ihm verbundenen Buchpersonen waren jedesmal ohne die geringste Spur von Schlaflust durch diese Vorbereitungen gegangen, so daß unsere Führung an dieser Stelle der Geschichte schon mit keinem objektiven Hindernis mehr gerechnet, die Stelle selbst für durchaus korrigierbar gehalten hatte. Diese Annahme erwies sich aber nun, im allerletzten Moment, als falsch. Der Buchbezirk hatte uns alle getäuscht. Er hatte sich bloß in der Maske eines willigen, für die Korrektur empfänglichen Buchwelttextes gezeigt und sie jetzt, wo die Verbesserung erfolgen sollte, mit einem Male abgeworfen: Das Thema, über das wir schon glaubten entscheiden zu können, verschloß sich wieder. Es würde nun ablaufen, wie es in seinem Buch (in dem biblischen Buchbezirksbuch) aufgeschrieben stand, und nichts, absolut gar nichts konnte mehr dagegen getan werden.[33]

---

[33] Margwelaschwili, Giwi, *Das böse Kapitel. Roman*, Berlin 1991 (= Die große Korrektur, Erster Roman), 468 f.

Dieser Zustand erweist sich jedoch als Traum von Thaddäus, der schließlich von einer Buchperson geweckt wird:

> In dieser Verfassung würgte ich noch einen dumpfen, kaum hörbaren Hilferuf an Andreas hervor und schüttelte – als keine Antwort erfolgte – den Mann energisch an beiden Schultern. Das brachte mir sofort das Ende des Entsetzens, denn eine seltsame Verlagerung meiner eigenen realen Person geschah nun: Der, den ich so rüttelte, war plötzlich gar nicht mehr Andreas sondern niemand anders als ich selbst. Und meine Hände waren fremde Hände auf meinen eigenen Schultern, welche da an mir zogen und zerrten und mich aus meinen beklemmenden Träumen in die Buchbezirkswirklichkeit zurückversetzten.[34]

Der Roman endet offen. Da das Scheitern des Hauptanliegens damit wenigstens vorläufig imaginiert war, kann der Erzähler trotz des Blutvergießens mit einem positiven Bild enden: »Auf dem hügeligen Gelände vor uns lagerten, so weit das Auge reichte, die Heerscharen des Herodes. Wie ein enormes Blättermeer bedeckte sein Kriegsvolk die Umgegend, und über diesen bespießten und behelmten Massen funkelte fröhlich und unbekümmert die Sonne vom Himmel des Bezirks.«[35]

In *Das böse Kapitel* wird nicht zuletzt die Frage verhandelt, inwieweit Gewalt im Zuge der Durchsetzung einer vorgeblich ›guten‹ Sache berechtigt ist. Zugleich wird deutlich, dass beim Akt der »Korrektur« keine allzu radikalen Eingriffe im überlieferten Text vorgenommen werden dürfen, da eine solche Vorgehensweise ggf. fatale Folgen für die gesamte Geschichte haben kann: Exemplarisch wird das Scheitern, angesichts des offenen Endes zumindest aber die Brisanz bzw. der potentiell hohe Preis eines Korrekturversuchs dargestellt.

Auch in *Das böse Kapitel* werden die Unterschiede zwischen ›Real-‹ und ›Buchpersonen‹ auf einer Meta-Ebene thematisiert und erklärt:

> Wir müssen uns vergegenwärtigen, wie diese zwei grundverschiedenen Personentypen eine Zukunftsvision oder eine Prophezeiung über ihren künftigen Lebenslauf bewerten. Der reale Mensch ist meistens durch einen Skeptizismus gekennzeichnet, der ihn solche Visionen als leeres Geschwätz erklären läßt. Es gibt zwar Ausnahmefälle, und das sind in der Regel die thematisch empfindsameren, d.h. buchgeschichtlicher angelegten, Naturen, welche keinen Zweifel in solcherlei Offenbarungen setzen, aber die Masse der Realpersonen bleibt doch von diesen Dingen unbeeinflußt. Woran liegt das? Das liegt an der materiellen Beschaffenheit dieses Menschentyps. Eine Realperson besteht vor allem aus ihrer realen Körpermaterie, von der ihre feineren, thematisierten und thematisierenden Geist-Seelensubstanzen festumschlossen sind und in der diese Substanzen, trotz der ihnen eignenden transzendierenden

---

[34] Ebd., 469 f.
[35] Ebd., 472.

Erkenntnisaktivität, immer eingefangen bleiben müssen. Richtig thematisch sehen können sie deshalb in der Hauptsache nur anderes und am wenigsten sich selbst. Darum kommt es, daß wir für das Wichtigste, nämlich für unser eigenes biographisches Thema, wie mit Blindheit geschlagen sind und immer nur das begreifen (wollen), was uns im Grunde gar nicht angeht.[36]

Eine ›Buchperson‹ dagegen ist

> aus Sujetmaterie gezeugt, d.h. aus einem Material, das, obwohl es dem realen Körperstoff zum Verwechseln ähnlich sieht, sich genau so anfühlt und auch dieselben Empfindungen von bzw. in der Buchwelt hat, sich durch eine grundsätzlich verschiedene Beschaffenheit auszeichnet. [...] Im Unterschied von den Realpersonen lebt sie organisch (thematisch) eingefügt in ihre Geschichte und ist mit allem, was ihr je passieren kann, immer schon im voraus innerlich verknüpft. [...] jede Buchperson ist im Prinzip immer fähig, eine sie betreffende Prophezeiung oder Vision als volle geschichtlich-thematische Wahrheit aufzunehmen, ihre Gültigkeit für sich sofort zu erkennen.[37]

Inhaltlich eng mit *Das böse Kapitel* verbunden ist der nur eine Seite umfassende Text *Eine rechtzeitige Umsiedlung von Buchpersonen*.[38] Hier wird das Problem anders gelöst: Familien mit Kindern unter zwei Jahren siedelt man schlicht ins Lukas-Evangelium um, wo die Kindermorde nicht vorkommen: Der Korrekturversuch glückt.

An den zitierten Beispielen wird deutlich, dass eine Näherung an Giwi Margwelaschwilis literarische Werke sowohl mittels der Analyse metafiktionaler Schreib- bzw. Erzählstrategien als auch mittels der Intertextualitätsanalyse sehr fruchtbar sein kann. Insofern sind die Texte nicht ausschließlich selbstreferentiell, sondern beziehen sich sowohl auf bereits vorhandene Prätexte als auch auf die Realität der Leserinnen und Leser. Häufig bedient der Autor sich historischer Prätexte, die den Rezipientinnen und Rezipienten ›allgemein bekannt‹ und mehr oder weniger fest im christlich-abendländischen ›kulturellen Gedächtnis‹ verankert sind: Die Bandbreite reicht bei Margwelaschwili von der Bibel und antiken Stoffen über die georgische Literatur und die deutsche Sagenwelt hin zu Goethe, Schiller, Rilke, Meyrink und anderen, wobei im weitesten Sinne als ›klassisch‹ zu bezeichnende und damit kanonisierte Texte dominieren.

---

[36] Ebd., 450f.
[37] Ebd., 451f.
[38] Vgl. Margwelaschwili, Giwi, »Eine rechtzeitige Umsiedlung von Buchpersonen«, in: Ders., *Der ungeworfene Handschuh. Ontotextologische Versuche zur Abwehr von Schicksalsschlägen in Buch- und Gedichtweltbezirken*, Berlin 1991, 16.

4.2 *Muzal. Ein georgischer Roman*

Muzal, ebenfalls 1991 erschienen, ist der vielleicht bedeutendste von Margwelaschwilis veröffentlichten Romanen.³⁹ Auch hier geht es um die Korrektur eines überlieferten Textes im Sinne einer Befreiung. Für einen Leser in Westeuropa stellt das Buch allerdings eine besondere Herausforderung dar, da der zentrale Prätext hier weitgehend unbekannt ist. Es handelt sich um das Poem *Aluda Ketelauri* aus der Feder des georgischen Schriftstellers Wascha Pschawela (1861–1915).⁴⁰ Es kann hier nur auf einige wenige, für das Verständnis der weiteren Analyse jedoch wesentliche Aspekte der Handlung eingegangen werden:

Aluda Ketelauri ist einer der angesehensten Mitglieder des chewsurischen Themi, einer Gemeinschaft von Angehörigen einer Sippe bzw. eines Stammes im nord-östlichen Georgien. Aluda kämpft tapfer gegen die Kisten, einen verfeindeten muslimischen Stamm. Trifft ein Chewsure auf einen Kisten, so ist er gehalten, ihn zu töten und ihm den rechten Arm abzuhacken.

Aluda begegnet dem Kisten Muzal. Ein Zweikampf findet statt, Muzal fällt. Aluda ist aber von der Tapferkeit seines Gegners derart beeindruckt, dass er ihm nicht den rechten Arm abtrennt und ihm sogar einen Stier opfern will. Das Nicht-Abhacken des Armes beurteilen die Chewsuren mit größter Missbilligung, das Stieropfer jedoch als Skandal. Aluda wird verdammt und muss mit seiner Familie das Themi verlassen.

Bei Wascha Pschawela ist Muzal eher eine Nebenfigur, zumal er gleich zu Beginn des Poems stirbt. Bei Giwi Margwelaschwili wird er dagegen nicht nur zur Hauptperson, wie bereits der Romantitel signalisiert, sondern auch zum Ich-Erzähler. Jener müsste wohl als ›unzuverlässig‹ klassifiziert werden. Die Figuren, insbesondere Aluda und Muzal, sind als ›Buchpersonen‹ in ihrem Thema – nicht nur in den Traditionen ihres jeweiligen »Themi« – gefangen. Sie befinden sich folglich in einem Konflikt:

> In diesem und jedem anderen ähnlichen Fall (dergleichen kommt übrigens nicht selten vor) läßt sich nur sagen: c'est la vie oder genauer und wie zu sprechen es auch bei uns Buchpersonen Sitte ist: c'est le livre. Denn wie die

---

39 Veröffentlicht ist nur der erste Teil des auf drei Bücher angelegten Romans; vgl. [Interview mit Faure, Ulrich], Leserkopfalarm in der Buchpersonenwelt, in: *Börsenblatt* 4, 14.01.1992, 14–17, hier 17.
40 Pschawela, Wascha, »Aluda Ketelauri. Aus dem Leben der Chewsuren«, in: *Georgische Poesie aus acht Jahrhunderten*. Nachgedichtet von Adolf Endler und Reiner Kirsch. Mit einem Vorwort von Adolf Endler, Berlin (DDR) 1971, 155–172; vgl. dazu ausführlicher Kartosia, Alexander, »Die Prosa von Giwi Margwelaschwili«, in: *GEDICHTWELTEN – REAL-WELTEN. Giwi Margwelaschwili*. Mit Beiträgen von Carsten Gansel, Helmut Glück, Heinz Gockel, Alexander Kartosia, hrsg. von Heinz Gockel, Bamberg 1994 (= Fußnoten zur neueren deutschen Literatur, Heft 28), 33–48, hier 39 f.

> meisten Realpersonen gegen ihr Leben, so können wir nichts gegen unser Buch unternehmen. Ja, ich darf, wenn ich ehrlich bin, meinem Gegner persönlich nichts nachtragen. Er ist, nachdem er mich getötet hat, im Grunde doch sehr gut zu mir beziehungsweise zu meinem Leichnam. So schneidet er mir nicht die Rechte ab und ist – kann man mehr verlangen? – todunglücklich über meinen Tod. Wir sind jetzt auch sehr gute Freunde geworden und gehen oft, wenn unser Buch geschlossen ist, wenn uns kein Realkopf zur Vorstellung aufgeschlagen hat, zusammen auf Gemsenjagd in dem wilden Hochgebirge unseres thematischen Buchreviers.[41]

Im ersten Kapitel stellt sich Muzal vor:

> Ich heiße Muzal, bin ein Kiste und wäre eigentlich niemals mit meinem Gegner und seinem strengen Themi zusammengekommen, also auch niemals meines Lebens und meiner Rechten in der schon oben bedeuteten garstigen Weise verlustig gegangen, wenn mich nicht in jenem Unglücksjahr – ich glaube, es war 1888 – der verdammte Höllengaul zu den Kristen oder Krevsuren gebracht hätte […].[42]

1888 verweist auf das Entstehungsjahr des Poems von Washa Pschawela; der Hinweis auf die ›Kristen‹ und ›Krevsuren‹ stellt ein Wort-, Laut- und Buchstabenspiel dar. Der »Höllengaul« ist nicht weiter markiert; ein mit der georgischen Literatur vertrauter Leser wird diesen jedoch als »Merani« erkennen, das Pferd aus Nikolos Baratschwilis (1818–1845) gleichnamigem Gedicht von 1842.[43] Durch diese Form der intertextuellen Verschränkung wird, so Alexander Kartosia, »Muzal zum romantischen Helden des Gedichtes von Nikolos Baratschwili, und wird aus diesem Text (›Gedichtgebiet‹) in den anderen Text – in das chewsurische Themi – hineingeworfen, wo sich dann fast gleich sein thematischer Tod ereignet«.[44]

Jener Tod muss sich zwangsläufig immer wieder ereignen, wenn ein »Real-« oder »Leserkopf« am »Buchgebietshimmel« erscheint, sprich: das Poem gelesen wird. Da die Abstände zwischen diesen Besuchen aber immer länger werden, erfindet Muzal ein Klötzchenspiel, das inhaltlich wie lautlich auf Domino verweisende »Thomino«. Statt der Augen – wie

---

[41] Margwelaschwili, Giwi, *Muzal. Ein georgischer Roman*, Frankfurt a. M., Leipzig 1991, 10.
[42] Ebd., 24; vgl. zu dieser Passage ausführlicher Kartosia, Alexander, »Die Prosa von Giwi Margwelaschwili«, in: *GEDICHTWELTEN – REALWELTEN. Giwi Margwelaschwili*. Mit Beiträgen von Carsten Gansel, Helmut Glück, Heinz Gockel, Alexander Kartosia, hrsg. von Heinz Gockel, Bamberg 1994, 33–48.
[43] Baratschwili, Nikolos, »Merani«, in: *Georgische Poesie aus acht Jahrhunderten*. Nachgedichtet von Adolf Endler und Reiner Kirsch. Mit einem Vorwort von Adolf Endler, Berlin (DDR) 1971, 130–132.
[44] Kartosia, Alexander, »Die Prosa von Giwi Margwelaschwili«, in: *GEDICHTWELTEN – REALWELTEN. Giwi Margwelaschwili*. Mit Beiträgen von Carsten Gansel, Helmut Glück, Heinz Gockel, Alexander Kartosia, hrsg. von Heinz Gockel, Bamberg 1994, 33–48, hier 44.

auf Dominosteinen – finden sich auf den Klötzchen Zitate aus dem Text, in dem die Spieler leben. Unter anderem gibt es Klötzchen, die für Muzals Rechte bzw. den rechten Arm von Aluda stehen.

Die Zuneigung oder zumindest Bewunderung von Aluda für Muzal beruht übrigens auf Gegenseitigkeit. Muzal schätzt Aluda

> erstens darum, weil er, nachdem er mich im Themi totgeschossen hat, ein so menschliches Andenken an mich aufbewahrt; und zweitens, weil er mir auch außerhalb des Themi, nämlich in unseren langen geschlossenen Buchzuständen, immer nur Beweise seiner aufrichtigsten Freundschaft geliefert hat. Wo diese zwei Klötzchen im Thomino aufeinandertreffen, gibt es für den Spieler, der dieses Rendezvous zustande bringt, ein gewisses Privileg: er darf dann gleich hintereinander zwei Einsätze mehr machen als seine Gegenseite.[45]

Zwei weitere Klötzchenpaare sind von zentraler Bedeutung: »Merani« und »Korani«; ›koran-i‹ bedeutet im Georgischen ›Rabe‹.[46] Einen Ausgleich zu diesen ›schwarzen‹ Klötzchen bilden der weiße »Merani« und die ebenfalls weiße »Taube«; dieses Klötzchenpaar ist besonders wertvoll.

Das Klötzchenspiel gewinnt im Verlauf des Romans derart an Bedeutung, dass die Spieler schließlich in der Lage sind, Reisen in die ›Realwelt‹ zu unternehmen, deren Wege durch die Köpfe der Leser führen.[47] Dennoch muss Muzal von diesen »Realkopfreisen« immer wieder in die ›Buchwelt‹ zurückkehren, um dort getötet zu werden; insofern handelt es sich letztlich um Reisen an der Schwelle zum ›Traum‹. Muzal nimmt deshalb eine Ergänzung vor:

> Ich möchte den Wörtern »Themi‹, »Tod« und »Thomino«, welche die Schlüsselwörter meiner Autobiographie als Buchperson sind, nun noch ein viertes, ebenso wichtiges anfügen. Es beginnt mit demselben Konsonanten. […] Es ist das Wort »Traum«, also etwas durchaus Gewöhnliches – denn welcher Mensch […] hätte keine Träume? […][48]

Stellt man die Wortpaare einander gegenüber, so kann der ›Traum‹ als Gegenstück zum ›Tod‹ gelesen werden – genau hier liegt dann möglicherweise auch die Ebene einer erfolgreichen Korrektur.

---

[45] Margwelaschwili, Giwi, *Muzal. Ein georgischer Roman*, Frankfurt a.M., Leipzig 1991, 20f.
[46] An diesem Beispiel wird über das Gesagte hinaus deutlich, wie intensiv Margwelaschwili mit georgischen Kultursymbolen arbeitet: Der ›Rabe‹ etwa kann auch im Georgischen für den ›Tod‹ stehen.
[47] Ob man hier noch von einer Metalepse im Verständnis von Martinez und Scheffel (vgl. Martinez, Matias & Scheffel, Michael, »Metalepse«, in: Dies., *Einführung in die Erzähltheorie*, 2., durchgesehene Ausgabe, München 2000, 190) sprechen kann, sei dahingestellt.
[48] Margwelaschwili, Giwi, *Muzal. Ein georgischer Roman*, Frankfurt a.M., Leipzig 1991, 158.

4.3 Kurzprosa, Lyrik und ein »dramatisches Bild«

Während *Das böse Kapitel* und *Muzal* umfangreiche Romane von jeweils rund 470 Seiten sind, finden sich ähnliche Aspekte der Korrektur von Geschichte(n) auch in Giwi Margwelaschwilis umfangreicher Kurzprosa, in der der Schriftsteller ein bemerkenswertes Spektrum von Varianten hinsichtlich des beschriebenen Verhältnisses von Autor und Leser sowie von ›Realwelt‹ und ›Buchwelt‹ entwickelt. Neben zahlreichen Beiträgen in Zeitschriften und Sammelbänden sind diese kürzeren Texte vor allem in *Der ungeworfene Handschuh* (1992)[49], *Leben im Ontotext* (1993)[50], *GEDICHTWELTEN – REALWELTEN* (1994)[51], *Vom Tod eines alten Lesers. Erzählungen* (2008)[52] sowie diversen Zeitschriften publiziert. In vielen der kurzen Erzählungen und einem der wenigen veröffentlichten Gedichte des Autors wird deutlich, welche Funktion den Leserinnen und Lesern zukommt; so heißt es in *Das Lesegeräusch*:

> Es ist das Geräusch, das das Leben als lesendes
> und die Gedichtwelt belebendes verursacht,
> das Lesegeräusch. Allen Gedicht- und Buchweltpersonen,
> für die doch Gelesensein am Leben sein bedeutet,
> ist es der süßeste Ton.[53]

Die Figuren selbst sind es, die den Text in Auftrag geben:

> »Macht doch mal ein Gedicht daraus!«
> baten sie vor gar nicht so langer Zeit
> die Buch- und Versweltverwaltung.
> Das ist es.[54]

Die Rolle der Leserinnen und Leser verdeutlicht Margwelaschwili auch in einem seiner literaturwissenschaftlichen Beiträge:

> Der lesend belebende oder den Lesestoff vorstellende Lesergeist ist zusammen mit der Position, die er in solchem Stoff immer bezieht, ein wichtiger Bezugspol in allen narrativen Sujetweltwirklichkeiten. Ja, die Leserposition in diesen semantischen Realitäten ist nichts geringeres als ihre Lese-Lebensquelle, der

---

[49] Margwelaschwili, Giwi, *Der ungeworfene Handschuh. Ontotextologische Versuche zur Abwehr von Schicksalsschlägen in Buch- und Gedichtweltbezirken*, Berlin 1991.
[50] *Giwi Margwelaschwili – Leben im Ontotext. Poesie – Poetik – Philosophie*, hrsg. und mit einem Vorwort von Carsten Gansel, Neubrandenburg [o.J.].
[51] *GEDICHTWELTEN – REALWELTEN. Giwi Margwelaschwili*. Mit Beiträgen von Carsten Gansel, Helmut Glück, Heinz Gockel, Alexander Kartosia, hrsg. von Heinz Gockel, Bamberg 1994
[52] Margwelaschwili, Giwi, *Vom Tod eines alten Lesers. Erzählungen*, Berlin 2008.
[53] Margwelaschwili, Giwi, »Das Lesegeräusch«, in: *Germanistische Studien* (Tbilissi) 6 (2006), 109.
[54] Ebd.

Ort also, von woher jeder literarische Text erst als Vorstellungswelt entfaltet wird, wo alle seine Buchpersonen ihr Lese-Leben schöpfen, alle seine Gegenstandsbegriffe zu intentionalen Dinglichkeiten werden und seine Geschichte die dynamische Form visionärer Ereignisreihen annimmt. Es gibt, so gesehen, eigentlich nichts Wichtigeres in allen Lesestoffen als diese Position.[55]

In *Lyrisches Freudenhäuschen* erklärt der Erzähler, das das titelgebende Haus, welches sich »bei Francois [sic] Villon im poetischen Mittelalter« findet, meist leer stehe:

Außer den Putzfrauen und den Klempnern der Buch- und Versweltverwaltung kommt da von der Versumwelt niemand hinein. [...] Nur wenn ein Leser mit seiner Phantasie da mal lesend hinein- oder auch nur vorbeifährt, wird es mit einem Schlage anders [...]. Ja, dann haben wir dort für kurze Leservorstellungssekunden Hochbetrieb.[56]

Erst im Leseakt vollzieht sich also die Handlung. Die Figuren können, wie auch bei der Betrachtung von *Muzal* deutlich wurde, ein Eigenleben führen, wenn der Text nicht gelesen wird. Der Erzähler vertritt dabei die Instanz der »Buch- und Versweltverwaltung«, die das Haus »jedes zweite Versweltjahrhundert gründlich renovieren« lässt. Jene Instanz befreit beispielsweise auch Tantalus, indem sie ihn dazu auffordert, sich »unthematisch« zu verhalten: »Tu, als ob du trinken wolltest und ducke dein Haupt an das Wasser! Doch zugleich werfe auch deine Hände nach oben auf die Zweige! Du wirst sie fassen. Der Automatismus deiner Folter ist nur sukzessiv. Werde synchron und er zerbricht!«[57] Ähnlich vollzieht sich die Bewahrung Ariadnes vor dem bei Plutarch berichteten Selbstmord in *Die Zerreißprobe*[58], die Befreiung des Phaon im gleichnamigen Text[59] und die »Erlösung« der Titelfigur von Gustav Schwabs Ballade *Der Reiter und der Bodensee* in *Erlösung von einem Doppeltod*[60].

Für Figuren, die »die Einsamkeit auf ihren Zeilen nicht ertragen können«, hat die »Versweltverwaltung« in *Über ein befreiendes Erlesnis von*

---

[55] Margwelaschwili, Giwi, »Das Personalpronomen als rhizomatisches Element im Stromgebiet der Narration«, in: *Germanistische Studien* (Tbilissi) 5 (2005), 68–85, hier 83.
[56] Margwelaschwili, Giwi, »Lyrisches Freudenhäuschen«, in: *Germanistische Studien* (Tbilissi) 6 (2006), 104.
[57] Margwelaschwili, Giwi, »Der Fall Tantalus«, in: *Germanistische Studien* (Tbilissi) 6 (2006), 104–105, hier 105.
[58] Margwelaschwili, Giwi, »Die Zerreißprobe«, in: GEDICHTWELTEN – REALWELTEN. *Giwi Margwelaschwili*. Mit Beiträgen von Carsten Gansel, Helmut Glück, Heinz Gockel, Alexander Kartosia, hrsg. von Heinz Gockel, Bamberg 1994, 95–97.
[59] Vgl. Margwelaschwili, Giwi, »Phaon«, in: *Die mir nicht verliehenen Preise häufen sich beträchtlich. Zum 70. Geburtstag von Henryk Bereska*. Mit 68 Wortbeiträgen[,] 19 Grafiken[,] 20 Fotos und einem Verzeichnis der Übersetzungen von Henryk Bereska, Berlin 1996, 46.
[60] Margwelaschwili, Giwi, »Erlösung von einem Doppeltod«, in: Ders., *Vom Tod eines alten Lesers. Erzählungen*, Berlin 2008, 73–88.

einsamen Gedichtweltpersonen eine besondere Lösung parat: »Sie hat ihnen den Gedankenfaden gezeigt, mit dem ihre Zeileneinsamkeit zusammengenäht ist [...].« Mit dessen Hilfe können sie ihrem »Textgefängnis« entkommen und zum »Ein-, beziehungsweise Ausgang des Labyrinths« gelangen:

> Draußen stehen dann schon hilfreiche (von unserer Verwaltung dafür angeworbene) Leser bereit, um die Befreiten, oft auch völlig benommen an die frische Luft Hervortaumelnden, gleich mit ihrem eigenen realen Gedankenfaden zu verknüpfen (andernfalls vergingen solche Personen sofort in völliger Bedeutungslosigkeit) und sie ausserhalb ihrer Textgehäuse und Zeileneinsamkieten [sic] spazieren zu führen. Das darf allerdings nicht zu lange dauern. [...] Danach müssen sie allerdings immer schnell wieder in ihre Zeileneinsamkeiten zurückgebracht (zurückgedacht) werden. Und trotzdem sind ihre unthematischen Spaziergänge mit Lesern für diese Personen bestimmt das glücklichste Erlebnis (sie sagen: Erlesnis) und die Briefe, die unsere Verwaltung von ihnen bekommt, strömen über vor Dankbarkeit.[61]

Am Ende wird der Leser direkt angesprochen: »Wenn Sie auch eine existenzthematisch vereinsamte Gedichtweltperson an Ihrem privaten Gedankenfaden ausführen wollen, so wenden Sie sich bitte an die Versweltverwaltung. Unsere Telephonnummer ist 1651992«.[62]

Auf die Spitze getrieben wird das literarische Korrektur- bzw. Befreiungsspiel, wenn nicht mehr die »Buch- und Versweltverwaltung« als verantwortliche Instanz angerufen wird oder sich selbst in der Verantwortung sieht, sondern eine Figur selbst die Initiative ergreift und gegen die eigene Rolle rebelliert, wie dies auch in *Zuschauerräume* geschieht. Im ›dramatischen Bild‹ *Die Vermeidung einer Lese-Lebensgefahr* ist es der Erlkönig, der gleich zu Beginn missmutig über seine Rolle sinniert:

> Wer reitet so spät durch Nacht und Wind?
> Natürlich ein Vater mit seinem Kind!
> Die schickt Mephisto mir wieder heran,
> damit sich das Unglück vollziehen kann.[63]

Margwelaschwilis Erlkönig versteht sich selbst als Opfer und stellt ein Schild auf, um vor sich bzw. seiner Rolle zu warnen:

> Es sagt: »Achtung Vater, flieh geschwinde!
> Sonst ist es aus mit deinem Kinde.

---

[61] Margwelaschwili, Giwi, »Über ein befreiendes Erlesnis von einsamen Gedichtweltpersonen«, in: *Was über dich erzählt wird. Festschrift für Elke Erb zum 18.2.1998. Gesammelt und erjagt von Brigitte Struzyk & Richard Pietraß*, Berlin 1998, [67].
[62] Ebd.
[63] Margwelaschwili, Giwi, »Die Vermeidung einer Lese-Lebensgefahr (Ein dramatisches Bild)«, in: *Germanistische Studien* (Tbilissi) 8 (2008), 161–163, hier 161.

> Reite ja nicht durch diesen Reim!
> Du bringst es nicht lebendig heim.
> Ich bin Mephisto untertänig« ...
>   Erlkönig[64]

Doch das Schild wird überlesen (»Wie sie alle stur im Sattel dösen / und mein Warnungsschild nicht lesen!«[65]), bis der Erlkönig den heranreitenden Vater stoppt, um schließlich selbst zu entscheiden: »Ich scher' mich nicht mehr um das / Wort! / [...] – und endige den Kindermord!«[66] Der Vater wendet jedoch nicht sofort, sondern beginnt einen Dialog mit dem Erlkönig:

> Lass dich bitte noch was fragen:
> Was werden deine Leser sagen?
> Wie werden sie's verwinden,
> wenn wir hier plötzlich so
> verschwinden?[67]

Nachdem der Erlkönig ihn jedoch anschreit »Willst du das Lesen / oder das Leben deines Kindes?!«[68], wendet er um: Die Befreiung sowohl des Sohnes aus Goethes Gedicht als auch des Erlkönigs aus seiner Rolle ist gelungen. Für den Goethe-Text bedeutet dies jedoch das Verschwinden: »Es ist aus mit dem Gedicht! / Der Text hier existiert nicht mehr / und seine Zeilen bleiben leer!«[69]

5 ›Realwelt‹/›Buchwelt‹ – Funktionen einer literarischen Spielart

Betrachtet man die beiden Romane, die im Zusammenhang mit *Das böse Kapitel* erwähnte Erzählung *Eine rechtzeitige Umsiedlung von Buchpersonen* und die unter 4.1.3 zitierten Texte, so lassen sich vier Varianten der Korrektur beziehungsweise der Befreiung von einem Thema und damit vier verschiedene Lösungs- beziehungsweise Entwicklungsmodelle erkennen:

Im Falle von *Das böse Kapitel* wird die Situation keineswegs entschärft, sondern verschlimmert – zumal ein Scheitern der Korrektur imaginiert wird und die Korrektur selbst nicht stattfindet. Während Alexander Kartosia den Roman »als Allegorie der russischen Revolution von 1917 und der

---

[64] Ebd.
[65] Ebd.
[66] Ebd., 162.
[67] Ebd.
[68] Ebd., 163.
[69] Ebd., 162.

Schaffung des kommunistischen Regimes«[70] liest, ist meines Erachtens auch eine Übertragung der dargestellten Verhältnisse auf die Epoche des Stalinismus im Besonderen und auf diktatorische Strukturen im Allgemeinen möglich. Beide Interpretationsansätze schließen selbstverständlich einander nicht aus.

Eine rechzeitige Umsiedlung von Buchpersonen kann dagegen – und das wäre das zweite Lösungs- beziehungsweise Entwicklungsmodell – als Bild für Flucht und/oder Exil gelesen werden.

Das dritte Modell findet sich in *Muzal* angelegt: Kartosia zufolge könnte der im Roman dargestellte Weg für die ›innere Emigration‹ stehen, »die viele Andersdenker [sic] unter dem kommunistischen Regime auch unternahmen: trotz des Eingefangenseins im erstarrten *Thema/Themi* war man *nur scheinbar* dem *Tod* ausgesetzt, weil man den Mut zum *Traum* nicht verloren hatte und trotz allem sein eigenes *Thomino* spielte«.[71]

Aus der Betrachtung der kurzen Erzählungen, des Gedichts und des ›dramatischen Bildes‹ ergibt sich das vierte Modell: Wie im zweiten und dritten Modell gelingt die »Korrektur« – hier allerdings im Sinne einer umfassenden Befreiung, die weit mehr darstellt als eine ›Überlebensstrategie‹ wie die der Flucht, des Exils oder der ›inneren Emigration‹.

Überprüft man die eingangs zitierten Definitionsversuche von »Metafiktion«, so lässt sich beispielsweise Gero von Wilperts Aussage, dass »der Leser zugleich Nachvollzieher des fiktiven Textes und von dessen Selbstreflexion ausgeschlossen«[72] sei, an Margwelaschwilis Texten widerlegen. Auch Monika Fluderniks kurze Definition, bei Metafiktion handele es sich um »self-reflexive statements about the inventedness of the story«,[73] lässt sich nicht ohne weiteres aufrechterhalten.

Am Beispiel von *Zuschauerräume* und *Das Lesegeräusch* konnte außerdem zumindest angedeutet werden, dass der Begriff ›Metafiktion‹ nicht nur auf Erzähltexte applizierbar ist, wie in vielen gängigen Definitionen behauptet, sondern auch auf Dramatik und Lyrik.

Margwelaschwilis metafiktionale Schreibstrategien – bringt man sie mit einer im weitesten Sinne autobiographischen Lesart in Verbindung – sind zugleich Handlungsstrategien: Durch die Versuche der »Korrektur« von

---

[70] Kartosia, Alexander, »Die Prosa von Giwi Margwelaschwili«, in: *GEDICHTWELTEN – REALWELTEN. Giwi Margwelaschwili*. Mit Beiträgen von Carsten Gansel, Helmut Glück, Heinz Gockel, Alexander Kartosia, hrsg. von Heinz Gockel, Bamberg 1994 (= Fußnoten zur neueren deutschen Literatur, Heft 28), 33–48, hier 47.

[71] Ebd., 48; Hervorhebungen im Original recte und fett gedruckt.

[72] Wilpert, Gero von, »Metafiktion«, in: Ders., *Sachwörterbuch der Literatur*, 8., verbesserte und erweiterte Auflage, Stuttgart 2001, 512–513, hier 512.

[73] Fludernik, Monika, »Metanarrative and Metafictional Commentary. From Metadiscursivity to Metanarration and Metafiction«, in: *Poetica* 35 (2003), 1–39, hier 28.

für den mitteleuropäischen und/oder georgischen Kulturraum zentralen Bezugstexten wird ein literarisches Spielfeld beispielsweise dafür eröffnet, wie Geschichte ohne die ›unkorrigierten‹ Texte hätte verlaufen können und wie sich eine »Korrektur« gegebenenfalls auswirken könnte. Margwelaschwilis Strategie der ›kritischen Metareferenz‹ (Werner Wolf)[74] ist dabei keineswegs naiv, zumal verschiedene Lösungs- beziehungsweise Entwicklungsmodelle, die auch das Scheitern mit einschließen, existieren. Die metafiktionalen Schreibstrategien lassen sich bei Margwelaschwili vor allem als Denkanstöße verstehen: Das Bedürfnis nach der »Korrektur« allzu problematischer Prätexte mag insofern Ausdruck der Unzufriedenheit des Autors mit der ›ewigen Wiederkehr des Immergleichen‹ im Sinne Nietzsches sein – eine Unzufriedenheit, die angesichts der oben dargestellten tragischen Ereignisse nicht zuletzt dem eigenen Lebenslauf geschuldet sein dürfte. Zur Entstehungszeit der Texte, also überwiegend in der Sowjetunion vor ›glasnost‹ und ›perestrojka‹, dürften diese Schreibstrategien durch das »Schaffen poetologischer Reflexionsräume«[75], wie Werner Wolf eine der möglichen Funktionen von Metafiktion umreißt, zugleich Überlebensstrategien gewesen sein: Folglich ließen sich die meisten Texte des Autors wenn nicht als Lebens-Ersatz im Sinne eines literarischen Probehandelns, so doch als Lebens- oder zumindest als Schreib- und Leseräume verstehen.

Bei der Lektüre kann sich ein Paradoxon ergeben, auf das Heinz Gockel aufmerksam macht: »Verschafft erst der Leser den Buchpersonen ihre Existenz außerhalb der bloß fiktiven Welt, so ist doch seine Abwesenheit erst Garant ihrer eigentlichen, ihrer freien fiktiven Existenz.«[76] Damit fällt dem Leser eine in jeder Hinsicht besondere Verantwortung zu. Margwelaschwili erklärt dazu:

> Ein grundsätzlich wichtiges Anliegen meines Schreibens ist, die Mitverantwortlichkeit des Lesers für die Buchweltmenschenschicksale in seinem Lesestoff herauszubringen. Er wird hier angemahnt, seine Phantasie spielen zu lassen

---

[74] Als Kennzeichen der ›kritischen Metareferenz‹ im Sinne Wolfs gilt: Die »Funktion/Wirkung der Metaisierung ist eine kritische Distanz(nahme) gegenüber dem Objekt, auf das sich eine Metaaussage bezieht.« (Wolf, Werner, »Metaisierung als transgenerisches und transmediales Phänomen: Ein Systematisierungsversuch metareferentieller Formen und Begriffe in Literatur und anderen Medien«, in: *Metaisierung in Literatur und anderen Medien. Theoretische Grundlagen – Historische Perspektiven – Metagattungen – Fuktionen*, hrsg. von Janine Hauthal, Julijana Nadj, Ansgar Nünning & Henning Peters, Berlin, New York 2007 [25]-64, hier 45).

[75] [WW; d.i. Wolf, Werner], »Metafiktion«, in: Ansgar Nünning (Hg.), *Metzler Lexikon Literatur- und Kulturtheorie. Ansätze – Personen – Grundbegriffe*. Dritte, aktualisierte und erweiterte Auflage, Stuttgart, Weimar 2004, 447–448, hier 448.

[76] Gockel, Heinz, »Zur Poetik von Giwi Margwelaschwili«, in: *GEDICHTWELTEN – REALWELTEN. Giwi Margwelaschwili. Mit Beiträgen von Carsten Gansel, Helmut Glück, Heinz Gockel, Alexander Kartosia*, hrsg. von Heinz Gockel, Bamberg 1994, 51–55, hier 52.

und so die existenzthematische Klammer der Textweltmenschen lösen zu helfen [...]. Der Leser ist bei mir also auch Spielfigur. Aber das ist er vor allem deshalb, weil er als Realmensch ja auch immer ein Textweltmensch ist, immer den Druck irgendwelcher Ontotextualitäten spürt (sich darüber entrüstet oder vielleicht auch mal dagegen aktiv wird usw.). Den Leser in den Lesestoff miteinbeziehen, heißt auch immer zugleich das ontotextuelle Wesen seines Menschentums akzentuieren oder dieses Wesen – wo es von ihm vielleicht noch nicht näher erkannt wurde – genauer verdeutlichen.[77]

Traditionelle Grenzen werden von Margwelaschwili systematisch überschritten und bisweilen schlicht ignoriert; die Beziehung zwischen ›Autor‹, ›Leser‹ und ›Text‹ wird dabei immer wieder neu konstituiert – ein Effekt der Margwelaschwili'schen Werke, der sich ohne den gezielten Einsatz metafiktionaler Schreibstrategien kaum erzielen ließe. Anders ausgedrückt: Mittels der metafiktionalen Schreibstrategien stößt Margwelaschwili explizit einen Prozess des Nachdenkens über das Erzählen und das Erzählte an, in dessen Rahmen gängige Narrative und kanonisierte Bezugstexte in Frage gestellt werden. Versteht man ›Kultur‹ im weitesten Sinne als Narrativ bzw. als Kombination diverser Narrative,[78] so kann dieser Prozess zugleich als kritisches Überprüfen von Wahrnehmungs- und Deutungsmustern verstanden werden, die normalerweise kaum oder gar nicht hinterfragt werden. Unabhängig von der oben vorgeschlagenen, auf die Biographie des Autors bezogenen Lesart, mag in dieser auch zeitliche Grenzen überschreitenden Funktion die zentrale Bedeutung von Giwi Margwelaschwilis Texten bestehen.

Literaturverzeichnis

Primärliteratur

Baratschwili, Nikolos, »Merani«, in: *Georgische Poesie aus acht Jahrhunderten*. Nachgedichtet von Adolf Endler und Reiner Kirsch. Mit einem Vorwort von Adolf Endler, Berlin (DDR) 1971, 130–132.
Margwelaschwili, Giwi,[79] *Das böse Kapitel. Roman*, Berlin 1991.
Margwelaschwili, Giwi, »Erlösung von einem Doppeltod«, in: Ders., *Vom Tod eines alten Lesers. Erzählungen*, Berlin 2008, 73–88.
Margwelaschwili, Giwi, »Der Fall Tantalus«, in *Germanistische Studien* (Tbilissi) 6 (2006), 104–105.
Margwelaschwili, Giwi, »Goethes temporale Bruchrechnung« [Rede anlässlich der Verleihung der Goethe-Medaille 2006], in: Süddeutsche Zeitung, 24.03.2006.

---

[77] Gansel, Carsten, »Gespräch mit Giwi Margwelaschwili«, in: *Giwi Margwelaschwili – Leben im Ontotext. Poesie – Poetik – Philosophie*, hrsg. und mit einem Vorwort von Carsten Gansel. Neubrandenburg [o.J.], 23–44, hier 40.
[78] Vgl. dazu Müller-Funk, Wolfgang, *Die Kultur und ihre Narrative. Eine Einführung*. Zweite, überarbeitete und erweiterte Auflage, Wien, New York 2008.

Margwelaschwili, Giwi, »Die Homerische Sujetwelt in Goethes ›Faust‹«, in: *Giwi Margwelaschwili – Leben im Ontotext. Poesie – Poetik – Philosophie.* Hrsg. und mit einem Vorwort von Carsten Gansel, Neubrandenburg [o. J.], 147–168.
Margwelaschwili, Giwi, *Der Kantakt. Aus den Lese-Lebenserfahrungen eines Stadtschreibers*, Berlin 2009.
Margwelaschwili, Giwi, »Das Lesegeräusch«, in: *Germanistische Studien* (Tbilissi) 6 (2006), 109.
Margwelaschwili, Giwi, »Lyrisches Freudenhäuschen«, in: *Germanistische Studien* (Tbilissi) 6 (2006), 104.
Margwelaschwili, Giwi, *Muzal. Ein georgischer Roman*, Frankfurt a. M., Leipzig 1991.
Margwelaschwili, Giwi, *Officer Pembry. Roman*, Berlin 2007.
Margwelaschwili, Giwi, »Ontotextualität in Philosophie und Kunst«, in: *Giwi Margwelaschwili – Leben im Ontotext. Poesie – Poetik – Philosophie*, hrsg. und mit einem Vorwort von Carsten Gansel, Neubrandenburg [o. J.], 45–76.
Margwelaschwili, Giwi, »Phaon«, in: *Die mir nicht verliehenen Preise häufen sich beträchtlich. Zum 70. Geburtstag von Henryk Bereska*. Mit 68 Wortbeiträgen[,] 19 Grafiken[,] 20 Fotos und einem Verzeichnis der Übersetzungen von Henryk Bereska, Berlin 1996, 46.
Margwelaschwili, Giwi, »Eine rechtzeitige Umsiedlung von Buchpersonen«, in: Ders., *Der ungeworfene Handschuh. Ontotextologische Versuche zur Abwehr von Schicksalsschlägen in Buch- und Gedichtweltbezirken*, Berlin 1991.
Margwelaschwili, Giwi, »Über ein befreiendes Erlesnis von einsamen Gedichtweltpersonen«, in: *Was über dich erzählt wird. Festschrift für Elke Erb zum 18.2.1998.* Gesammelt und erjagt von Brigitte Struzyk & Richard Pietraß, Berlin 1998, [67].
Margwelaschwili, Giwi, *Der ungeworfene Handschuh. Ontotextologische Versuche zur Abwehr von Schicksalsschlägen in Buch- und Gedichtweltbezirken*, Berlin 1991.
Margwelaschwili, Giwi, »Die Vermeidung einer Lese-Lebensgefahr (Ein dramatisches Bild)«, in: *Germanistische Studien* (Tbilissi) 8 (2008), 161–163.
Margwelaschwili, Giwi, *Vom Tod eines alten Lesers. Erzählungen*, Berlin 2008.
Margwelaschwili, Giwi, »Die Zerreißprobe«, in: *GEDICHTWELTEN – REALWELTEN. Giwi Margwelaschwili*. Mit Beiträgen von Carsten Gansel, Helmut Glück, Heinz Gockel, Alexander Kartosia, hrsg. von Heinz Gockel, Bamberg 1994, 95–97.
Margwelaschwili, Giwi, *Zuschauerräume. Ein historisches Märchen*, Berlin 2008.
Margwelaschwili, Titus von, *Colchis, Iberien und Albanien um die Wende des 1. Jahrhunderts v. Chr. mit besonderer Berücksichtigung Strabo's. Inaugural-Dissertation zur Erlangung der Doktorwürde der Hohen Philosophischen Fakultät der Vereinigten Friedrichs-Universität Halle-Wittenberg*[,] vorgelegt von Titus von Margwelaschwili[,] Koutaïs (Georgien), Halle (S.) 1914.
Pschawela, Washa, »Aluda Ketelauri. Aus dem Leben der Chewsuren«, in: *Georgische Poesie aus acht Jahrhunderten*. Nachgedichtet von Adolf Endler und Reiner Kirsch. Mit einem Vorwort von Adolf Endler, Berlin (DDR) 1971, 155–172.
Sinjawskij, Andrej, *Eine Stimme im Chor. Die Werke des Abram Terz*. Band II. Aus dem Russischen von Swetlana Geier. Hrsg. und mit einem Nachwort versehen von Taja Gut. Durchgesehene und verbesserte Neuausgabe, Frankfurt a. M. 2009.

Sekundärliteratur

[Interview mit Faure, Ulrich], »Leserkopfalarm in der Buchpersonenwelt«, in: *Börsenblatt* 4, 14.01.1992, 14–17.
Fludernik, Monika, »Metanarrative and Metafictional Commentary. From Metadiscursivity to Metanarration and Metafiction«, in: *Poetica* 35 (2003), 1–39.
Giwi Margwelaschwili – Leben im Ontotext. Poesie – Poetik – Philosophie. Hrsg. und mit einem Vorwort von Carsten Gansel, Neubrandenburg [o. J.].
Gansel, Carsten, »Gespräch mit Giwi Margwelaschwili«, in: *Giwi Margwelaschwili – Leben im Ontotext. Poesie – Poetik – Philosophie*, hrsg. und mit einem Vorwort von Carsten Gansel, Neubrandenburg [o. J.], 23–44.

---

[79] Da die Erscheinungsdaten nur bedingt mit den Entstehungsdaten der Texte in Zusammenhang gebracht werden können, sondern bestenfalls mit der gegebenenfalls erfolgten Überarbeitung im Zuge der Erstellung einer Druckfassung, wurden die Werke Giwi Margwelaschwilis in alphabetischer und nicht, wie allgemein üblich, in chronologischer Reihenfolge verzeichnet.

Gansel, Carsten, »Leben im Ontotext oder Künsterische Rebellion gegen das Schicksal«, in: *Giwi Margwelaschwili – Leben im Ontotext. Poesie – Poetik – Philosophie*, hrsg. und mit einem Vorwort von Carsten Gansel, Neubrandenburg [o. J.], 5–22.

GEDICHTWELTEN – REALWELTEN. Giwi Margwelaschwili. Mit Beiträgen von Carsten Gansel, Helmut Glück, Heinz Gockel, Alexander Kartosia, hrsg. von Heinz Gockel, Bamberg 1994.

Gockel, Heinz, »Zur Poetik von Giwi Margwelaschwili«, in: *GEDICHTWELTEN – REALWELTEN. Giwi Margwelaschwili.* Mit Beiträgen von Carsten Gansel, Helmut Glück, Heinz Gockel, Alexander Kartosia, hrsg. von Heinz Gockel, Bamberg 1994, 51–55.

Metaisierung in Literatur und anderen Medien. Theoretische Grundlagen – Historische Perspektiven – Metagattungen – Fuktionen, hrsg. von Janine Hauthal, Julijana Nadj, Ansgar Nünning & Henning Peters, Berlin, New York 2007.

Jacob, Barbara, »Die phantastischste Expedition aller Zeiten. Giwi Margwelaschwili schreibt von der Notwendigkeit der großen Korrektur«, in: *Neue Zeit*, 24.03.1993.

Kartosia, Alexander, »Die Prosa von Giwi Margwelaschwili«, in: *GEDICHTWELTEN – REALWELTEN. Giwi Margwelaschwili.* Mit Beiträgen von Carsten Gansel, Helmut Glück, Heinz Gockel, Alexander Kartosia, hrsg. von Heinz Gockel, Bamberg 1994, 33–48.

Margwelaschwili, Giwi, »Das Personalpronomen als rhizomatisches Element im Stromgebiet der Narration«, in: *Germanistische Studien* (Tbilissi) 5 (2005), 68–85.

Martinez, Matias & Scheffel, Michael, »Metalepse«, in: Dies., *Einführung in die Erzähltheorie*, 2., durchgesehene Ausgabe, München 2000, 190.

Müller-Funk, Wolfgang, *Die Kultur und ihre Narrative. Eine Einführung.* Zweite, überarbeitete und erweiterte Auflage, Wien, New York 2008.

Nünning, Ansgar, »Metanarration als Lakune der Erzähltheorie: Definition, Typologie und Grundriß einer Funktionsgeschichte metanarrativer Erzähleräußerungen«, in: *Arbeiten aus Anglistik und Amerikanistik* 26 (2001), 125–164.

[USP; d. i. Spörl, Uwe]: »Metafiktion«, in: *Metzler Lexikon Literatur. Begriffe und Definitionen.* Begründet von Günther und Irmgard Schweikle, hrsg. von Dieter Burdorf, Christoph Fasbender und Burkhard Moennighoff, 3. völlig neu bearbeitete Auflage, Stuttgart, Weimar 207, 493–494.

Waugh, Patricia, *Metafiction. The theory and practice of self-conscious fiction* (1984), London, New York 2003.

Wilpert, Gero von, »Metafiktion«, in: Ders., *Sachwörterbuch der Literatur*, 8., verbesserte und erweiterte Auflage, Stuttgart 2001, 512–513.

Wolf, Werner, *Ästhetische Illusion und Illusionsdurchbrechung in der Erzählkunst. Theorie und Geschichte mit Schwerpunkt auf englischem illusionsstörenden Erzählen*, Tübingen 1993.

Wolf, Werner, »Metafiktion. Formen und Funktionen eines Merkmals postmodernistischen Erzählens. Eine Einführung und ein Beispiel: John Barth, ›Life Story‹«, in: *Literatur in Wissenschaft und Unterricht* 30 (1997), 31–49.

[WW; d. i. Wolf, Werner], »Metafiktion«, in: Ansgar Nünning (Hg.), *Metzler Lexikon Literatur- und Kulturtheorie. Ansätze – Personen – Grundbegriffe*, dritte, aktualisierte und erweiterte Auflage, Stuttgart, Weimar 2004, 447–448.

Wolf, Werner, »Metaisierung als transgenerisches und transmediales Phänomen: Ein Systematisierungsversuch metareferentieller Formen und Begriffe in Literatur und anderen Medien«, in: *Metaisierung in Literatur und anderen Medien. Theoretische Grundlagen – Historische Perspektiven – Metagattungen – Fuktionen*, hrsg. von Janine Hauthal, Julijana Nadj, Ansgar Nünning & Henning Peters, Berlin, New York 2007, [25]-64.

»Wer spricht?« – Metafiktion und »doppelte Mimesis« in Wolfram Fleischhauers Campus-Roman *Der gestohlene Abend*

Sonja Klimek

1 Die (alte) Frage nach der Erzählinstanz im fiktionalen Text

»Wer spricht?« – Um diese Frage, mit der schon Gérard Genette 1972 nach einer der zentralen Kategorien des Erzähltextes fragt,[1] kreist Wolfram Fleischhauers Roman *Der gestohlene Abend* (2008):[2] Es geht darin um Texte als schriftlich fixierte Sprache des Menschen und um die Verantwortung, die dem (sprech-)handelnden Subjekt durch die Produktion von Texten zukommt.

Vordergründig ist Fleischhauers neuestes Buch ein deutschsprachiger Campus-Roman, der allerdings nicht im europäischen, sondern – wie die Prototypen dieses Genres – im amerikanischen Universitätsmilieu angesiedelt ist. Erzählt wird die Geschichte des 23-jährigen Matthias (alias Matthew) Theiss aus Berlin, der das akademische Jahr 1987/1988 als Stipendiat an einer kalifornischen Universität verbringt. Dort erlebt er als Gaststudent zunächst selbst die Faszination jener auf den kürzlich verstorbenen Jacques De Vander zurückgehenden »neuen Ästhetischen Theorien« (10). Doch dann wird er Zeuge und aktiv Beteiligter bei der Entdeckung von antisemitischen Artikeln, die De Vander offenbar als junger Mann in belgischen Kollaborations-Zeitungen während des Zweiten Weltkriegs publiziert hat. Hautnah erfährt Matthias die Reaktionen auf diese Enthüllung – sowohl die der Anhänger De Vanders unter Studierenden wie Professoren als auch die seiner Kritiker. Diese hatten De Vander schon lange vor dem Bekanntwerden besagter Artikel vorgeworfen, seine Literaturtheorie sei unmoralisch, da sie Texte aus ihrem Entstehungs- und Wirkungskontext isoliere (vgl. 146–147).

Es gehört nicht viel Vorwissen dazu, »Jacques De Vander« als Pseudonym für Paul de Man auszumachen.[3] Auch wenn weder die Begriffe »Yale

---

[1] Vgl. Genette, Gérard, *Figures III*, Paris 1972, Kapitel 5: Voix, S. 225–268.
[2] Fleischhauer, Wolfram, *Der gestohlene Abend. Roman*, München 2008.
[3] Schon vor der Entdeckung der Kollaborationsartikel wurde auch de Mans Theorie als »Anti-Humanismus« bezeichnet: »What we lose is access to the inexhaustible variety of literature as determinably meaningful text by, for, and about human beings.« (Abrahams, Meyer Howard, »How to Do Things with Texts«, in: *Partisan Review* 46 (1979), 566–588,

Critics« noch »Dekonstruktion« in Fleischhauers Text je fallen, wird der Bezug doch durch die fortschreitende Handlung des Romans immer deutlicher. Der Verweis auf die außertextuelle Realität ist somit vorhanden. Dennoch weist die Gattungsbezeichnung »Roman« auf dem Buchumschlag den Leser, lange bevor er De Vander als de Man identifiziert hat, darauf hin, dass man es mit einem literarischen Text von (zumindest teilweise) fiktionalem Charakter zu tun hat.[4]

Was die Gattung des Romans von einer Zeitungsreportage oder anderen rein nicht-fiktionalen Textsorten unterscheidet, ist die Kategorie der Stimme als Produktionsinstanz des Textes, der den Status der Fiktionalität für sich reklamiert. Die sprechakttheoretisch geprägte Erzähltheorie geht davon aus, dass die Sätze in jedem fiktionalen Text sich durch einen »fundamentalen Doppelcharakter« auszeichnen: Es spricht eine fiktive Instanz, die in »imaginär-authentischer« Rede von den Ereignissen der Romanwelt erzählt. Doch die im Buch gedruckten Sätze sind gleichzeitig als »real-inauthentische« Rede des empirischen Autors in der Wirklichkeit zu werten:[5]

> Einerseits erheben die in fiktionaler Rede geäußerten Sätze, als Imaginationen eines realen Autors, keinen Anspruch auf Referenz in *unserer Welt*; andererseits erheben sie, als Behauptungen eines fiktiven Erzählers, durchaus einen Wahrheitsanspruch in der *erzählten Welt*.[6]

---

hier 588.) Der komplette Poststrukturalismus, die sich explizit auf Nietzsche berief, stand nicht selten im Verdacht, »spekulativ, nihilistisch« zu sein. (Vgl. Ellrich, Lutz & Wegmann, Nikolaus, »Theorie als Verteidigung der Literatur? Eine Fallgeschichte: Paul de Man«, in: *Deutsche Vierteljahrsschrift für Literaturwissenschaft und Geistesgeschichte* 64 (1990), 467–513, hier 470.) – Zur Theorie und Geschichte der poststrukturalistischen Literaturtheorien in ihren diversen Ausprägungen vgl. z. B.: Davis, Robert Con & Schleifer, Ronald (Hgg.), *Rhetoric and Form. Deconstruction at Yale*, Norman 1985.

[4] Ralph Gerstenberg wirft in seiner Rezension dem Romancier Fleischhauer vor, er habe für die Darstellung seines Themas die falsche Textsorte gewählt: »Warum lässt er ein Alter Ego agieren, anstatt zu berichten, was ihn noch immer beschäftigt? Das fiktionale Erzählen ist in diesem Fall kein geeignetes Mittel, weil es nicht für mehr Komplexität sorgt, sondern allein den Konventionen des Romanciers Wolfram Fleischhauer zu genügen scheint.« (Vgl. den Schluss seiner Rezension in der Sendung *Büchermarkt* vom 29.01.2009, gesendet auf Deutschlandfunk. Nachzulesen unter http://www.dradio.de/dlf/sendungen/buechermarkt/911638/.) Damit verkehrt Gerstenberg jedoch die Fakten: Nicht der Stoff sucht nach einem Ausdruck (dessen adäquate Form Gerstenberg offenbar in einer Reportage oder in persönlichen Memoiren sieht), sondern der Romancier Fleischhauer hat sich dafür entschieden, aus diesem Stoff einen Roman zu machen. Gewissen Themen abzusprechen, dass man darüber Romane machen könne, und sie nur für nicht-fiktionale Textsorten zu reservieren, zählt aber wohl kaum zu den Aufgaben eines Literaturwissenschaftlers.

[5] Vgl. Martínez, Matías & Scheffel, Michael, *Einführung in die Erzähltheorie* (1999), München ⁵2003, 130 – vgl. auch ebd., 17: »Der Autor produziert also Sätze, die zwar *real*, aber *inauthentisch* sind – denn sie sind nicht als Behauptungen des Autors zu verstehen. Dem fiktiven Erzähler hingegen sind dieselben Sätze als *authentische* Sätze zuzuschreiben, die aber *imaginär* sind […].«

[6] Ebd., 95.

»Wer spricht?« lautet demnach eine der zentralen Fragen für das Verständnis eines jeden fiktionalen Erzähltextes.

Durch die interne Fokalisierung auf einen deutschen Gaststudenten hat Fleischhauer sich in *Der gestohlene Abend* sozusagen für die ›Frosch-Perspektive‹ entschieden: Matthew ist in der amerikanischen Universitätslandschaft als Europäer nicht nur ein Außenseiter, er ist auch als Student ein Nicht-Eingeweihter, der das Treiben der Professoren hinter den Seminar-Kulissen, das Gerangel der Berufungspolitik sowie die Machtkämpfe unter den einzelnen philosophischen und literaturwissenschaftlichen Schulen nicht durchschaut. Gleichzeitig ist Matthew für seine Umwelt die ideale Projektionsfläche für Meinungen aller Art: Er ist zwar ein begabter und fleißiger Student, aber er hat seinen eigenen Standpunkt im Leben noch nicht gefunden. In den Gesprächen, die er mit seinen verschiedenen Bekannten auf dem Campus führt, werden die unterschiedlichsten Lebenseinstellungen kommentarlos einander gegenübergestellt.

So lauscht Matthew auch während einiger Seminarsitzungen am »INAT«, dem »Institut für neue Ästhetische Theorie« (10), den Diskussionen über die literaturwissenschaftliche Dekonstruktion. Zwar erscheint ihm alles, was die dortige Professorin Marian Candall-Carruthers darlegt, »so brillant wie einleuchtend«, aber im Nachhinein kann Matthew keinen der gehörten Gedankengänge wiedergeben (vgl. 137–138). Lediglich das Konzept der »doppelten Mimesis« in Platons *Politeia* kann er Jahre später, als extradiegetischer Ich-Erzähler, noch reproduzieren (vgl. 138–140).

In dieser Seminarszene liefert Fleischhauer eine Anwendung von Paul de Mans Theorie des »irreducible philosophical problem raised by all forms of literary criticism [that occurs] in the form of a constitutive discrepancy, in critical discourse, between the blindness of the statement and the insight of the meaning«.[7] Hierzu lässt er die Professorin zuerst die grundlegende Unterscheidung von »mimetischem« und »diegetischem« Sprechen eines Dichters in Platons Dialog *Politeia* referieren: Der Terminus »diegesis« (διήγησις), wörtlich: »Erzählen«) bezeichnet bei Platon »alle poetischen Texte als ›Vortrag‹ (λέξις [léxis]; 392c)« und steht somit für das unverhohlene Sprechen des Dichters selbst.[8] Damit bildet »diegesis« den Gegensatz zur »mimesis«, bei der der Dichter versucht, seine vermittelnde Rolle in Bezug auf das Geschehen zu verbergen und die »Illusion des nicht durch

---

[7] De Man, Paul, »The Rhetoric of Blindness: Jacques Derrida's Reading of Rousseau«, in: Ders., *Blindness and Insight. Essays in the Rhetoric of Contemporary Criticism* (1971), Second edition, Revised, Introduction by Wlad Godzich, Minneapolis 1983, 102–141, hier 110.
[8] Vgl. Weimar, Klaus, Artikel »Diegesis«, in: Ders. (Hg.), *Reallexikon der deutschen Literaturwissenschaft*, Bd. I, Berlin, New York 1997, 360–363, vgl. hier 360.

ihn vermittelten Sprechens« hervorzurufen,[9] indem er »*Figurenreden* wie im Drama« verwendet.[10] Wenn also Platon in seinem Dialog die Figur des Sokrates sagen lässt, es sei »unakzeptabel«, dass »ein Dichter als eine seiner Figuren auftritt [und] mit verstellter Stimme spricht« (141), so erzeugt Platon damit ein Dilemma, das die Pointe von Candall-Carruthers spritzigen Ausführungen bildet:

> Sokrates hat niemals eine Zeile geschrieben. Alles, was wir über ihn wissen, wissen wir durch Platon. Er ahmt Sokrates' Stimme nach. Die ganze *Politeia* ist im Stil doppelter Mimesis geschrieben. Der Text tut genau das, was er verdammt. Oder, anders gesagt, er vollzieht das Gegenteil von dem, was er behauptet. Seine Grammatik und seine Rhetorik, das, was er sagt und wie er es sagt, stehen in einem unauflösbaren Widerspruch. (142)

Dieser »unauflösbare[...] Widerspruch« von »Grammatik« und »Rhetorik« eines Textes bildet den Kern von Paul de Mans Theorie in *Blindness and Insight*:

> [W]e reach the conclusion that the determining characteristic of literary language is indeed figurality, in the somewhat wider sense of rhetoricity, but that, far from constituting an objective basis for literary study, rhetoric implies the persistent threat of misreading.[11]

Wie all seinen Kollegen so lauscht Matthias auch diesen Vorträgen im INAT mit Aufmerksamkeit, aber ohne die Fähigkeit zur eigenen Reflexion. Erst im Verlauf des sich abzeichnenden Konflikts mit seiner Geliebten Janine gelangt er, der zunächst neben seiner Unbedarftheit nur wegen seines »Turnierschwimmerkörper[s]« (7) aufgefallen war, dann jedoch schließlich selbst zu einer eigenen, entschieden vertretenen Grundhaltung.

In die Lage, seine eigene Position bestimmen zu müssen, wird Matthias im Laufe des Romans dadurch gedrängt, dass zwei Vertreter von literaturwissenschaftlichen und moralischen Gegenpositionen ihn zur Messlatte ihrer eigenen Glaubwürdigkeit machen: Es entspinnt sich eine Dreiecksbeziehung zwischen ihm (als dem Gaststudenten und Neuen auf dem Campus), dem Vorzeige-Doktoranden und De-Vander-Schüler David (der sich nach der Entdeckung von De Vanders antisemitischen Zeitungsartikeln auf seine eigene jüdische Abstammung besinnt und in aktive Opposition

---

[9] Vgl. Antor, Heinz, Artikel »Diegese«, in: Ansgar Nünning (Hg.), *Metzler Lexikon Literatur- und Kulturtheorie. Ansätze – Personen – Grundbegriffe*, 4., aktualisierte und erweiterte Auflage, Stuttgart, Weimar 2008, 130.

[10] Vgl. Weimar, Klaus, Artikel »Diegesis«, in: Ders. (Hg.), *Reallexikon der deutschen Literaturwissenschaft*, Bd. I, Berlin, New York 1997, 360–363, hier 361.

[11] De Man, Paul, »Literature and Language: A Commentary«, in: Ders., *Blindness and Insight. Essays in the Rhetoric of Contemporary Criticism* (1971), Second edition, Revised, Introduction by Wlad Godzich, Minneapolis 1983, 277–289, hier 284.

zur ›neuen Ästhetischen Theorie‹ tritt) und dessen Freundin Janine (die sich in zunehmendem Maße mit der Theorie De Vanders identifiziert und sich dadurch mehr und mehr von David entfremdet). Es ist ein Zeichen von Matthews Naivität, dass er die komplizierte Beziehung zwischen ihnen dreien lange Zeit für eine rein private Liebesangelegenheit hält.[12] Der Kampf um Matthews Sympathie und Aufmerksamkeit entsteht jedoch dadurch, dass er für Janine und David als Außenstehender ein potentieller Richter, und noch dazu ein Deutscher ist. Seine Nationalität ist nicht völlig bedeutungslos, wenn ein im Tagesgeschäft der Politik beruflich tätiger Mensch wie Wolfram Fleischhauer sich daran macht, ein Stück amerikanischer Zeitgeschichte (den Umgang mit ehemaligen Nazi-Kollaborateuren an US-Hochschulen konkret, aber auch die Akzeptanz von Schuld und die Bereitschaft zum Übernehmen von Verantwortung für die eigenen Taten und Texte allgemein) im Genre des Campus-Romans aufzuarbeiten.

2 Der Campus-Roman und seine spezifischen Möglichkeiten zur Metafiktionalisierung

Das Genre des Campus-Romans stammt ursprünglich aus dem angloamerikanischen Sprachraum. Gemeinhin gilt Dietrich Schwanitz' Roman *Der Campus* (1995), der bewusst als Adaptation des Genres aus Übersee für den inländischen Literaturmarkt geschrieben wurde, »trotz einiger Ausnahmen […] als erster Versuch einer Darstellung des deutschen Universitätsmilieus der Gegenwart in Romanform«.[13]

Das Genre entstand in den 1950er Jahren, was man im Allgemeinen darauf zurückführt, dass durch eine veränderte Bildungspolitik nach dem Zweiten Weltkrieg eine steigende Zahl von Menschen (d.h. potentieller Leser, aber auch Schriftsteller) höhere Bildungseinrichtungen besuchten und somit das Interesse am universitären Milieu stieg.[14]

Offenkundig hat sich ein Genre wie der Campus-Roman nicht zuletzt deshalb in Amerika und Großbritannien ausgeprägt, weil es dort eher als

---

[12] Vgl. z.B. Matthews Einschätzungen von Davids Handeln: »Er war einzig und allein wegen Janine hier, schoss es mir durch den Kopf. Dieser verstaubte Nazi-Text war nur ein Vorwand.« (154). Vgl. auch: »Er litt wie ein Hund. Wegen Janine natürlich. Es konnte gar nicht anders sein« (161) sowie »Es ging um Janine. Was sonst?« (173).
[13] Durrani, Osman, »The Campus and its Novel: Dietrich Schwanitz's Literary Exploration of German University Life«, in: Susanne Stark (Hg.), *Cultural Cross-Currents and Affinities. Papers from the Conference held at the University of Leeds from 15 to 17 September 1997*, Amsterdam, Atlanta 2000, 425–436, hier 425.
[14] Vgl. Stevenson, Randall, *The Oxford English Literary History. Volume 12: 1960–2000. The Last of England?*, Oxford 2004, 403–404.

beispielsweise auf dem europäischen Festland räumlich gebündelte und von städtischer Agglomeration klar abgegrenzte Campus-Universitäten gab. Inzwischen wird der englische Begriff ›campus novel‹ aber nicht mehr nur für solche Romane verwendet, die innerhalb eines Campus spielen. Gegenwärtig umfasst dieses Genre vielmehr Romane, die im weitesten Sinne in einer Hochschule angesiedelt sind.

Die akademische Welt ist jedoch auch in der deutschsprachigen Literatur schon lange vor dem Entstehen jenes Genres zum Thema fiktionaler Texte geworden: Seit der Frühen Neuzeit tauchen fahrende Studenten als Helden von Romanen auf, deren vermutlich berühmtester Vertreter Johannes Beers *Teutsche Winter-Nächte* (1682) ist.[15] Im 19. und frühen 20. Jahrhundert werden studentische Verbindungen mit ihren Sitten und Gebräuchen zum beliebten Sujet.[16] Auch über den Professor als Haupt- oder Nebenfigur wird nicht erst seit Heinrich Manns unter dem Titel *Der blaue Engel* (1930) verfilmtem Roman *Professor Unrat* (1905) – bei dem es sich allerdings um die Geschichte eines Gymnasial-, keines Hochschullehrers, handelt – geschrieben. Privatgelehrte und Ordinarien bevölkern, zumeist als lächerliche Figuren, etwa schon das Aufklärungstheater[17] und die Romane Jean Pauls,[18] aber auch vereinzelt stehende Werke wie den heute fast vergessenen Roman *Der tolle Professor. Roman aus der Bismarck-Zeit* (1930) von Hermann Sundermann.

All diese Texte thematisieren jedoch zumeist nur die akademische Lebensform einzelner Protagonisten. Im amerikanischen Campus-Roman seit den 1950er Jahren wird dagegen oft über die konkret erzählte Geschichte eine generelle Wissens- oder Wissenschaftskritik, eine allgemeine Abrechnung mit den Unzulänglichkeiten des universitären Forschungs- und Lehrbetriebs oder eine Anklage der zeitgenössischen Bildungspolitik artikuliert. Dies geschieht wiederum nicht selten in humoristischer bis satirischer Form, wie etwa in der Wissenschafts- und Gelehrtenparodie *Pnin* (1957) von Vladimir Nabokov.

---

[15] Für weitere frühe Beispiele vgl. etwa Nimtz, Herbert, *Motive des Studentenlebens in der deutschen Literatur von den Anfängen bis zum Endes des achtzehnten Jahrhunderts*, Diss., Berlin 1937, Würzburg 1937.

[16] Vgl. Kays, Heinz Kurt, *O Goldne Academica. Korporationsstudenten in der Literatur*, Würzburg 1996.

[17] Vgl. Košenina, Alexander, *Der gelehrte Narr. Gelehrtensatire seit der Aufklärung*, Göttingen 2003, 26.

[18] Vgl. etwa den »Professor der Moral Hoppedizel« und das liebenswert-schrullige, »vergnügte[...] Schulmeisterlein Maria Wutz« in Jean Pauls Erstlingsroman *Die unsichtbare Loge* (1793) (vgl. Jean Paul, Sämtliche Werke, Norbert Miller [Hg.], Nachwort v. Walter Höllerer, Abteilung 1, Bd. 1: *Die unsichtbare Loge / Hesperus*, München u. Wien 1960, 5., korrigierte Auflage 1989, Lizenzausgabe 2000 für die WBG Darmstadt, S. 93–94 u. 422).

Während noch vor Kurzem davon ausgegangen wurde, dass nach einem von Schwanitz ausgelösten Boom des Campus-Romans um das Jahr 2000 inzwischen

> die Verkettung von Effizienzanalysen, Exzellenzinitiativen und Existenzängsten das hiesige Hochschulklima derart heruntergekühlt [habe], [...] dass das ehrwürdige amerikanisch-britische Genre des Campus-Romans bei uns keine Blüten mehr treib[e],[19]

hat das Erscheinen von Fleischhauers *Der gestohlene Abend* die Tradition des deutschsprachigen Campus-Romans neu belebt und ihn um einen weiteren, bisher eher in Amerika und England erprobten Aspekt bereichert: die Kritik an einer unter Intellektuellen verbreiteten Grundhaltung der ironischen Distanz gegenüber »allen metaphysischen Geltungsansprüchen der moralischen Welt«, die sich u. a. in der dekonstruktivistischen Literaturtheorie Paul de Mans niederschlägt.[20]

Das Genre des Campus-Romans hat insofern eine gewisse Affinität zur Metafiktion, als mit den Literaturdozenten und -studierenden sowie ihren Gesprächs-, Seminar- und Arbeitsthemen die Behandlung von Literatur und Literaturwissenschaft innerhalb von Literatur selbst vorgenommen werden kann. Es eignet sich, neben dem hierfür seit langem bekannten Genre der Künstler-Novelle, hervorragend für eine Literatur, die im Sinne der frühromantischen Transzendentalpoesie »zugleich Poesie *und* Poesie der Poesie« sein, d. h. sowohl ein literarisches Kunstwerk sein als auch die Kritik desselben literarischen Kunstwerks (oder auch der Literatur generell) enthalten will.[21]

Anders als der Künstler-Roman, in dem die Produktion und gegebenenfalls auch die Distribution von Literatur durch Agenten, Verlage und Buchhandlungen an Leser thematisiert werden kann, bietet der Campus-Roman die Möglichkeit, wissenschaftliche Aspekte der Beschäftigung mit Literatur sowie diverse – fiktive oder real existierende – Literaturtheorien in den Roman selbst hineinzuspiegeln. Dies bietet sich an, wenn die Handlung des Campus-Romans in den geisteswissenschaftlichen Fakultäten spielt, und besonders, wenn Literaturwissenschaftler seine Protagonisten sind.

---

[19] Vgl. die Rezension des norwegischen Campus-Krimis *De beste blant oss* (Original: 2006; auf Deutsch: *Nur die Stärksten überleben*, München 2008): Maidt-Zinkes, Kristina, »Studenten als Liebhaber bevorzugt«, in: Süddeutsche Zeitung, 30.09.2008 (Url: http://www.sueddeutsche.de/kultur/262/312179/text/print.html).
[20] Vgl. Ellrich, Lutz & Wegmann, Nikolaus, »Theorie als Verteidigung der Literatur? Eine Fallgeschichte: Paul de Man«, in: *Deutsche Vierteljahrsschrift für Literaturwissenschaft und Geistesgeschichte* 64 (1990), 467–513, hier 509.
[21] Vgl. Friedrich Schlegels 238. Athenäums-Fragment, zitiert nach: Kritische Friedrich-Schlegel-Ausgabe, hg. v. Ernst Behler u. a. Bd. 2,I: *Charakteristiken und Kritiken (1798–1801)*, hg. v. Hans Eichner, München u. a. 1967, 204.

Diese Art von literarisierter Kritik der ›Literaturwissenschaft‹ (welche in Amerika ›literary criticism‹ heißt) üben in der Nachfolge von David Lodges *Changing Places* (1975) ›campus novels‹ wie *The Great Pursuit* (1977) von Tom Sharpe und *Coming from Behind* (1983) von Howard Jacobson.[22]

Diese thematische Affinität des Campus-Romans zur Metafiktionalisierung nutzt Fleischhauer in der oben beschriebenen Seminarszene, in der die Vertreterin der »neuen Ästhetischen Theorie« anhand von Platons *Politeia* den Studierenden (und somit indirekt auch dem Leser) die Theorie der »doppelten Mimesis« erklärt (vgl. 140–142), in der sich eine Anwendung von de Mans namentlich nicht genanntem Werk *Blindness and Insight* ausmachen lässt. Somit gehört auch *Der gestohlene Abend* in diese Gruppe der literaturkritik-kritischen literarischen Texte.

3 (Autobiographische) Meta-/Doku-Fiktion

Bereits im Klappentext inszeniert Fleischhauer sein Werk als stark autobiographisch gefärbte Schrift. Er erwähnt nicht nur (wie bei seinen früheren Romanen), dass er selbst u. a. in den USA ›Literatur‹ (man bemerke: nach eigener Selbstdarstellung nicht etwa ›Literaturwissenschaft‹!)[23] studiert habe, sondern auch, dass er an der »University of California Irvine« gewesen sei, die in den 1980er Jahren der im Roman beschriebenen, fikti-

---

[22] Vgl. Stevenson, Randall, *The Oxford English Literary History. Volume 12: 1960–2000. The Last of England?*, Oxford 2004, 122.

[23] Man kommt nicht umhin zu bemerken, dass die Unterscheidung von Literatur-Studium und Literaturwissenschafts-Studium auch einigen Figuren im Roman völlig entgangen ist. Das ist das Manko der Übersetzung, die der in den USA auf Englisch studierende Matthias leisten muss, als er über seine dortigen Erfahrungen auf Deutsch erzählt. Denn während man in den USA tatsächlich »to study literature« sagt, ist die Bezeichnung dieses Faches ihrem Inhalt nach auf Deutsch mit »Literaturwissenschaft studieren« wiederzugeben. Daher wirkt das Wortspiel in der Frage seines Freundes Theo, warum er denn »Literatur bei Leuten studieren [solle], die noch nicht einmal versucht haben, auch nur ein Epigramm zu Papier zu bringen« (187), in der wörtlichen Übersetzung sinnverstellend. Auf Deutsch müsste es heißen, warum er denn »Literaturwissenschaft« bei Leuten studieren solle, die selbst keine literarischen Texte produzieren. Eine solche Aussage wäre jedoch völlig unlogisch, soll doch im Literaturwissenschafts-Studium das Produzieren wissenschaftlicher Texte (d.h. das Tätigen intersubjektiv nachprüfbarer Aussagen) über literarische Texte eingeübt werden, was man wiederum von Literaturwissenschaftlern, die selbst schon einige solcher wissenschaftlicher Texte produziert haben, durchaus lernen kann. – Es gibt mehrere Stellen, an denen durch die Wiedergabe von Gesprächen, die in der fiktiven Welt auf Englisch geführt wurden, im Medium der deutschen Sprache Sinnverluste bzw. Übersetzungsfehler entstehen, so z. B. wenn im Seminar der Begriff »Diegese« als Gegenstück zur platonischen Konzeption der »Mimesis« (vgl. *Politeia*, drittes Buch, 392c-394c) angegeben wird. Der Übersetzungsfehler ist pikanterweise derselbe, auf den schon Gérard Genette in seinem *Nouveau discours du récit* (Paris 1983, 13) hinweist: Im Englischen gibt es nur *einen* einzigen Begriff, »diegesis«, sowohl für Genettes aus der Filmwissenschaft übernommene Begriffsprägung der »diégèse« (= erzählte Welt, auf Deutsch »Diegese«)

ven kalifornischen Universität Hillcrest zum Verwechseln ähnlich gesehen haben muss. Der Roman ist demnach nicht nur Campus-, sondern auch Schlüsselroman.

So wie für die betreffende Universität lassen sich auch für viele der in *Der gestohlene Abend* auftretenden Figuren reale Vorbilder identifizieren. »Jacques De Vander« ist eine namentliche Zusammenfügung von Paul de Man, seinem philosophischen Mitstreiter Jacques Derrida[24] und dem fiktiven Axel Vander, einer Paul de Man nachgebildeten Romanfigur in John Banvilles ›campus novel‹ *Caliban* (2002).[25] »Ruth Angerston«, die Professorin mit der eintätowierten KZ-Häftlingsnummer auf dem Unterarm, die sich so herzlich um Matthew kümmert und deren Kleist-Aufsätze den jungen Studenten schon daheim in Europa fasziniert haben, ist der realen Literaturwissenschaftlerin und Kleist-Spezialistin Ruth Klüger nachgebildet.[26] Darüber hinaus lassen sich noch weitere Vorlagen für Fleischhauers Protagonisten erahnen: Auch De Vanders ehemaliger Kollege Jeffrey Holcomb und seine frühere Schülerin Marian Candall-Carruthers mögen als Figuren, zumindest den Namen nach, mehr oder weniger eng an die beiden von der Universität Yale stammenden Lehrstuhlinhaber Geoffrey Hartman und Juliet Flower MacCannell angelehnt sein.

Neben Orten und Personen ist auch die Dramaturgie der Entrüstung und Gegen-Entrüstung, die auf das Bekanntwerden von De Vanders Kollaborateurs-Vergangenheit folgen, den realen Ereignissen nachgebildet: Im Sommer 1987 entdeckte Ortwin de Graef, Doktorand der belgischen Universität Leuwen (Louvain), bei seinen Recherchen eine Reihe von Zeitungsartikeln, die Paul de Man während des Zweiten Weltkriegs in Belgiens führender Tageszeitung *Le Soir* publiziert hatte. Es handelte sich dabei überwiegend um kunst- und literaturkritische Beiträge von minderem Interesse, doch einige der über 100 Artikel enthielten deutlich antisemitische Äußerungen. Da die Zeitung von der seit Mai 1940 im Land herrschenden deutschen

---

als auch für den Begriff »diégésis«, der im Deutschen mit »Diegesis« wiedergegeben wird und der vermittelndes Erzählen (διήγεσις) im Sinne Platons meint. Dass sich der fiktive Erzähler Matthias bei der deutschsprachigen Wiedergabe seiner amerikanischen Erlebnisse für die falsche Variante (»erzählte Welt« statt »vermittelndes Erzählen«) entscheidet, kann als schlichtes Versehen des Autors Fleischhauer gedeutet werden. Es kann jedoch auch als geschickte Erzählstrategie zur Plausibilisierung der Figur des Matthias dienen, der schließlich nach seinem Amerika-Jahr die professionelle Beschäftigung mit literaturtheoretischen Nomenklaturen aufgibt und von dem man daher nicht erwarten kann, dass er die genauen wissenschaftlichen Termini auch auf Deutsch kennt.

24 Hierauf weist auch Gerstenberg in seinem Radiobeitrag hin.
25 Der Hinweis auf diesen intertextuellen Bezug findet sich in der Rezension von Döring, Sabine, »Unter Gurus und Gaststudenten«, in: *Frankfurter Allgemeine Zeitung*, 26.1.2009, 26.
26 Vgl. ebd.

Besatzungsmacht kontrolliert wurde, ist das Umfeld, in dem de Man seine Texte publizierte, offen nationalsozialistisch und volksverhetzend. De Mans antisemitischster Beitrag erschien am 4. März 1941 gleich neben einigen abschreckenden Fotos, die Judenhass schüren sollten.

Während in der Realität de Graef seinen sensationellen Fund binnen Wochen publik machte und Fotokopien der gefundenen Artikel in Umlauf brachte, nimmt sich Fleischhauer die künstlerische Freiheit, seinen Doktoranden David Lavell – der übrigens extra zu Recherchezwecken aus den USA nach Belgien reist[27] – vor Veröffentlichung des Materials sterben zu lassen. So wird der Fund im Roman erst nach Neujahr 1988 publik gemacht, und zwar durch indirekte Beteiligung des fiktiven Romanhelden und Ich-Erzählers Matthias. In diesem Punkt weicht der Roman deutlich vom wirklichen Verlauf der Ereignisse ab.

Das Verfahren, historische Geschehnisse durch das Eingreifen oder Verschulden eines fiktiven Protagonisten zu erklären, ist nicht etwa erst seit dem hierfür berühmten, Oskar-gekrönten Kinofilm *Forrest Gump* (1994) bekannt.[28] Es ist vielmehr das klassische Erzählmuster des Historischen Romans seit Sir Walter Scott, aber auch vieler gegenwärtig unter dem Schlagwort der »Dokufiktion« erörterter Romane der Gegenwart.[29] Dabei kann der Leser beim Wiedererkennen historischer Tatsachen eine gewisse ästhetische Freude am Spiel mit Fiktion und Wirklichkeit empfinden. Doch auch, wenn ihm geschichtliches Hintergrundwissen fehlt, liest sich der Historische Roman dennoch spannend, da er eine auch nur für sich selbst betrachtet kohärente Geschichte erzählt.[30]

Etwa seit den 1970er Jahren werden vermehrt Historische Romane publiziert, »die sich sowohl durch eine ausgeprägte Hinwendung zu geschichtlichen Stoffen als auch durch ein erhöhtes Maß an metafiktionaler

---

[27] Neben dieser offensichtlichen Abweichung von den Tatsachen hat sich Fleischhauer in der Gestaltung der Figur David Lavells weitere Freiheiten erlaubt: Davids genialischer Vortrag über den wahren Autor der Shakespeare-Sonette etwa wurde in Wirklichkeit nicht erst im Spätherbst 1987 gehalten. Die Thesen wurden bereits in der 1987er Januar-Ausgabe der Zeitschrift »Publications of the Modern Language Association (PMLA)« von einem damals bereits etablierten Forscher namens Donald W. Foster (*1950) in seinem Aufsatz »Master W.H., R.I.P.« (42–54) vertreten. Diese Freiheiten im Umgang mit »Fakten« verschleiert Fleischhauer jedoch nicht: Im Impressum seines Romans findet man die Quelle für die Shakespeare-Rede deutlich angegeben.

[28] Hier deckt Forrest zufällig die Watergate-Affäre auf, bringt Elvis Presley den Hüftschwung bei und reist als erster Amerikaner seit Jahrzehnten ins kommunistische China.

[29] Vgl. etwa den in Kürze erscheinenden Sammelband: Schmelzer, Dagmar & von Tschilschke, Christian (Hgg.), *Docuficción. Enlaces entre ficción y no-ficción en la cultura española actual*, Frankfurt a.M., Madrid 2010.

[30] Dasselbe gilt für Fleischhauers Roman. Wer sich mit dem ›Fall Paul de Man‹ auskennt, wird schon bei der Lektüre des Buchtitels wissen, auf welche Enthüllung die Handlung zustrebt, und so weitere Bedeutungsschichten des literarischen Textes entdecken. Doch

Selbstreflexivität auszeichnen« und »fiktionale[] Rückbezüglichkeit mit der Erörterung historiographischer Fragen verbinden«.[31] Statt eines relativ unreflektierten Erzählens »fiktionalisierter Historie« sind viele postmoderne Romane vielmehr zur »metahistoriographischen Fiktion« zu zählen, die geprägt ist durch ein hohes Bewusstsein für die Bedingungen und Grenzen der Rekonstruktion vergangener Ereignisse.[32]

Mit dem Start von Jasper Ffordes metafiktionaler Roman-Serie über die Literatur-›Agentin‹ Thursday Next wird dieses Verfahren der metafiktionalen Thematisierung der Bedingungen der Möglichkeit von Romanen über geschichtliche Ereignisse statt auf die Historiographie auf den literarischen Text übertragen und somit auf eine Meta-Ebene gehoben. Im ersten Band, *The Eyre Affair* (2001),[33] dient die Vermischung von Fakt und Fiktion innerhalb eines Romans zur Erklärung, wie es zu dem heute bekannten Ende des real existierenden Romans *Jane Eyre* (1847) von Charlotte Brontë gekommen sei. Dazu bedient sich Fforde nicht etwa einer »fiktionalisierten Historie« (z. B. hätte er seine Heldin der Autorin Charlotte Brontë begegnen und diese beim Schreibprozess beeinflussen lassen können), sondern eines metafiktionalen Verfahrens: Er lässt seine fiktive Figur Thursday, die in ihrer Funktion als »Prose Resource Operative« metaleptisch handelnd in diverse Werke der Weltliteratur eingreift, direkt in die Diegese des Buches »Jane Eyre« hineinsteigen und dort einige Gangster jagen, wobei es zu einem schrecklichen Unfall und einem Brand kommt, was mit der fiktiven Welt notwendigerweise auch das Ende des Romans »Jane Eyre« verändert – und somit eben jenen Ausgang herbeiführt, den der Leser des empirischen Buches *Jane Eyre* heute kennt. Eine Fiktion (das metaleptische Abenteuer von Thursday Next) soll demnach – nachträglich! – eine andere Fiktion (den Brand des Herrenhauses Thornfield Hall in Charlotte Brontës Roman) erzeugt haben.

Fleischhauers Roman dagegen setzt das Verfahren von der metafiktionalen auf seine historiographische Ausgangsebene zurück: Er erfindet eine offenkundig fiktive Geschichte und spickt sie mit nachprüfbaren, nur leicht verschleierten historischen Tatsachen. So veranstalteten etwa die realen Anhänger der dekonstruktivistischen ›Yale-Critics‹ tatsächlich kurz nach

---

auch, wenn der Leser keinerlei spezifisches Vorwissen mitbringt und den Text als rein fiktionales Machwerk rezipiert, erscheint ihm die darin erzählte Geschichte immer noch verständlich und in sich stimmig.

[31] Nünning, Ansgar, »Historiographische Metafiktion als Inbegriff der Postmoderne? Typologie und Thesen zu einem theoretischen Kurzschluß«, in: Anselm Maler, Ángel San Miguel, Richard Schwaderer (Hgg.), *Europäische Romane der Postmoderne*, Frankfurt a. M. 2004, 9–35, hier 10–11.
[32] Ebd., 13.
[33] Vgl. Fforde, Jasper, *The Eyre-Affair*, London 2001.

Publikwerden der fraglichen Artikel einen De-Man-Memorial-Kongress (allerdings in Belgien statt in den USA) und edierten die besagten Zeitungsartikel nebst ausführlichen Kommentaren sowie einer chronologischen Engführung der politischen Ereignisse und der privaten Lebensstationen von Paul de Man.[34] Und nicht zuletzt sind dem autodiegetischen Ich-Erzähler als deutschem Gaststudenten an einer kalifornischen Universität viele autobiographische Züge des empirischen Autors eingeschrieben, so etwa der weitere berufliche Werdegang: Nach den schockartigen Erlebnissen im Herbsttrimester 1987 in Hillcrest bricht Matthias sein Komparatistik-Studium ab, verlegt sich stattdessen auf »Creative Writing« und wird schließlich Dolmetscher in Brüssel – ein Beruf, den (so verrät es wiederum der Klappentext) auch der empirische Autor Fleischhauer gegenwärtig ausübt.

Aber ist Matthias Theiss mit Wolfram Fleischhauer zu identifizieren? Handelt es sich bei diesem Roman um eine weitere fiktionalisierte Anklage gegen den verstorbenen Paul de Man oder sogar um eine persönliche Stellungnahme des Romanciers Wolfram Fleischhauer zu jener postmodernen Mentalität des »anything goes«, zu der Denker wie Paul de Man und Jacques Derrida allenfalls einen Beitrag geleistet, nicht jedoch den Anstoß gegeben haben? – In diesem Fall ginge es im Roman nicht um zwanzig[35] oder fünfzig[36] Jahre altes Unrecht, sondern um die Gesellschaft der Gegenwart: Die Fiktion würde dann als politisches Meinungsbildungsinstrument genutzt, um die Leser zu sensibilisieren und zu Lebensentscheidungen zu motivieren, denn *Der gestohlene Abend* erzählt schließlich die Geschichte einer Lebenswende:

Die zunächst blasse Figur des Matthias, des intellektuellen Zuhörers, der sich das ganze Buch über von Kommilitonen und Professoren deren Meinungen vorsagen lässt, reift am Ende durch seine persönliche Konfrontation mit der radikal sprachskeptischen Grundhaltung, die ihm in De Vanders Literaturtheorie und in der Reaktion ihrer Anhänger auf die Entdeckung von De Vanders Vergangenheit als Nazi-Kollaborateur ent-

---

[34] Vgl. de Man, Paul, *Bd. 1: Wartime Journalism, 1939–1943* sowie *Bd. 2: Responses. On Paul de Man's Wartime Journalism*. Beide hg. v. Werner Hamacher, Neil Herzt & Thomas Keenan, Lincoln and London, 1989. – Die ausführliche Chronologie von Paul de Mans Geburt 1919 bis zu seiner ersten akademischen Anstellung in den USA im Jahre 1949 findet man im 2. Band, xi-xxi. Hier wird unter dem »14 June« 1940 auch der »›Tintin et Milou‹ cartoonist Georges Remi (Hergé)« als Mitarbeiter der Kollaborateurs-Zeitung *Le Soir* aufgezählt (vgl. ebd., xiii), eine Randfigur in de Mans Biographie, die Fleischhauer für die Gewichtung der Kollaboration in seinem Roman aufgreift. Auch der inoffizielle Name »Le Soir volé« wird dort genannt (vgl. ebd.).

[35] – bezogen auf den »Fall Paul de Man« –

[36] – bezogen auf die Veröffentlichung de Mans antisemitischer Äußerungen in den Jahren 1940–1942 –

gegentritt. Der zunächst so labile Junge Matthias schafft es im Laufe des Romans, innerlich auf Distanz zu den Idolen seiner Studienjahre zu gehen. So kann er schließlich auch seine Geliebte Janine auffordern, ihrerseits ihren Standpunkt im Leben klar anzuzeigen:

> Wer bist du, Janine? Welche Wahrheit ist für dich absolut und unhinterfragbar? Wann ist der Punkt erreicht, wo du nicht noch eine nächste Relativierung vornimmst, sondern wo du sagst: Stopp, ich entscheide mich für eine Position. (344)

Doch Janine (als radikale Anhängerin der Dekonstruktion und einer in der Nachfolge Nietzsches stehenden intellektuellen Ablehnung jeglicher auf Sprache basierenden, moralischen Grundhaltungen) entzieht sich dieser Entscheidung, indem sie sich für die ewige Meta-Position entscheidet: »Genau da sage ich stopp, Matthew. Wenn mir jemand wie du gegenübertritt und mir so einen Satz vorhält.« (Ebd.)

Damit endet der ›Dialog‹ zwischen Janine und Matthew »für immer«, wie der Erzähler lakonisch anfügt. Zwar begegnen sich beide Protagonisten etliche Jahre später noch einmal – bezeichnenderweise gerade in Belgien, wo De Vander gelebt und seine rassistischen Artikel publiziert hat – und reden über alles Mögliche, doch ist eine Verständigung über die für beide existenziell wichtigen Ereignisse des Winters 1987/88 nicht mehr möglich. Janine hatte schon zu Beginn jener letzten Unterredung in den USA bemerkt: »Wir werden immer nur streiten, Matthew. Deshalb ist es ja sinnlos, dass wir miteinander sprechen.« (339). Bei ihrem unverhofften Wiedersehen reden sie deshalb auch wie flüchtige Bekannte ohne prägende gemeinsame Erfahrungen miteinander. Am Ende dieser Begegnung akzeptiert Matthew schließlich Janines sprachskeptisch begründeten Kommunikationsverzicht: Anstatt sie erneut mit ihrer damaligen Verweigerung einer Stellungnahme zu konfrontieren, lässt er das Gespräch in harmlosen Bahnen verlaufen und fährt schweigend mit Janine an einer belgischen Gedenkstätte für die Judendeportation in Mechelen vorbei. Erst später kehrt er ohne Janine dorthin zurück und beschließt an diesem Ort des Gedächtnisses und der Mahnung, seine damaligen Erfahrungen mit Schuld, Schuldzuweisungen und verweigerten Schuldeingeständnissen in Zusammenhang mit dem »De Vander Fall« als Roman niederzuschreiben.

Dieses Roman-Ende selbst ist hochartifiziell und selbstreferentiell konstruiert. Matthias als fiktiver Ich-Erzähler offenbart darin ein Bewusstsein von Fiktionalität, das bei einer (trotz aller autobiographischen Züge des Autors immer noch) fiktiven Romanfigur nur als ›metafiktional‹ zu bezeichnen ist. Der selbstrückbezügliche Schluss gemahnt an die seit Jean Ricardous Studie über den französischen ›Nouveau roman‹ unter dem

Begriff »Möbiusband-Erzählung«[37] bekannte Form, bei der das Ende eines Romans seinen eigenen Anfang auf einer höheren Stufe der Fiktion wiederaufnimmt. Bei Fleischhauer beschließt der autodiegetische Ich-Erzähler in den letzten Sätzen, einen Roman über seine bis hierher mitgeteilten Lebenserfahrungen zu schreiben. Er reflektiert darüber, wie er dieses Buch anfangen würde – nämlich so, wie der empirische, gedruckt vorliegende Text des Romans *Der gestohlene Abend* tatsächlich beginnt: mit »dem Mädchen im Pool« (364).[38] Somit stehen am Anfang und am Ende des Textes die beiden Figuren Matthias und Janine, die zwei gegensätzliche Lebenseinstellungen verkörpern.

In der Konstellation Janine / Matthew variiert Fleischhauer die schon aus seinem historischen Geheimbund-, Abenteuer- und Philosophie-Roman *Das Buch in dem die Welt verschwand* (2003) bekannte Beziehung zwischen einer attraktiven, fanatischen Frau und einem blind in sie verliebten, weltanschaulich jedoch eher desorientierten und insofern naiven jungen Mann, der erst durch die Konfrontation mit der Extremposition lernt, selbst Stellung zu beziehen und dann auch für seinen Standpunkt einzutreten. Interessanterweise besteht dieses Aktivwerden des männlichen Protagonisten in beiden Büchern darin, dass sie dazu beitragen, Texte zur Publikation zu befördern und sie somit der Öffentlichkeit zugänglich zu machen.[39]

---

[37] Vgl. Ricardou, Jean, *Pour une théorie du nouveau roman*, Paris 1971, hier 153–155. Die Inversionsfigur »anneau de Moebius« suggeriert ein ›Dacapo‹ im Sinne eines Perpetuum mobiles, aber in paradoxer Form (»l'itinéraire qui mène en un lieu où se conjuguent le répétitif et l'inverse«; ebd., 154). – Im geometrischen Sinne bezeichnet man mit »Möbiusband« die paradoxe Vorstellung einer Fläche, die aus nur einer Seite besteht. Diese »nicht orientierbare Fläche« ist nach dem deutschen Mathematiker August Ferdinand Möbius (1790–1868) benannt, der das von ihm als ›Band‹ bezeichnete Phänomen vermutlich als Erster beschrieb (vgl. Biggs, Norman, »Die Entwicklung der Topologie«, in: John Fauvel u. a. (Hgg.), *Möbius und sein Band. Der Aufstieg von Mathematik und Astronomie im Deutschland des 19. Jahrhunderts*, aus dem Englischen v. Gisela Menzel, Basel, Boston, Berlin 1994, 135–152, hier 139).

[38] Die Eröffnungsszene des Romans spielt im Pool von Hillcrest. Das Mädchen Janine taucht darin auf der zweiten Seite auf (vgl. 8). – Das Romanende hat bei näherem Hinsehen eine weitere metafiktionale Feinheit zu bieten, die vielen anderen Möbiusband-Erzählungen abgeht: Matthias beschließt nicht einfach, »bei dem Mädchen im Pool« zu beginnen, sondern er zieht diesen Anfang nur in Betracht. Die Entscheidung überlässt er jedoch – aber selbst das nur »vielleicht« – seinem Freund Theo, der bereits ein erfahrener Schriftsteller ist: »Vielleicht würde ich Theo fragen, wenn ich ihn das nächste Mal sah [sic].« (364) – Der Leser erinnert sich, dass der empirische Text tatsächlich mit der Kennenlern-Szene im Pool beginnt, und kann so Rückschlüsse darauf ziehen, was Theo Matthias geraten haben mag.

[39] In *Das Buch in dem die Welt verschwand* gelingt es dem Protagonisten Nicolai, die Intrige einer geheimen Bruderschaft zu vereiteln und Kants Manuskript der *Kritik der reinen Vernunft* vor dem Verbrennen zu bewahren. – Es wäre müßig, darüber zu spekulieren, ob es sich bei dieser wiederkehrenden Figuren-Konstellation um eine zufällige Parallele, ein wiederholt verwendetes (da bewährtes) Schreibmuster oder etwa um ein weiteres (auto-?) biographisches Versatzstück aus der Realität handelt.

Man könnte nun in dieser repetierten Motivik das Plädoyer ihres Autors für eine unzensierte Information der Öffentlichkeit sehen. Doch was für *Das Buch in dem die Welt verschwand* uneingeschränkt gelten mag, lässt sich für *Der gestohlene Abend* nicht ohne weiteres als einzig mögliche Interpretation fixieren. Die Verwendung metafiktionaler, selbstreferentieller und romantisch-potenzierender Strukturen in diesem Roman sorgt dafür, dass das Buch zum Zeugnis einer Gegenwartsliteratur wird, die außer über den fiktionalisierenden Umgang mit historischen Fakten und den spannungsgeladenen Aufbau eines Bestseller-Romans auch über die intellektuelle Reflexionsebene postmoderner Metafiktion verfügt. Durch das Einflechten von biographischem und auto-biographischem Material in den literarischen Text bewirkt Fleischhauer jedoch eine Öffnung der Tradition metafiktionaler Literatur hin zur Wirklichkeit. Das rein selbstbezogene Spiel der postmodernen ›Metafiction‹[40] wird so überwunden, ohne einen Rückfall in einen unhinterfragten Realismus zu bedeuten.

Fleischhauers Romane zählen somit zu jener Gegenwartsliteratur der »Wiederkehr des Erzählens«, deren Aufkommen Nikolaus Förster bereits 1999 verzeichnete:[41] Während einige zeitgenössische Autoren auch weiterhin das Spiel mit dem eigenen Material – der Sprache der Literatur, oder allgemeiner: den Bedingungen der Möglichkeit des eigenen Mediums – perfektionieren, wenden sich andere Autoren nach dem fast schon zur »Quasi-Norm«[42] erhobenen metafiktionalen Spielen in der Nachfolge der französischen ›nouveaux romanciers‹ und der amerikanischen ›metafictionists‹ der »Wiederkehr des Erzählens« zu.[43] Dazu erzählen sie span-

---

40 Der Begriff »Metafiction« hat sich in den 1970er Jahren in der amerikanischen Literaturwissenschaft eingebürgert und geht vermutlich auf die noch frühere französische Form »métafiction« zurück (vgl. Fludernik, Monika, »Metanarrative and Metafictional Commentary: From Metadiscursivity to Metanarration and Metafiction«, in: *Poetica* 35 (2003), 1–39, hier 12). Patricia Waugh lieferte 1984 den ersten Versuch einer Gesamtdarstellung der Theorie metafiktionaler Literatur. Darin definierte sie eine Spielart der zeitgenössischen (d. h. der 1970er und 1980er Jahre) amerikanischen Literatur: »Metafiction is a term given to fictional writing which self-consciously and systematically draws attention to its status as an artefact in order to pose questions about the relationship between fiction and reality. In providing a critique of their own methods of construction, such writings not only examine the fundamental structures of narrative fiction, they also explore the possible fictionality of the world outside the literary fictional text.« (Waugh, Patricia, *Metafiction. The Theory and Practice of Self-Conscious Fiction* [1984], London, New York ⁵1993, 2.)
41 Vgl. Förster, Nikolaus, *Die Wiederkehr des Erzählens. Deutschsprachige Prosa der 80er und 90er Jahre*, Darmstadt 1999.
42 »Quasi-Normen« entstehen, wenn die ursprüngliche künstlerische Abweichung von standardisierten Sprach- bzw. Genre-Normen mit der Zeit derart häufig praktiziert worden ist, dass man von einer neuen Art »Norm« (einer »innerliterarischen *Quasi-Norm*[...]«) sprechen kann. (Vgl. Fricke, Harald, *Norm und Abweichung: eine Philosophie der Literatur*, München 1981, 162–163.)
43 Für viele zeitgenössische Schriftsteller sei der »Konventionsbruch« der Modernen und Postmodernen »längst zur Konvention geworden«, was zu »Automatismen und Vorherseh-

nungsgeladene Geschichten, ohne Scheu vor in der Moderne »verpönte[n] ästhetische[n] Merkmale[n]« wie »Linearität, Kohärenz und ästhetische[r] Geschlossenheit«[44] oder vor dem Etikett der »Boulevardisierung«,[45] jedoch stets aus einer ironischen Distanz heraus, im »spielerischen Umgang mit dem literarischen Material der Tradition«.[46]

Zu diesem »Material«, über das frei verfügt wird, zählt für den studierten Komparatisten Wolfram Fleischhauer neben einigen historischen Fakten und real existierenden Literaturtheorien zweifellos auch die politisch engagierte Literatur, der Historische Roman, aber auch die Tradition der Metafiktion, welche Romane bzw. literarisches Erzählen im narrativen Text selbst zum Thema macht.

4 Benjamin und Nabokov als Metatexte des Metatextes

Eine der typischen Erscheinungsweisen von Metafiktion ist die Thematisierung der Poetik eines literarischen Textes auf der Ebene der ›histoire‹ innerhalb dieses Textes selbst. Fleischhauer bedient sich dieses Verfahrens bereits in einer der ersten Szenen des Romans: Der Protagonist Matthew wird während eines Seminars über »den Roman des amerikanischen Naturalismus« (19) auf den neuen ›campus novel‹ *White Noise* (1985) von Don DeLillo – übrigens ein reales, kein von Fleischhauer erfundenes Werk – aufmerksam gemacht (vgl. 31). Die Studentin, die den Roman mitgebracht hat, schämt sich offenbar, bei der Lektüre eines solchen Buches ertappt worden zu sein: »Na ja, es ist nur ein Universitätsroman.« Daraufhin erhebt der anwesende Professor jedoch vehement Einspruch: »Warum sagen Sie *nur*[?] Ist das kein respektables Genre?« (32).

Metafiktionalität entsteht in dieser Szene dadurch, dass innerhalb eines Campus-Romans dieses Genre selbst behandelt und durch die Autorität eines Fachmanns, des Literaturprofessors und Roman-Spezialisten John Barstow, in seiner ›Respektabilität‹ verteidigt wird. Im Fortgang der betreffenden Diskussion erläutert der als sympathisch und klug dargestellte Dozent die verborgene Aussage des scheinbar so unverständlichen Textes:

---

barkeiten zweiten Grades« geführt habe (vgl. ebd., 4). Daher lösen sich einige der heutigen Autoren von der Manie, »in einem unendlichen Prozeß der Metafiktionalisierung die Vergangenheit zu überbieten und den narrativen Diskurs zu durchbrechen« (ebd., 54–55) und wenden sich wieder der »Lust des Fabulierens« (ebd., 2) zu.

[44] Vgl. ebd.
[45] Vgl. z. B. Vogt, Jochen, »Langer Abschied von der Nachkriegsliteratur? Ein Kommentar zum letzten westdeutschen Literaturstreit«, in: Ders., ›Erinnerung ist unsere Aufgabe‹. Über Literatur, Moral und Politik 1945–1990, Opladen 1991, 173–187, hier 180.
[46] Vgl. Förster, Nikolaus, *Die Wiederkehr des Erzählens. Deutschsprachige Prosa der 80er und 90er Jahre*, Darmstadt 1999, 143.

In einer vom Professor für das Seminar spontan herausgegriffenen Szene aus *White Noise* geht es vordergründig um »die meistfotografierte Scheune Amerikas« und ihre »Aura«. Die Studierenden können mit diesem Motiv zunächst nichts anfangen und fühlen sich von der Lektüre des Textausschnitts irritiert. Erst auf Nachfrage geht Matthew auf, dass ein thematischer Bezug zu »Benjamin« und seinem »Kunstwerkaufsatz« bestehen muss, in dem es heißt, dass »Kunstwerke durch mechanische[47] Reproduktion ihre Aura, ihre Einmaligkeit verl[ö]ren und dadurch das Kultische und Religiöse aus der Kunst insgesamt verschw[inde]«, wodurch »Raum für etwas Neues in der Kunst [entstehe]: für das Politische«. (35)[48]

Somit verwendet Fleischhauer in seinem fiktionalen Text neben DeLillos Roman ein weiteres Werk aus der Wirklichkeit als Bezugsgröße, nämlich Walter Benjamins kunsthistorischen Aufsatz *Das Kunstwerk im Zeitalter seiner technischen Reproduzierbarkeit* von 1936. Potenziert[49] wird dieser intertextuelle Verweis in Fleischhauers Roman aber erst dadurch, dass dieses Verfahren selbst wieder auf der Ebene der ›histoire‹ des Romans, nämlich in Matthews Literaturseminar, thematisiert und sogleich fachgerecht analysiert wird: »Benjamin ist hier [d. h. bei DeLillo] das, was wir als Metatext bezeichnen«, (36) erklärt der Professor seinen verdutzten Studenten.

> Er ist die Folie, vor die die Szene gesetzt ist. Es geht überhaupt nicht um irgendeine dämliche Scheune. Es geht um eine moderne Kunstauffassung, die heute nicht mehr viel taugt. Diese Szene [aus DeLillos Roman] ist eine postmoderne Posse der intelligenteren Art. (36).

Des Professors Position steht damit fest: Er erklärt, gestützt auf DeLillos Roman von 1985, die politisch engagierte Literatur der Moderne, wie sie

---

47 Bei Benjamin: technische; Anmerkung S.K.
48 Vgl. Benjamins Text im Original (zitiert nach der Fassung von 1939, in: Benjamin, Walter, *Das Kunstwerk im Zeitalter seiner technischen Reproduzierbarkeit*. Kommentar v. Detlev Schöttker, Frankfurt a. M. 2007, 7–50): »Noch bei der höchstvollendeten Reproduktion fällt *eines* aus: das Hier und Jetzt des Kunstwerks – sein einmaliges Dasein an dem Orte, an dem es sich befindet.« (Ebd., 12) / »Man kann, was hier ausfällt, im Begriff der Aura zusammenfassen und sagen: was im Zeitalter der technischen Reproduzierbarkeit des Kunstwerks verkümmert, das ist seine Aura.« (Ebd., 14) / »In dem Augenblick aber, da der Maßstab der Echtheit an der Kunstproduktion versagt, hat sich auch die gesamte soziale Funktion der Kunst umgewälzt. An die Stelle ihrer Fundierung aufs Ritual tritt ihre Fundierung auf eine andere Praxis: nämlich ihre Fundierung auf Politik.« (Ebd., 20) / Benjamin sieht die »schwerste und wichtigste« Aufgabe der Kunst darin, dort »an[zu]greifen, wo sie Massen mobilisieren kann. Sie tut es gegenwärtig im Film.« (Ebd., 47) Somit setzt er der »*Ästhetisierung von Politik, welche der Faschismus betreibt«*, die »*Politisierung der Kunst«* durch den Kommunismus entgegen (vgl. ebd., 50).
49 Zum Verfahren der literarischen »Potenzierung«, dessen Benennung sich auf die theoretischen Schriften Friedrich Schlegels und Novalis' bezieht, vgl. Fricke, Harald, Artikel »Potenzierung«, in: Jan-Dirk Müller u. a. (Hgg.), *Reallexikon der deutschen Literaturwissenschaft, Bd. III*, Berlin, New York 2003, 144–147.

Benjamin 1935 proklamierte, für obsolet, und arbeitet stattdessen eine »postmoderne« Poetik der Metafiktionalisierung und des Spielens mit intertextuellen Verweisen heraus, der politisches Engagement ebenso abgeht wie moralische Verbindlichkeit:

> Der ganze Roman [DeLillos] ist übrigens so aufgebaut. Warten Sie nur ab, [...] bis Ihnen das Ende um die Ohren fliegt. Und wenn Sie es noch nicht getan haben, dann lesen Sie vorher Nabokovs *Lolita*. Nichts an *White Noise* ist realistisch. Es sieht nur so aus. Aber meinen Sie vielleicht, diese bescheuerten Rezensenten hätten das bemerkt? (36)

Fleischhauer bringt hier, neben DeLillos Roman *White Noise* und Benjamins Kunstwerk-Aufsatz, einen weiteren intertextuellen Verweis an, und zwar auf Vladimir Nabokovs Skandal-Roman *Lolita* (1955) als weiteren »Metatext« zum Verständnis von *White Noise*. Bei diesem Buch handelt es sich zwar nicht direkt um einen ›campus novel‹, doch immerhin ist der intradiegetische Erzähler der Geschichte, der Pädophile Humbert Humbert, Literaturwissenschaftler. Berühmt geworden ist dieser Text – außer wegen seiner unverhüllten und moralisch nicht verurteilenden Darstellung pädophiler Taten – vor allem wegen der durchgehenden Metafiktionalisierung aller erzählten Handlungselemente. Vom merkwürdigen Namen der Hauptfigur über die mysteriöse Figur des in diversen Verkleidungen auftauchenden Schriftstellers Clare Quilty, in dem man einen unheimlichen Doppelgänger oder eine Projektion des Erzählers erkennen mag, bis zur traumartigen Schlussszene, in der Humbert besagten Quilty ermordet,[50] folgt der Roman einer anti-realistischen Poetik.

In Barstows Seminar über den Roman des amerikanischen Naturalismus erlebt Matthew also einen kleinen Exkurs über die Kunstauffassungen der Moderne und der Postmoderne. Nabokovs Roman und Benjamins Essay werden von dem fiktiven Professor Barstow als »Metatexte« zu DeLillos Roman identifiziert. DeLillos Text jedoch ist – da es sich um einen als ›mise-en-abyme‹[51] in einen Campus-Roman eingeschachtelten Campus-Roman handelt – selbst wiederum als ›Metatext‹ für Fleischhauers *Der*

---

[50] Vgl. Zimmer, Dieter E., *Wirbelsturm Lolita. Auskünfte zu einem epochalen Roman*, Reinbek 2008, 196–202.
[51] Zu diesem auf André Gide zurückgehenden Begriff vgl. Dällenbach, Lucien, *Le Récit spéculaire. Essay sur la mise en abyme*, Paris 1977. Vgl. ebd., 18, besonders die Definition: »*est mise en abyme toute enclave entretenant une relation de similitude avec l'œuvre qui la contient*«. Hiervon ausgehend konkretisiert Wolf die ›mise en abyme‹ für die Literatur als »Spiegelung einer Makrostruktur eines literarischen Textes in einer Mikrostruktur innerhalb desselben Textes«, und zwar auf »einer anderen Realitätsebene und / oder einer anderen erzähllogischen Ebene« (Wolf, Werner, *Ästhetische Illusion und Illusionsdurchbrechung in der Erzählkunst. Theorie und Geschichte mit Schwerpunkt auf englischem illusionsstörendem Erzählen*, Tübingen 1993, 296).

gestohlene Abend zu verstehen, wodurch Nabokovs und Benjamins Werke zu ›Meta-Metatexten‹ potenziert werden.

Erneut ist es die alte narratologische Frage nach dem »Wer spricht?«, die dem aufmerksamen Leser klarwerden lässt, dass DeLillos Ästhetik nicht unbedingt mit der Poetik von Fleischhauers *Der gestohlene Abend* deckungsgleich sein muss: Die Aussage, dass Benjamins Theorie in der Gegenwart des Jahres 1987 obsolet geworden sei, tätigt nur eine Figur des Romans, nicht der Ich-Erzähler selbst. Wenn DeLillos Roman von 1985, nach dem Vorbild Nabokovs, als Abkehr von Benjamins Anspruch einer ent-auratisierten, politisch engagierten Literatur gedeutet wird, steht somit die Frage im Raum, wie sich Fleischhauers immerhin zwanzig Jahre nach DeLillos Buch geschriebener Universitätsroman in diesem Spannungsfeld zwischen (von Barstow der Moderne zugeordnetem) politischem Engagement-Anspruch und (der Postmoderne zugeschriebenem) ästhetischem Weltbezugs-Verzicht positioniert.

Im weiteren Verlauf des Romans wird klar, dass Fleischhauer sich als komparatistisch ausgebildeter Romancier beider Traditionen bewusst ist. Wie Förster für die zeitgenössischen Autoren der »Wiederkehr des Erzählens« generell feststellt, so nutzt auch Fleischhauer die postmodernen Mittel der Selbstreferenz und des intertextuellen Verweises, um einen offenkundig fiktionalen Roman zu schreiben, gleichzeitig aber gerade diese Fiktion durch Einarbeitung historischer Versatzstücke und (auto)biographischer Realien in den Dienst eines neuen Wirklichkeitsbezugs zu stellen. Im Gegensatz zum logisch nicht auflösbaren, metafiktionalen Ende etwa von Nabokovs *Lolita* versteigt sich *Der gestohlene Abend* nirgendwo ins Wunderbare oder Unwahrscheinliche. Vielmehr fiktionalisiert Fleischhauer in einem streng konstruierten Roman – dessen Konstruktcharakter er wiederum auf der Ebene der ›histoire‹ von seinen Figuren selbst offen legen lässt (vgl. 325–329)[52] – nachprüfbare Ereignisse aus seiner eigenen Vergangenheit und der anderer realer Menschen. Somit bedeutet die in Fleischhauers Roman implizite Poetik weder eine naive Rückkehr zu Benjamins kommunistisch motivierter Politisierung der Literatur noch zu Nabokovs und DeLillos rein metafiktionalen Spielen, sondern den nächsten Schritt einer an Traditionen geschulten Gegenwartsliteratur, die sowohl auf Elemente der Moderne als auch der Postmoderne zurückgreifen kann, um sie in den Dienst eines neuen, meta-dokufiktionalen Weltbezugs zu stellen.

---

[52] Vgl. das folgende Kapitel dieses Aufsatzes: 5. Noch einmal: Wer spricht? – »Doppelte Mimesis« im meta-dokufiktionalen Roman.

5 Noch einmal: Wer spricht? – »Doppelte Mimesis« im meta-dokufiktionalen Roman

Wolfram Fleischhauers Roman *Der gestohlene Abend* ist ein mit viel literarischer Vorbildung, gestützt auf eigene biographische Erfahrungen und ergänzt durch fundierte Recherche, konstruierter Text. Dies zeigt sich in einer auffallend selbstreflexiv-ironischen Szene gegen Ende des Buches, in der die Figuren darüber diskutieren, ob ihre eigenen Erlebnisse als Stoff für einen Roman taugen würden:

»Ich habe Theo empfohlen, einen Roman über De Vander zu schreiben [...]. Aber er will nicht«, verkündet die Literaturstudentin Gerda, worauf ihr schriftstellernder Freund Theo antwortet: »Viel zu abgehoben [...]. So etwas kann nur einer Germanistin einfallen. Meinst du im Ernst, irgendjemand will einen Roman über eine Literaturtheorie lesen, die selbst Leute mit einem Doktortitel nur mit Mühe kapieren?« Gerda verteidigt ihren Vorschlag, sie habe ja gar nicht die Theorie gemeint, sondern De Vander selbst (vgl. 326). Nach einigem Hin und Her kommt man schließlich darauf, dass ein Roman neben einer Handlung auch Figuren haben müsse, wobei nicht alle vorkommenden Menschen sympathisch sein müssten, »[a]ber wenigstens der Held oder die Heldin. Wo ist außerdem die Liebesgeschichte?« (327). Theo und seine Freunde, die sich diese Frage in scherzhaft-ironischem Ton stellen, wissen zu diesem Zeitpunkt noch nichts von Matthews heimlicher Liaison mit Janine und dass es damit im »Fall De Vander« längst eine begleitende »Liebesgeschichte« gibt.[53] Der Leser hat an dieser Stelle ein Mehrwissen gegenüber den sprechenden Figuren, da er schon über diese Romanze und über Matthews tiefere Verwicklung in den Fall informiert ist. – Tatsächlich befinden sich Theo, Gerda und die anderen schon längst in genau dem Roman, über dessen potentielle Schreibbarkeit sie in dieser Szene erst ausführlich diskutieren.

Doch auch in Bezug auf den hier referierten Dialog zwischen Romanfiguren muss der kritische Romanleser sich fragen: »Wer spricht?« – Vor-

---

[53] Wie der Campus-Romane *Small World. An Academic Romance* (1984) von David Lodge und John Barths Roman *Sabbatical. A Romance* (1982) über eine Literaturdozentin und ihren Ehemann so verbindet auch Wolfram Fleischhauers *Der gestohlene Abend* prinzipiell »illusionsgefährdende Metaisierungsverfahren« (wie die Thematisierung der eigenen Erlebnisse als potentiellen Roman) mit dem »illusionsmächtige[n] Funktionspotential der Romanzenelemente« (vgl. zu Lodge und Barth den Aufsatz von Peters, Henning, »Metaisierungsverfahren und ihre Funktionspotentiale in postmodernen Romanen: John Barth *Sabbatical. A Romance*, David Lodge *Small World. An Academic Romance*, Niall Williams *Four Letters of Love*«, in: Janine Hauthal u. a. [Hgg.], *Metaisierung in Literatur und anderen Medien. Theoretische Grundlagen – Historische Perspektiven – Metagattungen – Funktionen*, Berlin & New York 2007, 340–360, hier 342).

dergründig ist die durch Anführungsstriche und Inquit-Formeln markierte Rede den fiktiven Gestalten Gerda, Theo und Winfried zuzuordnen. Vermittelt wird ihre direkte Rede durch die Stimme des personalen Ich-Erzählers Matthias, der sich nach fast 20 Jahren erinnert, wie es ›damals in Hillcrest‹ war. Es gibt demnach einen impliziten autodiegetisch-extradiegetischen Ich-Erzähler, der faktual über seine Erlebnisse in der Vergangenheit berichtet – jedoch ohne sich jemals selbst in seiner Vermittlungsposition zu thematisieren.[54] Dies ist die Antwort auf die Frage nach dem »Wer spricht?« innerhalb der Fiktion, d.h. innerhalb der erzählten Welt. Der Leser muss, will er dem Romantext als solchem Bedeutung abgewinnen, für die Dauer der Lektüre so tun, als ob der Ich-Erzähler Matthias tatsächlich existiere und über fiktionale Wahrheiten aus seinem Leben berichte. Der Reiz dokufiktionaler Werke liegt nun darin, dass der Leser gleichzeitig weiß, dass zumindest *nicht alle* Informationen des Erzählers *nur rein* fiktionale Wahrheiten generieren, dass z.B. ein dem »Fall De Vander« ähnlich gelagerter ›Fall Paul de Man‹ tatsächlich stattgefunden hat und dass der empirische Autor Fleischhauer als junger Mann genau zu dieser Zeit in einer Hochburg der Dekonstruktion in den USA studierte.

Wenn der Leser dieses von der fiktiven Handlung abstrahierende Reflexionsniveau erreicht hat und sich fragt, welche Teile der Geschichte auf außertextliche Tatsachen verweisen und welche nicht, so greift bereits jene »doppelte Mimesis« aller fiktionalen Texte, die Fleischhauer wiederum im Roman selbst thematisiert:[55] Dargestellt wird das Sprechen der Figuren Theo, Gerda, Winfried etc. im Jahre 1987 durch die Erzählung des älter gewordenen Matthias. Dieser spätere Akt des Erinnerns und Erzählens ist wiederum innerhalb der fiktiven Zeit nicht vor jener letzten Begegnung mit Janine im Juni 2005 (vgl. 356) anzusiedeln. Gleichzeitig wird aber auch diese Vermittlungsebene, die Existenz des impliziten autodiegetischen Erzählers Matthias, von einer text-produzierenden Instanz vermittelt, welche selbst außerhalb der Romanfiktion steht: vom empirischen Autor Wolfram Fleischhauer. Dieser wählt bewusst das Medium der Fiktion, um eine Geschichte zu erzählen, die offenkundige Parallelen zu, aber auch Abweichungen von sowohl historischen Ereignissen als auch seinem eigenen privaten Lebensweg aufweist. *Der gestohlene Abend* ist in der vorliegenden Form Matthews »Roman«, nicht jener »Bericht« (353), den er zunächst

---

[54] Über die Schreib-Situation dieses »Ichs« ist nichts bekannt, denn am Ende der erzählten Handlung ist Matthias erst so weit, dass er beschließt, demnächst mit dem Erzählen seiner Geschichte zu beginnen. Chronologisch liegt der Schluss der diegetischen Handlung also vor dem Einsetzen der extradiegetischen Erzähl-Handlung.
[55] Vgl. die eingangs referierte Seminarsitzung bei Frau Prof. Candall-Carruthers über »doppelte Mimesis« (140–142).

verfasst und anschließend mit seinem schriftstellernden Kollegen Theo diskutiert hat. Es ist Theo, der Matthias mit einem scheinbar paradoxen Ausspruch auf den Unterschied zwischen fiktionalem und faktualem Erzählen hinweist: »Du sollst die Wahrheit schreiben [...]. Nicht die Fakten aufzählen.« (353)

Theos Fazit ist einprägsam: »Für sie [d. h. die Schüler De Vanders] war Platons Text [*Politeia*] die perfekte Allegorie für die Unlösbarkeit dieser Frage« nach dem »Wer spricht« im fiktionalen Text. Doch darin liegt für Theo der elementare Fehler: »Diese Leute verstehen einfach nicht, dass Literatur keine Lösung von uns fordert, [sondern] [e]ine Haltung. Aus der Frage, wer spricht, muss irgendwann die Frage werden: Wer bist du?« (355)

Da Matthias am Schluss Theos Position adaptiert und selbst einen Roman darüber verfasst, wie ihn die Frage nach dem »Wer spricht« dazu geführt habe, wer er sei (nämlich kein Literaturwissenschaftler oder gar ein neutraler Berichterstatter, sondern ein Romancier), könnte man nun folgenden Appell aus dem Roman *Der gestohlene Abend* herauslesen: Der Autor erzählt seinem Leser die Geschichte einer Entscheidungsfindung. Durch das dokufiktionale Verfahren der Beimischung von nachprüfbaren Fakten in die offenkundigen Fiktionen erinnert er den Rezipienten gleichzeitig an den Bezug des Romans zu jener Realität, in der der Leser selbst lebt, und fordert ihn somit indirekt auf, sich – wie Matthias im Roman – über seinen eigenen Standpunkt klar zu werden.

Doch ganz so leicht ist der Roman Wolfram Fleischhauers eben nicht zu durchschauen. Diese Autorintention lässt sich vielleicht für den fiktiven Romancier Matthias festmachen, doch hat der Leser aus Matthias' erster Seminarsitzung am »Institut für neue Ästhetische Theorie« ja gerade gelernt, dass solche Aussagen im literarischen Text immer der Relativierung durch die »doppelte Mimesis« (vgl. 140–142) anheimfallen: Matthias ist als fiktive Erzählinstanz selbst nur die Erfindung seines empirischen Autors. Letzten Endes spricht nicht Matthias, sondern Wolfram Fleischhauer, dessen Worte im literarischen Text nur als fiktionale Aussagen des »Make-Believe« vorhanden sind. Der real lebende Mensch Fleischhauer ist es, der »das bloße Vorhandensein von Rede« generiert und dessen Schreibhandlung den Rezipienten des als »Roman« gekennzeichneten Textes überhaupt erst auffordert: »Stell dir vor, dass es eine Person [namens Matthias] gibt, die auf den folgenden 364 Seiten zu dir die folgenden Worte spricht: ›....‹«.[56]

---

[56] Vgl. zu diesem Abschnitt den erzähltheoretischen Aufsatz von Bareis, J. Alexander, »Mimesis der Stimme. Fiktionstheoretische Aspekte einer narratologischen Kategorie«, in: Andreas Blödorn, Daniela Langer & Michael Scheffel (Hgg.), *Stimme(n) im Text. Narratologische Positionsbestimmungen*, Berlin, New York 2006, 101–122 (wörtliche Zitate: 115).

Dass diese Doppeldeutigkeit von fiktionaler Literatur von Fleischhauer in diesem Roman selbst thematisiert wird, macht aus dem spannend erzählten Campus-Roman *Der gestohlene Abend* ein artifizielles Werk der zeitgenössischen Meta-Dokufiktion. Auf dieses Buch lässt sich übertragen, was Erhard Reckwitz 1987 über David Lodges *Small World. An Academic Romance* (1984) geschrieben hat: »Hinter der vordergründigen Romanze verbirgt sich ein überaus kluger Metaroman über den Sinn oder Nichtsinn von narrativen Texten.«[57]

Die Frage nach dem »Wer spricht« führt ins Zentrum des Romans *Der gestohlene Abend*, denn sie macht auf das grundlegende Problem des ganzen Textes aufmerksam:

Relativiert der »Stil doppelter Mimesis« (141), jene Rahmung durch Wolfram Fleischhauers »real-inauthentische« Rede, die Aussagen von Matthias' »imaginär-authentischer« Rede?[58] Stehen die Grammatik des Textes und seine Rhetorizität, »das, *was* er sagt und *wie* er es sagt« (142), einander im Sinne Paul de Mans notwendig und diametral entgegen?

Kann man durch das Verfassen antisemitischer Texte eine Schuld auf sich laden, die irgendwann offen eingestanden und bereut werden muss, oder sind Begriffe wie »Schuld« und »Verantwortung« wie alle sprachlichen Konstrukte ohne jede Referenz, da Sprache generell immer nur auf sich selbst, nicht jedoch auf eine außersprachliche (vielleicht überhaupt nicht existente) Realität verweisen kann?

Wird in Fleischhauers Roman nun die Geschichte eines sympathischen jungen Mannes erzählt, der aufgrund seiner Erlebnisse lernt, ein Zeichen persönlicher Stellungnahme zu setzen, indem er sich von der als unmoralisch eingeschätzten poststrukturalistischen Literaturwissenschaft distanziert und sich für ein Leben außerhalb der Universität, als Dolmetscher und später als Schriftsteller, entscheidet? Oder relativiert die Form der fiktionalen Rede, vermittelt durch die Stimme eines fiktiven Erzählers, die Botschaft eines solchen Bildungsganges?

Der poststrukturalistisch geschulte Literaturkritiker mag mit der Unentscheidbarkeit dieser Fragen zufrieden sein und sogar die Unauflöslichkeit dieses Dilemmas der »doppelten Mimesis« als das Wesen aller literarischen Texte ansehen. Doch Wolfram Fleischhauer hat keinen wissenschaftlichen Aufsatz für eine Fachzeitschrift geschrieben, sondern sich für die populäre, breitenwirksame Gattung des Romans entschieden. Viele seiner Leser wer-

---

[57] Reckwitz, Erhard, »Literaturprofessoren als Romanciers – die Romane von David Lodge und Malcolm Bradbury«, in: *Germanisch-Romanische Monatsschrift* 37 (1987), 199–217, hier 199.
[58] Vgl. Martínez, Matías & Scheffel, Michael, *Einführung in die Erzähltheorie* (1999), München ⁵2003, 17.

den vermutlich weniger Toleranz für (oder auch Einsicht in) die Dialektik von »Blindness and Insight« aufbringen. – Die eine oder andere dieser beiden Lesarten zu wählen, birgt jedoch bereits jene Entscheidung für eine eigene »Haltung«, zu der Fleischhauers fiktive Figur des Schriftstellers Theo in *Der gestohlene Abend* jeden Leser literarischer Texte auffordert (vgl. 355).

Literaturverzeichnis

Primärliteratur

Fforde, Jasper, *The Eyre-Affair*, London 2001.
Fleischhauer, Wolfram, *Der gestohlene Abend. Roman*, München 2008.
Jean Paul, Sämtliche Werke, Norbert Miller (Hg.), Nachwort v. Walter Höllerer, Abteilung 1, Bd. 1: *Die unsichtbare Loge / Hesperus*, München u. Wie 1960, 5., korrigierte Auflage 1989, Lizenzausgabe 2000 für die WBG Darmstadt.

Sekundärliteratur

Abrahams, Meyer Howard, »How to Do Things with Texts«, in: *Partisan Review* 46 (1979), 566–588.
Antor, Heinz, Artikel »Diegese«, in: Ansgar Nünning (Hg.), *Metzler Lexikon Literatur- und Kulturtheorie. Ansätze – Personen – Grundbegriffe*, 4., aktualisierte und erweiterte Auflage, Stuttgart, Weimar 2008, 130.
Bareis, J. Alexander, »Mimesis der Stimme. Fiktionstheoretische Aspekte einer narratologischen Kategorie«, in: Andreas Blödorn, Daniela Langer & Michael Scheffel (Hgg.), *Stimme(n) im Text. Narratologische Positionsbestimmungen*, Berlin, New York 2006, 101–122.
Benjamin, Walter, *Das Kunstwerk im Zeitalter seiner technischen Reproduzierbarkeit*. Kommentar v. Detlev Schöttker, Frankfurt a. M. 2007.
Biggs, Norman, »Die Entwicklung der Topologie«, in: John Fauvel u. a. (Hgg.), *Möbius und sein Band. Der Aufstieg von Mathematik und Astronomie im Deutschland des 19. Jahrhunderts*, aus dem Englischen v. Gisela Menzel, Basel, Boston, Berlin 1994, 135–152.
Dällenbach, Lucien, *Le Récit spéculaire. Essay sur la mise en abyme*, Paris 1977.
Davis, Robert Con & Schleifer, Ronald (Hgg.), *Rhetoric and Form. Deconstruction at Yale*, Norman 1985.
De Man, Paul, »The Rhetoric of Blindness: Jacques Derrida's Reading of Rousseau«, in: ders., *Blindness and Insight. Essays in the Rhetoric of Contemporary Criticism* (1971), Second edition, Revised, Introduction by Wlad Godzich, Minneapolis 1983, 102–141.
De Man, Paul, »Literature and Language: A Commentary«, in: Ders., *Blindness and Insight. Essays in the Rhetoric of Contemporary Criticism* (1971), Second edition, Revised, Introduction by Wlad Godzich, Minneapolis 1983, 277–289.
De Man, Paul, *Wartime Journalism, 1939–1943, Bd. 1*, hg. v. Werner Hamacher, Neil Herzt & Thomas Keenan, Lincoln and London, 1989. *Responses. On Paul de Man's Wartime Journalism*, Bd. 2, hg. v. Werner Hamacher, Neil Herzt & Thomas Keenan, Lincoln and London, 1989.
Döring, Sabine, »Unter Gurus und Gaststudenten«, in: *Frankfurter Allgemeine Zeitung*, 26. Januar 2009, Nr. 21, 26.
Durrani, Osman, »The Campus and its Novel: Dietrich Schwanitz's Literary Exploration of German University Life«, in: Susanne Stark (Hg.), *Cultural Cross-Currents and Affinities. Papers from the Conference held at the University of Leeds from 15 to 17 September 1997*, Amsterdam, Atlanta 2000, 425–436.
Ellrich, Lutz & Wegmann, Nikolaus, »Theorie als Verteidigung der Literatur? Eine Fallgeschichte: Paul de Man«, in: *Deutsche Vierteljahresschrift für Literaturwissenschaft und Geistesgeschichte* 64 (1990), 467–513.

Fludernik, Monika, »Metanarrative and Metafictional Commentary: From Metadiscursivity to Metanarration and Metafiction«, in: *Poetica* 35 (2003), 1-39.
Förster, Nikolaus, *Die Wiederkehr des Erzählens. Deutschsprachige Prosa der 80er und 90er Jahre*, Darmstadt 1999.
Fricke, Harald, *Norm und Abweichung: eine Philosophie der Literatur*, München 1981.
Fricke, Harald, Artikel »Potenzierung«, in: Jan-Dirk Müller u. a. (Hgg.), *Reallexikon der deutschen Literaturwissenschaft*, Bd. III, Berlin, New York 2003, 144-147.
Genette, Gérard, *Figures III*, Paris 1972.
Genette, Gérard, *Nouveau discours du récit*, Paris 1983.
Gerstenberg, Ralf, »Auf dem Campus«, in: *Büchermarkt* am 29.01.2009, Deutschlandfunk, zitiert nach: http://www.dradio.de/dlf/sendungen/buechermarkt/911638/, gesehen am 06.04.2009.
Kays, Heinz Kurt, *O Goldne Academica. Korporationsstudenten in der Literatur*, Würzburg 1996.
Košenina, Alexander, *Der gelehrte Narr. Gelehrtensatire seit der Aufklärung*, Göttingen 2003.
Maidt-Zinkes, Kristina, »Studenten als Liebhaber bevorzugt«, in: *Süddeutsche Zeitung*, 30.09.2008 (zitiert nach: http://www.sueddeutsche.de/kultur/262/312178/text/, eingesehen am 06.04.2009).
Martínez, Matías & Scheffel, Michael, *Einführung in die Erzähltheorie* (1999), München ⁵2003.
Nimtz, Herbert, *Motive des Studentenlebens in der deutschen Literatur von den Anfängen bis zum Endes des achtzehnten Jahrhunderts*, Diss., Berlin 1937, Würzburg 1937.
Nünning, Ansgar, »Historiographische Metafiktion als Inbegriff der Postmoderne? Typologie und Thesen zu einem theoretischen Kurzschluß«, in: Anselm Maler, Ángel San Miguel, Richard Schwaderer (Hgg.), *Europäische Romane der Postmoderne*, Frankfurt a. M. 2004, 9-35.
Peters, Henning, »Metaisierungsverfahren und ihre Funktionspotentiale in postmodernen Romanzen: John Barth *Sabbatical. A Romance*, David Lodge *Small World. An Academic Romance*, Niall Williams *Four Letters of Love*«, in: Janine Hauthal u. a. (Hgg.), *Metaisierung in Literatur und anderen Medien. Theoretische Grundlagen – Historische Perspektiven – Metagattungen – Funktionen*, Berlin, New York 2007, 340-360.
Reckwitz, Erhard, »Literaturprofessoren als Romanciers – die Romane von David Lodge und Malcolm Bradbury«, in: *Germanisch-Romanische Monatsschrift* 37 (1987), 199-217.
Ricardou, Jean, *Pour une théorie du nouveau roman*, Paris 1971.
Kritische Friedrich-Schlegel-Ausgabe, hgg. v. Ernst Behler u. a. Bd. 2,I: *Charakteristiken und Kritiken (1798-1801)*, hg. v. Hans Eichner, München u. a. 1967.
Schmelzer, Dagmar & von Tschilschke, Christian (Hgg.), *Docuficción. Enlaces entre ficción y no-ficción en la cultura española actual*, Frankfurt a. M., Madrid 2009.
Stevenson, Randall, *The Oxford English Literary History. Volume 12: 1960-2000. The Last of England?*, Oxford 2004.
Vogt, Jochen, »Langer Abschied von der Nachkriegsliteratur? Ein Kommentar zum letzten westdeutschen Literaturstreit«, in: Ders., *»Erinnerung ist unsere Aufgabe«. Über Literatur, Moral und Politik 1945-1990*, Opladen 1991.
Waugh, Patricia, *Metafiction. The Theory and Practice of Self-Conscious Fiction* (1984), 5. Auflage, London, New York 1993.
Weimar, Klaus, Artikel »Diegesis«, in: Ders. (Hg.), *Reallexikon der deutschen Literaturwissenschaft*, Bd. I, Berlin, New York 1997, 360-363.
Wolf, Werner, *Ästhetische Illusion und Illusionsdurchbrechung in der Erzählkunst. Theorie und Geschichte mit Schwerpunkt auf englischem illusionsstörendem Erzählen*, Tübingen 1993.
Zimmer, Dieter E., *Wirbelsturm Lolita. Auskünfte zu einem epochalen Roman*, Reinbek 2008.

Spange im Dichtermund
Fiktive Autorschaft in Robert Musils *Mann ohne Eigenschaften* und in Michel Mettlers *Spange*

Villö Huszai

1 Einleitung

Ein metafiktionaler Erzähltext reflektiert systematisch die eigene Künstlichkeit und stellt damit Fragen nach dem Verhältnis von Fiktion und Wirklichkeit, schrieb Patricia Waugh 1984.[1] Eine für die Moderne und noch viel mehr für die Postmoderne gängige Spielart dieser Reflexion besteht darin, dass der Protagonist sich als der Autor eines fiktiven Doubles jenes Romans erweist, den der reale Leser in Händen hält. In dem umfassenden Überblick, den Werner Wolf 2001 zu den »Formen literarischer Selbstreferenz in der Erzählkunst« bietet, ist diese Spielart des Metafiktionalen nicht eigens thematisiert.[2] Dies gilt auch für Michael Scheffels Aufsatz »Metaisierung in der literarischen Narration« von 2007.[3] Die metafiktionale Konstruktion, in welcher der erzählte Held zum Autor seiner selbst wird, verdient aber besondere Beachtung. Sie ist nicht nur häufig, sondern gibt eine anschauliche, wenn auch fiktive Antwort auf die – für das Verhältnis von Fiktion und Wirklichkeit zentrale – Frage, wie der reale Text in den Händen des Lesers zustande kommt. Die Autorwerdung des Helden gibt dem realen Erzähltext einen fiktiven Ursprung. Das tut im Grunde jede Form der fiktiven Autor- oder Herausgeberschaft.[4] Doch das Spezifische daran, dass der Protagonist zum Autor seiner eigenen Geschichte wird, liegt in der Nähe zur Autobiographie, die Robert Musil in folgendem

---

[1] Waugh, Patricia, *Metafiction. The Theory and Practice of Self-Conscious Fiction*, London 1984, 2.
[2] Wolf, Werner,»Formen literarischer Selbstreferenz in der Erzählkunst. Versuch einer Typologie und ein Exkurs zur ›mise en cadre‹ und ›mise en reflet/série‹«, in: Jörg Helbig (Hg.), *Erzählen und Erzähltheorie im 20. Jahrhundert*, Heidelberg 2001, 49–84. Sie wäre aber in Wolfs Einteilung als »intratextuelle direkte Selbstreferenz«, eine »kognitive Selbstreflexion mit Metaimplikationen«, zu klassifizieren. Für diese Kategorie nennt Wolf als Beispiel die »Eigenmetafiktionalität«. Die hier thematisierte Form der Metafiktionalität ist eine solche Eigenmetafiktionalität, wird doch die eigene Autorschaft thematisiert.
[3] Scheffel, Michael, »Metaisierung in der literarischen Narration«, in: Janine Hauthal u.a. (Hgg.), *Metaisierung in Literatur und anderen Medien*, Berlin, New York 2007, 155–171. Dieser Befund gilt auch für die Studie von Mirjam Sprenger, *Modernes Erzählen, Metafiktion im deutschsprachigen Roman der Gegenwart*, Stuttgart 1999.
[4] Vgl. dazu aktuell: Wirth, Uwe, *Die Geburt des Autors aus dem Geist der Herausgeberfiktion. Editoriale Rahmung im Roman um 1800: Wieland, Goethe, Brentano, Jean Paul und E.T.A. Hoffmann*, München 2008.

Aphorismus dem dichterischen Schreiben generell attestiert: »Viel von sich selbst zu reden, gilt als dumm. Dieses Verbot wird von der Menschheit auf eigentümliche Weise umgangen: durch den Dichter!«[5]

Die klassische Form, von sich selbst zu reden, liegt dort vor, wo der Autor den Protagonisten nach seinem eigenen Bild formt; wo der Autor sein Leben – »auf eigentümliche Weise« – in Dichtung verwandelt. In diesem Fall ist es nur folgerichtig, dass der erlebende Held irgendwann auch zum schreibenden Helden wird, genau so, wie es ja auch beim realen Autor der Fall war. Man kann diese Spielart des Metafiktionalen zugleich als eine Art Wiederkehr des Entwicklungsromans und seines Optimismus deuten: Wenn fiktive Helden sich schon nicht mehr zu richtigem Heldentum entfalten können, so reicht es doch zumindest zu einer fiktiven Autorschaft. Oder sogar als eine eigentümliche Potenzierung dieses Optimismus: An die Stelle des in der Moderne unmöglich gewordenen Heldentums im Leben tritt das Heldentum des Schreibens.

2 Eine Haupt- und eine widerspenstige Teilmenge

Das klassische Beispiel der Moderne für diese Form der Metafiktion ist Marcel Prousts *Auf der Suche nach der verlorenen Zeit*, dessen Held Marcel am Schluss zum Autor genau des Buches wird, das dem Leser vorliegt. Die identischen Vornamen signalisieren diese Doppelfunktion: Die fiktive Figur Marcel ist zuerst erlebender Held und wird dann zum (fiktiven) Autor und damit zu einer Spiegelung des realen; einer Spiegelung, die auch dessen Schreibakt einschließt.[6]

---

[5] Musil, Robert, *Tagebücher, Anmerkungen, Anhang, Register*, hg. von Adolf Frisé, neu durchgesehene und ergänzte Auflage (1976), Reinbek 1983, 580. Diesen Aphorismus schreibt Robert Musil dem Basler PEN-Club am 17. November 1935 ins Gästebuch. Musil veröffentlicht laut Klagenfurter Ausgabe (Musil KA 2009, KOMMENTARE, Werkkommentare, zu Band 14, Aphoristik, Notizen, Druck) im selben Jahr 1935 in der Basler »National-Zeitung« eine Aphorismen-Sammlung, aus welcher der zitierte Aphorismus stammt. Musil verwendet den für seine metafiktionale Poetik zentralen Aphorismus auch in Entwürfen zur Rede »Über die Dummheit« (Musil KA 2009; TRANSKRIPTIONEN; Mappe III/4, 50) sowie in der Endfassung dieser Rede, die Musil am 17. März 1937 vor dem österreichischen Werkbund hält (Musil KA 2009, LESETEXTE, Band 9, Reden; Gedruckte Reden; Über die Dummheit, 23).

[6] Die auf das Schreiben ausgedehnte Spiegelung muss kein Argument für eine biographistische Deutung sein. Vielmehr bewirkt die fiktive Autorschaft, so könnte man einer solchen Argumentation entgegenhalten, dass auch noch das Moment der (realen) Autorschaft dichterisch verwandelt, mit den Worten Diltheys in einen neuen »geistigen Zusammenhang« gebracht wird, der »ganz unterschieden von psychischen Vorgängen im Dichter oder seinen Lesern« ist (Dilthey, Wilhelm, »Abgrenzung der Geisteswissenschaften«, in: Uwe Wirth [Hg.], *Kulturwissenschaften*, Frankfurt a. M. 2008, 114–118, hier 116). Vgl. auch Genette, Gérard, *Die Erzählung*, aus dem Französischen von Andreas Knop, hg. von Jochen Vogt, München 1994, 179, Anm. 81.

Ist Prousts Held Marcel in der Moderne das exemplarische Beispiel für diese metafiktionale Form, so ist Robert Musils Held Ulrich das exemplarische Beispiel für eine kleine widerspenstige Teilmenge. Der Held Ulrich ist ebenso wie der Held Marcel seinem realen Autor in wesentlichen Punkten nachgezeichnet. Es wäre nur folgerichtig, dass auch Ulrich zum Dichter wird.[7] Doch anders als in Prousts *Recherche*, in der diese fiktive Autorschaft zwar marginal, aber unwidersprochen ist, ist sie in Musils Hauptwerk ein ganz eigentümliches Gaukelwesen. Und eben dieses literarische Spiel spielt auch *Die Spange*, der 2006 bei Suhrkamp erschienene Roman-Erstling des Schweizer Schriftstellers Michel Mettler. Mit dieser Feststellung soll nicht behauptet werden, dass es zwischen Musils unvollendetem Hauptwerk und Mettlers Roman intertextuelle Bezüge gibt, die von Mettler intendiert oder zumindest durch eine allfällige Musil-Lektüre Mettlers angeregt wären. Das ist hier nicht die Frage. Es geht vielmehr um den Versuch, anhand von Mettlers Roman eine kleine Traditionslinie des Metafiktionalen zu konstituieren, zu der auch Musil gehört und die sich durch ein besonderes Maß an metafiktionaler Widerspenstigkeit auszeichnet. In der Metaphorik der *Spange* ausgedrückt: Weder Musils noch Mettlers Held entwickeln sich zu »begnadeten«, zu »großen Sänger[n]« (107). Musil wie Mettler setzen zwar die metafiktionale Formel »Held wird zum fiktiven Autor seiner selbst« voraus, unterlaufen diese moderne Heilsgeschichte jedoch zugleich. Mit dem Titel von Mettlers Roman ausgedrückt: Die Spange (im Dichtermund) taugt nicht als kathartische Zwischenstation zur Autorwerdung, die musilsch-mettlersche Autorwerdung verharrt im Modus der Behinderung.

---

[7] Die literaturwissenschaftliche Berücksichtigung der »Verwurzelung im Lebensgrund« (Karl Corino) ist gerade für das Musil'sche Werk unbedingt fruchtbar. Siehe Karl Corinos überzeugende Begründung des biographischen Blicks aufs Werk: Karl Corino: *Robert Musil, Eine Biographie*, Reinbek bei Hamburg 2003, insbesondere das Vorwort, 13–19, aus dem obiges Zitat stammt. Doch die Berücksichtigung der »Verwurzelung im Lebensgrund« seitens der Forschung macht vor dem Motiv der fiktiven Autorschaft des jeweiligen Protagonisten stets Halt: Die Frage, ob die Musil'schen Helden wie ihr Vorbild zu fiktiven Autoren werden und, falls nein, warum denn eigentlich nicht, wird in der Musil-Forschung in der Regel nicht gestellt. Vergleiche für diesen blinden Fleck der Forschung exemplarisch die umfassende Studie von Walter Fanta zur Entstehung des Hauptwerkes (vgl. Fanta, Walter, *Entstehungsgeschichte des »Mann ohne Eigenschaften« von Robert Musil*, Wien 2000): Trotz akribischer Beobachtung des realen Autors wird in dieser produktionsästhetischen Untersuchung die Frage nach der fiktiven Autorschaft des Helden nirgends aufgeworfen; wird nicht einmal ihr Ausbleiben geschweige denn ihre potentielle, ihre implizite, ihre subkutane Anwesenheit bemerkt.

3 Ulrichs Tintenfass, Mutter einer metafiktionalen Teilmenge

Dass Helden zu ihren eigenen Autoren werden, ist in der Moderne oft diskret gestaltet, so auch in Prousts *Recherche*: Die Autorwerdung des Helden spielt sich nicht im eigentlichen Erzähltext, sondern an dessen äußerstem Rand ab.[8] Viel mehr noch gilt diese Diskretion für das Werk Robert Musils. Diese Diskretion ist erklärungsbedürftig. Ein Grund liegt darin, dass die Autorwerdung des fiktiven Helden mit der realistischen Erzähltradition in Konflikt gerät. Musils Aphorismus »Viel von sich selbst zu reden, gilt als dumm. Dieses Verbot wird von der Menschheit auf eigentümliche Weise umgangen: durch den Dichter« dokumentiert Musils Wissen um dieses Konfliktpotential. Musil hat die Macht der vulgär-realistischen Kritikerzunft seiner Zeit anlässlich der Publikation der *Vereinigungen* in voller Wucht erfahren. Daher weiß er, dass es unter anderem darum »dumm« ist, von sich selbst zu reden, weil es regelrecht verboten ist. In den Worten des doktrinären Literaturwissenschaftlers Friedrich Spielhagen, 1895 im Rahmen einer Goethe-Feier geäußert, nimmt sich dieses Verbot wie folgt aus: »Was verlange ich von einem ›dichterischen Roman‹? [...] dass er [...] wie das homerische Epos nur handelnde Personen kennt, hinter denen der Dichter völlig und ausnahmslos verschwindet [...].«[9]

Autorschaft in einem Text zu thematisieren, insbesondere wenn es um die Autorschaft genau dieses Textes geht, heißt, dessen Macher und damit die Gemachtheit des Textes in den Vordergrund zu rücken. Wenn Musil sich den Helden trotz Spielhagen'schem Verdikt als fiktiven Autor seiner selbst denkt und damit indirekt seine eigene reale Autorschaft thematisiert, dann tut er dies – sei es aus Vorsicht, wahrscheinlich zugleich aus ästhetischer Überzeugung – nicht explizit, sondern »auf eigentümliche Weise«. Zu dieser eigentümlichen Weise gehört, in bester realistischer Manier, dass die Autorschaft nicht im Modus des *telling*, sondern im Modus des *showing* beziehungsweise noch indirekter in einem Modus des *concluding* repräsentiert ist: Der Leser muss die fiktive Autorschaft der Helden selbst erschließen – oder auf die Wahrnehmung dieser Autorschaft verzichten (wie das die Musil-Forschung bis anhin weitgehend auch getan hat). So lassen sich Törleß, Johannes, Homo, der namenlose Held von »Tonka« sowie auch Aeins als Helden auffassen, die im Nachhinein des Erzählten

---

[8] Vgl. Gérard Genette, der schreibt: »Es ist also nötig, daß die Erzählung abbricht, ehe der Held mit dem Erzähler eins geworden ist, es ist undenkbar, daß sie zusammen das Worte ›Ende‹ schreiben.« (*Die Erzählung*, aus dem Französischen von Andreas Knop, München 1994, 162)

[9] Spielhagen, Friedrich, »Die epische Poesie und Goethe«, in: *Goethe-Jahrbuch* 16, 1895, 1–29, hier 5.

zu Autoren werden, welche ihre Erlebnisse in Dichtung verwandeln.[10] Zu dieser Argumentation gehört essentiell der Nachweis, dass der Wortlaut der Erzähltexte sich auf die Perspektive des Helden – nicht nur des erlebenden, sondern auch des sich erinnernden/schreibenden Helden – zurückführen lässt.

Die früheren Erzähltexte Musils repräsentieren die Formel »Held wird zum fiktiven Autor seiner selbst« bei aller Implizitheit doch in einem Maße, dass sie sich wie Prousts *Recherche* zur Hauptmenge dieser metafiktionalen Konstruktion fiktiver Autorschaft zählen lassen. Im unvollendeten Hauptwerk hat sich Musils metafiktionale Strategie gewandelt. Nun kommt die potentielle Autorschaft des Helden explizit zur Sprache, indem die Figur Gerda dem Helden vorschlägt, er solle doch ein Buch machen aus all dem, was er ihr schon erzählt habe. »Aber wie komme ich denn dazu, ein Buch schreiben zu müssen?!«, meint Ulrich auf Gerdas Vorschlag und fährt fort: »Mich hat doch eine Mutter geboren und kein Tintenfaß!«[11] Die potentielle Autorschaft des Helden kommt im *Mann ohne Eigenschaften* also explizit zur Sprache – wird aber vom Helden sogleich vehement verworfen. Auch wird im *Mann ohne Eigenschaften* auf eine neue Weise erzählt, indem das Erzählen systematischer und ostentativer als in früheren Texte zwischen einer auf die Perspektive des erlebenden Helden beschränkten sowie einer auktorial-allwissenden Darstellung oszilliert.[12] Die Weigerung des Helden plus die ostentative Überschreitung der Perspektive des Helden deuten darauf hin, dass dieser Held nicht so einfach als fiktiver Autor zu deuten ist.[13] Und trotzdem bezeugt der Satz auf einer der fiktiven Wirklichkeit Gerdas und Ulrichs übergeordneten Ebene natürlich genau diese Autorschaft; denn Ulrich – das können Leserinnen und Leser des Textes ja nicht leugnen – ist ganz zweifellos eine Tintenfass-Geburt! Als Zwischenstand

---

[10] Huszai, Villö, *Ekel am Erzählen. Metafiktionalität im Werk Robert Musils, gewonnen am Kriminalfall »Tonka«*, München 2002, 109–147.

[11] Musil, Robert, *Der Mann ohne Eigenschaften I, Erstes und Zweites Buch*, hg. von Adolf Frisé, neu durchgesehene und verbesserte Ausgabe, Reinbek 1978, 490. Vgl. zu diesem zentralen metafiktionalen Satz Eisele, Ulf, »Ulrichs Mutter ist doch ein Tintenfaß. Zur Literaturproblematik in Musils Mann ohne Eigenschaften«, in: Renate von Heydebrand (Hg.), *Robert Musil*, Darmstadt 1982, 160–203.

[12] Grundlegend hat Hans-Jost Frey das komplexe Verhältnis zwischen Erzählinstanz und Helden im *Mann ohne Eigenschaften* als zentrales Moment des Musil'schen Essayismus beschrieben; vgl. Frey, Hans Jost, »Musils Essayismus«, in: Ders., *Der unendliche Text*, Frankfurt a. M. 1990, 230–261.

[13] Dazu, dass bei genauerem Hinsehen die allwissende Perspektive, welche diejenige des Helden ostentativ überschreitet, ganz eigentümlichen epistemologischen Beschränkungen unterworfen ist, welche dann doch wieder die beschränkte Perspektive des Helden ins Spiel bringen: Huszai, Villö, »›Agathe ist wirklich da‹ oder: Wie von einem epistemologisch zweifelhaften Gefühl erzählen?«, in: Kevin Mulligan & Armin Westerhoff (Hg.), *Robert Musil – Ironie, Satire, falsche Gefühle*, Paderborn 2009, 187–208.

genügt hier das Fazit, dass im *Mann ohne Eigenschaften* die Frage nach der Autorschaft des Protagonisten anders als in Prousts *Recherche* und anders als in den früheren Erzähltexten Musils systematisch im Widerspruch und damit offen gehalten wird. Genau in diesem Offenhalten liegt ein Potential, dem Mettlers *Spange* in obsessiver Weise nachforscht. In so obsessiver, in so grundsätzlicher Weise, dass Mettlers Roman, obwohl literarisch durch und durch, zugleich als theoretischer Beitrag zur Metafiktionalität gewertet werden sollte.

4 Keine Antwort, aber sehr wohl eine Frage

Zunächst beginnt der Roman in metafiktionaler Hinsicht ganz unverfänglich: »Es war ein sonniger, leicht föhniger Apriltag, als Dr. Masoni in meinem Mund eine ungewöhnliche Entdeckung machte.« Das erzählende Ich ist zugleich der Protagonist der Ereignisse und an dem souveränen Stil der erinnernden Berichterstattung, dem wir in diesem stilisiert konventionellen Anfang einer Ich-Erzählung begegnen, wird sich durch den ganzen Roman hindurch kein Jota ändern. Was immer dieser Held erzählt – sei es, dass Masoni in der Mundhöhle Anton Windls ein prähistorisches Gebilde entdeckt, das das Überbleibsel einer archaischen Spange zu sein scheint, dann im nächsten Moment eine archäologische Ausgrabungsstätte, mit prekären klimatischen Witterungsverhältnissen und wissenschaftlichen Expeditionen, die zu ihr aufbrechen; sei es, dass der Held mit allem, was die gegenwärtige Militärtechnik aufbieten kann, in irgendeinem wissenschaftlichen Labor-Bunker monate-, vielleicht jahrelang beschossen wird; sei es, dass er am Ende des Romantextes davon berichtet, wie er aufgetaut wird und ihm das Eiswasser aus dem Mund schwappt: Der Held erzählt alles mit demselben nicht zu überbietenden Gleichmut; nichts kann diesen Ich-Erzähler verdrießen. Und zwar weder während des haarsträubenden Geschehens noch im Nachhinein, von dem aus er erzählt. Bei so viel Unempfindlichkeit liegt es nahe anzunehmen, dass dieses Erzählen sich in einer Ortlosigkeit abspielt, in der journalistisch-detektivische Fragen wie »Warum erinnert sich der Held wo und wie und für wen?« nicht aufkommen müssen. Dass Leser »so ziemlich alles akzeptieren, auch und gerade im Hinlick auf den Ursprung der Stimme im Text: tote Mütter, Zwerge, unsterbliche Ichs in ständiger Verbindung mit Plattfischen«[14], macht es

---

[14] Bareis, J. Alexander, »Mimesis der Stimme, Fiktionstheoretische Aspekte einer narratologischen Kategorie«, in: Andreas Blödorn, Daniela Langer & Michael Scheffel (Hgg.), *Stimme(n) im Text. Narratologische Positionsbestimmungen*, Berlin, New York 2006, 101–122, hier 115. Dass wir nicht erfahren, wie aus der Erzählstimme ein Text wird,

nur plausibel, dass auch die Frage, wie aus diesen Erinnerungen ein Text werden könnte, dessen reales Double uns realen Leserinnen und Lesern vorliegt, nicht zwingend ist. Die Annahme liegt nahe, dass Mettlers Text auf die metafiktionale Frage nach seinem fiktiven Autor nicht nur keine Antwort liefert, sondern sie schlichterweise gar nicht erst stellt. Eine schlüssige Antwort liefert der Text tatsächlich nicht, doch er stellt die Frage. Dass ein Text die Frage nach seinem Ursprung stellt, die sich dann aber als unbeantwortbar erweist, wäre grundsätzlich noch ein Gemeinplatz. Darüber müsste man 2009, in der »postpostmodernen« Gegenwart, keinen literaturwissenschaftlichen Aufsatz verfassen. Die metafiktionale Kunst von Mettlers Roman liegt jedoch darin, *wie* er diese Frage stellt. Dies soll im Folgenden in einigen wesentlichen Punkten deutlich werden. Denn erst angesichts des Ausmaßes, das diese Frage in Mettlers Roman annimmt, lässt sich ermessen, welches Gewicht dem Ausbleiben einer schlüssigen Antwort zukommt.

5 Die fiktive Autorschaft des Dr. Berg

Die Frage wird nicht durch einen auktorialen Erzähler-Kommentar oder eine Rahmenhandlung aufgeworfen, sondern ist Effekt der Kernhandlung.[15] Diese Kernhandlung wird von zwei Akteuren bestritten, vom Helden Anton Windl und seinem Arzt, den Windl konsequent »Dr. Berg« und zuweilen seinen »Vertrauensarzt« nennt. Nehmen wir Anfang und Ende des Romantextes als Richtschnur, dann bildet die Entdeckung durch den Zahnarzt Masoni den Anfangspunkt dieser Kernhandlung und die Pressekonferenz zu Bergs Buch den Schlusspunkt. Der Mittelteil besteht im gemeinsamen Versuch der zwei Akteure, die Vorgeschichte von Masonis Entdeckung, mit anderen Worten: »das Vorleben[...]« (74) Anton Windls zu ergründen. Dass diese gemeinsame Recherche in die Autorwerdung des Dr. Berg mündet, ist der Dreh- und Angelpunkt für die Frage nach der Autorschaft des Helden. Wie aber wird Berg zum fiktiven Autor?

Begonnen hatte die gemeinsame Erforschung von Windls Vorleben schon vor Masonis Entdeckung, denn Masoni hatte der Held erst durch die

---

gehört auch zu der Liste der Phänomene, die Leserinnen und Leser leicht verschmerzen. Autorinnen und Autoren unter Umständen schon weniger. Siehe dazu weiter unten.

[15] In Scheffels Klassifikationssystem (vgl. Scheffel, Michael, »Metaisierung in der literarischen Narration«, in: Janine Hauthal u. a. [Hgg.], *Metaisierung in Literatur und anderen Medien*, Berlin, New York 2007, 155-171, hier 163) wäre eine solche metafiktionale »Reflexionsart« auf der Ebene des Erzählten als »Spiegelung« zu klassifizieren. Eine Spiegelung spielt sich stets auf der Ebene des Erzählten ab, während eine »Betrachtung« eine metafiktionale Reflexion ist, die via »Erzähler- oder Figurenrede« (162), also explizit, erfolgt.

Vermittlung Bergs konsultiert. An Berg war Windl wegen eines »Leiden[s]« gelangt, das er selbst wie folgt umschreibt: »Klammheimlich kehrte ich in verwaiste Räume der Vergangenheit zurück. Mich hatte ein schweres Leiden gepackt, für das kein Begriff und keine ärztliche Kunst erfunden war.« (45) Von Berg erhofft sich Windl offenbar Unterstützung im Umgang mit der eigenen Vergangenheit. Durch Masonis Entdeckung wird aus der einigermaßen herkömmlichen »Analyse« (85), ein »Kriminalfall« (18), aus Berg »eine Art Ermittler gegen Unbekannt, ein Sherlock Holmes meines Innenlebens« (170), so der Ich-Erzähler. Es gilt nun also, Masonis bizarre Entdeckung zu ergründen. Der Held gelangt von der Zahnarztpraxis auf direktem Weg in die Praxis von Berg zurück und bei aller Unübersichtlichkeit der Handlung ist doch klar, dass der Held von nun an kein Privatleben mehr führt, sondern als Patient des Dr. Berg sein Leben in dessen Praxis fristet; wenn er nicht gerade, wie oben erwähnt, beschossen wird, oder gegen Ende des Romantextes tiefgekühlt und dann pünktlich zur Präsentation von Bergs Buch wieder aufgetaut wird. Berg teilt dem Helden anlässlich ihres ersten Gesprächs nach Masonis Entdeckung mit, dass sie dabei seien, »das Team zu bilden« (14), und als der Held zurückfragt, von welchem »Wir« hier die Rede sei, antwortet Berg (vgl. S. 100): »Ich kann diese Dinge doch nicht für mich behalten. Ich bin Wissenschaftler.« Es steht vom ersten Moment an fest, dass Berg mit den Ergebnissen seiner Arbeit an die Öffentlichkeit treten wird. Der spektakuläre Fund stößt ja auch sogleich auf größtes Interesse in Wissenschafts- wie Laienkreisen. Bergs Praxis-Team ist von Anfang an für diese »Öffentlichkeitsarbeit« (19) zuständig und organisiert auch die Pressekonferenz zu Bergs Buch. Schon auf den ersten Seiten kündigt sich also implizit an, was explizit erst gegen Ende des Romantextes wird: Die Kernhandlung des Romans ist von Anfang bis Ende auch die Geschichte von Bergs Autorwerdung.

Zunächst wird Berg nur diskret mit den Insignien des Autors ausgerüstet: Bei der ersten Konsultation steht Berg neben dem »Pult« (80) und während er seinem neuen Patienten ein Glas Wasser an den »vorderen Rand der Tischfläche« (82) stellt, platziert er sein eigenes Glas Wasser »neben sich auf die Schreibunterlage« (82). Doch nach Masonis Entdeckung massieren sich die Hinweise auf dessen Autorwerdung: Zum ersten Orientierungsgespräch mit dem Helden über Masonis Fund rafft Berg »Papier, Schreibzeug und etwas Proviant« (12) zusammen – was braucht ein Autor mehr? »Dr. Berg schrieb emsig in sein Heft« (105) wird von nun an eine charakteristische Pose des Arztes sein, bis das Ende der *Spange* verbürgt, dass diese Autorwerdung in der fiktiven Wirklichkeit auch tatsächlich gelingt.

6 Die Autorschaft des Helden als metafiktionaler Phantomschmerz

Nun gut, könnte man schließen, dann ist eben nicht der Held, sondern Berg dieser fiktive Autor, der für zahlreiche (post)moderne Erzähltexte charakteristisch ist. Das ist aber unmöglich, denn die letzte Szene erzählt erstens von der Pressekonferenz zu Bergs Buch; die fiktive Handlung geht also unabweisbar über das hinaus, was in Bergs Buch steht. Und zweitens ist der Text formal (fast) konsequent als Ich-Erzählung des Helden gestaltet.[16] Das sind zwei Momente, aus denen sich eigentlich nur schließen lässt: Entweder ist eben doch trotz aller inszenierten Autorschaft Bergs der Ich-Erzähler der wahre fiktive Autor, der das letzte Wort hat – oder wir sind wieder bei der ursprünglichen Option, dass es in Mettlers Text schlicht keine solche Konstruktion fiktiver Autorschaft des Helden gibt. Demnach wäre der Held nicht mehr und nicht weniger als ein Ich-Erzähler, über dessen Motivation zu erzählen wir nichts erfahren geschweige denn über seine allfällige Autorwerdung. Man kann diese Option eigentlich auch gelten lassen, aber nur mit einem entscheidenden Zusatz: Es gibt diese fiktive Autorschaft des Helden nur in dem Sinne nicht, in dem ein beinamputierter Mensch über kein Bein verfügt. Mit anderen Worten: Gegen unseren Phantomschmerz hilft die Option nicht. Wie Mettler seine Leser in diesen metafiktionalen Phantomschmerz hineinmanövriert, ist wesentlicher Teil seiner Kunst. Der Clou liegt darin, dass uns Leserinnen und Lesern Bergs Buch, welches die Teilnehmer der Pressekonferenz offenkundig im Wortlaut kennen, nicht zugänglich ist. Zugänglich ist uns die Ich-Erzählung des Helden, doch dazu fehlt uns das (fiktive) Buch. Der Chiasmus hält den Phantomschmerz wach.

Eine Zwischenbemerkung zur Verwendung des literaturwissenschaftlichen Begriffs »Leser«: Weil Mettler, wie übrigens ebenso Musil, die Autorschaft auch als Genderphänomen behandelt, ist die Verwendung der männlichen Form als der geschlechtsneutralen Form problematisch. Während die zwei Kandidaten für die Autorschaft (des fiktiven Doubles) der *Spange* männlich sind (Berg und Anton Windl), ist der fiktive Leser von Bergs Buch hauptsächlich weiblich. Das macht die Anrede, mit der sich Berg an der Konferenz an die anwesende Presse wendet, auf kleinstem Raum klar: »Meine Damen, mein Herr [....]« (346) und gleich darauf fällt dem Helden auf: »Nachdem Frau Olsen lange die einzige Vertreterin

---

[16] Einzig ein Kapitel von neun Seiten ist in der Er-Form gehalten (284–292) sowie in Majuskeln geschriebene Einschübe (die in metafiktionaler Hinsicht bedeutsungsvoll, aber aus Platzgründen hier nicht thematisiert werden sollen).

dieser Bevölkerungsgruppe in der Praxis gewesen war, umgaben mich nun plötzlich massenhaft Frauen.« (348)[17] Das Reich der Produktion ist in Mettlers *Spange* männlich, das Reich der Rezeption weiblich. Diese zwar satirisch überzeichnete, aber in Hinblick auf die Geschichte der Autorschaft durchaus stichhaltige Rollenverteilung würde in den vorliegenden Überlegungen durch die geschlechtsneutrale Verwendung der Kategorie »Leser« zu sehr in Vergessenheit geraten. Deswegen wird hier für die weiteren Überlegungen die umständlichere und die Mettler'sche Radikalität abmildernde Bezeichnung »Leserinnen und Leser« verwendet. Die männliche Kategorie »Autor« wird hingegen beibehalten, dies aber wohlverstanden nicht im geschlechtsneutralen Sinne: Genau wie bei Musils Metafiktionalität geht es auch bei der Mettler'schen im unmarkierten Fall um eine Analyse männlicher Autorschaft.[17a]

7 Schreiben als Teamwork

Der Phantomschmerz lässt sich als simple Frage fassen: Warum schreibt der Held nicht selbst das Buch über sich, sondern überlässt das seinem »Vertrauensarzt«? Denn der Held ist ganz offensichtlich ein auf das Schreiben hinsteuernder, ein für das Schreiben und zwar für das literarische Schreiben prädestinierter junger Mann; kurzum in metafiktionaler Hinsicht eine perfekte Spiegelung des realen Autors. Als 33-jähriger arbeitsloser Musikstudent (328) bringt Anton Windl den ästhetischen Sachverstand mit und seine sprachliche Begabung ist für Berg eine Selbstverständlichkeit: »Ich weiß ja, dass Sie im sprachlichen Bereich Ihre Stärken haben.« (65) Schon bald gibt Berg dem Helden ein Vortrags-Manuskript zur Überarbeitung (65) und dieser führt, was die Leserinnen und Leser erst gegen Ende des Romantextes erfahren, ein »Behandlungstagebuch« (329, 341). Windl greift also durchaus zur Feder. Und als Berg sich eine eigene Schlussfolgerung notiert, meint der Held: »In Ordnung, […] das können Sie mal so notieren. Wir können ja nochmals daran arbeiten, bevor es veröffentlicht wird.« (106) Windl sieht sich offenbar als eine Art Helfer des Berg'schen Schreibens. Als Berg dem Helden eröffnet, dass er ein Buch über ihn zu schreiben gedenke, bittet er Windl auch entsprechend um Mithilfe. Der Held kommt Bergs Bitte bereitwillig entgegen: »Eine schöne Arbeit, stelle ich mir vor. Nimmt es Sie sehr in Anspruch?« (319) und: »Wenn erwünscht,

---

[17] Das einzige männliche Mitglieder der Leserschaft tritt in »kariertem Veston« und in der »zweithintersten Reihe« in Erscheinung (349).
[17a] Die Frage, welche Rolle Frau Olsen, die »einzige Vertreterin« der Frauen bei diesem Schreibprozess spielt, gewinnt dadurch nur schon rein numerisch an Gewicht.

bin ich gerne behilflich.« (319) Diese Mithilfe stellt sich Berg so umfassend vor, dass er nicht übertreibt, wenn er von einem »soziale[n] Projekt« (328) spricht: Windl soll sich durch Bergs Literaturliste lesen, soll neben seinem Behandlungstagebuch eine Art »Lektürejournal« führen, in dem er Gelesenes resümieren, Assoziationen und Kommentare festhalten, Materialien einfügen kann. Und er soll »natürlich« auch »Selbstgeschriebenes« (329) beisteuern – der Mitarbeit Windls sind praktisch keine Grenzen gesetzt. Zudem plant der Wissenschaftler Dr. Berg zwar eine »historisch-kritische Gesamtdarstellung« (323), doch wo »eine größere Erlebnisnähe« notwendig sei, werde er sich »der Ich-Form bedienen«. Der Held fragt höflich nach, ob noch weitere Figuren vorkommen werden, und mit dem nächsten Satz ist die Verwirrung, wer der fiktive Autor der *Spange* sein könnte, perfekt: »›Sie reden ja, als schriebe ich einen Roman!‹, sagte Dr. Berg in forciert entrüstetem Ton.« (320)[17b] Wenn einerseits der zum literarischen Schreiben prädestinierte Held Maßgebliches zur wissenschaftlichen Recherche und zum Manuskript beisteuert und andererseits der Wissenschaftler Berg sich in seinen Darstellungsmitteln literarischer Mittel bedient, kann man zum Schluss kommen, dass die Frage irrelevant wird, wer von den beiden nun der fiktive Autor der *Spange* sei. Und als der Held am Ende des Romans, noch ganz benommen durchs Auftauen, gefragt wird, was er von Bergs Buch halte, ist sein erster Gedanke: »Ganz gut, soweit ich mich entsann. Mit der Zeit immer besser, glaubte ich. Ja, es reifte zügig. Oder stand auch meine Meinung darüber schon drin, und ich brauchte bloß nachzuschlagen, statt mir das Hirn zu zermartern?« (346) Als man ihn während der Pressekonferenz fragt, ob er eine Gegendarstellung plane, da fragt er zurück: »Gegen wen?« (349) und gibt damit einem Phänomen Ausdruck, dass sich durch das ganze Buch zieht: Dass der Held Berg nicht als Gegenüber, nicht als Gegner auffasst, sondern mit diesem, wenn auch auf eigentümliche Weise, kooperiert. Ist die *Spange* also das Produkt eines »sozialen Projektes«, das Resultat von »Teamwork« (324) zwischen Arzt und Patient, wie sich Berg das wünscht? Das wäre eine Antwort auf die metafiktionale Frage, wer der fiktive Autor der *Spange* ist: Beide Figuren zusammen bilden den Kollektiv-Autor der *Spange*. Schafft diese Antwort den Phantomschmerz aus der Welt?

[17b] Bergs Empörung erinnert an diejenige des Mann ohne Eigenschaften, wenn ihm Gerda vorschlägt, ein Buch aus seinen Erzählungen zu machen (Robert Musil: *Der Mann ohne Eigenschaften I, Erstes und Zweites Buch*, hg. von Adolf Frisé, neu durchgesehene und verbesserte Ausgabe. Reinbek 1978, 490).

8 Schöpferisches Teamwork statt Masturbation und: Windl ist über den Berg

Das Teamwork mit dem Helden kommt offenbar den Bedürfnissen Bergs entgegen, der immer wieder überfordert und frustriert wirkt vom Unterfangen, Masonis Entdeckung zu ergründen. Warum jedoch wirkt Windl bei Bergs Autorwerdung so bereitwillig mit? Denn der Held könnte das Unterfangen des Doktors ja als Unrecht wahrnehmen, das an ihm, dem Patienten, begangen wird. Windl könnte dem Doktor vorwerfen, dass er ihn »entmündigt« (15),[18] ihn zum »Untersuchungsgegenstand« (70) degradiert, ja ihn förmlich als Patient mumifiziert habe (321);[19] all diese Möglichkeiten kommen zur Sprache. Und offenbar fürchtet sich der Doktor auch genau vor solchen Vorwürfen, was sich am Wortlaut von Bergs Eingeständnis, ein Buch zu schreiben, ablesen lässt: »Ich habe Ihnen etwas zu eröffnen, sagte er an die Fensterbank gelehnt. Ich schreibe ein Buch über Sie.« (319) Aber Windl antwortet: »Warum haben Sie das nicht längst gesagt […]. Das ist doch nichts, wofür man sich schämen müsste! Oder sind Menschen, die Bücher über andere Menschen schreiben, verwerflich?« (319) Für Windl hat diese nicht-autobiographische Schreibform, in welcher ein anderer das Buch schreibt, im Gegenteil einen Vorteil, den er in einem Gespräch mit Berg auf den Punkt bringt. Er fragt diesen nämlich, was der Unterschied zwischen Masturbation und Geschlechtsverkehr sei. Berg bittet um Auflösung des Rätsels, Windl darauf: »Beim Geschlechtsverkehr lernt man mehr Leute kennen.« (83) Würde Windl in autobiographischer Manier das Buch über sich selbst selber schreiben, würde er Berg nicht kennen lernen und offenbar schätzt Windl die wachsende Vertrautheit mit seinem »Vertrauensarzt«, wird er doch, wie schon erwähnt, die ganze Romanhandlung hindurch nicht müde, mit Berg zu kooperieren. Durchaus mit Gewinn, wie der Schluss des Romans nahe legt. Wenn der Held aufgrund von Bergs Bitte um Mitarbeit einen »handfesten Papierkrieg« (329) auf sich zukommen sieht, konstatiert er dies »mit diebischer Freude«. Denn hat der Held, wenn der Roman als Ich-Erzählung auch noch das veröffentliche Buch Bergs einschließt, dasselbe und damit Bergs Autorschaft nicht förmlich in seiner Ich-Erzählung begraben? Nimmt Bergs Buch in der Ich-Erzählung des Helden nicht »etwas Mumienhaftes« (321) an? Wollte man diesen Fragen weiter nachgehen, wäre zu berücksichtigen, dass Berg bei der Pressekonferenz anlässlich seines eigenen Buches durchaus anwesend,

---

[18] Dass Windl mit der Gefahr der Entmündigung durchaus rechnet, erfahren wir schon am Anfang des Romans, als Windl Berg erklärt: »Solange man mich nicht entmündigt, entscheide ich selbst.« (15)

[19] »Mein Umriss im Leintuch nahm etwas Mumienhaftes an […].« (321)

aber plötzlich nur noch eine Randfigur und »blutjung« (345) ist, so dass der Held in ihm »den Sohn« (345) erkennt. Und zwar doppeldeutig: Ist auf den ersten Blick vom Sohn Bergs die Rede, so könnte doch ebenso gut vom Sohn des Helden die Rede sein. Der Held hätte sich demnach den Autor seiner selbst als Sohn einverleibt. Die Frage, ob der blutjunge Arzt noch Berg sei – es geht nota bene um den Autor des zelebrierten Buches –, ist offenbar nur noch ein »sophistisches, wohl etwas zu schöngeistiges Problem« (345), wie der Held fast etwas nostalgisch konstatiert. Denn eines steht fest: In dem Moment der Veröffentlichung, in dem die Leserinnen und der eine Leser von Bergs Buches auf den Plan treten, steht offenbar nur noch der Held im Zentrum. Von ihm erhoffen sich die Leserinnen und der eine Leser Auskunft. Windl steht offensichtlich, was die durch Masonis Entdeckung in Gang gesetzte Öffentlichkeitsarbeit betrifft, im Mittelpunkt. Um die Eingangsfrage zu beantworten: Bergs Autorschaft kann der Autorität Windls nichts anhaben: Der Held scheint metafiktional über den Berg.

9 Musils induktive Bescheidenheit und der Ruch des Autobiographischen

Kehren wir zurück zu den moralischen Skrupeln Bergs. Menschen, die über andere schreiben, verstoßen gegen eine erzählerische Reflexion Musils, gegen sein Prinzip der »induktiven Bescheidenheit«[20]. Musil umschreibt das Prinzip wie folgt (wobei man jedoch das einschränkende »manchmal« beachte, Musil ist kein Spielhagen):

> Es ist manchmal eine *Unbescheidenheit, nicht von sich zu sprechen*, sondern über allerhand objektive Probleme objektiv zu urteilen. [...] Male also dich u deine Sache auf dem Hintergrund der Zeit, statt vorzugeben, dass du ein Zeitbild malen kannst![21]

Das autobiographische Schreiben, bei dem der Autor sich selbst zum Gegenstand macht, kann eine Notwendigkeit sein; Berg hingegen, der ein Buch über einen anderen schreibt, verfährt gerade nicht autobiographisch. Die Ausführungen Bergs seien – wie es einem wahren Autor ja auch an-

---

[20] Musil, Robert, *Tagebücher*, hg. von Adolf Frisé, Reinbek 1976, 973.
[21] Musil, Robert, »Prosa und Stücke, Kleine Prosa, Aphorismen, Autobiographisches, Essays und Reden, Kritik«, in: Ders., *Gesammelte Werke*, hg. von Adolf Frisé, Reinbek 1978, 848. Musils ethisches Prinzip korreliert mit dem folgenden erzähltheoretischen Befund: »Eine literarische Erzählung kommuniziert nicht eine Geschichte, sondern jemanden, der eine Geschichte kommuniziert.« – Fotis Jannidis: »Zwischen Autor und Erzähler«, in: Heinrich Detering (Hg.), *Autorschaft: Positionen und Revisionen*, Stuttgart 2002, 540–556, hier 546.

steht – »[h]och original« (150), bemerkt der Ich-Erzähler anlässlich eines Gesprächs zwischen ihm und Berg (151):

> Ich hatte den Eindruck, dass Dr. Berg ein imaginäres Diktat sprach. Beseelt von der Gewissheit, Medizingeschichte zu schreiben, redete er nicht mit mir, sondern wandte sich an eine vorgestellte Protokoll-Instanz, deren Aufzeichnungen künftige Lehrbücher füllen würden. Unwillkürlich suchte ich nach so etwas wie einem AUGE, einer Kamera des Weltgeists, die unsere legendäre Auseinandersetzung für die Nachwelt festhielt, wobei ich mich selber in einer Nebenrolle sah: als Stichwortgeber und Symptomlieferant.

Als Berg Windl gegen Ende des Romantextes sein Buch-Projekt eröffnet und ihn um Mitarbeit bittet, sieht er für seinen angeblichen »Stichwortgeber und Symptomlieferant[en]« jedoch eine wesentlich gewichtigere Rolle vor: Windl soll die »Entstehung des Textes begleiten, möglichst aus der Erfahrungsperspektive« (319). Die »Erfahrungsperspektive« ist genau das, was Musil durch sein Prinzip der induktiven Bescheidenheit verlangt und woraus die Notwendigkeit eines autobiographischen Verfahrens folgt. Berg, der ein Buch über einen anderen Menschen schreibt, fehlt sie, aber Windl soll ihm Musils induktives Vorgehen indirekt trotzdem ermöglichen.

Dass es dem Helden wiederum gerade darauf ankommt, vom Autobiographischen befreit zu sein, erfahren wir aus seinem Vorleben: Anton Windl ist deswegen einst Musikstudent geworden, weil der Tonproduktion »nichts Autobiographisches« anhafte. Das sei »ihr großer Vorteil« (105) – gegenüber der Dichtung, gilt es zu ergänzen. Mit anderen Worten ist Windl nur deswegen kein Dichter, weil er der Notwendigkeit, »von sich selbst zu sprechen«, ausweicht. Zumindest bis zum Endpunkt der erzählten Zeit, denn die Zukunft des Romanhelden, die Zeit nach der erzählten, ist ja konsequent offen gehalten. Indem sich Windl in die Berg'sche Analyse begibt, wendet er sich nach seinem Abstecher in die Musik zwar einem autobiographischen Projekt, zu, aber nicht in der Rolle des schreibenden Künstlers, sondern des Patienten, der seinem »Vertrauensarzt« mündlich erzählt. Und aus Berg wird zwar ein Künstler, der nicht mehr nur eine Studie, sondern einen »Roman«, ein »Buch« verfasst, und dies dank Windls Mitarbeit sogar im Sinne der Musil'schen Poetik aus der »Erfahrungsperspektive«, aber ohne sich dabei den Nachteil des Autobiographischen einzuhandeln. Damit gelingt der *Spange* auf der Basis von Bergs Teamwork-Vision das Kunststück, ein Buch zu sein, das autobiographisch ist und es zugleich nicht ist. Für diese Quadratur des Zirkels musste Mettler den Helden aufspalten in zwei Figuren.

10 Autorschaft als Medizinalfall

Hier liegt das Epizentrum metafiktionalen Vetterntums zwischen Musil und Mettler. Ulrich erzählt ständig aus seinem Leben, doch er will kein Buch über seine Geschichten machen. Auch Windl will, nachdem seine Musik-Karriere gescheitert ist, seinem »Vertrauensarzt« sein Leben erzählen, doch wie Ulrich hat er offenbar keinen Ehrgeiz, daraus ein Buch zu machen. In der *Spange* wie im *Mann ohne Eigenschaften* wird die fiktive Autorschaft des Helden zwar nahegelegt und dann doch nicht realisiert. Um diese Parallele zwischen den zwei Großwerken (denn Mettlers *Spange* ist zweifellos nicht nur ein Erstling, sondern auch eine Art metafiktionales Generalexperiment für kommende Mettler'sche Texte) präzise zu fassen, muss noch einmal in Erinnerung gerufen werden, dass Musils metafiktionale Strategie sich allmählich wandelt. Musil beginnt sein Lebenswerk mit Helden, die später, im Nachhinein des erzählten Geschehens, zu Dichtern ihrer eigenen Geschichte werden. Doch er entzieht seinen Helden im Laufe der Werkgenese diese Funktion. Der Schlüsseltext für diesen langwierigen dichterischen Vorgang ist der vielstufige Entstehungsprozess der Novelle *Die Amsel*.[22] Dass die Heldenfigur in zwei Helden, Aeins und Azwei, künstlich aufgeteilt wird, signalisiert die Namensgebung. Nicht ganz so offenkundig ist hingegen der Umstand, dass Musil dabei die Autor-Funktion abspaltet; dass Aeins das Geschäft des Schreibens übernimmt, während Azwei, dessen Erlebnisse im Zentrum der Novelle stehen, sich aufs mündliche Erzählen beschränkt.[23] Wobei die Formulierung »beschränkt« eine zu ungebrochene Sicht aufs Schreiben als auf etwas Erstrebenswertes, als auf etwas vorbehaltlos Positives suggeriert. Man müsste vielmehr sagen, Azwei respektive folgenreicher: der Mann ohne Eigenschaften wird *befreit* vom Schreiben. Und kommt doch nicht wirklich frei. Gerdas Bitte, er solle doch ein Buch aus seinen Geschichten machen (und sie nicht weiter mit seinen Reden quälen), ist nur die Spitze des Eisbergs, was die Verstrickung des Helden in die Autorschaftsfrage betrifft.[24]

---

[22] Zu den Vorstufen der *Amsel* siehe Roth, Marie-Louise, *Robert Musil, Les Œuvres préposthumes, Genèse et Commentaire*, Paris 1980, 217–221.
[23] Huszai, Villö, *Ekel am Erzählen, Metafiktionalität im Werk Robert Musils, gewonnen am Kriminalfall »Tonka«*, München 2002, 130–136. Vgl. die für die Deutung dieser Aufspaltung grundlegende Studie von Peter Henninger, die jedoch keine fiktive Autorschaft in Betracht zieht: Henninger, Peter, »Robert Musils Verhältnis zur Erzählform am Beispiel von ›Drei Frauen‹ und ›Die Amsel‹«, in: *Modern Austrian Literature* 9, 1976, 57–99.
[24] Vgl. Eisele, Ulf, »Ulrichs Mutter ist doch ein Tintenfaß«. Zur Literaturproblematik in Musils *Mann ohne Eigenschaften*«, in: Renate von Heydebrand (Hg.), *Robert Musil*, Darmstadt 1982, 160–203.

Mettlers metafiktionales Spiel ist nicht gleichzusetzen mit demjenigen Musils – wie auch, da Mettler es ebenso wie Musil darauf anlegt, die metafiktionale Reflexion aufs Engste mit dem Erzählten, mit der konkreten fiktiven Wirklichkeit zu verschweißen!²⁵ Doch das Verfahren, die Autor-Funktion vom Helden abzuspalten, lässt sich als tertium comparationis zwischen Musil und Mettler festhalten. Der Held wird vom Akt des Schreibens, das ein autobiographisches Schreiben wäre, befreit. Autorschaft figuriert in der kleinen Teilmenge fiktiver Autorschaft nicht als Vollendung sprich als Teil einer Heilsgeschichte, sondern als eine Krankheitsgeschichte. Darum wird aus dem Helden auch ein Praxis-Insasse und mit diesem Konzept des Schreibens als Krankheit und als Leiden könnte auch die Rolle Frau Olsens zusammenhängen, die Berg als Protokollantin der Gespräche mit Windl ständig zur Seite steht: Berg ist nicht autonomer Autor in poetischer Sänger-Pose, sondern Teil eines in sozialer Hinsicht komplexen Krankheits-Geschehens, in dem die Krankenschwester nicht nur für den Patienten, sondern auch für den Arzt unabdingbar sein dürfte.²⁶

11 Musil – Mettler / Proust – Weber

Musil und Mettler, so die hier vertretene Grundthese, gehen einige grundsätzliche poetologische Fragen auf eine Weise an, die sie zu metafiktionalen Verwandten macht; eine direkte intertextuelle Verbindung von Mettler zu Musil soll jedoch nicht behauptet werden. Der 1993 ebenfalls als Erstlingswerk und ebenfalls bei Suhrkamp erschienene Roman *Der Wettermacher*²⁷ des Schweizer Schriftstellers Peter Weber ist hingegen ein Buch, an das die *Spange* offen anschließt.²⁸ Webers Roman ist hier von Interesse, weil sich am Verhältnis von Webers und Mettlers Roman der Gegensatz wiederholt, der eingangs zwischen den Werken von Proust und Musil, zwischen

---

[25] Zur hier verwendeten Terminologie des »Erzählten« siehe Martínez, Matías & Scheffel, Michael, *Einführung in die Erzähltheorie*, 5. Auflage 2003, 20–26 und Michael Scheffel, »Metaisierung in der literarischen Narration«, in: Janine Hauthal u. a. (Hgg.), *Metaisierung in Literatur und anderen Medien*, Berlin, New York 2007, 155–171, hier 156.

[26] Mit dieser Bemerkung wird auf die Gender-Thematik nur hingewiesen, ihre Auslotung bedürfte eines eigenen Aufsatzes. Die Gender-Thematik ist im Zusammenhang mit der Sexualität beider Autor-Figuren zu betrachten; und zwar sowohl in eigentlicher wie in uneigentlicher, sprich metafiktionaler Hinsicht: Die Sexualität der zwei Autorfiguren ist da selbstverständlich verzahnt mit ihrer Schöpfungskraft als Autoren.

[27] Weber, Peter, *Der Wettermacher*, Frankfurt a. M. 1993.

[28] In der *Spange* ist von der »Zeit der künstlerischen Wohngemeinschaften« (142) während der Studienzeit des Helden die Rede. In der historischen Zeit, die Mettlers *Spange* damit portraitiert, schrieb Peter Weber in eben solchen Wohngemeinschaften an seinem Erstling. Weber und Mettler haben sich aber erst nach Erscheinen von Webers Roman kennengelernt (mündliche Auskunft Mettlers).

Haupt- und Teilmenge, behauptet wurde. Das heißt, dass sich in Webers Roman erstens der Held zum Autor eines fiktiven Doubles des Romans *Der Wettermacher* entwickelt und dass es zu einer höchst kunstvollen Ausgestaltung, aber zweitens – anders als bei Mettlers *Spange* – zu keiner Störung dieser metafiktionalen Formel kommt. Bei Weber wie bei Proust gelingt die Autorschaftswerdung und hat den Stellenwert einer modernisierten Version der Heilsgeschichte.

Der intertextuelle Bezug zwischen den zwei Erstlingswerken *Spange* und *Wettermacher* zeigt sich am klarsten am Motiv der Spange. *Der Wettermacher* erzählt die Geschichte zweier Brüder, die im Toggenburg aufwachsen. Nach dem Tod seines Bruders versucht sich der Ich-Erzähler umzubringen und bricht sich dabei den Kiefer. Danach wird ihm der Mund »fachmännisch verschlossen« und als »die Spange« entfernt wird, ist aus dem Mund eine Landschaft geworden, ist von »Sedimente[n]« die Rede, von »Moos«, »Moder« und »Kalkablagerungen«.[29] In einem solchen Mund gibt es auch Wetter, der Mund des »Wettermachers« bietet nun Raum für das spätere Dichtertum. Bald darauf verlässt der Held das Toggenburg und lebt mit seinen Eltern in der Stadt, konkret darf man sich Zürich vorstellen. An seinem 20. Geburtstag richtet er sich dort im Keller ein, wohin er den elterlichen Küchentisch entführt: »Eines Abends habe ich mich an den Tisch gesetzt und bin bei der Gegenwart angelangt.«[30] Die Gegenwart ist der Zeitpunkt, an dem der Held an einem Text zu arbeiten beginnt, dessen reales Double wir Leserinnen und Leser mit Webers *Wettermacher* in Händen halten. Denn der »Wettermacher ist Papier«[31], wie es im Roman heißt. Anders als die Modernen Musil und Proust lässt Weber den Helden nicht erst im Nachhinein des Erzählten zum Autor werden; der 20. Geburtstag des Helden gehört zur erzählten Zeitspanne. Der Schlusssatz des Romans nimmt auf diese Autorwerdung rückblickend Bezug: »Es war hier in der Stadt, wo ich zum ersten Male unter dem Wetterrand durch und ins Offene hinausschauen konnte.«[32] Hier wird ein Entwicklungsschritt resümiert, der in die Autorschaft des Helden münden und der das den Leserinnen und Lesern vorliegende Buch hervorbringen wird. Diese fiktive Autorschaft wird nicht konterkariert, sondern ist ein positiver, ein wesentlicher, der entscheidende Schritt in der Entwicklung des Helden. Zu dieser Sicht auf Autorschaft und auf dessen Erzeugnis, das Buch, gehört der Umstand, dass die Spange ein vorübergehendes Stadium markiert, das den Helden zwar temporär verstummen lässt, aber nicht für

---

[29] Weber, Peter, *Der Wettermacher. Roman*, Frankfurt a. M. 1993, 309.
[30] Ebd., 34.
[31] Ebd., 86.
[32] Ebd., 316.

immer. Im Gegenteil hat die Spange die Funktion einer Zwischenstation, von welcher der Held in Richtung Stadt aufbricht, die Landschaft (des Toggenburgs), die er später besingen wird, trägt er nun gleichsam im eigenen Mund mit sich fort und als fiktive Landschaft in das zukünftige, uns Leserinnen und Lesern gegenwärtige Buch hinein.

Naive Emphase soll Weber nicht unterstellt werden, dazu sind nur schon die Schreibanfänge des Weber'schen Helden im elterlichen Keller zu skurril und abgründig. Doch grundsätzlich, und das rückt Weber in die Nähe Prousts, wird der Autorwerdung doch die Rolle einer Art modernen Heilsgeschichte zugestanden. In Mettlers *Spange* wird aus dieser positiven Sicht auf den Dichtermund zwar eine regelrechte *Wissenschaft vom Mund* (17), in welcher die mythische und religiöse Glorifizierung des (Dichter-)Mundes breit entfaltet wird. Doch während Webers Held die Entwicklung zum Autor gelingt, begnügt sich Mettlers Held oberflächlich gesehen mit der Rolle des »Stichwortgeber[s] und Symptomlieferant[en]«. (151) Wir wohnen zwar einer Autorwerdung bei, aber sie betrifft das falsche Buch. Uns wird nicht tröstliche Aussicht auf die Heilsgeschichte fiktiver Autorschaft gewährt, welche sich mit der realen Autorschaft Mettlers auf geheimnisvolle Weise vereinigte. Stattdessen zwackt uns metafiktionaler Phantomschmerz über die ausstehende fiktive Autorschaft des Helden.

12 Schreiben als Medizinal-Urlaub vom Leben

Patricia Waughs Definition lautet, dass Metafiktion die Aufmerksamkeit auf die eigene Gemachtheit lenkt und so Fragen über das Verhältnis von Realität und Fiktion stellt. In dieser Allgemeinheit übersteht Waughs Definition vielleicht sogar den berechtigten Einwand der aktuellen Metafiktionalitäts-Forschung, dass die Funktion eines metafiktionalen Phänomens nicht so leicht zu fassen, auch nicht nur auf die Opposition illusionsstörend oder illusionsbildend zu reduzieren sei.[34] Welche Funktion könnte die Aufspaltung der Heldenfigur in zwei Figuren, eine schreibende und eine nicht schreibende in Mettlers *Spange* sowie in Musils *Mann ohne Eigenschaften* also haben? Eine zentrale Funktion, so hat sich gezeigt, liegt darin, mit dem Problem des Autobiographischen umzugehen. Doch es gibt eine weitere Funktion, die erzähltechnischer Art ist. Um diese Funktion

---

[34] Hauthal, Janine & Nadj, Julijana & Nünning, Ansgar & Peters, Henning, »Metaisierung in Literatur und anderen Medien. Begriffsklärungen, Typologien, Funktionspotentiale und Forschungsdesiderate«, in: Janine Hauthal u. a. (Hgg.), *Metaisierung in Literatur und anderen Medien. Theoretische Grundlagen – Historische Perspektiven – Metagattungen – Funktionen*, Berlin, New York 2007, 1–21, hier 7–11.

fassen zu können, müssen wir den Vergleich zwischen den zwei Werken noch etwas weiter vorantreiben.

Berg ist ja eine detailreich ausgestaltete Autor-Figur, was die Aufmerksamkeit auf die Frage lenkt, wer denn in Musils *Mann ohne Eigenschaften* die entsprechende Autor-Instanz sein könnte. Wer entlastet Ulrich von seiner ungewollten Autorschaft? Als metafiktionales Äquivalent Bergs im *Mann ohne Eigenschaften* kommt nur der Verunfallte im ersten Kapitel in Frage.[35] Es handelt sich um eine Figur, die, bedenkt man sie als realistische Figur der fiktiven Welt, nach dem Unfall für einige Zeit aus dem Verkehr gezogen wird – und somit Zeit hätte zum Schreiben; eine Figur, die einen unfreiwilligen, einen unfallbedingten Urlaub vom Leben nimmt. Mit dem Ausdruck »Urlaub vom Leben« ist nicht nur die Parallele zum Mann ohne Eigenschaften hervorgehoben, der sich ja bekanntlich einen solchen leistet (aber eben erklärtermaßen nicht fürs Schreiben), sondern auch die Parallele zu Mettlers Held. Auch dieser bekommt durch Masonis Entdeckung Urlaub von seinem Leben und fristet von nun an eine Existenz als Halbtoter in der Praxis von Berg. Nur einmal, anlässlich eines »föhnig hellen Tag[es]« (103), der Windl an den ebenfalls föhnigen Tag von Masonis Entdeckung erinnern muss, heißt es: »Eine ungewöhnliche, quälende Frage tauchte auf: Wäre es schöner, außerhalb der Praxis zu sein?« (103) Ansonsten ist Bergs »seltene[s], geschützte[s] Tier[] « (15) von einer erstaunlichen Munterkeit, die auch dem Musil'schen Verunfallten eigen ist.[36] Genau genommen geht bei dieser musilsch-mettlerschen Parallele zwar einiges quer: Mettlers Patient, der Held, tritt die Autorschaft an seinen »Vertrauensarzt« und Musils Held tritt sie an den rätselhaften Verunfallten, sprich Patienten ab. Doch zwischen dem Mettler'schen Helden und seiner Autorfigur besteht ja ein eigentümlich gleitendes Verhältnis; wenn Berg gesteht, dass er sich zuweilen der Ich-Form bedienen wird, tritt die undichte Abgrenzung zwischen den zwei Figuren deutlich zutage. Sie zeigt sich auch durch das Motiv des Alters, das die Zwillingsnatur des Paares verdeutlicht: Berg ist offenbar »unbedingt gleichaltrig« (79) mit dem Helden, auch wenn er zu Beginn älter wirkt und für den Helden zwar nicht als Vater-, wohl aber als »Mentor«-Figur (25) durchgeht. Im Falle von Musils Verunfalltem ist

---

[35] Siehe Schramm, Ulf, *Fiktion und Reflexion. Überlegungen zu Musil und Beckett*, Frankfurt a.M. 1967, 168–169. Freilich spricht Schramm, wie auch Frey (vgl. Frey, Hans Jost, »Musils Essayismus«, in: Ders., *Der unendliche Text*, Frankfurt a.M. 1990, 230–261) konsequent vom »Erzähler«. Zum Konkurrenzverhältnis von metafiktionaler und narratologischer Analyse siehe weiter unten.

[36] Auf die Frage seiner Begleiterin, ob der Verunfallte tot sei, heißt es: »›Ich hoffe, er lebt‹, erwiderte der Herr. ›Als man ihn in den Wagen hob, sah es ganz so aus.‹« (Musil, Robert, »Prosa und Stücke, Kleine Prosa, Aphorismen, Autobiographisches, Essays und Reden, Kritik«, in: Ders., *Gesammelte Werke*, hg. von Adolf Frisé, Reinbek 1978).

ohnehin klar, dass es sich nicht um eine selbständige Figur, sondern um eine nicht zur vollen Figur ausgebildete Abspaltung des Protagonisten handeln muss. Das Gemeinsame der zwei Romane besteht darin, dass das Patienten-Dasein denjenigen Rückzug aus dem Leben verkörpert, den das Schreiben verlangt.

13 Metafiktion wider die Eiszeit des Schreibens – und Lesens

Normalerweise erlebt man und irgendwann nachher schreibt man. So halten es die frühen Musil'schen Dichter Törless, Homo oder der namenlose Held in *Tonka*, und so hält es auch noch Aeins, der seinem erzählenden Freund Azwei zuhört und im Nachhinein schreiben wird. Im *Mann ohne Eigenschaften* ist es, wie oben ausgeführt, nicht mehr so sicher, dass Ulrich jemals zur Feder greifen wird, oder genauer, wenn wir vom Standpunkt der vollendeten Lektüre des Romans her denken: gegriffen haben wird. Es scheint Musil wie Mettler darauf anzukommen, die Nachträglichkeit zwischen dem Erleben und dem Niederschreiben des Erzählten zu unterlaufen. Die Lösung des Problems gelingt beiden nur unvollständig. Beim *Mann ohne Eigenschaften* ist diese Gleichzeitigkeit so unvollständig wie die Figur des Verunfallten schemenhaft; man könnte auch sagen, die Gleichzeitigkeit des Erlebens und Schreibens bleibt ein theoretisches Konstrukt. Bei Mettler ist die Gleichzeitigkeit viel konkreter abgestützt in der fiktiven Wirklichkeit: Die fiktive Kernhandlung des Romans ist, wie eingangs festgestellt, der Versuch der beiden Protagonisten Windl und Berg, Masonis Entdeckung zu ergründen. Gleichzeitig mit diesem fiktiven Geschehen entsteht Bergs Buch, möchte man meinen. Doch aufgepasst, das eigentliche Schreiben Bergs verbleibt dezent im Hintergrund und im auffällig Zukünftigen: Das Gespräch, in dem Berg dem Helden sein Buchprojekt verrät und »einen Stoß Papier aus seiner Mappe« zieht, das »Manuskript in Arbeit« (325), findet erst gegen Ende der erzählten Romanhandlung statt. Überdies arbeitet Berg zu diesem Zeitpunkt erst »seit Wochen« (319) daran, ein angesichts der Stoffmenge lächerlich kurzer Zeitraum. Wir erleben Bergs Qualen bei den Vorarbeiten zu diesem Manuskript einige Male hautnah mit, die aber genau genommen nicht die Qualen des konkreten Schreibens, sondern nur erst die Qualen der Recherche und des Notierens sind.[37] Dass die Gleichzeitigkeit von Leben und Schreiben nicht wirklich erreicht werden kann, dass die Zeit des Schreibens sich zwischen das Erleben und die Fertigstellung

---

[37] Exemplarisch sei das Kapitel »024« (199–205) genannt, in dem diese Qualen (und Freuden) von Bergs Autorwerdung sichtbar werden.

des Buches stellt, macht zuletzt das Einfrieren des Helden deutlich. Es ist die Eiszeit des Schreibens, aus welcher der Held erst anlässlich der Buch-Präsentation wieder aufgetaut wird.

So könnte man meinen, Mettler hätte das Problem der Nachträglichkeit ohne Musils etwas blutleeren, schemenhaften Verunfallten lösen können; statt eine entsprechende Symbolgestalt zu erfinden lässt Mettler den Helden in der entscheidenden Schreib-Zeit einfrieren, so dass das Problem relativ vollständig innerhalb des Erzählten, als realistische fiktive Wirklichkeit, gelöst wird. Das Einfrieren des Helden ist aber kein realistisches, sondern ein surreales Moment. Doch nicht nur das spricht gegen eine nicht-symbolische, eine echte Lösung des Problems der Nachträglichkeit des Schreibens; vor allem ist ja Bergs Buch, das während der erzählten Zeit entsteht, nicht das richtige! Der Schreibakt, in welchem das eigentliche Roman-Double entstehen soll, steht genau genommen noch aus.

Die Helden Musils wie Mettlers sollten Autoren sein, werden es aber nicht, so dass die Fragen nach dem Verhältnis von Fiktion und Wirklichkeit im Sinne von Waugh nicht in dem Maße geklärt werden, wie das bei einer »regulären« fiktiven Autorschaft des Helden der Fall wäre und wofür sich sowohl Prousts wie Peter Webers Held exemplarisch nennen lassen. Musil wie Mettler gelingt es mit ihren komplexen Manövern, der Notwendigkeit des Autobiographischen einerseits stattzugeben, andererseits sich das Autobiographische durch ein schreibendes Alter Ego vom Leib zu halten. Und beide Autoren gehen das Problem an, dass das Schreiben, das ja ein Hauptbestandteil ihres Lebens ist, nicht erzählt werden kann; dass es sich normalerweise immer im Nachhinein der erzählten Erlebnisse abspielt. Für beide Probleme haben sie keine abrundende Lösung, sondern belassen ihre Manöver im Unabgeschlossenen. Auf einer zentralen Funktion dieses musilsch-mettlerschen Manövers des Offenhaltens pocht der Schlusssatz der *Spange*. Das Publikum der Pressekonferenz möchte vom Helden wissen, was er von Bergs Buch halte, der Held gibt den Rat: »Suchen Sie nicht Hilfe bei mir, sondern tun Sie das Naheliegende: Lesen Sie selbst.« (349) Der Rat des Helden ist der letzte Satz des Romantextes, so dass das Jenseits der erzählten Wirklichkeit, die reale Wirklichkeit des Schreibens und Lesens, sich aufdrängt: »Lesen Sie selbst« ist Anrede an das fiktive Konferenz-Publikum und zugleich Anrede Michel Mettlers an seine Leserinnen und Leser, den ihnen vorliegenden Text noch einmal zu lesen und keine Auskunft vom realen Autor zu erwarten. Der Phantomschmerz durch die ausbleibende fiktive Autorschaft des Helden kann Leserinnen und Leser dazu motivieren, den Rat am Ende des Textes ernstzunehmen: Wo das eigentliche Buch und damit auch dessen autorisierende Instanz, wo die finale Autorwerdung noch aussteht, da bleibt Leserinnen und Lesern nichts anderes übrig, als diese auktoriale Instanz im eigenen Lesen zu erfinden. Das Ende des Romans bringt nicht nur Tauwetter für den Helden, sondern soll dieses auch Mettlers Leserinnen und Lesern bescheren: statt sich auf eine Expedition ins ewige Eis der Autorintention zu begeben, sollen Mettlers Leserinnen und Leser sich der lebendigen Gegenwart des eigenen Lesens zuwenden.

14 Fiktive Autorschaft unter narratologischem Konkurrenzdruck

Dichter sprechen »auf eigentümliche Weise« von sich selbst. Wenn dem so ist, dann gilt es dieses Tun zu beobachten und besser zu verstehen. Die *Spange* ist eine sehr umfassend angelegte Studie zur Autorschaft im Modus der Selbstbeobachtung. Die metafiktionale Konstruktion, dass die Helden zu fiktiven Autoren ihrer selbst werden (auch wenn diese Autorwerdung in der beschriebenen Weise zugleich unterlaufen wird), bildet die erzählerische Grundlage dieser Selbstbeobachtung. Mettler wie Musil machen diese fiktive Autorschaft nicht explizit, sondern spielen ein Versteckspiel mit ihr; beide Autoren sprechen nur »auf eigentümliche Weise« von sich selbst und vom eigenen Geschäft des Schreibens. Im Falle Musils gibt es dafür die genannten literaturgeschichtlichen Gründe, doch erschöpfend erklären sie das Phänomen des Klandestinen nicht. Dass dieses Versteckspiel insbesondere im Falle Musils noch zu wenig verstanden ist und auch bei Mettler unterschätzt werden könnte, hängt mit einem forschungsgeschichtlichen Umstand zusammen, der auch für den Stand der Metafiktionalitätsforschung relevant ist. Dort wird hervorgehoben, dass es bei der Erforschung und insbesondere der Systematisierung von Metaisierungsphänomene noch wesentliche Lücken gibt.[38] Für die hier vorgestellte Spielart, in welcher der Held zum Autor des von ihm handelnden Erzähltextes wird, gilt das in besonderem Maße. Dass die Konstruktion fiktiver Autorschaft des Helden in den einschlägigen Typologien nicht eigens benannt und erfasst wird, ist ebenso erklärungsbedürftig wie der Umstand, dass in der Musil-Forschung die metafiktionale Konstruktion fiktiver Autorschaft nicht genügend bedacht wird.

Einen Teil der Erklärung bildet der Umstand, dass die Narratologie und ihre umstrittene Hauptkategorie des »Erzählers« in der Praxis des

---

[38] Vgl. Nünning, Ansgar, »Metanarration als Lakune der Erzähltheorie: Definition, Typologie und Grundriss einer Funktionsgeschichte metanarrativer Erzähleräußerungen«, in: *Arbeiten aus Anglistik und Amerikanistik* 26:2 (2001), 125–164, hier 126–128.

Interpretierens trotz aller theoretischen Kritik noch zu viel Vertrauen genießt.[39] Denn was ihre Wahrnehmung durch die Leserinnen und Leser betrifft, stellt die Kategorie »Erzähler« eine gefährliche Konkurrenz für die Konstruktion fiktiver Autorschaft dar: Wo eine mit der Erzähler-Kategorie hantierende Leserschaft scheinbar ganz unverfänglich nur zu beschreiben meint, dürfte der Autor zuweilen Phänomene fiktiver nachträglicher Autorschaft des Helden im Sinn gehabt haben – und damit implizit auch Fragen nach dem Verhältnis von Fiktion und Wirklichkeit. Wer unbefangen von einem »Erzähler« ausgeht, überdeckt solche Konstruktionen jedoch und nimmt die dahinterstehenden Fragen nicht genügend ernst. Denn der narratologische »Erzähler« bietet auf solche Fragen erklärtermaßen nur eine Schein-Antwort, da es sich ja um eine Modell-Kategorie handelt, die weder in der fiktiven noch in der realen Welt verortet werden kann.[40] Eine Scheinantwort, mit der man sich aber um der Bequemlichkeit der Rede willen gerne zufrieden gibt. Erstens, um dieses faszinierende Phänomen nochmals zu konstatieren, geben sich Leser in Hinblick auf den »Ursprung der Stimme im Text«[41] mit fast allem zufrieden. Und dies zweitens bei vielen Texten vollkommen zu Recht! Dann nämlich, wenn gar kein metafiktionales Material vorhanden ist, um differenzierte Fragen nach dem Ursprung – eben nicht nur nach dem »Ursprung der Stimme« (Bareis), sondern auch – des Textes zu stellen. Doch in den Fällen, wo fiktive Autorschaft konstruiert ist (zum Beispiel bei Proust, Musil, Weber oder Mettler), und mehr noch dort, wo ein Versteckspiel mit ihr getrieben wird (Musil, Mettler), da kann unbefangenes Hantieren mit der Kategorie

---

[39] Grundlegend für die Kritik an der Erzähler-Kategorie: Klaus Weimar: »Wo und was ist der Erzähler?«, in: *Modern Language Notes* 109 (1994), 495–506. Dass man nicht notwendigerweise nur immer aufgrund theoretischer Einsicht von einem »Erzähler« ausgeht, sondern vielmehr oft »nur um der Bequemlichkeit der Rede willen«, gibt Weimar (1994, 505) zu bedenken. Zu einer differenzierten Verwendung der Kategorie »Erzähler« in fiktionstheoretischer Perspektive siehe Bareis, J. Alexander, »Mimesis der Stimme, Fiktionstheoretische Aspekte einer narratologischen Kategorie«, in: Andreas Blödorn, Daniela Langer & Michael Scheffel (Hgg.), *Stimme(n) im Text. Narratologische Positionsbestimmungen*, Berlin, New York 2006, 101–122.

[40] Auf den ersten Blick steht dieses Argument quer zum Vorschlag von Fotis Jannidis, die »Erzählinstanz« stets als »Teil der erzählten Welt« anzusehen (vgl. Jannidis Fotis, »Zwischen Autor und Erzähler«, in: Heinrich Detering [Hg.], *Autorschaft: Positionen und Revisionen*, Stuttgart, Weimar 2002, 540–556, hier S. 546). Doch sein Vorschlag, mit dem er auf Weimars Kritik am Erzähler reagiert, basiert auf dem Grundsatz, dass eine literarische Erzählung »nicht eine Geschichte« kommuniziere, »sondern jemanden, der eine Geschichte kommuniziert«, was auch für die Konstruktion fiktiver Autorschaft entscheidend ist. Und die Konstruktion fiktiver Autorschaft macht im Grunde genau dies: Sie integriert die Erzähl- respektive Schreibinstanz in die erzählte Welt.

[41] Bareis, J. Alexander, »Mimesis der Stimme, Fiktionstheoretische Aspekte einer narratologischen Kategorie«, in: Andreas Blödorn, Daniela Langer & Michael Scheffel (Hgg.), *Stimme(n) im Text. Narratologische Positionsbestimmungen*, Berlin, New York 2006, 101–122, hier 115.

»Erzähler« die analytische Sicht auf das poetologische Konzept »Fiktive Autorschaft« verstellen. Die Konkurrenz lässt sich an Musils Werk, sie lässt sich auch an Mettlers *Spange* verdeutlichen: Wer mit der Kategorie »Erzähler« kein Problem hat, wird weniger empfänglich sein für den Phantomschmerz, den das fehlende Buch des Helden verursacht. Denn mit dem Ich-Erzähler Anton Windl ist ja ein Vermittler im Sinne Stanzels gegeben, und was braucht es aus narratologischer Sicht mehr?[41a] Wem die literaturwissenschaftliche Verwendung der Kategorie »Erzähler« hingegen zum Problem geworden ist, wird möglicherweise hellhörig für die Autorschaftsmanöver in der *Spange*.

Der Befund, dass die Konstruktion fiktiver Autorschaft des Helden in den einschlägigen Typologien zur Metafiktionalität nicht eigens benannt und erfasst wird, soll nicht besagen, dass von dieser Konstruktion nie die Rede sei. Nicht nur in Michael Scheffels grundlegender Studie zu den »Formen selbstreflexiven Erzählens«, sondern generell in narratologischen Analysen fällt vielmehr auf, dass die Differenz zwischen einem Erzähler im Sinne Stanzels, der mündlich vermittelt, und einem fiktiven Autor noch nicht für besonders bedeutungsvoll erachtet wird. Das lässt sich daraus ableiten, dass die Vorgänge des mündlichen Erzählens und des Schreibens oft im selben Atemzug genannt werden.[42] Diese Gleichgültigkeit gegenüber der Differenz von narratologischer Erzähler-Figur und der Figur des fiktiven Autors steht in auffälligem Kontrast zur Vehemenz, mit welcher zahlreiche narratologischen Studien die Grenze zwischen realem Autor und Erzähler betonen.

Aber nicht nur die narratologische Kategorie »Erzähler«, sondern auch die Entdeckung des Lesens steht in Konkurrenz zur Wahrnehmung fiktiver Autorschaft. Verweise auf das Lesen wie derjenige am Ende der *Spange* gehören seit Roland Barthes 1968 erschienenem Artikel »Der Tod des Autors« zum Grundinventar postmodernen Denkens.[43] Interessant für unseren Zusammenhang ist der Umstand, dass Barthes Unterstützung von Seiten der Erzählforschung bekommen hat: Klaus Weimar hat im Artikel

---

[41a] Stanzel, Franz, K., *Theorie des Erzählens*, Göttingen, 5. Auflage 1991, 15: »Wo eine Nachricht übermittelt, wo berichtet oder erzählt wird, begegnen wir einem Mittler, wird die Stimme eines Erzählers hörbar.«

[42] Vgl. beispielsweise »der Akt des Erzählens bzw. Schreibens« (Scheffel, Michael, *Formen selbstreflexiven Erzählens. Eine Typologie und sechs exemplarische Analysen*, Tübingen 1997, 58) oder »Erzähl- oder Schreibaktes« (ebd., 59). Vgl. aber auch Genette, der zwar explizit vom fiktiven Autor Marcel spricht, aber trotzdem am Begriff »Erzähler« festhält (vgl. Fußnote 8).

[43] Barthes, Roland, »La mort de l'auteur«, in: Ders., *Œuvres complètes. Bd. 2 (1996–1973)*, Paris 1994, 491–495. Der Text in deutscher Übersetzung: Barthes, Roland, »Der Tod des Autors«, in: Fotis Jannidis et al. (Hg.), *Texte zur Theorie der Autorschaft*, Stuttgart 2000, 185–193.

»Wo und was ist der Erzähler?« 1994 dafür plädiert, die Aufmerksamkeit statt auf die umstrittene Kategorie des »Erzählers« auf den Akt des Lesens zu lenken. Lesen sei ein »zu sich selbst sprechen in fremdem Namen«, wie es im Titel eines weiteren Aufsatzes von Weimar heißt.[44] Das Lesen sei das, »was der Narratologie als das personifizierte Erzählen erschienen ist. Oder kurz: der *Erzähler* ist das *Lesen*«.[45] Selbst in einer Ich-Erzählung, in der das Erzählen von einer fiktiven Figur wie Anton Windl ausgeht,[46] funktioniert Weimars Ansatz: Wir Leserinnen und Leser meinen, Windl sprechen zu hören, doch wir leihen, so Weimars Standpunkt, in Wahrheit ihm dabei unsere Stimme. Die Aufforderung dieses Ich-Erzählers am Schluss der *Spange* an seine Leserinnen und Leser, selbst zu lesen, erinnert uns mit dichterischen Mitteln, wo Weimar es mit literaturwissenschaftlichen versucht, an die Priorität des eigenen Tuns. Soweit bewegt sich Mettler im Rahmen der klassischen postmodernen Theoriebildung. Doch anders als im Barth'schen Aufsatz und anders als im polemischen Vorstoß Weimars steht in Mettlers literarischer Auseinandersetzung zugleich die produktionsästhetische Gegenfigur des Lesens, das Schreiben, im Zentrum. Das ist nicht nur eine Frage der freien Entscheidung: Als Autor im Sinne von Musils zwei hier zitierten Aphorismen kommt Mettler gar nicht darum herum. Wenn auch Anton Windl konsequent nicht zum Autor wird, so reflektiert sich an dieser Figur gerade deswegen *ex negativo* umso mehr das Phänomen der Autorschaft. Und gerade die »eigentümliche Weise« der Negation ist offenbar *conditio sine qua non*, mit der Mettler in der *Spange* es sich ermöglicht, trotz Aversion gegen das Autobiographische »von sich selbst zu sprechen« – und damit von seiner Haupttätigkeit, dem Schreiben.

Seit ihren Anfängen ist die Narratologie darum bemüht, für die Unterscheidung von Erzähler und Autor zu plädieren und statt vom Autor vom Erzähler zu sprechen. Das ist ihr zuweilen zu gut gelungen: Selbst wenn es im *Mann ohne Eigenschaften* heißt, dass »Romanschriftsteller erzählen«[47],

---

[44] Weimar, Klaus, »Lesen: zu sich selbst sprechen in fremden Namen«, in: Heinrich Bosse & Ursula Renner (Hgg.), *Literaturwissenschaft. Einführung in ein Sprachspiel*, Freiburg 1999, 49–62.
[45] Weimar, Klaus, »Wo und was ist der Erzähler?«, in: *Modern Language Notes* 109, 1994, 495–506, hier 504.
[46] Zum aktuellen Stand der Diskussion, ob der Unterschied zwischen Ich- und Er-Erzählung so entscheidend ist, wie das Käte Hamburger vertritt, siehe Bareis, J. Alexander, »Käte Hamburgers Logik der Dichtung, die Frage nach dem Erzähler und deren Konsequenz für die Erzähl- und Fiktionstheorie«, in: Ders. & Izabela Karhiaho (Hgg.), *Text im Kontext 6. Beiträge zur sechsten Arbeitstagung schwedischer Germanisten in Göteborg, 23.–24. April 2004*, Göteborg 2005, 75–83, hier 77–79.
[47] Musil, Robert, *Der Mann ohne Eigenschaften I, Erstes und Zweites Buch*, hg. v. Adolf Frisé, neu durchgesehene und verbesserte Ausgabe, Reinbek 1978, 254.

wird aus diesem »[E]rzählen« in der literaturwissenschaftlichen Analyse ein narratologischer »Erzähler«.[48] Mit den realen sind die fiktiven gleich mitverbannt worden. Indem Autoren wie Musil oder Mettler ihr eigenes Geschäft hartnäckig, wenn auch diskret und verspielt, in Szene setzen, arbeiten sie an der »Rückkehr des Autors«[49] als Gegenstand einer differenzierten, keineswegs notgedrungen biographistischen Deutung. Zwar ist die Postmoderne gegen die »Schriftvergessenheit der Narratologie«[50] erfolgreich angetreten und hat dadurch indirekt auch dem Autor, der im Text »durch die Buchstaben vertreten«[51] ist, zu neuer Aufmerksamkeit verholfen. Doch viele ihrer Ergebnisse in Form von Einzelstudien entziehen sich erstens der Verständlichkeit und zweitens sind Konstruktionen fiktiver Autorschaft, das lässt sich sowohl an Musils Werk wie an Mettlers *Spange* zeigen, zu konkreter Bestandteil der Handlung, der *histoire*, als dass sie die Aufmerksamkeit postmoderner Theoretikerinnen und Theoretiker wirklich fesseln könnten.[52]

Zum gegenwärtigen Stand der Metafiktionalitätsforschung gehört auch der Befund, dass es an »literaturtheoretisch und terminologisch fundierten anwendungsorientierten Untersuchungen« fehlt.[53] Proust, Musil, Weber und jüngst Mettler beobachten ihr eigenes Tun mit dichterischen Mitteln und liefern damit Einsichten, welche die Literaturtheorie in ihre Terminologie übersetzen sollte. Denn diese Autoren können behilflich sein, die gefährlich nahen, aber faszinierenden Bande zwischen fiktiver und realer Autorschaft, aber breiter noch, das Phänomen der Metafiktionalität oder »Metaisierung« in Zukunft genauer zu beobachten. Mettlers *Spange* ist dafür ein durch die vorliegenden Überlegungen nur erst in Umrissen erschlossenes »Bergwerk« (25).

---

[48] Frey, Hans-Jost, »Musils Essayismus«, in: Ders., *Der unendliche Text*, Frankfurt a.M 1990, 252. Frey spricht in seiner Analyse des Erzählers von einer »redende[n] Instanz«. Freys grundlegende Analyse des Essayismus ließe sich aber mit der Konstruktion fiktiver Autorschaft durchaus vereinen.

[49] Vgl. Jannidis, Fotis u. a. (Hgg.), *Rückkehr des Autors. Zur Erneuerung eines umstrittenen Begriffs*, Tübingen 1999.

[50] Weimar, Klaus, »Wo und was ist der Erzähler?«, in: *Modern Language Notes* 109, 1994, 495–506, hier 499.

[51] Ebd., 501.

[52] Eindrückliches Beispiel ist die an metafiktionalen Einsichten reiche, aber praktisch unlesbare Studie von Heribert Kuhn, *Das Bibliomenon. Topologische Analyse des Schreibprozesses von Robert Musils »Vereinigungen«*, Frankfurt a.M. 1994.

[53] Hauthal, Janine/Nadj, Julijana/Nünning, Ansgar/Peters, Henning, »Metaisierung in Literatur und anderen Medien. Begriffsklärungen, Typologien, Funktionspotentiale und Forschungsdesiderate«, in: Janine Hauthal u. a. (Hgg.), *Metaisierung in Literatur und anderen Medien. Theoretische Grundlagen – Historische Perspektiven – Metagattungen – Funktionen*, Berlin, New York 2007, 1–21, hier 16–17.

Literaturverzeichnis

Primärliteratur

Mettler, Michel, *Die Spange. Roman*, Frankfurt a. M. 2006.
Musil, Robert: Klagenfurter Ausgabe. Kommentierte und digitale Edition sämtlicher Werke, Briefe und nachgelassener Schriften. Mit Transkriptionen und Faksimiles aller Handschriften, hg. von Walter Fanta, Klaus Amman und Karl Corino. Klagenfurt: Robert Musil-Institut der Universität Klagenfurt. DVD-Version 2009 (abgekürzt Musil KA 2009).
Musil, Robert, »Prosa und Stücke, Kleine Prosa, Aphorismen, Autobiographisches, Essays und Reden, Kritik«, in: Ders., *Gesammelte Werke*, hg. von Adolf Frisé, Reinbek 1978.
Musil, Robert, *Der Mann ohne Eigenschaften I. Erstes und Zweites Buch*, hg. von Adolf Frisé, neu durchgesehene und verbesserte Ausgabe, Reinbek 1978.
Musil, Robert, *Tagebücher, Anmerkungen, Anhang, Register*, hg. von Adolf Frisé, neu durchgesehene und ergänzte Auflage (1976), Reinbek 1983.
Musil, Robert, *Tagebücher*, hg. von Adolf Frisé, Reinbek 1976.
Weber, Peter, *Der Wettermacher. Roman*, Frankfurt a. M. 1993.

Sekundärliteratur

Bareis, J. Alexander, »Käte Hamburgers Logik der Dichtung, die Frage nach dem Erzähler und deren Konsequenz für die Erzähl- und Fiktionstheorie«, in: Ders. & Izabela Karhiaho (Hgg.), *Text im Kontext 6. Beiträge zur sechsten Arbeitstagung schwedischer Germanisten in Göteborg, 23.–24. April 2004*, Göteborg 2005, 75–83.
Bareis, J. Alexander, »Mimesis der Stimme. Fiktionstheoretische Aspekte einer narratologischen Kategorie«, in: Andreas Blödorn, Daniela Langer & Michael Scheffel (Hgg.), *Stimme(n) im Text. Narratologische Positionsbestimmungen*, Berlin, New York 2006, 101–122.
Barthes, Roland, »La mort de l'auteur«, in: Ders., *Œuvres complètes. Band 2 (1996–1973)*, Paris 1994, 491–495. Der Text in deutscher Übersetzung: Barthes Roland, »Der Tod des Autors«, in: Fotis Jannidis et al. (Hg.), *Texte zur Theorie der Autorschaft*, Stuttgart 2000, 185–193.
Corino, Karl, *Robert Musil. Eine Biographie*, Reinbek bei Hamburg 2003.
Dilthey, Wilhelm, »Abgrenzung der Geisteswissenschaften«, in: Uwe Wirth (Hg.): *Kulturwissenschaften*, Frankfurt a. M. 2008, 114–118.
Eisele, Ulf, »Ulrichs Mutter ist doch ein Tintenfaß. Zur Literaturproblematik in Musils ›Mann ohne Eigenschaften‹«, in: Heydebrand, Renate von (Hg.), *Robert Musil*, Darmstadt 1982, 160–203.
Fanta, Walter, *Entstehungsgeschichte des »Mann ohne Eigenschaften« von Robert Musil*, Wien 2000.
Frey, Hans-Jost, »Musils Essayismus«, in: Ders., *Der unendliche Text*, Frankfurt a. M. 1990, 230–261.
Genette, Gérard, *Die Erzählung*, übers. von Andreas Knop, hg. von Jochen Vogt, München 1994.
Hauthal, Janine & Nadj, Julijana & Nünning, Ansgar & Peters, Henning, »Metaisierung in Literatur und anderen Medien. Begriffsklärungen, Typologien, Funktionspotentiale und Forschungsdesiderate«, in: Janine Hauthal u. a. (Hgg.), *Metaisierung in Literatur und anderen Medien. Theoretische Grundlagen – Historische Perspektiven – Metagattungen – Funktionen*, Berlin, New York 2007, 1–21.
Henninger, Peter, »Robert Musils Verhältnis zur Erzählform am Beispiel von ›Drei Frauen‹ und ›Die Amsel‹, in: *Modern Austrian Literature* 9, 1976, 57–99.
Huszai, Villö, »›Agathe ist wirklich da‹ oder: Wie von einem epistemologisch zweifelhaften Gefühl erzählen?«, in: Kevin Mulligan & Armin Westerhoff (Hgg.), *Robert Musil – Ironie, Satire, falsche Gefühle*, Paderborn 2009, 187–208.
Huszai, Villö, *Ekel am Erzählen. Metafiktionalität im Werk Robert Musils, gewonnen am Kriminalfall »Tonka«*, München 2002.
Jannidis, Fotis u. a. (Hg.), *Rückkehr des Autors. Zur Erneuerung eines umstrittenen Begriffs*, Tübingen 1999.
Jannidis, Fotis, »Zwischen Autor und Erzähler«, in: Heinrich Detering (Hg.), *Autorschaft: Positionen und Revisionen*, Stuttgart, Weimar 2002, 540–556.
Kuhn, Heribert, *Das Bibliomenon. Topologische Analyse des Schreibprozesses von Robert Musils »Vereinigungen«*, Frankfurt a. M. 1994.

Martínez, Matías & Scheffel, Michael, *Einführung in die Erzähltheorie*, 5. Auflage, München 2003.
Nünning, Ansgar, »Metanarration als Lakune der Erzähltheorie: Definition, Typologie und Grundriss einer Funktionsgeschichte metanarrativer Erzähleräußerungen«, in: *Arbeiten aus Anglistik und Amerikanistik* 26:2 (2001), 125–164.
Roth, Marie-Louise, *Robert Musil. Les Œuvres pré-posthumes. Genèse et Commentaire*, Paris 1980.
Scheffel, Michael, *Formen selbstreflexiven Erzählens. Eine Typologie und sechs exemplarische Analysen*, Tübingen 1997.
Scheffel, Michael, »Metaisierung in der literarischen Narration«, in: Janine Hauthal u. a. (Hgg.), *Metaisierung in Literatur und anderen Medien*, Berlin, New York 2007, 155–171.
Schramm, Ulf, *Fiktion und Reflexion. Überlegungen zu Musil und Beckett*, Frankfurt a. M. 1967.
Spielhagen, Friedrich, »Die epische Poesie und Goethe«, in: *Goethe-Jahrbuch* 16, 1895, 1–29.
Sprenger, Mirjam, *Modernes Erzählen. Metafiktion im deutschsprachigen Roman der Gegenwart*, Stuttgart 1999.
Stanzel, Franz, K., *Theorie des Erzählens*, 5. Auflage, Göttingen 1991.
Waugh, Patricia, *Metafiction. The Theory and Practice of Self-Conscious Fiction*, London 1984.
Weimar, Klaus, »Wo und was ist der Erzähler?«, in: *Modern Language Notes* 109, 1994, 495–506.
Weimar, Klaus, »Lesen: zu sich selbst sprechen in fremden Namen«, in: Heinrich Bosse & Ursula Renner (Hgg.), *Literaturwissenschaft. Einführung in ein Sprachspiel*, Freiburg 1999, 49–62.
Wirth, Uwe, *Die Geburt des Autors aus dem Geist der Herausgeberfiktion. Editoriale Rahmung im Roman um 1800: Wieland, Goethe, Brentano, Jean Paul und E. T. A. Hoffmann*, München 2008.
Wolf, Werner, »Formen literarischer Selbstreferenz in der Erzählkunst. Versuch einer Typologie und ein Exkurs zur ›mise en cadre‹ und ›mise en reflet/série‹«, in: Jörg Helbig (Hg.), *Erzählen und Erzähltheorie im 20. Jahrhundert*, Heidelberg 2001, 49–84.

Der Konjunktiv in Andreas Maiers Roman
Wäldchestag und die Theorie der Metafiktionalität

TILMANN KÖPPE

1 Begriffsklärungen

Der Begriff der Metafiktion (Metafiktionalität) gehört zur Gruppe derjenigen literaturwissenschaftlichen Begriffe, für die es keine allgemein akzeptierte, trennscharfe Definition gibt. Das zumindest legt ein Blick in Lexika und Studien nahe, in denen der Begriff nachgewiesen bzw. ausführlicher untersucht wird. Hier einige Beispiele:

> Erzählliteratur, die ihre Fiktionalität gezielt und grundsätzlich offenlegt, bzw. entsprechende Erzähl- oder Darstellungsstrategien. […] Umstritten bzw. im Einzelfall zu prüfen ist, inwieweit Metafiktion die Illusionsbildung auf Seiten des Rezipienten grundsätzlich stört oder gar zerstört oder ob sie nur ein Bewusstsein des Lesers für das fiktionale Als-ob-Spiel schafft oder verlangt.[1]

> (Teil einer) Erzählung, die von Metafiktionalität, einer Sonderform der Metatextualität und damit von literarischer Selbstreferentialität bzw. Selbreflexivität, geprägt ist. Metafiktional sind selbstreflexive Aussagen und Elemente einer Erzählung, die nicht auf Inhaltliches als scheinbare Wirklichkeit zielen, sondern zur Reflexion veranlassen über Textualität und ›Fiktionalität‹ – im Sinne von ›Künstlichkeit, Gemachtheit‹ oder ›Erfundenheit‹ – mitunter auch über eine angebliche Faktualität der Geschichte und über Phänomene, die mit all dem zusammenhängen.[2]

---

[1] Spörl, Uwe, »Metafiktion«, in: Dieter Burdorf, Christoph Fasbender & Burkhard Moennighoff (Hgg.), *Metzler Lexikon Literatur*, 3. Aufl. Stuttgart, Weimar 2007, 493–494, hier 493.

[2] Wolf, Werner, »Metafiktion«, in: Ansgar Nünning (Hg.), *Metzler Lexikon Literatur- und Kulturtheorie. Ansätze – Personen – Grundbegriffe*, 3. Aufl., Stuttgart, Weimar 2004, 447–448, hier 447. – Etwas früher definierte Wolf: »Metafiktional sind metaästhetische Aussagen und alle autoreferentiellen Elemente eines Erzähltextes, die – unabhängig von ihrer impliziten oder expliziten Erscheinung – folgender Bedingung genügen: Sie müssen den Rezipienten in spürbarer Weise Phänomene zu Bewußtsein bringen, die sich nicht auf den Inhalt von Erzählungen als scheinbare Wirklichkeit beziehen, sondern auf das eigene, fremde oder allgemeine Erzählen als (Sprach-)Kunst und namentlich auf dessen Fiktionalität (im Sinne sowohl der Gemachtheit des Erzähltextes wie der ›Unwirklichkeit‹ oder Erfundenheit der in ihm vermittelten Welt).« (Wolf, Werner, »Metafiktion. Formen und Funktionen eines Merkmals postmodernistischen Erzählens. Eine Einführung und ein Beispiel: John Barth, ›Life Story‹«, in: *Literatur in Wissenschaft und Unterricht* 30 (1997), 31–50, hier 37.)

Metafiction is a term first introduced by narrative theorist and historian Robert Scholes to indicate the capacity of fiction to reflect on its own framing and assumptions.[3]

Als *metafiktional* wird im Allgemeinen jene fiktionale Literatur bezeichnet, die ihren eigenen Illusionscharakter in expliziter Weise dekuvriert und damit sowohl die Generierbarkeit als auch die Hintergehbarkeit von Wirklichkeitsentwürfen ästhetisch vor Augen führt.[4]

Diese Liste definitorischer Vorschläge ließe sich leicht verlängern.[5] Die relative Neuheit und Umstrittenheit des Begriffs bringt es mit sich, dass offenbar jeder, der sich zur Metafiktionalität im Allgemeinen oder einem metafiktionalen Text im Besonderen äußern möchte, gehalten ist, zunächst die Bedeutung des Ausdrucks zu erläutern. Diesem Gebot möchte im Folgenden auch ich – in gebotener Kürze – nachkommen. Im Unterschied zu einigen anderen Forschern bin ich der Auffassung, dass die Bestimmung des Metafiktionalitätsbegriffs auf einer Bestimmung des Fiktionalitätsbegriffs aufbauen sollte – denn die Qualifikation ›Meta-‹ hat die offensichtliche Funktion, ein Phänomen auszuzeichnen, dem Fiktionalität in noch näher zu bestimmender Weise zu Grunde liegt. Aus diesem Grund beginne ich mit einigen Bemerkungen zum Fiktionalitätsbegriff.

Ich gehe davon aus, dass die sogenannte ›institutionelle Theorie der Fiktionalität‹ im Großen und Ganzen richtig ist.[6] Ein literarischer Text

---

[3] O'Donnell, Patrick, »Metafiction«, in: David Herman, Manfred Jahn & Marie-Laure Ryan (Hgg.), *Routledge Encyclopedia of Narrative Theory*, London, New York 2005, 301–302, hier 301.

[4] Frank, Dirk, *Narrative Gedankenspiele. Der metafiktionale Roman zwischen Modernismus und Postmodernismus*, Wiesbaden 2001, 16. Frank bezeichnet die zitierte Bestimmung als »(vorläufige) Minimaldefinition« (ebd.).

[5] Weitere Begriffsbestimmungen werden zitiert und diskutiert in u. a. Nünning, Ansgar, *Von historischer Fiktion zu historiographischer Metafiktion. Bd. 1: Theorie, Typologie und Poetik des historischen Romans*, Trier 1995, insbes. 282; Sprenger, Mirjam, *Modernes Erzählen. Metafiktion im deutschsprachigen Roman der Gegenwart*, Stuttgart, Weimar 1999, insbes. 129–161; Sprengers eigener Vorschlag (ebd., 161–165) ist etwas unübersichtlich. Auch sie betont das Element der »Autoreflexivität« und meint, diese werde »genutzt, um das traditionelle Verständnis der Unterscheidung zwischen Fiktion und Realität zu untergraben« (ebd., 165). Vgl. auch Fludernik, Monika, *Einführung in die Erzähltheorie*, Darmstadt 2006, 75–77. Das *Reallexikon der deutschen Literaturwissenschaft* verzeichnet keinen eigenen Artikel zur Metafiktion; verwiesen wird stattdessen auf Fricke, Harald, »Potenzierung«, in: Müller, Jan-Dirk u.a. (Hgg.), *Reallexikon der deutschen Literaturwissenschaft. Bd. 3*, Berlin, New York 2003, 144–147. Der Artikel macht deutlich, dass der *Begriff* ›Metafiktionalität‹ (,Metafiktion‹), nicht jedoch die *Sache* neu ist. Neben ›Potenzierung‹ ist auch ›Metaisierung‹ als Oberbegriff (für Metafiktionalität, Metanarrativität usw.) im Gebrauch; vgl. dazu jüngst Hauthal, Janine u.a. (Hgg.), *Metaisierung in Literatur und anderen Medien. Theoretische Grundlagen – Historische Perspektiven – Metagattungen – Funktionen*, Berlin, New York 2007.

[6] Zu den Grundlagen dieser Theorie vgl. insbes. Searle, John R., »The Logical Status of Fictional Discourse«, in: *New Literary History* 6 (1974/75), 319–332; Currie, Gregory, *The Nature of Fiction*, Cambridge 1990; Walton, Kendall L., *Mimesis as Make-Believe*.

ist demnach genau dann fiktional, wenn er mit einer bestimmten Absicht produziert wurde: der Absicht nämlich, der Leser möge das Vorliegen der Absicht für einen hinreichenden Grund halten, dem Text gegenüber ein bestimmtes Set von Einstellungen/Verhaltensweisen an den Tag zu legen. Die wichtigsten dieser Einstellungen/Verhaltensweisen sind die zwei folgenden:

Erstens soll sich der Leser vorstellen, dass die (mündlichen oder schriftlichen) Äußerungen, die dem Text des Werkes zugrunde liegen, wirkliche Sprechakte (Fragen, Behauptungen, Erklärungen usw.) sind, obwohl er weiß, dass bestimmte Standard-Sprechaktbedingungen aufgehoben sind. Was damit gemeint ist, lässt sich am besten anhand eines Beispiels verdeutlichen. Mit einer Behauptung legt sich ein Sprecher normalerweise darauf fest, dass wahr ist, was er sagt.[7] Leser eines fiktionalen literarischen Werkes sollen sich lediglich vorstellen, dass ein Satz wie »Als Gregor Samsa eines Morgens aus unruhigen Träumen erwachte, fand er sich in seinem Bett zu einem ungeheuren Ungeziefer verwandelt« eine Behauptung ist – obwohl sie wissen, dass sie nicht berechtigt sind, Kafka zu unterstellen, er habe sich auf die Wahrheit des ersten Satzes seiner Erzählung *Die Verwandlung* festgelegt. Ähnliches gilt für andere Sprechakttypen: Wenn in einem fiktionalen literarischen Werk ein Fragesatz steht, so soll man sich vorstellen, es handele sich um eine Frage, ohne dass man dem Autor unterstellen dürfte, er stelle die Frage, um ein Wissensdefizit zu beheben usw.

Zweitens soll sich der Leser vorstellen, dass die Sätze des Werkes Beschreibungen wirklicher Sachverhalte darstellen. Das heißt: Wer den zitierten Satz aus *Die Verwandlung* liest, soll sich vorstellen, dass sich Gregor Samsa, als er eines Morgens aus unruhigen Träumen erwachte, in seinem Bett zu einem ungeheuren Ungeziefer verwandelt fand. Der Begriff des Vorstellens ist hier in einem Alltagssinn gemeint. Wir alle wissen, was es heißt, sich vorzustellen, dass morgen die Sonne scheint. Dennoch ist es im Blick auf das Folgende wichtig, verschiedenen Missverständnissen vorzubeugen. Vorstellungen zeichnen sich durch zwei im hier in Rede stehenden Kontext wichtige Eigenschaften aus: Erstens kann man sich den Gehalt eines Satzes völlig unabhängig davon vorstellen, ob man die Proposition für richtig oder falsch hält (oder auch überhaupt keine Meinung in Bezug auf deren Rich-

---

On the Foundations of the Representational Arts, Cambridge (Mass.), London 1990. Ausführlich diskutiert wird der Ansatz von Lamarque, Peter & Olsen, Stein Haugom, *Truth, Fiction, and Literature. A Philosophical Perspective*, Oxford 1994; vgl. auch Gertken, Jan & Köppe, Tilmann, »Fiktionalität«, in: Simone Winko, Fotis Jannidis & Gerhard Lauer (Hgg.), *Grenzen der Literatur. Zu Begriff und Phänomen des Literarischen*, Berlin, New York, 228–266.

7 Zu den Standard-Sprechaktbedingungen von Behauptungen vgl. z. B. Searle, John R., *Speech Acts. An Essay in the Philosophy of Language*, Cambridge 1969.

tigkeit/Falschheit hat). Das Vorstellen ist, mit anderen Worten, »alethically neutral«.⁸ Zweitens kann man sich Gegenstände, Ereignisse usw. aufgrund einer Aufforderung oder Einladung vorstellen: In diesem Sinne sind die Sätze eines fiktionalen literarischen Werkes als Aufforderung/Einladung aufzufassen, sich den Gehalt der Sätze vorzustellen.⁹ Der hier einschlägige Begriff der Vorstellung ist dagegen *freizuhalten* von Folgendem: Erstens sind nicht alle Vorstellungen in irgendeinem Sinne ›bildlich‹ oder ›visuell‹. Wenn ich mir vorstelle, dass Gregor Samsa als Ungeziefer erwacht, habe ich beispielsweise kein bestimmtes Bild vor Augen. Ähnliches gilt, wenn ich mir vorstelle, dass das Außenhandelsvolumen steigt. Zweitens ist die fiktionsbezogene Vorstellungsaktivität nicht notwendig damit verbunden, dass man sich von der Lektüre ›in eine andere Welt versetzt‹ fühlt.¹⁰ Es handelt sich allenfalls um eine typische Begleiterscheinung der Lektüre fiktionaler Literatur, nicht jedoch um eine fiktionalitätskonstitutive. Ich komme auf diesen Punkt noch zurück.

Die institutionelle Theorie der Fiktionalität besagt im Wesentlichen, dass man ein bestimmtes Set regelgeleiteter/konventionalisierter Verhaltensweisen auf Autoren- und Leserseite bestimmen muss, wenn man erklären will, was es mit der Fiktionalität eines literarischen Werkes auf sich hat. Fiktionalität wird demgegenüber *nicht* bestimmt, indem man beispielsweise sagt, fiktionale Literatur zeichne sich durch spezifische stilistische oder rhetorische Eigenschaften aus (›textuelle Ansätze‹), fiktionale Texte handelten von einer spezifischen Klasse von Gegenständen (›ontologische Ansätze‹), sie zeichneten sich durch spezifische semantische Eigenschaften oder Wahrheitswerte (›semantische Ansätze‹) aus, oder fiktionale Literatur beruhe auf spezifischen ›Als ob-‹ bzw. ›Scheinhandlungen‹ (›Scheinhandlungsansätze‹).¹¹ Damit ist nicht gesagt, dass sich die Sätze eines fiktionalen literarischen Werkes nicht durch besondere stilistische oder semantische Eigenschaften auszeichnen könnten, oder dass fiktive Gegenstände nicht einen besonderen

---

[8] Livingston, Paisley, *Art and Intention. A Philosophical Study*, Oxford 2005, 183.
[9] Dass dies etwas Besonderes ist, wird deutlich, wenn man Vorstellungen und Überzeugungen vergleicht. Von Letzteren kann man nicht sinnvoll sagen, sie ließen sich ›auf Kommando‹ erwerben; vgl. ausführlicher Scruton, Roger, *Art and Imagination. A Study in the Philosophy of Mind*, South Bend (Ind.) 1998, 94–95.
[10] Dieses Phänomen wird von der psychologischen Leseforschung manchmal als ›transportation‹ bezeichnet, vgl. z.B. Gerrig, Richard J. & Rapp, David N., »Psychological Processes Underlying Literary Impact«, in: *Poetics Today* 25 (2004), 265–281; vgl. auch Walton, Kendall L., »On the (So-Called) Puzzle of Imaginative Resistance«, in: Nichols, Shaun (Hg.), *The Architecture of the Imagination. New Essays on Pretence, Possibility, and Fiction*, Oxford 2006, 137–148.
[11] Zu diesen Ansätzen vgl. Gertken, Jan & Köppe, Tilmann, »Fiktionalität«, in: Simone Winko, Fotis Jannidis & Gerhard Lauer (Hgg.), *Grenzen der Literatur. Zu Begriff und Phänomen des Literarischen*, Berlin, New York 2009, 228–266.

ontologischen Status haben könnten. Entscheidend ist vielmehr, dass man entsprechende Überlegungen nicht anstellen muss, um zu klären, was es mit der Fiktionalitätsdimension literarischer Werke auf sich hat.[12]

Auf der Basis dieser knappen Bestimmung des Fiktionalitätsbegriffs kann ich mich nunmehr dem Begriff der Metafiktionalität zuwenden. Die eingangs zitierten Definitionsskizzen scheinen in zwei definitorischen Merkmalen im Wesentlichen übereinzukommen: Erstens wird im Falle eines metafiktionalen Textes in irgendeiner Weise auf dessen Fiktionalität Bezug genommen.[13] Zweitens hat diese Bezugnahme bestimmte Funktionen, und zwar insbesondere die der Bewusstmachung der Fiktionalität. Beide Bestimmungen sollten, wie ich nachstehend näher erläutern möchte, als zusammengehörig verstanden werden.

Um das erste Merkmal – die Bezugnahme auf die Fiktionalität des Textes – zu klären, kann man zunächst drei Fragen unterscheiden: (1) *Wer* oder *was* nimmt Bezug? (2) *Worauf* (genau) wird Bezug genommen? (3) *Wie* wird Bezug genommen?

Beginnen wir mit der ersten Frage. Um metaphysischen Spekulationen nach Möglichkeit aus dem Weg zu gehen, möchte ich davon ausgehen, dass es letztlich immer Personen (Autoren, Leserinnen und Leser) sind, die bestimmte Mittel gebrauchen oder zum Anlass nehmen, um auf bestimmte Dinge Bezug zu nehmen. (Dabei kann eine große Rolle spielen, dass ein entsprechender Gebrauch durch Regeln oder Konventionen vorgeschrieben ist.) Es gibt demnach keine geheimnisvolle ›Bezugsrelation‹ beispielsweise zwischen der Tatsache, dass ein Erzähltext drei parallele Anfänge hat, und der Fiktionalität des Textes.[14] Vielmehr hat der Autor die drei Anfänge (möglicherweise) deshalb geschrieben, weil er wollte, dass seine Leser über die Fiktionalität des Textes nachdenken, und die Leser können die drei Anfänge zum Anlass nehmen, eben dies zu tun.[15] Wenn diese Überlegungen richtig sind, so kann man davon ausgehen, dass die in

---

[12] Vielmehr bin ich der Auffassung, dass man bereits wissen muss, was es mit Fiktionalität als einer auf spezifischen Regeln des Umgangs mit sprachlichen Äußerungen beruhenden Eigenschaft literarischer Werke auf sich hat, bevor man sich auf sinnvolle Weise an die Klärung der in Rede stehenden semantischen und ontologischen Probleme machen kann.

[13] Ich gehe im Folgenden der Einfachheit halber davon aus, dass Metafiktionalität eine Eigenschaft von Texten oder Werken (und nicht von Sätzen, Äußerungen usw.) ist. An dieser Vorentscheidung liegt aber nicht viel.

[14] Dieses Beispiel wird diskutiert in Wolf, Werner, »Metafiktion. Formen und Funktionen eines Merkmals postmodernistischen Erzählens. Eine Einführung und ein Beispiel: John Barth, ›Life Story‹«, in: *Literatur in Wissenschaft und Unterricht* 30 (1997), 31–50, hier 33.

[15] Ich möchte offen lassen, ob das Vorliegen von Metafiktionalität immer in irgendeiner Weise von den Intentionen des Autors abhängt, oder ob dies nicht der Fall ist. Ich bemühe mich daher nachstehend um Formulierungen, die in dieser Hinsicht möglichst neutral sind

diesem Zusammenhang gerne gebrauchte Rede von ›Autoreferenzialität‹, ›Selbstreferenzialität‹ oder ›Selbstreflexivität‹ als metaphorisch zu verstehen ist. Wörtlich genommen nehmen Texte nicht auf sich selbst Bezug, sondern ein Text kann zur Bezugnahme auf denselben Text (oder vielmehr auf bestimmte Aspekte desselben Textes) gebraucht resp. in diesem Sinne verstanden werden.[16]

Die zweite Frage (*Worauf* wird Bezug genommen?) ist nicht ganz leicht zu beantworten. Wenn man die oben skizzierte institutionelle Theorie der Fiktionalität ernst nimmt und weiterhin meint, Metafiktionalität zeichne sich durch eine Form der Bezugnahme auf die Fiktionalität eines Textes aus, so läge es nahe anzunehmen, dass Metafiktionalität dann vorliegt, wenn man sich anhand eines Textes veranlasst sieht, über die Regeln/Konventionen nachzudenken, die fiktionalitätskonstitutiv sind. Die zwei wichtigsten Regeln besagen, dass man sich vorstellen soll, fiktionale Sprechakte seien normale Sprechakte (obwohl man weiß, dass bestimmte Sprechaktbedingungen außer Kraft gesetzt sind), und dass man sich vorstellen soll, mit den Sätzen des Werkes würden wirkliche Sachverhalte beschrieben. Die institutionelle Theorie der Fiktionalität sagt, dass kompetente Autoren und Rezipienten fiktionaler Literatur mit diesen Regeln vertraut sind. Ihre Kompetenz zeigt sich eben darin, dass sie gelernt haben, mit Texten einer bestimmten Sorte auf bestimmte (regelkonforme) Weise umzugehen. Ein solcher regelkonformer Umgang bzw. eine solche Kompetenz muss jedoch keinesfalls mit dem Nachdenken über die Regeln/Konventionen einhergehen. (Oft können wir eine Sache schlicht, ohne erklären zu können, was es mit diesem Können auf sich hat.) Insofern ließe sich sagen, dass Metafiktionalität eben dann vorliege, wenn man anhand bestimmter Merkmale des

---

(auch wenn dies nicht immer gelingt). Um zu klären, wie Metafiktionalität und (Autor-) Intentionen zusammenhängen, müsste man vermutlich das Problem der Intentionalität von Anspielungen klären; vgl. dazu Irwin, William, »What Is an Allusion?«, in: *The Journal of Aesthetics and Art Criticism* 59 (2001), 287–297. Wenn Metafiktionalität von Autorintentionen abhängt, so handelt es sich um einen spezifischen Typ des Anspielens.

[16] Ganz im Zeichen des Referierens stehen dagegen Werner Wolfs Charakterisierungen der Metafiktionalität; vgl. Wolf, Werner, »Metaisierung als transgenerisches und transmediales Phänomen. Ein Systematisierungsversuch metareferentieller Formen und Begriffe in Literatur und anderen Medien«, in: Hauthal, Janine u. a. (Hgg.), *Metaisierung in Literatur und anderen Medien. Theoretische Grundlagen – Historische Perspektiven – Metagattungen – Funktionen*, Berlin, New York 2007, 25–64, hier insbes. 31–39. Mir scheint, dass die zahlreichen Formen des Referierens, die unterschieden werden, immer als Ergebnisse mehr oder minder komplexer/plausibler Interpretationen verstanden werden können/müssen. Auf den Seiten 33–34 gehen Wolfs Ausführungen ebenfalls in diese Richtung. Insgesamt scheint er aber der Auffassung zu sein, dass zunächst verschiedene Formen der Referenz *vorliegen*, die dann ihrerseits zum Nachdenken *anregen* (vgl. z. B. ebd., 38–39). Ich bin dagegen der Auffassung, dass man vom Vorliegen von ›Referenz‹ nur im Sinne einer sprachlichen Abkürzung sprechen kann: dann nämlich, wenn nachdenkende Personen Bezüge herstellen.

Textes dazu veranlasst wird, über die Regeln der Fiktionalitätsinstitution nachzudenken (und ihnen nicht lediglich ›blind‹ zu folgen, wie das im Umgang mit ›normalen‹ fiktionalen Texten der Fall ist). Diese Antwort auf die zweite Frage hat jedoch, wie mir scheint, einen bedeutenden Nachteil. Nicht alle Autoren und Leser fiktionaler Literatur sind sich darüber im Klaren, dass Fiktionalität im Wesentlichen eine Sache des regelgeleiteten/konventionalisierten Umgangs mit Texten eines bestimmten Typs ist. Man muss nämlich nicht nur nicht über die Regeln/Konventionen nachdenken, während man ihnen folgt, sondern man kann den Regeln/Konventionen auch folgen, ohne auch nur in der Lage zu sein, sie sich explizit zu vergegenwärtigen. Nicht jeder Leser fiktionaler Literatur kennt die institutionelle *Theorie* der Fiktionalität (und nicht jeder, der diese Theorie kennt, hält sie für richtig). Aus diesem Grund kann man nicht davon ausgehen, dass alle Leser dazu veranlasst werden, über die Regeln/Konventionen der Fiktionalitätsinstitution nachzudenken, wenn sie mit einem metafiktionalen Text konfrontiert werden. Anzunehmen ist vielmehr, dass manche (viele) Leser dazu veranlasst werden, beispielsweise über die ›Erfundenheit‹, ›Scheinhaftigkeit‹, ›Nicht-Wirklichkeit‹ des Dargestellten nachzudenken, oder dass sie die ›Künstlichkeit‹, den ›Als-ob-Spiel-Charakter‹ oder die ›Gemachtheit‹ der Darstellung reflektieren.[17] Ebenso wenig ausgeschlossen ist, dass Leser über die Referenz singulärer Terme nachzudenken beginnen oder über den Wahrheitswert der Sätze des Werkes. – Diese Liste möglicher Gegenstände des Nachdenkens ließe sich sicherlich verlängern. Ich denke daher, man sollte von ›Metafiktionalität‹ dann sprechen, wenn Leser anhand eines Werkes dazu veranlasst werden, über *Aspekte* der Fiktionalität des Werkes nachzudenken. Um welche Aspekte es sich im Einzelfall handelt, ist Sache der Interpretation des jeweiligen Werkes.

Damit wird dem Begriff der Metafiktionalität eine interpretationstheoretische Wendung gegeben. Wer von einem Text sagt, er sei metafiktional, nimmt nicht auf eine (primäre) Eigenschaft des Textes (etwa bestimmte textimmanente Verweisungsrelationen) Bezug, sondern meint vielmehr, *dass sich der Text plausibel im Hinblick auf Aspekte seiner Fiktionalitätsdimension interpretieren lässt*. Eben dies will ich im zweiten Abschnitt dieses Beitrags anhand von Andreas Maiers *Wäldchestag* demonstrieren (und nachstehend weiter präzisieren).

Zunächst muss noch etwas zur dritten Frage (*Wie* wird Bezug genommen?) gesagt werden. Diese Frage lässt sich vermutlich am besten als Frage nach den textuellen Mitteln verstehen, deren Vorliegen Lesern gute Gründe geben, nach einer mit Aspekten der Fiktionalität befassten Interpretation

---

[17] Diese Liste basiert auf den oben zitierten Definitionen von ›Metafiktion‹.

zu suchen. Genauer gesagt, müsste man also fragen: *Wie* werden Leser dazu veranlasst, über die Fiktionalität eines Werkes nachzudenken? Solche Mittel kann es viele geben. Grundsätzlich ist jedes fiktionale literarische Werk mit sogenannten Fiktionssignalen verbunden, die dem Leser einen angemessenen Umgang mit dem Werk anzeigen (erleichtern, ermöglichen).[18] Zu den Fiktionssignalen gehören die offensichtliche Falschheit oder Unwahrscheinlichkeit berichteter Ereignisse, konventionalisierte Formeln (›Es war einmal …‹), Gattungszuordnungen (›Roman‹), extravagante Erzählkonventionen (z. B. drei Anfänge einer Geschichte), Klappentexte usw. Solche Signale können nun einerseits schlicht dazu führen, dass man den Text als fiktionalen zu lesen beginnt. Ich nehme an, dass erst ihre überdurchschnittliche Häufigkeit oder Stärke dazu führen dürfte, dass man sich Gedanken über die Fiktionalitätsdimension des Textes macht.[19] Hinzu kommen können spezifischere Metafiktionalitätssignale, etwa die explizite Thematisierung der Fiktionalität durch Figuren oder Erzähler. Wie bereits im Falle gewöhnlicher Fiktionalitätssignale gilt jedoch auch hier, dass die Liste entsprechender Merkmale unabgeschlossen ist.[20] Es handelt sich um Signale, die eine entsprechende Zugangsweise zum Werk (Fiktionalitätssignale) bzw. eine auf die Fiktionalitätsdimension des Werkes abgestellte Interpretation (Metafiktionalitätssignale) nahe legen.[21]

Das zweite Merkmal der eingangs zitierten Definitionsskizzen, das die Frage der Funktion metafiktionaler Aspekte eines Werkes betrifft, steht in meiner Erläuterung bereits an zentraler Stelle: Ihre Funktion ist, einer Interpretation des fraglichen Werkes eine bestimmte Richtung anzuzei-

---

[18] Fiktionssignale werden eingesetzt, um zu gewährleisten, dass die Einladung/Aufforderung des Autors gelingt, der Text möge gemäß den Regeln/Konventionen der Fiktionalitätsinstitution rezipiert werden. Leser nehmen das Vorliegen der Signale also zum Anlass für einen regelkonformen Umgang mit dem Text. Für eine Typologie entsprechender Signale vgl. Zipfel, Frank, *Fiktion, Fiktivität, Fiktionalität. Analysen zur Fiktion in der Literatur und zum Fiktionsbegriff in der Literaturwissenschaft*, Berlin 2001, Kap. 6.1.

[19] Dabei spielt im Übrigen auch das Vorwissen von Lesern keine kleine Rolle. Ob man einem Text ›Metafiktionalität‹ zuschreibt, dürfte beispielsweise etwas damit zu tun haben, wie gut man mit traditionellen Erzählkonventionen (und mit deren Klassifikation) vertraut ist usw.

[20] Genauer: Erstens können zur Liste der Fiktionalitätssignale immer neue Kandidaten hinzugefügt werden, und es können auch Signale aus der Liste herausfallen; zweitens kann ein bestimmtes Signal, das in einem Text ein Fiktionalitätssignal ist, in einem anderen Text keines sein; drittens sind signalgestützte Fiktionalitätszuordnungen fallibel, d. h. es kann sein, dass man sich im Zuge der Lektüre eines bestimmten Werkes dazu entscheidet, ein zunächst für (k)ein Signal gehaltenes Element neu zu interpretieren.

[21] Ich erwähne am Rande, dass man (wie im Falle der Fiktionalität) auch im Falle der Metafiktionalität zwischen epistemischen und konstitutiven Merkmalen unterscheiden kann; zu dieser Unterscheidung vgl. Gertken, Jan & Köppe, Tilmann, »Fiktionalität«, in: Simone Winko, Fotis Jannidis & Gerhard Lauer (Hgg.), *Grenzen der Literatur. Zu Begriff und Phänomen des Literarischen*, Berlin, New York 2009, 228–266.

gen. Ich glaube, dass sich nicht näher vorherbestimmen lässt, worauf eine solche Interpretation hinausläuft, d. h. welche inhaltlichen Konturen sie im Einzelnen annimmt. Auch dies möchte ich anhand von *Wäldchestag* näher ausführen. Man muss sich von Fall zu Fall ansehen, wie die Metafiktionalität eines spezifischen Werkes realisiert ist und wie sie mit sonstigen Aspekten des Werkes verwoben ist, um zu einer befriedigenden Interpretation zu kommen.[22] Für eher unplausibel halte ich die Auffassung, dass Metafiktionalität (immer oder oft) die Funktion des ›Illusionsbruchs‹ habe.[23] Dafür gibt es vor allem folgende Gründe:

Erstens suggeriert der Ausdruck ›Illusion‹, dass fiktionale Literatur etwas mit Täuschung oder Getäuschtwerden zu tun hat, was nicht der Fall ist. Die Vorstellungsaktivität, die Bestandteil einer angemessenen Rezeptionshaltung gegenüber fiktionaler Literatur ist, hat nichts damit zu tun, dass man über irgendetwas getäuscht würde oder sich über irgendetwas täuschen würde.[24] Folglich gibt es auch kein ›Aufhören‹ einer Täuschung im Falle des ›Illusionsbruchs‹.

Zweitens ist es zumindest missverständlich zu sagen, dass Leser den Fiktionalitätscharakter einer Darstellung erst *erkennen* würden, wenn es zum ›Illusionsbruch‹ kommt. Kompetente Leser fiktionaler Literatur wissen meist von Anfang an (oder rechnen zumindest damit), dass der ihnen vorliegende Text fiktional ist.[25] Wenn man es mit einem metafiktionalen

---

[22] Dabei gilt, dass zu den Gelingensbedingungen einer Interpretation gehören dürfte, dass sie möglichst signifikante (relevante) Aspekte des Werkes berücksichtigen sollte; vgl. z. B. Føllesdal, Dagfinn & Walløe, Lars & Jon Elster, *Rationale Argumentation. Ein Grundkurs in Argumentations- und Wissenschaftstheorie*, deutsche Bearbeitung von Matthias Kaiser & Georg Meggle, Berlin, New York 1988, 114 u. ö.
[23] Vgl. neben den eingangs zitierten Definitionen Hauthal, Janine & Nadj, Julijana & Nünning, Ansgar & Peters, Henning, »Metaisierung in Literatur und anderen Medien. Begriffsklärungen, Typologien, Funktionspotentiale und Forschungsdesiderate«, in: Hauthal, Janine u. a. (Hgg.), *Metaisierung in Literatur und anderen Medien. Theoretische Grundlagen – Historische Perspektiven – Metagattungen – Funktionen*, Berlin, New York 2007, 1–21, hier insbes. 7–9. Genau genommen heißt es: »Zwischen den Polen der Illusionsbrechung und der Illusionsbildung können Metaisierungsverfahren unterschiedlichste Grade der Illusionsbildung bzw. -störung aufweisen.« (ebd., 8) Und weiter: »[A]uch [ist] bei Metaisierungen, die in funktionaler Hinsicht als eine Authentisierungsstrategie zu deuten sind, von einem implizit illusionsstörenden Wirkungspotential auszugehen, da jede Metaisierung, die von einer textlogisch höheren Ebene aus bestimmte Darstellungsverfahren zum Inhalt erhebt, Rezipienten den Konstruktcharakter vor Augen führt.« (ebd., 9) Meine Ausführungen richten sich insbesondere gegen die These der »Illusionsbrechung«, sie betreffen jedoch (in Teilen) auch die These der »Illusionsbildung«.
[24] Vgl. die Diskussion in Carroll, Noël, *The Philosophy of Horror*, New York, London 1990, 63–68. Zur Auseinandersetzung mit dem Illusionsbegriff vgl. auch Sutrop, Margit, *Fiction and Imagination. The Anthropological Function of Literature*, Paderborn 2000, 187–194; Gaut, Berys, »The Philosophy of Movies. Cinematic Narration«, in: Kivy, Peter (Hg.), *The Blackwell Guide to Aesthetics*, Malden (Mass.) u. a. 2004, 230–253.
[25] Das ist besonders augenfällig, wenn man sich andere Medien, insbesondere den Film, ansieht.

Werk zu tun hat und über dessen Fiktionalitätsdimension nachzudenken beginnt, so heißt das nicht, dass man nicht von vornherein um dessen Fiktionalität *wusste* (wenngleich man nicht auf die Idee kam oder es nicht für nötig hielt, darüber nachzudenken). Kompetente Leser wissen sehr genau, dass fiktionale Literatur eine ›interne‹ und eine ›externe‹ Seite hat, und sie vergessen dies nicht während der Lektüre. Entsprechend schreibt Gregory Currie:

> With a written narrative we do not see the characters and their doings in the marked surface of the page. But we do comprehend, in one and the same conscious awareness, the events and characters which are the content of the narrative, and the authorial intelligence which creates and communicates that content. Of anything which happens according to the narrative, we are aware at once of its causal connections to other story events, and of its dependence on the artful, or not so artful, construction of its maker. Our experience of narrative has [...] an internal and an external aspect. Absorption in a narrative finds a harmonious relation between these two things; it does not require the occlusion of the second by the first.[26]

Drittens suggeriert das Konzept des Illusionsbruchs, dass metafiktionale Elemente eines Werkes dazu führen würden, dass die lektüreinduzierte Vorstellungsaktivität von Lesern *aufhörte* oder aufhören müsste/könnte. Das ist jedoch ebenfalls nicht zwingend der Fall. Typischerweise, so möchte ich annehmen, fangen Leser an, über die Fiktionalitätsdimension eines Werkes nachzudenken, *nachdem* sie die fiktionalitätstypische Vorstellungsaktivität durchlaufen haben (d. h. nachdem sie sich vorgestellt haben, die Sätze des betreffenden Werkes seien normale Sprechakte mit denen wirkliche Gegenstände beschrieben werden). Es spricht, um das bereits angeführte Beispiel erneut zu bemühen, nichts dagegen, dass man sich in Bezug auf drei verschiedene Romananfänge vorstellt, dass bestimmte Dinge in der fiktiven Welt des Werkes der Fall sind. (Nämlich: Man stellt sich vor, dass ein Erzähler dreimal neu zu erzählen anfängt.)[27] Es spricht prinzipiell nichts

---

[26] Currie, Gregory, »Both Sides of the Story. Explaining Events in a Narrative«, in: *Philosophical Studies* 135 (2007), 49–63, hier 50.

[27] In der Illusionsterminologie würde man sagen: Man ›springt‹ von der »Geschehensillusion« zur »Erzählillusion« (vgl. Hauthal, Janine & Nadj, Julijana & Nünning, Ansgar & Peters, Henning, »Metaisierung in Literatur und anderen Medien. Begriffsklärungen, Typologien, Funktionspotentiale und Forschungsdesiderate«, in: Hauthal, Janine u. a. (Hgg.), *Metaisierung in Literatur und anderen Medien. Theoretische Grundlagen – Historische Perspektiven – Metagattungen – Funktionen*, Berlin, New York 2007, 1–21, hier 10). Die Illusionsterminologie ist nicht zuletzt insofern missverständlich, als man sich in jedem Fall ein bestimmtes Geschehen als wirklich vorstellt: Man stellt sich eben vor, man habe es mit einem Erzähler zu tun, der drei alternative Erzählanfänge anbietet und kommentiert. Es stimmt dagegen nicht, dass man sich angesichts des genannten Romananfangs nichts vorstellen könnte/müsste/dürfte.

dagegen, dass man den Romananfängen gegenüber eine fiktionalitätstypische Rezeptionshaltung einnimmt. – Natürlich sind drei verschiedene Romananfänge eine ästhetische Besonderheit, und natürlich sollten sie deshalb in einer Interpretation des betreffenden Werkes berücksichtigt werden. Eben dieses Faktum kann jedoch durch die Beschreibung von Metafiktionalität als interpretationstheoretischer Kategorie (und eben nicht als ›lektürepsychologischer‹, die den psychologischen Einstellungsmodus im Verlauf des Lesens betrifft) berücksichtigt werden. – Ich unterscheide also mindestens vier verschiedene Aktivitäten im Umgang (nicht nur) mit Literatur: (1) sich etwas vorstellen (im Sinne von: annehmen, dass bestimmte Dinge in einer fiktiven Welt der Fall sind);[28] (2) etwas wissen; (3) über etwas nachdenken; (4) etwas interpretieren. (4) ist ein literaturbezogener Sonderfall von (3).[29] Während einige Theorien der Metafiktionalität das Phänomen im Bereich von (1) und (2) ansiedeln, bin ich der Auffassung, dass es in den Bereich von (3) und (4) gehört.

Ich fasse zusammen: Der Begriff der Metafiktionalität sollte, wenn meine Überlegungen richtig sind, in einem (schwach) funktionalistischen Sinne bestimmt werden. Ein literarisches Werk ist demnach metafiktional, wenn es sich plausibel in Hinblick auf Aspekte seiner Fiktionalität interpretieren lässt. Das setzt voraus, dass der Text über Eigenschaften/Aspekte verfügt, die eine solche Interpretation nahe legen. Genauer sollte man sagen: Die

---

[28] Eine kurze Bemerkung zur Terminologie: Wenn hier von ›fiktiven‹ Gegenständen die Rede ist, so ist stets gemeint: Dinge, die man sich vorzustellen hat, wenn man ein fiktionales literarisches Werk liest. Der Ausdruck ›fiktiv‹ kann als Abkürzung für eine Aufforderung gelesen werden: ›Stelle dir vor, dass es sich bei dem, was als ›fiktiv‹ charakterisiert wird, um einen wirklichen Gegenstand handelt!‹ Auf der Grundlage der bisherigen Erläuterungen ist es nützlich (und philosophisch harmlos), von fiktiven Gegenständen zu sagen, dass sie Bestandteile *fiktiver Welten* sind. Man soll sich anhand des Werkes vorstellen, es handele sich bei den beschriebenen Gegenständen um wirkliche Gegenstände, die naturgemäß in einer (vorgestellten) wirklichen Welt lokalisiert sind. Nach diesem Muster kann man auch weitere geläufige Unterscheidungen für fiktive Welten übernehmen: So wie in unserer Welt deklarative Sätze *Sachverhalte* bezeichnen und *wahre* Sätze das Bestehen von *Tatsachen* zum Ausdruck bringen, bezeichnen fiktionale Sätze *fiktive Sachverhalte* und bringen *fiktional wahre* Sätze das Bestehen *fiktiver Tatsachen* in einer *fiktiven Welt* zum Ausdruck. Denn auch für fiktive Welten gilt, dass in ihnen manche Dinge der Fall sind und andere nicht. Was in einer fiktiven Welt der Fall ist, ist eine fiktive Tatsache, und wird – wie ich der Kürze halber auch sage – durch eine fiktionale Wahrheit zum Ausdruck gebracht.

[29] Zur hier einschlägigen Unterscheidung von Interpretationen und dem Lesevorgang als solchem vgl. Gregory Curries Charakterisierung: »Interpretation requires some degree of thought rather than the operation of merely subpersonal level processes, as with understanding literal meaning. It requires judgement applied to the object of interpretation, which is lacking in the case where I take your word for it, though taking your word for it may involve judgement applied to you. It requires creativity on the part of the interpreter, which is lacking when I mechanically apply a rule [...].« (Currie, Gregory, »Interpretation in Art«, in: Jerrold Levinson (Hg.), *The Oxford Handbook of Aesthetics*, Oxford 2003, 291–306, hier 291–292.)

einschlägige (fiktionalitätsbezogene) Interpretation ist nur dann fruchtbar, wenn sie relevante Aspekte des Textes unter sich begreift bzw. erklären/verständlich machen kann, was voraussetzt, dass entsprechende Aspekte vorhanden sind. Ich lasse, wie gesagt, offen, ob auch vorausgesetzt ist, dass der Text als metafiktionaler intendiert ist.

Von einem definitionstheoretischen Standpunkt zeichnet sich diese Bestimmung durch folgende Merkmale aus: Sie ist erstens vage, d.h. es gibt neben eindeutigen Fällen metafiktionaler literarischer Werke auch Fälle, in denen nicht entschieden werden kann, ob ein Fall von Metafiktionalität vorliegt oder nicht.[30] Zweitens ist der Begriff der Metafiktionalität graduell, d.h. ein Text kann mehr oder weniger metafiktional sein; verstehen lässt sich das beispielsweise so, dass die Metafiktionalitätsdimension des Textes mehr oder minder zentral/wichtig für dessen Interpretation sein kann.

2 *Wäldchestag*

Ich wende mich damit Andreas Maiers Roman *Wäldchestag* zu.[31] Der Roman ist im Jahr 2000 erschienen und handelt von einer dörflichen Antiidylle, in der mehrere Personen damit befasst sind, das Ableben des Sonderlings Adomeit, die Testamentseröffnung sowie den Wetterauer Dorfalltag sprechend und denkend zu bewältigen. Das erste, was beim Lesen des Romans ins Auge sticht, ist die dominante Verwendung des Konjunktivs. Der Roman beginnt folgendermaßen:

> Es ist, hat Schossau gesagt, als sei allem etwas entzogen worden, wie durch einen chemischen Vorgang, eine Substanz, die *nicht mehr* in den Dingen vorhanden sei, obgleich sie doch eigentlich in ihnen vorhanden sein müßte. Er könne auch überhaupt nicht sagen, wie er auf diesen Gedanken komme. Eine Substanz in den Dingen könne man nämlich nur dann vermissen, wenn sie vormals da gewesen sei, es sei aber, genau betrachtet, nichts in den Dingen nachweisbar, was auf eine vormalige Anwesenheit hindeuten würde. Genau betrachtet sei es das Wort *nicht mehr*, welches subreptiv verfahre. Aber es verfahre nicht subreptiv, es beschreibe lediglich, es beschreibe aber nicht die Dinge, sondern sein Gefühl. *Meine Gedanken legen den Dingen keinerlei Notwendigkeit auf.* Er, Schossau, denke diesen Satz in den letzten Tagen immer wieder. Überhaupt denke er all das eben Angeführte immerfort. Vorhin auf dem Weg hierher habe er auf der Promenade unterhalb der Burg im Gezweig eines Rhododendronstrauchs gestanden und die rosigweißen Blüten

---

[30] Sehr präzise Erläuterungen terminologischer Vagheit finden sich in Wright, Crispin, »On the Characterisation of Borderline Cases«, erscheint in: Gary Ostertag (Hg.), *Meanings and Other Things. Essays on Stephen Schiffer*. Eine *pre-print* Version findet sich unter URL: philosophy.fas.nyu.edu/docs/IO/1187/borderline.pdf [30.07.2009].

[31] Im Folgenden zitiert nach Maier, Andreas, *Wäldchestag. Roman*, Frankfurt a.M. 2000.

betrachtet, und auch dort habe er das ihn erschlagende Gefühl gehabt, es sei diesem Rhododendron etwas entzogen, etwas in ihm fehle, und doch sei nicht der Strauch von diesem Mangel angegriffen, sondern er, Schossau. *Meine Gedanken erlegen den Dingen keinerlei Notwendigkeit auf.* Er habe sich auf die Bank unterhalb des Strauches setzen und für einen Augenblick das Gesicht in seinen Händen bergen müssen. (7)

Die Passage präsentiert die Erlebnisse und Gedanken einer Person, die als »Schossau« namentlich vorgestellt wird. Die knappe Inquitformel sowie der Konjunktiv zeigen an, dass es sich um indirekte Rede handelt.[32] Die Passage verfügt demnach offenbar über mindestens drei implizite Zeitebenen: Schossau hat zunächst bestimmte Gedanken gehabt, dann hat er diese Gedanken jemand anderem berichtet, und dieser jemand gibt Schossaus Bericht in indirekter Rede wieder. Unklar bleibt indessen, wer der Sprecher/Erzähler der zitierten Passage ist, d.h. wer Schossaus Rede wiedergibt.[33] Die deiktische Ortsangabe (»hierher«) wird nicht aufgelöst, sie trägt jedoch zusammen mit der unverbundenen Reihung von Gliedsätzen, der teils kuriosen oder nachlässigen Ausdrucksweise (Wörter ›verfahren subreptiv‹; »nicht mehr« wird als ›ein Wort‹ bezeichnet) sowie der teils offenbar assoziativen Gedankenreihung dazu bei, dass der Eindruck von Mündlichkeit erzeugt wird. Nicht deutlich wird wiederum, ob der Eindruck der Mündlichkeit bereits auf Schossaus *mündlichen* Bericht an den Sprecher/Erzähler zurückgeht, den dieser möglichst genau wiederzugeben bemüht ist, oder ob dieser Eindruck erst auf die Diktion des Sprechers/Erzählers zurückgeht. Anders gesagt: Offen bleibt, ob es zu den spezifischen Rezeptionsregeln dieses Romans gehört, dass man sich vorstellen soll, die indirekte Rede transportiere die Mündlichkeitsmerkmale der Diktion Schossaus, oder ob man sich vorstellen soll, man habe es mit der mündlichen Rede eines Sprechers/Erzählers zu tun.[34]

---

[32] »Der wichtigste Funktionsbereich des Konjunktivs ist die indirekte Rede. Zählungen bestätigen, dass hier der Konjunktiv am häufigsten auftritt« (*Duden. Grammatik der deutschen Gegenwartssprache*, 6. Aufl., Mannheim u.a.O. 1998, 164, [§ 293]).

[33] Unklar bleiben noch weitere Dinge: Weshalb wird Schossau gleich dreimal namentlich vorgestellt? – Man kann hier ebenso annehmen, dass der Sprecher eine Marotte Schossaus möglichst genau wiederzugeben bemüht ist, wie man annehmen kann, dass der Sprecher durch wiederholte Appositionen sicherstellen möchte, dass seine Zuhörerschaft nicht durcheinandergerät. Letzteres wäre merkwürdig, weil es sich um den Romananfang handelt und keine weitere Person eingeführt wurde, die man mit Schossau verwechseln könnte. Dank dieser Tatsache erhält der Romananfang etwas Abruptes: Es handelt sich um ein Einsetzen des Redens ohne erkennbare expositorische Erläuterungen. Der Roman beginnt sozusagen an beliebiger Stelle: Man nimmt plötzlich an einem Redestrom teil, der gleichförmig und ohne erkennbares Ziel dahinfließt. Verstärkt wird dieser Eindruck dadurch, dass das Druckbild über keine gliedernden Absätze verfügt.

[34] Zur Unterscheidung von fiktionsbezogenen Regeln unterschiedlicher Allgemeinheitsgrade vgl. Walton, Kendall L., *Mimesis as Make-Believe. On the Foundations of the Representational Arts*, Cambridge (Mass.), London 1990, insbes. 52.

Wäldchestag ist – mit Ausnahme weniger Einzelsätze – durchgängig im Konjunktiv geschrieben. Diese *discourse*-Eigenschaft lässt sich, wie bereits angedeutet, auf die *story*-Ebene übertragen, indem man sich vorstellt, man habe es mit einem Erzähler zu tun, der über die Ereignisse in der Wetterau berichtet, indem er in indirekter Rede wiedergibt, was andere ihm zu Gehör gebracht haben. Jedenfalls ist die Verwendung der indirekten Rede so dominant, dass sie erklärt werden will und folglich in Interpretationen des Romans vorkommen sollte. Man kann sie, wie ich vorschlagen möchte, als Metafiktionalität signalisierend auffassen. Im Folgenden möchte ich skizzieren, wie eine entsprechende Interpretation aussehen könnte.

Zum einen könnte die indirekte Rede als *Zuverlässigkeitsmarker* verstanden werden. In dieser Rolle kennen wir sie beispielsweise aus Nachrichtensendungen, wo deutlich gemacht werden soll, dass im Zuge des Berichts die Rede einer anderen Person wiedergegeben wird. Wird in indirekter Rede gesprochen, so wird mindestens dreierlei versucht oder geleistet: Der Berichtsmodus wird nicht verlassen, die sprechende Person macht deutlich, dass sie nicht ihre eigene Meinung wiedergibt, und schließlich wird der Wortlaut der wiedergegebenen Rede möglichst genau (oft unter Verwendung der originalen Wörter, wenngleich im Modus des Konjunktivs) präsentiert. Letzteres unterscheidet die indirekte Rede beispielsweise von einer Zusammenfassung des Gesagten in direkter Rede, dem Redebericht. Die indirekte Rede des Sprechers/Erzählers ließe sich damit auffassen als Versuch, einen möglichst unparteiischen, kommentarfreien und wortgetreuen Bericht der Geschehnisse zu realisieren. Der Sprecher/Erzähler sagt gleichsam: ›So habe ich es selbst gehört‹, ohne zugleich die Berichtform zu unterbrechen.

Zum anderen kann die indirekte Rede jedoch auch als *Unzuverlässigkeitsmarker* verstanden werden. Für diese Hypothese, die mir im vorliegenden Fall plausibler zu sein scheint, können verschiedene Überlegungen geltend gemacht werden. Erstens kann man allgemeine narratologische Erwägungen zur transponierten Figurenrede anführen. So heißt es in der *Einführung in die Erzähltheorie* von Martínez/Scheffel:

> In der indirekten Rede [...] kann im Prinzip alles Gesagte dargestellt werden, es fehlt jedoch die Wörtlichkeit, d. h. wir wissen in diesem Fall nicht, wie die ›wirklich‹ gesprochenen Worte der Figur lauten. Dadurch, daß eine narrative Instanz hier die Rede eines anderen in die eigene Rede integriert, geht der individuelle Stil der Figurenrede [...] verloren.[35]

Dass die indirekte Rede hier eher mit einem Moment von Unsicherheit verbunden wird, liegt wohl daran, dass sie mit der *direkten* Figurenrede

---

[35] Martínez, Matías & Scheffel, Michael, *Einführung in die Erzähltheorie*, München 1999 52.

verglichen wird (und nicht mehr, wie im Falle der ersten Interpretationshypothese, mit dem Redebericht). Zweitens passt die Unzuverlässigkeitshypothese gut in eine weitergehende, integrative Interpretation des Romans.[36] Der Roman führt vor Augen, wie im Raum der dörflichen Gemeinschaft ein Gerücht nach dem anderen über den verstorbenen Adomeit entsteht, weitergesponnen und verworfen wird. Adomeit selbst tritt dagegen nicht auf, und es gibt auch keine autoritative Erzählerinstanz, anhand deren sich entscheiden ließe, was stimmt und was nicht. Vielmehr wird die Unsicherheit über das tatsächliche Geschehen des Öfteren thematisiert. So heißt es unmittelbar anschließend an die oben zitierte Passage:

> Er habe jetzt ganz klar gesehen, daß alle diese Wetterauer wahnsinnig seien. Allerdings drehe er neuerdings auch durch. Er könne gar nicht mehr sagen, was von dieser ganzen Geschichte tatsächlich passiert sei, was ihm bloß erzählt wurde oder was er möglicherweise im Verlauf des dauernden Nachdenkens ergänzt oder erfunden habe. Es habe nicht mehr aufgehört zu reden in ihm. Alles habe durcheinander geredet. (7–8)

Die zahlreichen Vermittlungsstufen der indirekten Rede, die bereits auf den ersten Seite des Romans identifizierbar sind – jemand erlebt etwas, versucht es sich verständlich zu machen, teilt es jemand anderem mit, der es dann in der indirekten Rede wiedergibt –, werden hier noch weiter verkompliziert, da Schossau einräumt, möglicherweise selbst kein zuverlässiger Interpret der Ereignisse zu sein. Nicht nur der Sprecher/Erzähler der Passage, sondern auch derjenige, dessen Rede er wiedergibt, ist kein zuverlässiger Informant: Schossau fühlt sich offensichtlich durch das viele Reden durcheinandergebracht, seine Wahrnehmungsfähigkeit ist getrübt. Das, was er wirklich erlebt hat, lässt sich nicht mehr recht trennen von dem, was er bloß gehört hat. Die Authentizität des ›Ich habe es selbst erlebt‹ wird damit hinfällig.[37] An anderer Stelle reagiert Schossau folgendermaßen auf Munks Rekonstruktion der Ereignisse um Adomeit:

> Woher er das denn alles so genau wisse, habe Schossau gefragt und habe sich währenddessen gedacht, daß es sich bei diesem Munk um einen unangenehmen Charakter handle, einen dieser Dorfmenschen, die auf eine an Zauberei gren-

---

[36] Zum Kriterium der Integrativität von Interpretationshypothesen vgl. Strube, Werner, »Über Kriterien der Beurteilung von Textinterpretationen«, in: Danneberg Lutz & Friedrich Vollhardt (Hgg.), *Vom Umgang mit Literatur und Literaturgeschichte*, Stuttgart 1992, 185–209.

[37] Eine leichte Inkonsistenz deutet sich überdies an, wenn Schossau berichtet, einerseits »ganz klar« zu sehen und andererseits ›durchzudrehen‹. Man kann dies so deuten, dass die Unzuverlässigkeit seines Berichts nicht nur (in diesem Bericht) *thematisiert*, sondern darüber hinaus (durch die Inkonsistenz) auch *präsentiert* wird; vgl. zu dieser Unterscheidung z.B. Winko, Simone, »Über Regeln emotionaler Bedeutung in und von literarischen Texten«, in: Fotis Jannidis u.a. (Hgg.), *Regeln der Bedeutung*, Berlin, New York 2003, 329–348.

zende Weise immer sehr schnell über alles Bescheid wüßten. Freilich wüßten sie vornehmlich über gar nicht nachprüfbare Dinge Bescheid, daher könne man nie sagen, ob man den Worten Munks überhaupt trauen kann oder ob er das nicht alles einfach nur erfinde und sich mit seinen Bekannten und Stammtischkollegen über eine sehr kurze Zeit so zurechtgeredet habe. (17)

Die Zuverlässigkeit von Munks *testimonium* wird hier explizit infrage gestellt. Unglücklicherweise, so kann man vielleicht sagen, erstreckt sich dieser Zweifel nicht nur auf Munk, sondern auch auf Schossau, denn auch er ist einer »dieser Dorfmenschen«, die sich die Dinge ›zurechtreden‹.

Die zitierten *story*- und *discourse*-Elemente – es ließen sich ihnen zahlreiche weitere an die Seite stellen – haben gemeinsam, dass sie zum Nachdenken über die Frage anregen, was denn eigentlich wahr ist in der fiktiven Welt des Romans. Tritt man noch einen Schritt zurück, so entwirft die fiktive dörfliche Anti-Idylle ein Bild der Gesellschaft, in der auf recht unverantwortliche Weise vermeintliche Wirklichkeiten konstruiert werden, ohne dass jemand von sich behaupten könnte, der Wahrheit nahe genug zu kommen.[38] Auch diese Interpretation ließe sich noch ›ausweiten‹, indem man davon spricht, anhand von *Wäldchestag* ließen sich die Möglichkeiten der Erkenntnis von Wirklichkeit grundsätzlich in Frage stellen. Stützen ließe sich diese Hypothese durch einen Analogieschluss: So wie man als Leser keinen unvermittelten (direkten, ›informationskonservierenden‹) Zugang zur fiktiven Wirklichkeit hat, hat man grundsätzlich keinen unvermittelten Zugang zur Wirklichkeit.[39]

Entscheidend ist, dass die Struktur des Romans Anlass zu einigem Nachdenken über fiktionalitätsbezogene Sachverhalte gibt: Man fragt sich,

---

[38] In dieser Richtung hat sich Andreas Maier in einem Gespräch mit Hubert Winkels geäußert: »Ich war dann ganz glücklich über Kritiken, die sagen, dass halt aus dieser vermeindlichen [sic] Regionalidylle ein Bild der Gesellschaft, und zwar der deutschen Gesellschaft, entsteht, die überall diese sprachlichen Redundanzmechanismen und diese sprachliche Verlogenheit, immer hintertragen von Information, von Person A an Person B hat [...] Ich sage dazu immer, was da beschrieben wird, ist genauso gut auch der Deutsche Bundestag.« (Zitiert nach URL: http://www1.swr.de/bestenliste/archiv/2001/01/beitrag9.html [20.10.2007]) Ulrich Greiner, der seine Kritik des Buches witzigerweise im Konjunktiv geschrieben hat, bemerkt, dass einem »binnen kurzem der Kopf schwirre, weil es vollkommen unklar sei, wer eigentlich was erzähle und wo eigentlich die reale Basis des Erzählten zu finden wäre. Zu dieser Verwirrung [...] trage der [...] Konjunktiv [...] nicht wenig bei, sodass es kaum möglich sei, der von diesem Andreas Maier hingezauberten und -gefaselten Geschichte im Indikativ gerecht zu werden.« (Greiner, Ulrich, »Vom Großen Hörensagen«, in: *Die Zeit* 43/2000. Zitiert nach URL: http://images.zeit.de/text/2000/43/200043_l-maier.xml [30.07.2009]).

[39] Solche Analogieschlüsse sind in Interpretationen nichts Ungewöhnliches. Jonathan Culler bestimmt die »primary convention« eines ›strukturalistischen‹ Umgangs mit Dichtung wie folgt: »[R]ead the poem as expressing a significant attitude to some problem concerning man and/or his relation to the universe.« (Culler, Jonathan, *Structuralist Poetics. Structuralism, Linguistics and the Study of Literature*, London 1975, 115.)

welche der in indirekter Rede vorgetragenen Behauptungen fiktional wahr sind bzw. fiktive Tatsachen identifizieren. Die Unsicherheit über die tatsächlichen (also tatsächlich vorzustellenden) Konturen der fiktiven Welt ist ein recht drängendes Problem, dem man sich, wie ich annehmen möchte, nur schwerlich entziehen kann und das Anlass zu einer fiktionalitätsbezogenen Interpretation des Romans gibt. *Wäldchestag* erfüllt damit die oben abgesteckten Bedingungen eines metafiktionalen Romans. Es dürfte sich sogar um einen besonders klaren Fall handeln, weil eine Interpretation, die die Frage nach den Konturen der fiktiven Welt in den Mittelpunkt stellt, mehrere und offensichtlich zentrale Aspekte der *story-* und *discourse*-Ebene berücksichtigt und einheitlich erklärt.

Zumindest angedeutet habe ich ferner, dass eine solche Interpretation dazu einlädt, die fiktionalitätsbezogenen Überlegungen, zu denen der Roman Anlass gibt, ihrerseits zu interpretieren. Man kommt dann zu weitergehenden Deutungen, zu deren Stützung Überlegungen zur Metafiktionalität herangezogen werden können. Diese Tatsache (wenn es eine ist) lässt einen interessanten Schluss auf die Logik der Zuschreibung von Metafiktionalität zu. Aussagen zur Metafiktionalität eines literarischen Werkes nehmen eine Mittelposition in einer hierarchisierten Ordnung von Interpretationshypothesen ein: Sie werden einerseits ›von unten‹ durch textnahe Beobachtungen gestützt (hier: durch die genannten Befunde auf *story-* und *discourse*-Ebene); andererseits werden sie ›von oben‹ gestützt, indem nachgewiesen wird, dass sie Bestandteil einer integrativen (Gesamt-)Deutung des betreffenden Werkes sind.[40]

Literaturverzeichnis

Primärliteratur

Maier, Andreas, *Wäldchestag. Roman*, Frankfurt a. M. 2000.

Sekundärliteratur

Carroll, Noël, *The Philosophy of Horror*, New York, London 1990, 63–68.
Culler, Jonathan, *Structuralist Poetics. Structuralism, Linguistics and the Study of Literature*, London 1975.
Currie, Gregory, *The Nature of Fiction*, Cambridge 1990.
Currie, Gregory, »Interpretation in Art«, in: Jerrold Levinson (Hg.), *The Oxford Handbook of Aesthetics*, Oxford 2003, 291–306.

---

[40] Zur Idee einer Hierarchisierung von Interpretationshypothesen vgl. Strube, Werner, »Über Kriterien der Beurteilung von Textinterpretationen«, in: Lutz Danneberg & Friedrich Vollhardt (Hgg.), *Vom Umgang mit Literatur und Literaturgeschichte*, Stuttgart 1992, 185–209.

Currie, Gregory, »Both Sides of the Story. Explaining Events in a Narrative«, in: *Philosophical Studies* 135 (2007), 49–63.
Duden. *Grammatik der deutschen Gegenwartssprache*, 6. Aufl., Mannheim u. a. O. 1998.
Fludernik, Monika, *Einführung in die Erzähltheorie*, Darmstadt 2006.
Frank, Dirk, *Narrative Gedankenspiele. Der metafiktionale Roman zwischen Modernismus und Postmodernismus*, Wiesbaden 2001.
Føllesdal, Dagfinn & Walløe, Lars & Jon Elster, *Rationale Argumentation. Ein Grundkurs in Argumentations- und Wissenschaftstheorie*, deutsche Bearbeitung von Matthias Kaiser & Georg Meggle, Berlin, New York 1988.
Fricke, Harald, »Potenzierung«, in: Müller, Jan-Dirk u. a. (Hgg.), *Reallexikon der deutschen Literaturwissenschaft*, Bd. 3, Berlin, New York 2003, 144–147.
Gaut, Berys, »The Philosophy of Movies. Cinematic Narration«, in: Kivy, Peter (Hg.), *The Blackwell Guide to Aesthetics*, Malden (Mass.) u. a. 2004, 230–253.
Gerrig, Richard J. & Rapp, David N., »Psychological Processes Underlying Literary Impact«, in: *Poetics Today* 25 (2004), 265–281.
Gertken, Jan & Köppe, Tilmann, »Fiktionalität«, in: Simone Winko, Fotis Jannidis & Gerhard Lauer (Hgg.), *Grenzen der Literatur. Zu Begriff und Phänomen des Literarischen*, Berlin, New York 2009, 228–266.
Greiner, Ulrich, »Vom Großen Hörensagen«, in: *Die Zeit* 43/2000. Zitiert nach: http://images.zeit.de/text/2000/43/200043_l-maier.xml [30.07.2009].
Hauthal, Janine & Nadj, Julijana & Nünning, Ansgar & Peters, Henning, »Metaisierung in Literatur und anderen Medien. Begriffsklärungen, Typologien, Funktionspotentiale und Forschungsdesiderate« in: Hauthal, Janine u. a. (Hgg.), *Metaisierung in Literatur und anderen Medien. Theoretische Grundlagen – Historische Perspektiven – Metagattungen – Funktionen*, Berlin, New York 2007, 1–21.
Irwin, William, »What Is an Allusion?«, in: *The Journal of Aesthetics and Art Criticism* 59 (2001), 287–297.
Lamarque, Peter & Olsen, Stein Haugom, *Truth, Fiction, and Literature. A Philosophical Perspective*, Oxford 1994.
Livingston, Paisley, *Art and Intention. A Philosophical Study*, Oxford 2005.
Martínez, Matías & Scheffel, Michael, *Einführung in die Erzähltheorie*, München 1999.
Nünning, Ansgar, *Von historischer Fiktion zu historiographischer Metafiktion. Theorie, Typologie und Poetik des historischen Romans*, Bd. 1, Trier 1995.
O'Donnell, Patrick, »Metafiction«, in: David Herman, Manfred Jahn & Marie-Laure Ryan (Hgg.), *Routledge Encyclopedia of Narrative Theory*, London, New York 2005, 301–302.
Scruton, Roger, *Art and Imagination. A Study in the Philosophy of Mind*, South Bend (Ind.) 1998.
Searle, John R., *Speech Acts. An Essay in the Philosophy of Language*, Cambridge 1969.
Searle, John R., »The Logical Status of Fictional Discourse«, in: *New Literary History* 6 (1974/75), 319–332.
Spörl, Uwe, »Metafiktion«, in: Dieter Burdorf, Christoph Fasbender & Burkhard Moennighoff (Hgg.), *Metzler Lexikon Literatur*, 3. Aufl. Stuttgart, Weimar 2007, 493–494.
Sprenger, Mirjam, *Modernes Erzählen. Metafiktion im deutschsprachigen Roman der Gegenwart*, Stuttgart, Weimar 1999.
Strube, Werner, »Über Kriterien der Beurteilung von Textinterpretationen«, in: Lutz Danneberg & Friedrich Vollhardt (Hgg.), *Vom Umgang mit Literatur und Literaturgeschichte*, Stuttgart 1992, 185–209.
Sutrop, Margit, *Fiction and Imagination. The Anthropological Function of Literature*, Paderborn 2000, 187–194.
Walton, Kendall L., *Mimesis as Make-Believe. On the Foundations of the Representational Arts*, Cambridge (Mass.), London 1990.
Walton, Kendall L., »On the (So-Called) Puzzle of Imaginative Resistance«, in: Nichols, Shaun (Hg.), *The Architecture of the Imagination. New Essays on Pretence, Possibility, and Fiction*, Oxford 2006, 137–148.
Winko, Simone, »Über Regeln emotionaler Bedeutung in und von literarischen Texten«, in: Fotis Jannidis u. a. (Hgg.), *Regeln der Bedeutung*, Berlin, New York 2003, 329–348.
Wolf, Werner, »Metafiktion. Formen und Funktionen eines Merkmals postmodernistischen Erzählens. Eine Einführung und ein Beispiel: John Barth, ›Life Story‹«, in: *Literatur in Wissenschaft und Unterricht* 30 (1997), 31–50.

Wolf, Werner, »Metafiktion«, in: Ansgar Nünning (Hg.), *Metzler Lexikon Literatur- und Kulturtheorie. Ansätze – Personen – Grundbegriffe*, 3. Auflage, Stuttgart, Weimar 2004, 447–448.

Wolf, Werner, »Metaisierung als transgenerisches und transmediales Phänomen. Ein Systematisierungsversuch metareferentieller Formen und Begriffe in Literatur und anderen Medien«, in: Hauthal, Janine u. a. (Hgg.), *Metaisierung in Literatur und anderen Medien. Theoretische Grundlagen – Historische Perspektiven – Metagattungen – Funktionen*, Berlin, New York 2007, 25–64.

Wright, Crispin, »On the Characterisation of Borderline Cases«, erscheint in: Gary Ostertag (Hg.), *Meanings and Other Things. Essays on Stephen Schiffer*. Zitiert nach: philosophy.fas.nyu.edu/docs/IO/1187/borderline.pdf [30.07.2009].

Zipfel, Frank, *Fiktion, Fiktivität, Fiktionalität. Analysen zur Fiktion in der Literatur und zum Fiktionsbegriff in der Literaturwissenschaft*, Berlin 2001.

Metafiktion als Metaskription in *Kindheitsmuster* von Christa Wolf

KLAUS SCHENK

1 Vorbemerkung

Einer der paradigmatischen Texte für Metafiktion ist ohne Frage *Kindheitsmuster* von Christa Wolf. Bis zur Zerstörung des Erzählgewebes werden selbstreflexive Techniken des Schreibens inszeniert, die eine Gratwanderung zwischen Faktizität und Fiktionalität beschreiten. In der Schreibweise von *Kindheitsmuster* wird ein imaginäres Potential freigesetzt, wie es wesentlich von der metafiktionalen Konstruktion des Textes geprägt ist. Aus der zeitlichen Distanz heraus lässt sich erneut nach den ästhetisch-literarischen wie auch nach den spezifischen historisch-politischen Funktionen der metafiktionalen Schreibweise von Christa Wolf fragen. Einerseits können dabei zentrale Fragestellungen des autobiographischen Schreibens einer *Neuen Subjektivität* aufgegriffen werden, wie z.B. die Entfremdungssituation der Erinnerungsinstanzen. Andererseits soll aber ebenso diskutiert werden, wie sich die metafiktionale Schreibweise des Textes zum ästhetischen Paradigma der Spätmoderne bzw. Postmoderne verhält.

2 Metafiktion als Metaskription

In literaturtheoretischer Hinsicht werden Formen der literarischen Selbstreflexion zumeist in der Polarität zwischen Fiktivem und Realem modelliert.[1] Zur Bestimmung literarischer Selbstreflexivität ist von verschiedenen Seiten der Begriff *Metafiktion* vorgeschlagen worden, der im deutschen Kontext häufig als *Erzählen über das Erzählen* charakterisiert wird.[2] Die Tradition der Metafiktion ist dabei so alt wie die Tradition des europäischen Romans, zählen doch schon Cervantes und Sterne zu den prominentesten

---

[1] Vgl. Scheffel, Michael, *Formen des selbstreflexiven Erzählens. Eine Typologie und sechs exemplarische Analysen*, Tübingen 1997, 34.
[2] Vgl. Sprenger, Mirjam, *Modernes Erzählen. Metafiktion im deutschsprachigen Roman der Gegenwart*, Stuttgart, Weimar 1999; Vgl. auch Setzkorn, Sylvia, *Vom Erzählen erzählen. Metafiktion im französischen und italienischen Roman der Gegenwart*, Tübingen 2000, 49–51.

Metafiktionalisten. Zur Selbstreflexivität als metafiktionale Einlagerung von Texten in Texten bei Cervantes' *Don Quijote* wurde bemerkt: »It is the beginning of the compositional principle of *regressus ad infinitum* that can be seen to be informing the structure as well as the thematic preoccupations of metafiction and the *conditio sine qua non* for self-reflexiveness.«[3] Besonders die ambivalente Zeichenstruktur des modernen Romans lässt sich von seiner selbstreflexiven Prozessualität nicht trennen, vielmehr werden beide bedingt durch die Inszenierung seiner Diskursiviät in der Buchform.

Allerdings sind auch deutliche Gegenstimmen zur metafiktionalen Erzähltechnik der Moderne vernehmbar, wie etwa in folgender Bemerkung des Autors Uwe Timm: »Diese Forderung der sechziger Jahre, man müsse das Erzählen erzählen, hat das Erzählen regelrecht kastriert.«[4] Vor allem in der Postmoderne wird ein *Neues Erzählen* zur gängigen literarischen Praxis.

Um eine statische Selbstbezüglichkeit zu vermeiden, lässt sich mit Patricia Waugh darauf hinweisen, dass Metafiktionen eine gegenläufige Dynamik hervorbringen, die sich als Ambivalenz in der Erzählweise zeigt:

> As I have argued, metafiction is not so much a sub-genre of the novel as a tendency *within* the novel which operates through exaggeration of the tensions and oppositions inherent in all novels: of frame and frame-break, of technique and counter-technique, of construction and deconstruction of illusion.[5]

Metafiktionen entwickeln Gegenläufigkeiten, die sich im Sinne Paul de Mans als Wechselspiel von Figuration und Defiguration umreißen lassen.[6] Die Fiktion wird so auf ihre Möglichkeitsbedingungen hin transparent. Wenig wahrgenommen wurde in der Theorie der Metafiktion bisher allerdings, dass sich die Erzählweise mit einer Schreibebene verbinden kann. In moderner Literatur gestaltet sich diese metafiktionale Reflexion als ein *Schreiben über das Schreiben*, das bis zur Sinnentleerung in *Seltsame Schleifen*[7] führen kann. Erst im Zwischenbereich des Imaginären wird eine defigurative Prozessualität ersichtlich, die sich am Schreiben orientiert. Im Raum des Imaginären können Schreibinszenierungen indiziert werden, die nicht mehr mit dem *Erzählen* zusammenfallen. So können

---

[3] Imhof, Rüdiger, *Contemporary Metafiction*, Heidelberg 1986, 81.
[4] Vgl. Timm, Uwe, *Erzählen und kein Ende*, Köln 1993, 115.
[5] Waugh, Patricia, *Metafiction. The Theory and Practice of Self-Conscious Fiction*, London, New York 1984, 14.
[6] De Man, Paul, »Semiologie und Rhetorik«, in: Ders., *Allegorien des Lesens*, Frankfurt a. M. 1988, 31–51.
[7] Vgl. Hofstadter, Douglas R., *Gödel, Escher, Bach, ein Endloses Geflochtenes Band*, übers. von Philipp Wolff-Windegg und Hermann Feuersee, 8. Aufl., Stuttgart 1986, 736.

Schreibgeschichten, Schreiborte, Schreibmaterialien, Schreibprozesse etc. in das Feld der Schreibweise hineinreichen, ohne freilich je als substantielle Praxis fassbar zu sein. Im Wechselspiel zwischen der literalen und der figurativen Bedeutung des Schreibens bilden sich Gegenläufigkeiten heraus, die sich gegen andere Textebenen ausspielen. Auf einer weiteren Stufe der De-Referenzialisierung lassen sich diese metafiktionalen Momente nur noch als Inszenierungen fassen, die sich im Text ausstreuen, ohne dass sie zu Erzähleinheiten oder Erzählinstanzen gebündelt werden könnten. Für diese Schreibinszenierungen soll hier der Arbeitsbegriff einer *Metaskription* vorgeschlagen werden. Diese Begriffswahl soll in Anlehnung an das Konzept der Metafiktion Inszenierungen im Text beschreiben, die sich nicht allein aus dem Fiktionsparadigma der Narratologie ableiten lassen und ebenso wenig einem vorgängigen Sinnanspruch verpflichtet sind. Vielmehr umfasst der Arbeitsbegriff der *Metaskription* Formen der imaginären Einschreibung, die mit dem Schriftstatus des Textes korrespondieren. Ihre Spannbreite reicht von Graphismen bis hin zu fingierten Schreibspuren, die den repräsentationslogischen Raum der Narration durch die Differenzialität ihrer medialen Inszenierungen durchkreuzen.

3 Christa Wolfs Schreib-Muster der Erinnerung

Auf eindringliche Weise markiert das von Christa Wolf 1976 veröffentlichte Buch *Kindheitsmuster*[8] die imaginäre Zwischenlage des autobiographischen Schreibens in den siebziger Jahren.[9] Wurde der Text zunächst im Aufbau-Verlag ohne Gattungsbezeichnung veröffentlicht,[10] so erhielt er in der westdeutschen Buchausgabe die Gattungszuordnung *Roman*. Offensichtlich kommt der ›autobiographische Pakt‹[11] zwischen Autoren- Erzähler- und Protagonisten-*Ich* nicht zustande, was nach Philippe Lejeune als Differenzkriterium zwischen Autobiographie und Roman gilt. Allerdings ist der Grenzgang zwischen Faktizität und Fiktion im Text ebenso von einem Schreiben geprägt, dessen Gestus er imaginiert. Einerseits muss die Schreibweise von *Kindheitsmuster* im Grenzbereich des Imaginären

---

[8] Zitiert wird fortlaufend im Text nach der Ausgabe: Wolf, Christa, *Kindheitsmuster*, München, 5. Aufl. 2000.
[9] Vgl. Frieden, Sandra, »›Falls es strafbar ist, Grenzen zu verwischen‹: Autobiographie, Biographie und Christa Wolf«, in: Angela Drescher (Hg.), *Christa Wolf. Ein Arbeitsbuch. Studien – Dokumente – Bibliographie*. Berlin, Weimar 1989, 121–139.
[10] In der ursprünglichen Veröffentlichung des Aufbau-Verlages wurde der Text noch nicht als Roman geführt, vgl. Wolf, Christa, *Kindheitsmuster*, Berlin, Weimar 1976.
[11] Lejeune, Philippe, *Der autobiographische Pakt*, übers. von Wolfram Bayer und Dieter Hornig, Frankfurt a. M. 1994, 27.

verortet werden, wie ihn Wolfgang Iser entworfen hatte.[12] Andererseits zeichnet sich im Text auch eine tropologische Lesart ab, die mit de Man als figuratives Maskenspiel bezeichnet werden kann.[13] Dieser doppelten Ambivalenz in der Schreibweise von *Kindheitsmuster* konnte weder in der Literaturkritik noch in der Forschung angemessen begegnet werden. Wenn z. B. Hans Mayer unter der Überschrift *Der Mut zur Unaufrichtigkeit* 1977 im *Spiegel* die Schreibweise des Textes als »Erinnern mit beschränkter Haftung«[14] bezeichnete, forderte er auf der faktischen Ebene des Textes, was seine imaginäre Konzeption nicht einzulösen vermag. Aus der historisch-politischen Perspektive lässt sich zwar Christa Wolfs Scheu bemängeln, »sich mit stalinistischen Strukturen und Charakterprägungen ähnlich auseinanderzusetzen, wie sie ihre kindlichen Prägungen im Faschismus aufgearbeitet hatte«.[15] Dieser Anspruch wird aber der ästhetischen Konzeption des Textes nicht gerecht, wenn die zentrale Auseinandersetzung mit einer imaginären Kindheitsfigur auf der Unzuverlässigkeit der Erinnerung basiert. Zudem ist Mayers Vorwurf nur halb begründet, da der Text in Traum- und Dialogszenen die stalinistische Ära durchaus aufscheinen lässt.[16] Die figurative Maske des Textes zeigt und verbirgt daher ebenso historisch-politische Fakten wie sie eine Metafiktionalität ermöglicht, die sich der trügerischen Ambivalenz der Erinnerung nicht entzieht. Die Erinnerung erscheint als »Betrugssystem«, wenn die Erzählerin mitteilt:

> [...] wurde dir klar, daß du die Erinnerung, dieses Betrugssystem, zu fürchten, daß du, indem du sie scheinbar vorzeigst, in Wirklichkeit gegen sie anzugehen hast. Die Nachrichtensperre ist noch nicht aufgehoben. Was die Zensur passiert, sind Präparate, Einschlüsse, Fossilien mit einem furchtbaren Mangel an Eigentümlichkeit. Fertigteile, deren Herstellungsprozeß – an dem du, wie du nicht leugnen wirst, beteiligt bist – zur Sprache gebracht werden muß. (197)

Die Schreibweise von *Kindheitsmuster* durchläuft die Ambivalenz von Zeichen und Trugbildern der Erinnerung. Aus dieser Perspektive deutet sich bei Wolf bereits eine postmoderne Lösung der Sprach- und Medienproblematik autobiographischen Schreibens an. *Kindheitsmuster* entzieht sich Funkti-

---

[12] Iser, Wolfgang, *Das Fiktive und das Imaginäre. Perspektiven literarischer Anthropologie*, Frankfurt a. M. 1991.
[13] De Man, Paul, »Autobiographie als Maskenspiel«, in: Ders., *Die Ideologie des Ästhetischen*, hg. von Christoph Menke, übers. von Jürgen Blasius, Frankfurt a. M. 1993, 131–145.
[14] Mayer, Hans, »Der Mut zur Unaufrichtigkeit«, in: *Der Spiegel* 16, 1977, 188–189.
[15] Magenau, Jörg, *Christa Wolf*, Reinbek bei Hamburg 2003, 253.
[16] Vgl. Wolf, Christa, *Kindheitsmuster*, München, 5. Aufl. 2000, 313, nach ihrer Traumerzählung teilt die Ich-Erzählerin mit: »Wann, fragst du H., dem du den Traum zum erstenmal erzählst, werden wir auch darüber zu reden beginnen?« Magenau, Jörg, *Christa Wolf*, Reinbek 2003, 253–254, hat darauf hingewiesen, dass Mayer sein aus dem politischen Kontext heraus gefälltes Urteil selbst revidiert hat.

onszuweisungen, die an die Gattungskonzepte der Autobiographie gestellt waren. Erst im Raum des Imaginären können Ambivalenzen ausgetragen werden, die eng mit den Schreibinszenierungen des Textes verbunden sind. Die Schreibweise von *Kindheitsmuster* tendiert zur Autofiktion[17], die den Authentizitätsanspruch an die Erinnerung im imaginären Raum überschreitet. Im Folgenden soll daher die ambivalente Erinnerungskonzeption des Textes im Hinblick auf seine imaginäre Konstellation des Schreibens weiter verfolgt werden.

4 Erinnerung schreiben

Das Misstrauen gegen vorgefertigte Erinnerungsklischees sowie Vorbehalte gegen überkommene narrative Muster werden in *Kindheitsmuster* von Christa Wolf zu einem Grundimpuls für die Inszenierung eines Schreibprozesses gestaltet, der den Text in einer offenen Bewegung hält. Mit der den Text begleitenden Schreibreflexion sucht Christa Wolf ein Zurückfallen in vorgefertigte Darstellungsmuster zu verhindern. Die Erinnerungsstruktur des Textes erweist sich als Metafiktionalität, für die die medialen Inszenierungen des Schreibens konstitutiv sind. Mit der Brüchigkeit ihres Schreibens weist Wolf ein Repräsentationsmodell zurück, bei dem die Faktizität mit der Fiktionalität der Darstellung im Sinne einer symbolischen Vermittlung in Einklang gebracht werden könnte. Vielmehr lässt sich mit Weber bemerken: »die Schreibart ist auf je spezifische Weise mit Prozessen des Erinnerns und Vergessens, des Recherchierens und Fingierens, des Wiederentdeckens und Verdrängens von Vergangenem verbunden«.[18] Als Schlüsselbegriff der Recherche in *Kindheitsmuster* lässt sich das Konzept einer ›subjektiven Authentizität‹[19] anführen, wie es sich bereits in *Nachdenken über Christa T.* ausprägte. Noch deutlicher betreibt Christa Wolf in *Kindheitsmuster* eine imaginäre Archäologie, die zwischen Faktum und Fiktion angelegt ist. Zwar durchforscht die Autorin im Vorfeld und während der Entstehung des Textes historische Hintergründe ihrer Kindheit, ohne allerdings eine Tatsachenevidenz des Historischen herauf-

---

[17] Zur Diskussion vgl. Wagner-Egelhaaf, Martina, »Autofiktion – Theorie und Praxis des autobiographischen Schreibens«, in: Johannes Berning, Nicola Kessler & Helmut H. Koch (Hgg.), *Schreiben im Kontext von Schule, Universität, Beruf und Lebensalltag*, Berlin 2006, 80–101.
[18] Vgl. Weber, Heinz-Dieter, »›Phantastische Genauigkeit‹. Der historische Sinn der Schreibart Christa Wolfs«, in: Wolfram Mauser (Hg.), *Erinnerte Zukunft. 11 Studien zum Werk Christa Wolfs*, Würzburg 1985, 81–105, hier 87.
[19] Vgl. Dröscher, Barbara, *Subjektive Authentizität. Zur Poetik Christa Wolfs zwischen 1964 und 1975*, Würzburg 1973, 13–42.

zubeschwören. Diese vorgebliche historische ›Wahrheit‹ verortet Christa Wolf, wie sie in *Lesen und Schreiben* bemerkt, in anderen Textsorten: »Wer die ›Wahrheit‹ lesen will, das heißt, wie es wirklich gewesen ist, der greift zu Tatsachenberichten, Biographien, Dokumentensammlungen, Tagebüchern, Memoiren.«[20] Auch wenn die Erzählerin eine Fülle von Fakten recherchiert, sperrt sich ihr Schreiben gegen die Behauptung, dass »die Dokumente nicht zu übertreffen sind und den Erzähler überflüssig machen« (93). Eine dokumentarische Schreibweise, wie sie vor allem in den sechziger Jahren propagiert wurde, ist nicht angestrebt. Vielmehr eröffnet der Text einen imaginären Raum, in dem sich das Erzählen zu einer Rolle des Schreibens transformiert. In der Inszenierung des Textes verflechten sich Schriftstücke und Schreibrollen zu einer Textlandschaft, die zugleich eine Erinnerungslandschaft ist. Erwähnung finden schriftliche Gedächtnisstützen: »Erinnerungshilfen. Die Namenslisten, die Stadtskizzen, die Zettel mit mundartlichen Ausdrücken, mit Redewendungen im Familienjargon (die übrigens nie benutzt werden), mit Sprachwörtern, von Mutter oder Großmutter gebraucht, mit Liedanfängen.« (15) Vorgeführt werden Schreibszenen: »Wie allmählich die einander überschneidenden und überlagernden Notizbücher, Tagebücher, Zettel auf deinem Schreibtisch sich häufen, die begrenzte Zeit, die dir gegeben ist, von einer Arbeit verbraucht wird, deren Ergebnis derart zweifelhaft bleibt, ein wachsender Papierstapel zunehmend Druck auf dich ausübt« (248). Oder es wird im Textraum selbst eine Performanz des Schreibens inszeniert, indem der Text auf sich selbst verweist, wenn es z. B. in *Kapitel 4* heißt:

> In diesen Tagen setzt du, an die täglichen Arbeitsstunden ebenso gebunden wie an die Willkür einer Kapiteleinteilung, eine 4 oben auf die neue Seite, um dieses Kapitel, deinem Plan gemäß, der Schilderung einer Tauffeier und der Legende vom Zustandekommen einer Hochzeit zu widmen […]. (93)

In *Kapitel 4* wird ein Hinweis auf seine Nummerierung gegeben, wodurch sich ein performativer Effekt ergibt, der das Schreiben auf den Buchraum des Lesens hin transparent zu machen scheint. In dieser Hinsicht lässt sich der metafiktionale Rückbezug ebenso als Metaskription verstehen, die nicht mehr ihre Erzählinhalte rekapituliert, sondern die Performanz ihres Mediums inszeniert. Sogar die öffentliche Lesung aus dem Roman kann in den Schreibprozess eingebettet werden,[21] woraus sich *Seltsame Schleifen* ergeben, wenn Magenau bemerkt:

---

[20] Wolf, Christa, »Lesen und Schreiben«, in: Dies., *Die Dimension des Autors. Essays und Aufsätze, Reden und Gespräche 1959–1985*, ausgewählt von Angela Drescher, Darmstadt, Neuwied 1987, 463–503, hier 471.
[21] Vgl. ebd, 392: »in einer Schweizer Stadt das 11. Kapitel vorgelesen«.

Es gehörte zu ihren Arbeitsprinzipien, Texte schon während des Entstehungsprozesses vorzutragen, um die Wirkung aufs Publikum zu testen. Das führt in ›Kindheitsmuster‹ zu seltsamen Zeit-Zirkeln, etwa wenn im 15. Kapitel über eine Lesung aus dem 11. Kapitel berichtet wird. Das Buch wird sich selbst zum Gegenstand, weil ›subjektive Authentizität‹ für Christa Wolf bedeutet, den Schreibprozess transparent zu halten.[22]

Das Buch, seine Schreibinszenierungen und ebenso die Schrift bilden dabei nicht nur die medialen Voraussetzungen für die Erinnerung des Textes, sondern ebenso ihren Gegenstand. Die im Roman inszenierte Schrift- und Schreibthematik dominiert über die narrative Logik des Textes und sogar der Werkbegriff wird vom Prozess des Schreibens abhängig gemacht: »Wenn ich *Kindheitsmuster* heute noch einmal schreiben wollte, sollte oder müßte – wozu ich keinen Anlaß sehe – , würde es ein anderes Buch werden. Meine Kindheit hat sich mir inzwischen weiter verändert.«[23] Dass die Schreibinszenierungen des Textes nicht mit dem realen Schreibprozess identisch sind, sondern lediglich im imaginären Raum des Textes erscheinen, hat Magenau aus biographischer Sicht betont:

> Die Daten selbst – vom 3. November 1972, dem Tag, an dem sie zum wiederholten Mal ein leeres Blatt einspannte, um von vorn zu beginnen, bis zum 5. Mai 1975, als sie, fast vier Jahre nach der Polenreise, verkündete, an ein Ende gelangt zu sein – sind willkürlich gesetzt. Tatsächlich fand beispielsweise die Lesereise in die Schweiz, von der in ›Kindheitsmuster‹ im Jahr 1974 berichtet wird, erst im Oktober 1975 statt.[24]

Entsprechend ablehnend hat sich die Kritik gegenüber den Schreibinszenierungen als dominantes Gestaltungsmittel in *Kindheitsmuster* verhalten. In seiner Rezension mit dem Titel *Ein trauriger Zettelkasten* (1977) warf z. B. Marcel Reich-Ranicki der Autorin vor: »Kein Zweifel, dieses Buch ist sehr gut gemeint. Aber so schlecht geschrieben, dass man es kaum fassen kann.«[25] Seinem vernichtenden Urteil fügte Marcel Reich-Ranicki noch folgende Bemerkungen hinzu:

> Denn über weite Strecken hin kann man sich des Eindrucks nicht erwehren, daß dies Buch ein Buch von des Buchbinders Gnaden ist: Christa Wolf hat Hunderte von Seiten mit Notizen und Zitaten, Stichworten und Entwürfen, mit Skizzen, Reminiszenzen und Tagebuch-Eintragungen gefüllt. Sie hat ihren Zettelkasten geleert und das Material chronologisch geordnet. Was uns als Roman angeboten wird, ist nur Rohstoff für einen Roman.[26]

---

[22] Magenau, Jörg, *Christa Wolf*, Reinbek 2003, 251.
[23] Wolf, Christa: Unerledigte Widersprüche, Gespräch mit Therese Hörnigk, in: Dies., *Im Dialog. Aktuelle Texte*, Frankfurt a. M. 1980, 24–68, hier 25.
[24] Magenau, Jörg, *Christa Wolf*, Reinbek 2003, 250.
[25] Reich-Ranicki, Marcel, »Ein trauriger Zettelkasten«, in: Ders., *Entgegnung. Zur deutschen Literatur der siebziger Jahre*, Stuttgart 1979, 212–216, hier 214.
[26] Ebd., 217.

Reich-Ranickis Polemik gegen die diskontinuierliche Schreibweise des Romans ist ebenso eine Polemik gegen die Metafiktionalität in moderner Prosa. Indem Reich-Ranicki die Erzählerin mit der Autorin gleichsetzt, glaubt er die inszenierte Diskursivität des Textes auf ungeformtes Rohmaterial reduzieren zu können, wenngleich er die Aufteilung in Erzählebenen bereits wahrnimmt. In der Forschung konnte auf eine konsequente dreiteilige Struktur der achtzehn Kapitel von *Kindheitsmuster* hingewiesen werden, mit einer zentralen Position des 12. Kapitels.[27] Darin bilden drei Erzählebenen, die sich in Zeitschichten überlagern, die Makrostruktur des Buches: Schreibgegenwart (1972-1975), Polenreise (1971) und Kindheit (1932-1947).[28] Vor allem aber die Schreibgegenwart eröffnet eine prozessuale Dimension, in die sich die Handlungsmomente einlagern. Was sich in *Kindheitsmuster* abzeichnet, sind Inszenierungen des Schreibens, von denen aus sich die Erzählebenen erst entwickeln.[29] Inszenierungen bilden die poetologische Grundlage eines Textes, der zwischen Roman und Autobiographie changiert und ebenso ins Essayistische hinüberspielt, stets aber die Ebene des Schreibens zu seinem Thema macht. Im folgenden Abschnitt soll der Inszenierung des Schreibprozesses in *Kindheitsmuster* weiter nachgegangen werden. Als Deutungsmöglichkeit soll allerdings weniger der in den siebziger Jahren virulente subjektive Authentizitätsbegriff genutzt werden. Zwar ist die Schreibweise des Romans im Subjektivitätsdiskurs der Moderne verankert, mit Differenzen im Hinblick auf den gesellschaftlichen Kontext und die Ästhetik der Autorin. Für die Schreibweise von Christa Wolf lässt sich eine ambivalente Position aber zum Paradigma der Moderne aufzeigen, die über ihre ideologischen Prämissen hinausreicht und sich erst aus der Perspektive einer postmodernen Ästhetik adäquat beschreiben lässt.

---

[27] Dröscher, Barbara, *Subjektive Authentizität. Zur Poetik Christa Wolfs zwischen 1964 und 1975*, Würzburg 1973, S. 129: »Die 18 Kapitel bilden drei inhaltliche Komplexe von je sechs Kapiteln, die sich mit einem Schnitt in der Mitte des Buches zu einer harmonischen Gliederung ergänzen.«

[28] Vgl. McPherson, Karin, »Christa Wolf's ›Kindheitsmuster‹«, in: Ian Wallace (Hg.), *The Writer and Society in GDR*, Tayport 1984, 103-119, hier 109; Zahlmann, Christel, »Kindheitsmuster: Schreiben an der Grenze des Bewusstseins«, in: Wolfram Mauser (Hg.), *Erinnerte Zukunft. 11 Studien zum Werk Christa Wolfs*. Würzburg 1985, 141-160, hier 143; Hilzinger, Sonja, *Christa Wolf*. Stuttgart 1986, 96; Dröscher, Barbara, *Subjektive Authentizität. Zur Poetik Christa Wolfs zwischen 1964 und 1975*, Würzburg 1973. Zur Diskussion vgl. Ackrill, Ursula, *Metafiktion und Ästhetik in Christa Wolfs »Nachdenken über Christa T.«, »Kindheitsmuster« und »Sommerstück«*, Würzburg 2004, 60-121.

[29] Vgl. auch Stephens, Anthony, »Vom Nutzen der zeitgenössischen Metafiktion: Christa Wolfs Kindheitsmuster«, in: Rolf Kloepfer & Gisela Janetzke-Dillner (Hgg.), *Erzählung und Erzählforschung im 20. Jahrhundert*, Tagungsbeiträge eines Symposiums der Alexander-von-Humboldt-Stiftung, Bonn-Bad Godesberg, veranst. v. 9.-14. September 1980 in Ludwigsburg. Stuttgart u.a.O. 1981, 359-370.

5 Topographien und Intertexte

Die Spannung, die Assoziationstechniken, Verfahren der Mnemotechnik und Verfahren des Schreibens in *Kindheitsmuster* eingehen, stellt die Gattungszugehörigkeit des Textes nicht nur in Frage, sondern verändert auch seine Erinnerungstopographie. Kennzeichnend für die Moderne ist, dass sich vor allem die Topographie der literarischen Erinnerung als Gedächtnisraum verändert hat. Zunehmend zeichnet sich ein Übergang von einer dem mnemotechnischen Modell verpflichteten Erinnerung zu einem textuell kodierten Gedächtnisraum ab. Der Text wird zum Schauplatz seiner Erinnerungspraxis. Symptomatisch tritt diese Spannung von Erinnerungstechnik und autobiographischem Schreiben hervor, wenn die Topographie der Texte verunsichert und zerrüttet erscheint. In *Kindheitsmuster* spricht Christa Wolf diese Problematik der Erinnerungstopographie bereits auf den ersten Seiten an. Einen generationsbedingten Erinnerungsschwund will die Erzählerin nicht gelten lassen: »Frühere Leute erinnerten sich leichter: eine Vermutung, eine höchstens halbrichtige Behauptung. Ein erneuter Versuch, dich zu verschanzen.« (9) Um »einem Tourismus in alte Heimaten« abzuwehren, gibt die Protagonistin vor, ihr Gedächtnis sei intakt, sie könne auf eine Erkundungsreise an ihren Geburtsort in Polen verzichten:

> Was die Topographie betreffe, sagtest du, auch um den Anschein wirklichen Interesses zu erwecken, könntest du dich ganz auf dein Gedächtnis verlassen: Häuser, Straßen, Kirchen, Parks, Plätze – die ganze Anlage dieser im übrigen kaum bemerkenswerten Stadt war vollständig und für immer in ihm aufgehoben. (10)

Während das Gedächtnis als Speicherort scheinbar getreu seine Inhalte reproduziert, ist die literarische Dimension von einer Unzuverlässigkeit der Erinnerung abhängig. Ein Verzicht auf die Überprüfung der Erinnerung hätte dem Text seine mehrschichtige Ebenenstruktur genommen, schließlich folgt *Kindheitsmuster* dem Handlungsschema einer Reise und zugleich einer Bewegung in der Schrift.[30] Sowohl Ort- wie auch Zeitfaktoren tragen dazu bei, dass sich der Erinnerungsgestus im Textverlauf relativiert. Allmählich zeigen sich Verunsicherungen der Erinnerungsorte an: »Aber wer wüßte heutzutage nicht, daß Kindheitsstätten die Angewohnheit haben zu schrumpfen?« (12) Doch auch während der Reise nach Polen will sich eine intakte Erinnerung nicht einstellen, obwohl die Funktionsweise des Gedächtnisses in vielfachen Anläufen aktiviert wird. An die Stelle

---

[30] Vgl. Wagner-Egelhaaf, Martina, *Autobiographie*. Stuttgart, Weimar 2000, 195: »Die Erinnerung als Schrift findet auch hier wieder im Modus der Reise statt.«

der intakten topographischen Erinnerung tritt bei Christa Wolf ein literarisches Verfahren, das in deutlicher Anspielung auf Walter Benjamin ein »buckliges Männchen« (19)[31] einführt, das die Grenze gegenüber der Kinderwelt absteckt und sie zugleich dem Schreiben zugänglich macht. Bei der Rekonstruktion der elterlichen Wohnung wird vermerkt:

> Insgesamt arbeitest du, während du scheinbar unbeweglich dastehst, an der Zimmereinrichtung der Wohnung im Hochparterre links, von der sich trotz angestrengter Konzentration nur eine lückenhafte Vorstellung herstellen will. Orientierung in Räumen ist deine starke Seite nie gewesen. Bis dir »zufällig« – Zufall nie anders als zwischen Anführungszeichen – jener bucklige Brudermörder erschien und dich einschleuste in das Kinderzimmer, in dem rechts neben der Tür also des Bruders Bett steht, links der weiße Schrank, an dem Nelly sich vorbeidrückt, hinaus in den Korridor, auf den aus der Badezimmertür schräg gegenüber das gelbe Licht fällt. (21)

Der Text wird zum Erinnerungsort, in dem an andere Texte erinnert wird, wobei die Verunsicherung der Erinnerungstopographie in eine Topographie des Textes und seiner intertextuellen Relationen überführt wird. Im topographisch unzuverlässigen Gedächtnis wird so nicht tatsächlich ein Gedächtnisschwund oder -verlust beklagt, sondern vielmehr eine Spezifik autobiographischen Schreibens in der Moderne hervorgekehrt. Im Unterschied zur traditionellen *memoria* tritt eine textuelle Struktur der vernetzten Erinnerung hervor, wenn sich die exponierte Intertextualität in *Kindheitsmuster* als Modus einer Erinnerung im Geflecht von Zitaten, Anspielungen und Anverwandlungen erweist. Neben den zahlreichen Beispielen von Zitaten aus der Presse des Nationalsozialismus, aus Plakaten und anderen Schriftarchiven, wie z. B. aus dem mehrmals zu Rate gezogenen *Meyers Lexikon*, findet sich eine besonders akzentuierte intertextuelle Bezugnahme im 8. Kapitel, wo der Text sich zu einem Epitaph auf den Todestag von Ingeborg Bachmann verdichtet.[32] Schon im Motto des Kapitels wird als Paratext ein markiertes Zitat aus Ingeborg Bachmanns Roman *Malina* angegeben: »Mit meiner verbrannten Hand schreibe ich von der Natur des Feuers. *Ingeborg Bachmann.*« (209) Ein unmarkiertes Zitat aus Ingeborg Bachmanns Gedicht *An die Sonne* wiederum bildet die abgesetzte Schlusszeile des Kapitels: »Nichts Schöneres unter der Sonne, als unter der

---

[31] Benjamin, Walter, »Berliner Kindheit um Neunzehnhundert«, in: Ders., *Gesammelte Schriften*, IV.1, hg. von Tilman Rexroth, Frankfurt a. M. 1972, 235–304, hier 302–304. Vgl. Greiner, Bernhard, »Die Schwierigkeit ›ich‹ zu sagen: Christa Wolfs psychologische Orientierung des Erzählens«, in: *DVjs* 55, 1981, 323–342, hier 333, Anm. 32.
[32] Vgl. Lennox, Sara, »Christa Wolf and Ingeborg Bachmann: Difficulties of Writing the Truth«, in: Marilyn Sibley Fries (Hg.), *Responses to Christa Wolf: Critical Essays*, Detroit 1989, 128–148, hier 136.

Sonne zu sein.«³³ Besonders dicht gestalten sich die intertextuellen Hinweise auf Bachmann gegen Mitte des Kapitels, wo auf einer Seite Zitate aus der Prosa und aus der Lyrik von Ingeborg Bachmann zusammenfließen:

> Auch wenn jemand, auf dessen ernsthaften Umgang mit den Wörtern du seit langem zählst, keinen Gebrauch mehr von ihnen machen kann, sich gehenläßt und diese Tage zeichnet mit dem Satz: Mit meiner verbrannten Hand schreibe ich von der Natur des Feuers. Undine geht. Macht mit der Hand – mit der verbrannten Hand – das Zeichen für Ende. Geh Tod, und steh still, Zeit. Einsamkeit, in die mir keiner folgt. Es gilt, mit dem Nachklang im Mund, weiterzugehn und zu schweigen. (227)³⁴

Dieses intertextuelle Geflecht wird mit der Datumsangabe 19. Oktober 1973 in Zusammenhang mit dem Todestag Ingeborg Bachmanns gebracht. Die Hochachtung vor Bachmanns kritischem Umgang mit der Sprache ist dem *8. Kapitel* ebenso eingeschrieben wie die trauernde Kritik an ihrem selbst verursachten Tod, was sich in weiteren Versatzstücken aus Bachmanns Werk zeigt: »Kein Sterbenswort, ihr Worte« (230). Ihre eigene Schreibweise gibt Christa Wolf als Nachfolge der sprachkritischen Impulse zu erkennen, die von Bachmanns Wittgensteinlektüre ausgingen. In einem weiteren Sinn wird auch der sprachkritische Gestus des eigenen Schreibens hervorgehoben. Durchwoben von zahlreichen Bemerkungen über die »Schreibarbeit« (218) am Text stilisiert sich die Erzählerin zu einem »Aufschreiber« (ebd.)³⁵, der sich keinem ungebrochenen Schreibprozess hingibt, wenn z. B. ein Folter-Traum das Schreiben unterbricht: »Die Gewohnheit, täglich ein Stück Text auf weiße Seiten zu schreiben, war in Frage gestellt.« (217) In dieser Hinsicht wird Bachmanns Sprachskepsis bei Wolf auf eine Krise des Schreibens übertragen. Mit weiteren über den Text verstreuten Anspielungen auf Kafkas Aufzeichnungen in den Tagebüchern, die der Sprachkritik zu Anfang der Moderne verbunden sind, wird diese Perspektive nochmals historisch erweitert.

Die Erzählerin verwandelt Literatur in Literatur, der Text inkorporiert anderer Texte. Mit seiner Intertextualität gibt der Roman *Kindheitsmuster* ein Organisationsprinzip zu erkennen, das Weber zu Recht als Romanessay³⁶ charakterisierte, wenn man berücksichtigt, welche Bedeutung die

---

33 Ebd., 241. Bachmann, Ingeborg, »An die Sonne«, in: Dies., *Werke, Gedichte – Hörspiele – Libretti – Übersetzungen*, Bd. I, hg. von Christine Koschel, Inge von Weidenbaum & Clemens Münster. München, Zürich 1978, 156–157, hier 156.
34 Vgl. auch Firsching, Annette, *Kontinuität und Wandel im Werk von Christa Wolf*, Würzburg 1996, 113–122.
35 Vgl. auch 189, die »Pflicht des Schreibers«.
36 Weber, Heinz-Dieter, »›Phantastische Genauigkeit‹. Der historische Sinn der Schreibart Christa Wolfs«, in: Wolfram Mauser (Hg.), *Erinnerte Zukunft. 11 Studien zum Werk Christa Wolfs*. Würzburg 1985, 81–105, hier 97.

Essayistik für das autobiographische Schreiben hat. Weitere literarische Anspielungen etwa an Robert Musil, Bertolt Brecht oder weniger bekannte Autoren führen den Charakter einer intertextuellen Partitur in *Kindheitsmuster* fort. Renate Lachmann hat für diese Anverwandlungsprozesse die Kategorien Partizipation, Tropik, und Transformation vorgeschlagen.[37] In dieser Hinsicht lässt sich zeigen, dass in *Kindheitsmuster* alle drei von Lachmann genannten Verfahren umgesetzt werden: als Partizipation gegenüber Lektürevorbildern wie Bachmann und Musil; als Tropik gegenüber den überlieferten Sprachversatzstücken aus der Geschichte des Nationalsozialismus, die sich in der Erinnerungsarbeit einstellen und als Transformation im Hinblick auf die Parameter des Gattungsmusters der autobiographischen Erinnerung. Die Schreibweise von *Kindheitsmuster* entwirft ein dichtes Netz von Nach-, Um- und Gegenschriften, die den Text zur metafiktionalen Gedächtnislandschaft transformieren. Der Text transformiert sich zu einer Gedächtnislandschaft seiner Schrift.

6 Die Arbeit der Erinnerung

Im Zusammenhang mit der intertextuellen Vernetzung werden im 8. *Kapitel* nicht nur Erinnerungsthemen zusammengeführt, sondern auch entsprechende Reflexionen dazu eingeblendet. Metafiktional geben sich Passagen über den Zusammenhang zwischen Geschichte und Erinnerung:

> Die Beschreibung der Vergangenheit – was immer das sein mag, dieser anwachsende Haufen von Erinnerung – in objektivem Stil wird nicht gelingen. Der Doppelsinn des Wortes »vermitteln«. Schreibend zwischen der Gegenwart und der Vergangenheit vermitteln, sich ins Mittel legen. (209f.)

Eine Unmittelbarkeit der Erinnerung ist für Christa Wolf nicht mehr verfügbar. Vielmehr ist Erinnerung an eine Medialität gebunden, wie Wolf in der *figura etymologica* um das Verb »vermitteln« anzudeuten sucht. Andererseits wird in der zeitlichen Problematik der Erinnerung ebenso ihre Unverfügbarkeit offensichtlich. Zu Recht verweist auch Gutjahr[38] im Hinblick auf Christa Wolfs Vergangenheitsarbeit auf Benjamins *Ge-*

---

[37] Lachmann, Renate, *Gedächtnis und Literatur. Intertextualität in der russischen Moderne*, Frankfurt a. M. 1990, 38.

[38] Gutjahr, Ortrud, »›Erinnerte Zukunft‹. Gedächtnisrekonstruktion und Subjektkonstitution im Werk Christa Wolfs, in: Wolfram Mauser (Hg.), *Erinnerte Zukunft. 11 Studien zum Werk Christa Wolfs*, Würzburg 1985, 53–80, hier 72.

[39] Benjamin, Walter, »Über den Begriff der Geschichte«, in: Ders., *Gesammelte Schriften*, I.2, hg. von Rolf Tiedemann und Hermann Schweppenhäuser, Frankfurt a. M. 1974, 691–704, hier 697–698.

schichtsphilosophische Thesen. Sogar in seiner Metaphorik lässt sich der »anwachsende Haufen Erinnerung« auf Benjamins *IX. Geschichtsphilosophische These* beziehen.[39]

Wenn Gutjahr ausgehend von Benjamins geschichtsphilosophischem Denken in der Schreibweise von *Kindheitsmuster* eine zukunftsorientierte Erinnerungsarbeit rekonstruieren möchte, so müssen doch Vorbehalte bei diesem Bezug eingeräumt werden. Dennoch wird eine gegenläufige Dynamisierung der Geschichte auch in *Kindheitsmuster* zum *movens* einer Schreibweise, wie sie Wolf in *Lesen und Schreiben* bereits entworfen hat. In der Zerstreuung von Erfahrung zu sich verdinglichenden Momentaufnahmen erstarrt auch die Erinnerung. Als Thema-Metapher für diese Erstarrung von Erinnerung hatte Wolf in *Lesen und Schreiben* das Bild des *Medaillons* gewählt.[40] Erst im Text kann eine inszenierte Prozessualität des Schreibens die Voraussetzung für die ›Vermittlung‹ von Vergangenheit, Gegenwart und Zukunft in der autobiographischen Erinnerungsarchäologie Wolfs bilden: »Daß Gegenwart und Vergangenheit – wie sie es in uns Menschen ja andauernd tun – auch auf dem Papier sich nicht nur ›treffen‹, sondern aufeinander einwirken, in ihrer Bewegung aneinander gezeigt werden können.«[41] Zu Recht hat Emmerich daher betont: »Der Kampf um die Erinnerung, eine Recherche der geschilderten Art kann auch als Literatur nicht anders vonstatten gehen denn als langwieriger, oft gestörter, durchaus nicht stetiger Prozeß.«[42] Der Gestaltung von Erinnerung als textuelles Geflecht entspricht eine Geschichtsproblematik, die sich nicht mehr in einer linearen Chronologie glätten lässt, wozu Weber bemerkt:

> Die narrative Geschichtserzählung kommt der jeweiligen Offenheit der subjektiven Erfahrung des Geschehens nicht bei. Die erfahrene historische Wirklichkeit präsentiert sich vielmehr als ein ›verfilztes Geflecht‹, das sich in die ›lineare Sprache‹ ohne Beschädigung nicht übertragen läßt.[43]

Mit der Meta-Textualisierung von Erinnerung zum Text-Geflecht geht aber ebenso eine Authentizität verloren, auf die sich ein autobiographi-

---

[40] Wolf, Christa, »Lesen und Schreiben«, in: Dies., *Die Dimension des Autors. Essays und Aufsätze, Reden und Gespräche 1959–1985*, ausgewählt von Angela Drescher, Darmstadt, Neuwied 1987, 463–503, hier 478.
[41] Wolf, Christa, »Subjektive Authentizität, Gespräch mit Hans Kaufmann«, in: Dies., *Die Dimension des Autors. Essays und Aufsätze, Reden und Gespräche 1959–1985*, ausgewählt von Angela Drescher, Darmstadt, Neuwied 1987, 773–805, hier 786.
[42] Emmerich, Wolfgang, »Der Kampf um die Erinnerung. Laudatio auf Christa Wolf anläßlich der Verleihung des Bremer Literaturpreises 1977«, in: Klaus Sauer (Hg.), *Christa Wolf. Materialienbuch*, Darmstadt 1983, 115–121, hier 121.
[43] Weber, Heinz-Dieter, »›Phantastische Genauigkeit‹. Der historische Sinn der Schreibart Christa Wolfs«, in: Wolfram Mauser (Hg.), *Erinnerte Zukunft. 11 Studien zum Werk Christa Wolfs*. Würzburg 1985, 81–105, hier 99.

sches Schreiben berufen könnte. Mit erzähltechnischen Mitteln ist der Verflechtung von textueller Erinnerung nicht beizukommen, wenn Wolf *termini technici* der Erzähltheorie, wie die Trennung in ›Erzählebenen‹, als ungenau charakterisiert:

> Im Idealfall sollten die Strukturen des Erlebens sich mit den Strukturen des Erzählens decken. Dies wäre, was angestrebt wird: phantastische Genauigkeit. Aber es gibt die Technik nicht, die es gestatten würde, ein unglaublich verfilztes Geflecht, dessen Fäden nach den strengsten Gesetzen ineinandergeschlungen sind, in die literarische Sprache zu übertragen, ohne es ernstlich zu verletzen. Von einander überlagernden Schichten zu sprechen – ›Erzählebenen‹ – heißt auf ungenaue Benennungen ausweichen und den wirklichen Vorgang verfälschen. Der wirkliche Vorgang, ›das Leben‹, ist immer schon weitergegangen; es auf seinem letzten Stand zu ertappen bleibt ein unstillbares, vielleicht unerlaubtes Verlangen.« (345)

Erst die prozessuale Inszenierung des Schreibens kann eine Offenheit simulieren, die die Erinnerung in Bewegung hält. In die Unverfügbarkeit des erinnernden Schreibens ist eine Abbaubewegung eingezeichnet, die sich sprachkritisch und diskurskritisch mit ihrer eigenen Möglichkeitsbedingung auseinandersetzt. Marianne Schuller versteht die Schreibweise von *Kindheitsmuster* daher auch »als Auflösung der abtötenden Normierungsrede«:

> Im Verwerfen der Redenormen über die Kindheit, über die Erinnerung, über die Geschichte werden diese zugleich als abgeschlossene, einfach zu wiederholende Gegenstände aufgelöst. Das Schreiben wiederholt nicht eine versunkene Geschichte, sondern das Schreiben produziert eine Erinnerung, die damit selbst als offene Bewegung erscheint.[44]

Wenn das Schreiben zur Grundlage einer imaginären Archäologie wird, liegt es nahe, dass die so gefasste Erinnerung von seinem Medium hervorgebracht wird. Schuller erkennt in der Prozessualisierung des Schreibens seine performative Struktur, die das produziert, was sie lediglich aufzuzeichnen vorgibt. Mit der Dominanz des Schreibens wird die Gattung der Autobiographie an ihre Grenzen getrieben, wenn Schuller weiter bemerkt:

> Die Auflösung vollzieht sich, wie gesagt, vornehmlich als Subversion des literarischen Genres Autobiographie. Anders nämlich als in der Autobiographie, die in der Regel die Einheit und Identität des Subjekts über die Ich-Erzählweise garantiert, wird in ›Kindheitsmuster‹ eben diese einheitsstiftende Redeweise aufgebrochen; sie zerfällt in die erste, die zweite und dritte Person.[45]

---

[44] Schuller, Marianne, »Schreiben und Erinnerung. Zu Christa Wolfs ›Kindheitsmuster‹ und ›Kein Ort Nirgends‹«, in: Jutta Kolkenbrock-Netz, Gerhard Plumpe & Hans Joachim Schrimpf (Hgg.), *Wege der Literaturwissenschaft*, Bonn 1985, 405–413, hier 411.
[45] Ebd., 407.

Wenn die Schreibweise des Textes in den Grenzbereich der Gattungsparameter hineinführt, eröffnet sich eine autofiktionale Dimension, deren Subjektivität sich nicht mehr auf eine Identität zwischen Autor, Erzähler und Held festlegen lässt. Was Genette noch mit dem Begriff einer *heterodiegetischen Autobiographie*[46] zu fassen suchte, erweist sich als Auflösungsphänomen der Gattung. Der autobiographische Pakt öffnet sich zu Formen, die im Grenzbereich des Imaginären angesiedelt sind. Es ist nicht nur die Dissoziation zwischen Autoren-Ich, Ich-Erzählerin und Kinderfigur Nelly[47], die sich gegen die autobiographische Lesart sperrt, sondern auch das Ensemble der Figuren, wenn in *Kindheitsmuster* z. B. die beiden Töchter von Christa Wolf im Paratext der Widmung mit den Namen »Für Annette und Tinka« erscheinen, die Tochterfiguren der Ich-Erzählerin dagegen Ruth und Lenka heißen. Zu Recht bemerkt Dröscher, dass die Figuren in *Kindheitsmuster* Erfindungen bleiben, »wie sehr sie den realen Vorbildern auch gleichen«.[48] Mit den Gattungsparametern werden in *Kindheitsmuster* nicht nur die subjektzentrierten Aussageinstanzen der Autobiographie aufgelöst, sondern auch die pronominalen Bezüge, in denen sie erscheinen. Was hervortritt, ist vielmehr eine Subjektivität als Spiel der Personalpronomina im Text.

7 Metaskription und Pseudo

Im Hinblick auf die Schreibweise von *Kindheitsmuster* muss abschließend eine Frage aufgeworfen werden, die Robbe-Grillet am Beispiel von Raymond Roussel als Tendenz beschrieb, dass die Untersuchung seiner Schreibweise ihren eigenen Gegenstand zerstöre.[49] Hatte Christa Wolf bereits in *Nachdenken über Christa T.* ein ›suchendes Schreiben‹ umgesetzt, so bildet sich in *Kindheitsmuster* nicht nur das Thema, sondern auch die Struktur einer Recherche heraus. Die ästhetische Konzeption, mit der dies verfolgt wird, bietet in ihren metafktionalen Schreibinszenierungen dabei ebenso

---

[46] Genette, Gérard, *Die Erzählung*, übers. von Andreas Knop, hg. von Jochen Vogt, München 1998, 263–264.
[47] Firsching, Annette, *Kontinuität und Wandel im Werk von Christa Wolf*, Würzburg 1996, 120, weist auf die möglicherweise doppelte Herkunft des Namens *Nelly Jordan* hin als Überkreuzung der Figur *Leo Jordan* bei Ingeborg Bachmann und dem Schriftstellernamen *Nelly Sachs*.
[48] Dröscher, Barbara, *Subjektive Authentizität. Zur Poetik Christa Wolfs zwischen 1964 und 1975*, Würzburg 1973, 169.
[49] Robbe-Grillet, Alain, »Énigmes et transparence chez Raymond Roussel«, in: Ders., *Pour un Nouveau Roman*, Paris 1963, 70–76, hier 74: »Recherche qui détruit elle-même, par l'écriture, son propre objet«.

Möglichkeiten zum Aufbau wie zum Abbau ihrer Gegenstände. Mit der dominanten Schreibinszenierung wurden Ambivalenzen in die ästhetische Erinnerungskonzeption des Textes hineingetragen, die sich in Spaltprodukten und Dissoziationen einer narrativen Formgebung widersetzen. Mit deutlicher Polemik wurde die Zerstörung der Erzählform z. B. von Meyer-Gosau wahrgenommen und zu einem politischen Vorwurf genutzt:

> Daß in *Kindheitsmuster* die innerhalb der Werkgeschichte Christa Wolfs einmalig gelockerte formale Struktur dennoch nicht wirklich eine ›Form‹ ergab, sondern eher den Eindruck eines überbordenden Material- und Szenenwusts hinterließ, hängt wiederum aufs engste mit den selbstauferlegten Denkverboten zusammen, die die Nachtseiten der Sozialismus-Geschichte auszusparen zwangen und das innere Gefüge des ›Gewebes‹ aus der Balance brachten – im Zentrum der gedanklichen Ordnung des hier entworfenen Geschichtsbildes befand sich ein ›Schwarzes Loch‹, das die Erinnerungs- und Reflexionspartikel immer wieder diffundieren ließ.[50]

Für eine politische Kritik ist der Text *Kindheitsmuster* noch in jüngster Zeit besonders anfechtbar, weil er einerseits einen Authentizitätsanspruch aufscheinen lässt, andererseits aber eine ästhetische Konzeption verfolgt, die diesen untergräbt. Was Meyer-Gosau als »Denkverbot« kennzeichnet, muss daher als ästhetischer Grenzgang verstanden werden, der mit der Schreibweise von *Kindheitsmuster* beschritten wird. Die Inszenierungen in *Kindheitsmuster* vollziehen ein metafiktionales bzw. metaskripturales Schreibexperiment, indem versucht wird, innerhalb eines Textsystems dieses Textsystem zugleich von außen zu betrachten.[51] Der destruktive Impuls dieser gespaltenen Schreibweise wird im Text auf der Ebene der Ich-Erzählerin wahrgenommen, wenn sie z. B. in folgender metaskripturalen Stelle einfließen lässt: »Was bleibt: Wenn nicht ungeschoren, wenn nicht mit heiler Haut, so doch überhaupt, irgendwie aus dieser Sache herauskommen.« (492) Es ist die Pflicht des Aufschreibers, als den die Ich-Erzählerin sich stilisiert, ebenso Beobachter zu sein: »Aber wo beginnt die verfluchte Pflicht des Aufschreibers – der, ob er will oder nicht, Beobachter ist, sonst schriebe er nicht, sondern kämpfte oder stürbe –, und wo endet sein verfluchtes Recht?« (218) Besonders aus der autonymischen Spaltung der pronominalen Bezüge resultiert ein mehrfacher Blick, der sich sowohl auf

---

[50] Meyer-Gosau, Frauke, »Sehnsucht nach der Vormoderne. Christa Wolfs ›arger Weg‹ zur gesamtdeutschen Autorin«, in: Walter Delabar & Erhard Schütz (Hgg.), *Deutschsprachige Literatur der 70er und 80er Jahre. Autoren, Tendenzen, Gattungen*. Darmstadt 1997, 268–285, hier 276–277.

[51] Vgl. Hofstadter, Douglas R., *Gödel, Escher, Bach, ein Endloses Geflochtenes Band*, übers. von Philipp Wolff-Windegg und Hermann Feuersee, 8. Aufl., Stuttgart 1986, 736, zu *seltsamen Schleifen* in der Sprache: »Hier springt etwas im System heraus und wirkt auf das System ein, als wäre es außerhalb des Systems.«

die Inhalte, wie auch auf den Schreibfortgang konzentrieren kann.[52] Die in *Kindheitsmuster* dargestellte Lebensgeschichte gerät in das Zwielicht des Pseudo.[53] Noch einmal wird zwar der Wunsch nach Authentizität beschworen, ohne dass die Pseudorealität mehr geleugnet werden kann:

> Wo die verheerende Gewohnheit von dir abfiele, nicht genau zu sagen, was du denkst, nicht genau zu denken, was du fühlst und wirklich meinst. Und dir selber nicht zu glauben, was du gesehen hast. Wo die Pseudohandlungen, Pseudoreden, die dich aushöhlen, unnötig würden und an ihre Stelle die Anstrengung träte, genau zu sein... (477)

Der Wunsch lässt keine Entscheidung mehr zu, sondern eröffnet vielmehr eine dritte Dimension, in der sich das utopische Unterfangen einer subjektiven Authentizität transformiert. Was hervortritt, sind Inszenierungen, die eine Polarität zwischen wahr und falsch zu umgehen suchen. Im Hinblick auf die Problematik der Repräsentation hat Deleuze eine »Überlagerung von Masken« beschrieben, mit der sich der prekäre Status einer Pseudorealität weiter fassen lässt:

> Es handelt sich in dem Sinne um das Falsche als Macht, Pseudos, in dem Nietzsche sagt: die höchste Macht des Falschen. Indem es an die Oberfläche aufsteigt, läßt das Trugbild das Selbe und das Ähnliche, das Modell und das Abbild unter die Macht des Falschen (Phantasma) fallen.[54]

Während die Ich-Erzählerin in zahlreichen metafiktionalen Einschüben die trügerischen Abbilder zu vermeiden sucht, indem sie – durchaus in platonischer Tradition – nach Ursprüngen forscht, stellen sie sich mit dem Erinnerungsmedium des Schreibens wieder ein. Es gilt zu fragen, wie die Trugbilder zu bewerten sind, die bei der Recherche in *Kindheitsmuster* den Fortgang einer Authentizitätssuche begleiten. In der Konzeption von *Kindheitsmuster* hat z. B. Dröscher vor allem im letzten Drittel des Buches auf die Thematisierung zunehmend verhärteter politischer Fronten und damit auf die Frage nach einem Scheitern hingewiesen, wenn die Erzählerin reflektiert: »Das, was man scheitern nennt« (476). Dröscher kommt zum Schluss, dem Leser bleibe am Ende der Eindruck eines Scheiterns am

---

[52] Dröscher, Barbara, *Subjektive Authentizität. Zur Poetik Christa Wolfs zwischen 1964 und 1975*, Würzburg 1973, 170: »Christa Wolf vollzieht den Prozeß der Selbstbeobachtung beim Schreiben ästhetisch nach, indem sie die gestaltlose erzählende Stimme von dem Erzählmedium mittels der grammatikalischen Beziehung trennt.«

[53] Ackrill, Ursula, *Metafiktion und Ästhetik in Christa Wolfs »Nachdenken über Christa T.«, »Kindheitsmuster« und »Sommerstück«*, Würzburg, 2004, 64, bemerkt dazu: »Die Erzählerin versetzt sich in ihre Kindheit zurück, um sich selbst zur Rede zu stellen, mit dem Resultat, dass sie anschließend die fiktionalisierte Kindheit ›Pseudo‹ [...] nennt.«

[54] Deleuze, Gilles, *Logik des Sinns*, übers. von Bernhard Dieckmann, Frankfurt a. M. 1993, 321.

großen Entwurf,⁵⁵ und sieht damit auch die Konzeption einer subjektiven Authentizität in Frage gestellt:

> In *Kindheitsmuster* hat die *Konzeption der subjektiven Authentizität* einen auf der Praxis der Schriftstellerin beruhenden Bruch erfahren. Die in *Lesen und Schreiben* mutig als Aufgabe und Anspruch der Literatur formulierte substanzielle Bedeutung für die Gesellschaft, insbesondere bei der Verarbeitung von Erfahrungen, Hervorholung und Verarbeitung von Verdrängtem, die Annahme, daß sich das Subjekt emanzipieren könne, wird bei dem Versuch der Realisierung zweifelhaft.⁵⁶

Sicherlich lässt sich die zunehmende Enttäuschung über die politische Realität der DDR in der Schreibweise von *Kindheitsmuster* aufzeigen. Andererseits tritt darin aber auch ein ästhetischer Paradigmenwechsel hervor. Während das Konzept der *subjektiven Authentizität* noch eine Konzeption von Partizipation und Empathie beschwor, treiben die Schreibinszenierungen des Textes seine Recherche an ihre Grenzen.

8 Schlussbemerkung

In *Kindheitsmuster* von Christa Wolf zeichnet sich eine Spannung zwischen modernem Wahrhaftigkeitsanspruch und postmodernem Simulationsraum ab. Die Auflösungserscheinungen resultieren daher weniger aus einem Scheitern, sondern vielmehr aus einer Subversion des Textes durch seine medialen Inszenierungen. Hatte Emmerich einen zunehmenden Utopieverlust im Kontext der DDR-Literatur aufgezeigt,⁵⁷ so erweist sich auch *Kindheitsmuster* als ein Schwellentext, sowohl in der politisch-gesellschaftlichen Perspektive der Autorin wie auch in ästhetischer Hinsicht. Indem metafiktionale Mittel und Errungenschaften der modernen Literatur noch einmal aufgeboten werden, um eine subjektive Authentizität zu erreichen, werden die Stimmen von ihren medialen Inszenierungen überbordet, wie es die Erzählerin im Text ausdrückt: »Zwischen Echos leben, zwischen Echos von Echos.« (350) Das ästhetische Dilemma, in dem sich mit *Kindheitsmuster* zahlreiche Texte der siebziger Jahre bewegen, kann in dieser Hinsicht erst von einem *Neuen Erzählen* der Postmoderne in den achtziger Jahren

---

⁵⁵ Dröscher, Barbara, *Subjektive Authentizität. Zur Poetik Christa Wolfs zwischen 1964 und 1975*, Würzburg 1973, 172.
⁵⁶ Ebd., 75.
⁵⁷ Vgl. Emmerich, Wolfgang, »Gleichzeitigkeit. Vormoderne, Moderne und Postmoderne in der Literatur der DDR«, in: Heinz Ludwig Arnold (Hg.), *Bestandsaufnahme Gegenwartsliteratur. Bundesrepublik, Deutsche Demokratische Republik, Österreich, Schweiz*, München 1988, 193–211, hier 207 (=Sonderband Text + Kritik).

abgelöst werden, das die polaren Unterscheidungskriterien der Moderne hinter sich lässt.

Literaturverzeichnis

Primärliteratur

Bachmann, Ingeborg, *Werke, Gedichte – Hörspiele – Libretti – Übersetzungen, Bd. I*, hg. von Christine Koschel, Inge von Weidenbaum & Clemens Münster, München, Zürich 1978.
Benjamin, Walter, »Berliner Kindheit um Neunzehnhundert«, in: Ders., *Gesammelte Schriften, IV.1*, hg. von Tilman Rexroth, Frankfurt a.M. 1972, 235–304.
Benjamin, Walter, »Über den Begriff der Geschichte«, in: Ders., *Gesammelte Schriften, I.2*, hg. von Rolf Tiedemann und Hermann Schweppenhäuser, Frankfurt a.M. 1974, 691–704.
Robbe-Grillet, Alain, »Énigmes et transparence chez Raymond Roussel«, in: Ders., *Pour un Nouveau Roman*, Paris 1963, 70–76.
Timm, Uwe, *Erzählen und kein Ende*, Köln 1993.
Wolf, Christa, *Kindheitsmuster*, München, 5. Aufl. 2000.
Wolf, Christa, *Kindheitsmuster*, Berlin, Weimar 1976.
Wolf, Christa, »Lesen und Schreiben«, in: Dies., *Die Dimension des Autors. Essays und Aufsätze, Reden und Gespräche 1959–1985*, ausgewählt von Angela Drescher, Darmstadt, Neuwied 1987, 463–503.
Wolf, Christa, »Subjektive Authentizität, Gespräch mit Hans Kaufmann«, in: Dies., *Die Dimension des Autors. Essays und Aufsätze, Reden und Gespräche 1959–1985*, ausgewählt von Angela Drescher, Darmstadt, Neuwied 1987, 773–805.
Wolf, Christa: Unerledigte Widersprüche. Gespräch mit Therese Hörnigk, in: Dies., *Im Dialog. Aktuelle Texte*, Frankfurt a.M. 1980, 24–68

Sekundärliteratur

Ackrill, Ursula, *Metafiktion und Ästhetik in Christa Wolfs ›Nachdenken über Christa T.‹, ›Kindheitsmuster‹ und ›Sommerstück‹*, Würzburg 2004.
Deleuze, Gilles, *Logik des Sinns*, übers. von Bernhard Dieckmann, Frankfurt a.M. 1993.
de Man, Paul, »Autobiographie als Maskenspiel«, in: Ders., *Die Ideologie des Ästhetischen*, hg. von Christoph Menke, übers. von Jürgen Blasius, Frankfurt a.M. 1993, 131–145.
de Man, Paul, »Semiologie und Rhetorik«, in: Ders., *Allegorien des Lesens*, Frankfurt a.M. 1988.
Dröscher, Barbara, *Subjektive Authentizität. Zur Poetik Christa Wolfs zwischen 1964 und 1975*, Würzburg 1973.
Emmerich, Wolfgang, »Gleichzeitigkeit. Vormoderne, Moderne und Postmoderne in der Literatur der DDR«, in: Heinz Ludwig Arnold (Hg.), *Bestandsaufnahme Gegenwartsliteratur. Bundesrepublik, Deutsche Demokratische Republik, Österreich, Schweiz*, München 1988, 193–211 (=Sonderband Text + Kritik).
Finck, Almut, »Subjektbegriff und Autorschaft: Zur Geschichte der Theorie der Autobiographie«, in: Miltos Pechlivanos, Stefan Rieger, Wolfgang Struck & Michael Weitz (Hgg.), *Einführung in die Literaturwissenschaft*, Stuttgart, Weimar 1995, 283–294.
Firsching, Annette, *Kontinuität und Wandel im Werk von Christa Wolf*, Würzburg 1996.
Frieden, Sandra, »›Falls es strafbar ist, Grenzen zu verwischen‹: Autobiographie, Biographie und Christa Wolf«, in: Angela Drescher (Hg.), *Christa Wolf. Ein Arbeitsbuch. Studien – Dokumente – Bibliographie*, Berlin, Weimar 1989, 121–139.
Genette, Gérard, *Die Erzählung*, übers. von Andreas Knop, hg. von Jochen Vogt, München 1998.
Greiner, Bernhard, »Die Schwierigkeit ›ich‹ zu sagen: Christa Wolfs psychologische Orientierung des Erzählens«, in: *DVjs* 55, 1981, 323–342.
Hilzinger, Sonja, *Christa Wolf*, Stuttgart 1986.
Hofstadter, Douglas R., *Gödel, Escher, Bach, ein Endloses Geflochtenes Band*, übers. von Philipp Wolff-Windegg und Hermann Feuersee, 8. Aufl., Stuttgart 1986.
Imhof, Rüdiger, *Contemporary Metafiction*, Heidelberg 1986.

Iser, Wolfgang, *Das Fiktive und das Imaginäre. Perspektiven literarischer Anthropologie*, Frankfurt a. M. 1991.
Lachmann, Renate, *Gedächtnis und Literatur. Intertextualität in der russischen Moderne*, Frankfurt a. M. 1990.
Lejeune, Philippe, *Der autobiographische Pakt*, übers. von Wolfram Bayer und Dieter Hornig, Frankfurt a. M. 1994.
Lennox, Sara, »Christa Wolf and Ingeborg Bachmann: Difficulties of Writing the Truth«, in: Marilyn Sibley Fries (Hg.), *Responses to Christa Wolf: Critical Essays*, Detroit 1989, 128–148.
Magenau, Jörg, *Christa Wolf*, Reinbek 2003.
Mayer, Hans, »Der Mut zur Unaufrichtigkeit«, in: *Der Spiegel* 16, 1977, 188–189.
McPherson, Karin, »Christa Wolf's ›Kindheitsmuster‹«, in: Ian Wallace (Hg.), *The Writer and Society in GDR*, Tayport 1984, 103–119.
Meyer-Gosau, Frauke, »Sehnsucht nach der Vormoderne. Christa Wolfs ›arger Weg‹ zur gesamtdeutschen Autorin«, in: Walter Delabar & Erhard Schütz (Hgg.), *Deutschsprachige Literatur der 70er und 80er Jahre. Autoren, Tendenzen, Gattungen*, Darmstadt 1997, 268–285.
Reich-Ranicki, Marcel, »Ein trauriger Zettelkasten«, in: Ders., *Entgegnung. Zur deutschen Literatur der siebziger Jahre*, Stuttgart 1979, 212–216.
Scheffel, Michael, *Formen des selbstreflexiven Erzählens. Eine Typologie und sechs exemplarische Analysen*, Tübingen 1997.
Schuller, Marianne, »Schreiben und Erinnerung. Zu Christa Wolfs ›Kindheitsmuster‹ und ›Kein Ort Nirgends‹«, in: Jutta Kolkenbrock-Netz, Gerhard Plumpe & Hans Joachim Schrimpf (Hgg.), *Wege der Literaturwissenschaft*, Bonn 1985, 405–413.
Setzkorn, Sylvia, *Vom Erzählen erzählen. Metafiktion im französischen und italienischen Roman der Gegenwart*. Tübingen 2000.
Sprenger, Mirjam, *Modernes Erzählen. Metafiktion im deutschsprachigen Roman der Gegenwart*, Stuttgart, Weimar 1999.
Stephens, Anthony, »Vom Nutzen der zeitgenössischen Metafiktion: Christa Wolfs *Kindheitsmuster*«, in: Rolf Kloepfer & Gisela Janetzke-Dillner (Hgg.), *Erzählung und Erzählforschung im 20. Jahrhundert, Tagungsbeiträge eines Symposiums der Alexander-von-Humboldt-Stiftung, Bonn-Bad Godesberg, veranst. v. 9.-14. September 1980 in Ludwigsburg*. Stuttgart u. a. 1981, 359–370.
Wagner-Egelhaaf, Martina, »Autofiktion – Theorie und Praxis des autobiographischen Schreibens«, in: Johannes Berning, Nicola Kessler & Helmut H. Koch (Hgg.), *Schreiben im Kontext von Schule, Universität, Beruf und Lebensalltag*, Berlin 2006, 80–101.
Wagner-Egelhaaf, Martina, *Autobiographie*. Stuttgart, Weimar 2000.
Waugh, Patricia, *Metafiction. The Theory and Practice of Self-Conscious Fiction*, London, New York 1984.
Weber, Heinz-Dieter, »›Phantastische Genauigkeit‹. Der historische Sinn der Schreibart Christa Wolfs«, in: Wolfram Mauser (Hg.), *Erinnerte Zukunft. 11 Studien zum Werk Christa Wolfs*. Würzburg 1985, 81–105.
Zahlmann, Christel, »Kindheitsmuster: Schreiben an der Grenze des Bewusstseins«, in: Wolfram Mauser (Hg.), *Erinnerte Zukunft. 11 Studien zum Werk Christa Wolfs*, Würzburg 1985, 141–160.

»Das Eingeständnis unserer Not« – eine epistemologische Lektüre von Christa Wolfs *Medea. Stimmen*

BRIGITTE KAUTE

1 Selbstreflexivität – theoretische Überlegungen

Die verschiedenen Bestimmungen von »Selbstreflexivität« bzw. »Metafiktionalität« narrativer literarischer Texte lassen sich auf den gemeinsamen Nenner bringen, dass es sich dabei um Signale handelt, vermittels deren ein Text dazu auffordert, ihn gezielt in seinem Konstruktionscharakter wahrzunehmen. Die Diversität der Forschung zur Selbstreflexivität macht deutlich, dass die unterschiedlichsten Strukturmerkmale literarischer Texte als selbstreflexive Strategien aufgefasst werden können: Konzentrieren sich einige Untersuchungen auf postmoderne Erzähltexte mit ihren semiotischen Spielen,[1] so beschäftigen sich andere mit jenen Texten der Moderne, in denen die Möglichkeit des Erzählens explizit problematisiert wird[2] und wiederum andere verweisen auf Erzählerreflexionen sowie gegenseitige Spiegelungen verschiedener Erzählebenen in Werken der Aufklärung und des Realismus.[3]

Aus der Diversität der Forschung wird auch ersichtlich, dass *keine* Einigkeit darüber besteht, wovon man Selbstreflexivität sinnvoller Weise abgrenzt. Während sie traditionell von »mimetischen« bzw. »realistischen« Texten unterschieden wird,[4] macht Scheffel einsichtig, dass die Differenzierung »selbstreflexiv versus realistisch« nicht Stand hält.[5] Er vertritt somit den weitesten Begriff von Selbstreflexivität und vermag diese auch am weitesten Spektrum literarischer Texte aufzuzeigen sowie die historische Verteilung der von ihm definierten Formen textueller Selbstreflexion (Erzählerreflexionen und Spiegelungen) zu beleuchten. In der Tat, wenn man

---

[1] Vgl. Waugh, Patricia, »What is metafiction and why are they saying such awful things about it?«, in: Mark Currie (Hg.), *Metafiction*, London, New York 1995.

[2] Vgl. Sprenger, Mirjam, *Modernes Erzählen. Metafiktion im deutschsprachigen Roman der Gegenwart*, Stuttgart, Weimar 1999.

[3] Vgl. Scheffel, Michael, *Formen selbstreflexiven Erzählens. Eine Typologie und sechs exemplarische Analysen*, Tübingen 1997.

[4] Vgl. Sprenger unter Berufung auf Waugh und Imhof (insb. S. 146f., S. 150, S. 152, S. 163).

[5] Sprenger, Mirjam, *Modernes Erzählen. Metafiktion im deutschsprachigen Roman der Gegenwart*, Stuttgart, Weimar 1999, 138.

methodologisch voraussetzt, dass *jeder* literarische Text eine Konstruktion ist, und keine Dopplung von Welt, dann werden Behauptungen wie: »Metafiction explicitely lays bare the conventions of realism«[6] oder »Mimesis wird von den Metafiktionalisten als unadäquates Darstellungsmittel abgelehnt«[7] obsolet. »Realismus« oder »Mimesis« (im häufig gebrauchten Sinne von »Nachahmung«) ist, unter besagter methodologischer Prämisse, keine substantielle Texteigenschaft, sondern eine (von eben jener Prämisse ausgeschlossene) theoretische Annahme. Man kann dann lediglich Texte unterscheiden, die mehr oder weniger deutlich auf ihren – gleichwohl immer gegebenen – Status als Artefakt verweisen. Dabei machen es Texte mit ausgeprägten selbstreflexiven Strategien, nach Scheffel, unmöglich, als nicht-fiktionale Rede oder quasi-pragmatisch rezipiert zu werden, da solche Strategien die Grundlagen der Produktion von Literatur explizit machen und Anweisungen für die Rezeption eines Textes geben.[8] In der Tat scheinen literarische Texte in viel stärkerem Maße als oft angenommen, Anweisungen für ihre Rezeption und Interpretation zu beinhalten. Bei aller Pluralität der Deutungsmöglichkeiten haben wir es immer mit textuellen Strukturen zu tun, die – und darin mag vielleicht die Produktivität des strukturalistischen Theorems der Selbstreferenz für eine Theorie der Selbstreflexivität liegen[9] – bestimmte Konfigurationen erzeugen, die eine Deutung, die dem Anspruch der Textadäquatheit gerecht werden will, nicht hintergehen darf.

In diesem Sinne zielt die nachfolgende Untersuchung von Christa Wolfs Erzählung *Medea. Stimmen* nicht vorrangig darauf, Selbstreflexivität an sich nachzuweisen, sondern vor allem darauf, die identifizierten selbstreflexiven Strategien als Anweisungen für die vertiefte Analyse und Interpretation zu nutzen.

2 Selbstreflexivität bei Christa Wolf

Die Strategien der Selbstreflexivität in den Werken Christa Wolfs haben sich durch die Schaffensphasen der Autorin hindurch deutlich verändert. Wolfs frühere Werke sind dafür bekannt, dass die Erzählinstanz den Er-

---

[6] Waugh, Patricia, »What is metafiction and why are they saying such awful things about it?«, in: Mark Currie (Hg.), *Metafiction*, London, New York 1995, 53.
[7] Sprenger, Mirjam, *Modernes Erzählen. Metafiktion im deutschsprachigen Roman der Gegenwart*, Stuttgart, Weimar 1999, 152.
[8] Vgl. Scheffel, Michael, *Formen selbstreflexiven Erzählens. Eine Typologie und sechs exemplarische Analysen*, Tübingen 1997, 45.
[9] Ein Theorem, das Scheffel als unzulänglich für die Erfassung von Selbstreflexivität beurteilt.

zählprozess explizit thematisiert, indem sie sich mit den Voraussetzungen, den Möglichkeiten und dem Sinn des Erzählens auseinandersetzt, wie etwa in *Nachdenken über Christa T.* (1968) und *Kindheitsmuster* (1976). Solche Erzählerreflexionen hatten die Funktion, im Rahmen von Wolfs Konzept der »subjektiven Authentizität« deutlich zu machen, dass es vorrangig die subjektiven Sinn stiftende Tätigkeit des Erzählens ist – und weniger die dabei konstruierte Geschichte – die Zugang zur Wahrheit des Subjekts verschaffe, die daher auch immer nur eine subjektive Wahrheit sein könne.

Die jüngeren Texte der Autorin hingegen verzichten auf eine solche explizite Reflexion und Problematisierung des Erzählens. So wird in *Leibhaftig* (2002) die Abfolge des Erzählten nicht als vom erzählenden Ich intellektuell kontrolliert dargestellt, sondern als etwas, das der Protagonistin durch den Rhythmus ihres Körpers und ihrer Krankheit aufgezwungen wird: durch Fieberschübe, Schmerzen, Untersuchungen, Narkosewirkungen. Dennoch erweist sich die erzählerische Unmittelbarkeit als eine konstruierte. Die Narrationsstruktur macht deutlich spürbar, dass sich die Narration, wie in jedem fiktionalen Text, selbst erzählen muss und dass die Geschichte, die im Akt eben dieser Narration erzählt wird, nicht unabhängig von diesem Akt existiert. So wird der Akt spürbar, in dem das erzählte Ich zuallererst konstruiert wird.[10]

Ebenso lässt sich in *Medea. Stimmen* (1996) eine Unmittelbarkeit in der Darstellung der Handlung beobachten, der jedoch die in der folgenden Analyse aufzuzeigenden selbstreflexiven Elemente entgegenstehen.

3 Entmythisierung der Medea?

Die Titelfigur von Christa Wolfs *Medea* ist eine typische »Christa-Wolf-Figur«: eine idealisch erscheinende Frauenfigur, umgeben vom Hauch der Perfektion, mit einem Hang zur Selbstgerechtigkeit und Altklugheit, der durch die beständig gehegten Selbstzweifel doch nicht relativiert wird. Gleichzeitig wirft dieser Roman, wie alle Texte Christa Wolfs, relevante Fragen bezüglich des Verhältnisses von Ethos und realer Politik, von Intellektualität und Macht auf, die durchaus nicht mit einfachen oder einseitigen Antworten versehen werden.

Medea ist in Wolfs Adaption des antiken Mythos nicht die eifersüchtige, rachsüchtige Mörderin ihrer Kinder, als die sie überliefert worden ist. Vielmehr ist sie es, die in Korinth, wohin sie vor Jahren mit Jason aus

---

[10] Vgl. meine ausführliche Analyse der Erzählung in Kaute, Brigitte, *Die Ordnung der Fiktion. Eine Diskursanalytik der Literatur und exemplarische Studien*, Wiesbaden 2006.

Kolchis gekommen war, einen vergangenen Mord entdeckt, der auf Befehl des Königs von Korinth an seiner ersten Tochter Iphinoe vollzogen wurde, um die männliche Herrschaftsfolge zu sichern.[11] Durch ihre Erkundungen zieht Medea den Unwillen der Macht, vertreten durch den obersten Astronomen des Königs Akamas, auf sich, der erreichen will, dass sie ihre Nachforschungen aufgibt und dabei mit Medeas persönlicher Konkurrentin, der Kolcherin Agameda, zusammenarbeitet. Nachdem Medea sich Gewissheit verschafft hat, befördert Akamas die Lawine gegen sie weiter, um sie und ihr geheimes Wissen aus Korinth zu vertreiben. Freunde Medeas, wie der Astronom Leukon, warnen sie und raten ihr zur Flucht, während Medea jedoch darauf besteht, in Korinth zu bleiben. Schließlich wird sie anhand von Unterstellungen beschuldigt, planmäßig den Untergang des Königshauses von Korinth betrieben zu haben und aus Korinth verbannt; ihre Kinder werden in einem Volksauflauf getötet.

Vermittelt wird die Geschichte in einer Abfolge von Stimmen, die den wichtigsten Figuren der Handlung gehören: Medea, Jason, Akamas, Glauke, Agameda und Leukon. Es handelt sich dabei nicht um verschiedene Erzählstimmen, sondern um eine Abfolge von inneren Monologen, die an nacheinander folgenden Zeitpunkten der Handlung einsetzen, um Figurenrede also.[12] Die Stimmen erzählen nicht in erster Linie, sondern sie reflektieren an einem bestimmten Moment der Handlung über das Geschehen, in das sie gerade verwickelt sind. Dies wird u. a. dadurch sehr sinnenfällig, dass die Stimmen immer als unmittelbare Reaktion der Figur auf etwas gerade Geschehenes einsetzen; die Reflektion der Figur wird also durch ein bestimmtes Handlungsmoment in Gang gesetzt.[13] Die Erzählinstanz, die diesen inneren Monologen Raum gibt, ist hier so gut wie gar nicht spürbar, sondern nur im Prolog, auf den noch zurückzukommen sein wird. Interessanterweise trägt diese Konstruktion in keiner Weise zu einer Relativierung der Figur der Medea bei. Durch die Darstellung der Sichtweise der anderen Figuren wird die Protagonistin nicht entidealisiert;

---

[11] Kreon und Merope verfolgten dabei verschiedene außenpolitische Strategien angesichts der wachsenden Bedrohung durch die Korinth umgebenden modernisierten Staaten. Während Kreon befürchtete, dass ein frauengelenktes Korinth diesen Bedrohungen nicht gewachsen wäre (vgl. 127), sah Merope an Iphinoes Herrschaft die Möglichkeit eines starken Bündnisses gekoppelt (vgl. Akamas‹ Bericht, 126).

[12] Im Gegensatz etwa zu den vier verschiedenen Erzählern in Christoph Heins Roman *Landnahme* (2004), die zwar auch als Figuren in der Handlung vorkommen, aber sich nicht *als* Figuren äußern.

[13] So ist beispielsweise der Anlass von Jasons erster Reflexion, die mit dem Satz »Das Weib wird mir zum Verhängnis« (43) beginnt, dass er kurz zuvor im Ältestenrat aufgefordert wurde, sich zu den Vorwürfen gegen Medea zu äußern, dass sie vor Jahren ihren Bruder ermordet habe (vgl. 44).

zwar wird eine Komplettierung des Bildes bewirkt, das von Medea entsteht, aber lediglich im Sinne einer reibungslosen Ergänzung.[14]

Somit erscheint Wolfs Medea-Figur in dem beschriebenen Konflikt als ausschließlich positiv konnotierte Gegenfigur zur Macht, die keine Schuld auf sich lädt und keine Opfer hinterlässt. Wolfs Adaption des Mythos dreht nicht nur immer wieder die überlieferte Version um – alles, was Medea sich der Überlieferung zufolge hat zu Schulden kommen lassen: den Mord an ihrem Bruder Absyrtos, an der Korinther Königstochter Glauke[15] und schließlich an ihren eigenen Kindern, gehört in Wolfs Version zu den gegen Medea in Umlauf gebrachten Falschaussagen, die auf ihre moralische Vernichtung zielen –, sondern Wolfs Medea stellt geradezu das jeder Staatsräson (Akamas), jeder persönlichen Missgunst (Agameda), jedem Karrierestreben (Jason), jeder inneren Emigration (Leukon) entgegen gesetzte Ideal einer ausschließlich auf Wahrheit, Moral und Integrität bedachten Person dar.

Dieser Kontrast zur Überlieferung seit Euripides liefert für einige Interpreten die vorherrschende Deutungsperspektive, was zu zwei unterschiedlichen Ergebnissen führt. Einige sehen darin eine Schwäche der Wolf'schen Mythosbearbeitung (»Ist eine Medea, die keine Gewalt ausübt, […] überhaupt noch Medea?«[16]; »[Sie ist] eine sympathische Fremde aus dem Osten, eine Medea ist sie nicht«[17]; »Vielleicht wär' da eine antike Ulrike Meinhoff doch der literarisch tradierten Terroristin näher gewesen«[18]). Solche Kritik, ja, das ihr innewohnende Kriterium, ist wenig nachvollziehbar. Die verschiedensten Mythenbearbeitungen im Verlaufe der Literaturgeschichte zeigen immer wieder, welch faszinierende Möglichkeiten die »Arbeit am Mythos« bietet, die mehr oder weniger radikale Abwandlung eines mythologischen Grundschemas zur Inszenierung von Konstellationen zu nutzen, in denen sich je aktuelle Problematiken abdrücken.

Anderen Interpreten zufolge besteht Wolfs Leistung vor allem darin, einer ursprünglichen Medea gerecht zu werden, der erst Euripides den Mord an den eigenen Kindern angedichtet habe, um patriarchale Strukturen

---

[14] Interessanterweise entsteht hingegen durch die Strategie der multiplen Fokalisierung in Heins Roman tatsächlich ein vielseitiges Bild: Jeder Erzähler sieht andere Eigenschaften Bernhard Habers (vgl. Anm. 12).
[15] In der Überlieferung Kreusis.
[16] Paul, Georgina, »Schwierigkeiten mit der Dialektik. Zu Christa Wolfs ›Medea. Stimmen‹«, in: *German Life and Letters* 50: 2 (1997), 227–239, hier 232.
[17] Hage, Volker, »Kein Mord. Nirgends. Christa Wolfs ›Medea‹-Version«, in: ders., *Propheten im eigenen Land. Auf der Suche nach der deutschen Literatur*, München 1999, 289–294, hier 294.
[18] Kraetzer, Jürgen, »Das Kassandra-Syndrom. Medea Stimmen und Gegenstimmen: Christa Wolfs Medea im Spiegel der Literaturkritik«, in: *Die Horen* 42:2 (1997), 48–60, hier 56.

ideologisch zu rechtfertigen.[19] Selbst wenn nicht auf eine ursprüngliche Medea verwiesen wird, so wird der Roman hier vor allem im Sinne einer Rehabilitation und einer Entmythisierung der Medea gedeutet.[20] Diese letztere Leseweise kann sich tatsächlich auf die dargestellte Idealität der Wolf'schen Medea berufen – dennoch stehen ihr meines Erachtens mehrere selbstreflexive Elemente des Textes entgegen. Es handelt sich dabei um textinterne Signale, die darauf aufmerksam machen, dass der Text nicht als eine, wie auch immer geartete, neue Wahrheit über Medea verstanden werden möchte. Gleichzeitig legen diese Signale eine entpsychologisierende und entideologisierende Deutung des Romans nahe, so dass die Figur der Medea nicht vorrangig als eine durch den Text angebotene Identifikationsfigur anzusehen ist, sondern als eine literarische Konstruktion, die eine bestimmte Funktion im Rahmen einer noch näher zu bestimmenden Problematisierung erfüllt.

4 Elemente der Selbstreflexivität

4.1 Intertextualität

Der Text macht auf seinen eigenen Charakter als *textuelles* Gebilde aufmerksam, indem er eine Vielzahl paratextueller Elemente integriert: Sowohl dem gesamten Text als auch jedem einzelnen Kapitel sind Zitate voran gestellt, die frühere Bearbeitungen des Medea-Mythos, andere literarische Texte oder kulturwissenschaftliche Arbeiten aufrufen.

Zum einen erfüllen diese Zitate eine Verfremdungsfunktion, denn sie unterbrechen die Abfolge der Stimmen und stören somit ihre einfühlend-psychologisierende Rezeption, indem sie auf andere Abschnitte des Textnetzes verweisen. Auch dies kann als Strategie der textuellen Selbstreflexion

---

[19] Für meine Argumentation ist es zweitrangig, ob Euripides tatsächlich ein solches Bild von Medea entworfen hat. Die verbreitete Auffassung, dass Euripides das Bild einer rasenden Furie zeichnet, wird allerdings sehr überzeugend von Scheffel in Frage gestellt. Scheffels Analyse zufolge trägt Euripides Drama nicht zur ideologischen Befestigung patriarchaler Strukturen bei, sondern leuchtet diese vielmehr kritisch aus. Euripides' Medea sei eine starke Figur, die nicht aus blinder Leidenschaft und Eifersucht handle, sondern überlegt auf Jasons Verletzung ihrer Position in der soziokulturellen Geschlechterordnung reagiere und sich ihres inneren Konflikts dabei tief bewusst sei. Das Bild der Medea als rachsüchtige Mörderin sei erst *nach* Euripides entstanden. Vgl. Scheffel, Michael, »Vom Mythos gezeichnet? Medea zwischen ›Sexus‹ und ›Gender‹ bei Euripides, Franz Grillparzer und Christa Wolf, in: *Wirkendes Wort* 53:2 (2003), 298–301.
[20] Vgl. bspw. Neuhaus, Stefan, »»Christa Wolf, Medea und der Mythos«, in: *Wirkendes Wort* 53 (2003), 283–299; Kraetzer, Jürgen, »Das Kassandra-Syndrom. Medea Stimmen und Gegenstimmen: Christa Wolfs Medea im Spiegel der Literaturkritik«, in: *Die Horen* 42:2 (1997), 48–60.

gelten, denn erstes Ziel der Verfremdung ist es ja gerade, die Künstlichkeit der dargestellten Welt bewusst zu halten.

Vor allem aber entsteht, zusammen mit den vielen indirekten Anspielungen auf die Überlieferungskette eine regelrechte »Textmaschine«[21], die sichtbar macht, dass der vorliegende Roman Teil eines textuellen Netzes ist. Zwar wird mitunter behauptet, dass Intertextualität keine Strategie von Metafiktion bzw. textueller Selbstreflexion sei,[22] allerdings kann diese Auffassung in Frage gestellt werden. Zumindest über eine solche intentionale und markierte Intertextualität, wie sie in *Medea* zum Einsatz kommt und die Wolfs Medea-Version im Gesamtnetz des Diskurses über Medea platziert, macht der Text etwas über sich selbst spürbar: dass er nämlich ein Text neben anderen Texten ist, eine sprachliche Konstruktion unter vielen. Sicherlich kann man nun jedem einzelnen intertextuellen Verweis nachgehen und untersuchen, wie er Wolfs Version des Mythos zusätzlich mit Bedeutung auflädt. Man wird sich dabei in ein unabschließbares Deutungsfeld begeben. Das Entscheidende scheint mir jedoch nicht vorrangig der Inhalt der Verweise, sondern ihre Existenz zu sein. Sie machen deutlich, dass wir es nicht mit der Darstellung einer »wahren« Medea zu tun haben; und dass der Roman den Leser durchaus nicht zur Identifikation mit seiner Protagonistin »dienstverpflichtet«.[23] Denn die markierte Intertextualität stellt Wolfs Version des Mythos als eine bewusst konstruierte textuelle Inszenierung aus – die einem bestimmten Zweck dient, worüber der den Stimmen vorangestellte Prolog nähere Auskunft gibt.

4.2 Der Prolog

Ein weiteres selbstreflexives Element, das eng mit dem bereits erläuterten zusammenwirkt, ist mit dem Prolog gegeben, in dem eine Redeinstanz die imaginäre Begegnung mit Medea sucht und über Sinn und Zweck dieser Begegnung reflektiert.

> [E]rwünschte Begegnung, ohne zu zögern erwidert sie aus der Zeittiefe heraus unseren Blick. Kindsmörderin? Zum ersten Mal dieser Zweifel. Ein spöttisches

---

[21] Vgl. Loster-Schneider, Gudrun, »Intertextualität und Intermedialität als Mittel ästhetischer Innovation in Christa Wolfs Roman ›Medea‹. Stimmen‹«, in: Waltraut Wende (Hg.), *Nora verlässt ihr Puppenheim. Autorinnen des 20. Jahrhunderts und ihr Beitrag zur ästhetischen Innovation*, Stuttgart 2000, 223–249, hier 231.
[22] Vgl. Scheffel, Michael, *Formen selbstreflexiven Erzählens. Eine Typologie und sechs exemplarische Analysen*, Tübingen 1997, 48.
[23] Entgegen Kraetzer, Jürgen, »Das Kassandra-Syndrom. Medea Stimmen und Gegenstimmen: Christa Wolfs Medea im Spiegel der Literaturkritik«, in: *Die Horen* 42:2 (1997), 48–60, hier 51.

> Achselzucken, ein Wegwenden, sie braucht unsere Zweifel nicht mehr, nicht unser Bemühen, ihr gerecht zu werden, sie geht. (9)

Die imaginäre Begegnung wird also nicht angestrebt, um Medeas Schuldlosigkeit plausibel zu machen oder den Mythos zu dekonstruieren. Was Loster-Schneider bereits anhand von Dokumenten der Entstehungsgeschichte des Romans herausgearbeitet hat, wird hier durch einen selbstreflexiven Hinweis des Textes bestätigt: Die Wolf'sche Mythenbearbeitung zielt nicht auf die Revision eines der Misogynie verdächtigten Euripides.[24] Es geht nicht um die Kritik des Mythos im Interesse einer »wahren« Medea. Es geht vielmehr um uns selbst. Denn, so betont die Redeinstanz – uns, die zeitgenössischen Adressaten, durch die grammatische Form der dritten Person Plural einbeziehend –, wir sollten auf unserer Reise in die Schichten der Zeiten darauf bedacht sein, »den Toten ihr Geheimnis nicht ohne Not zu entreißen. Das Eingeständnis unserer Not, damit müßten wir anfangen« (9).

Wir erhalten hier den deutlichen Hinweis, dass die imaginäre Begegnung mit Medea der Auseinandersetzung mit einem gegenwärtigen Problem dient. Eine Frage, die die Interpretation zu beantworten hätte, wäre, um welche »Not«, welches gegenwärtige Problem es sich handelt.

Der Prolog liefert hier einen weiteren Hinweis. Der Gang in die Schichten der Zeitalter, mit dem Ziel, Medea zu begegnen, wird mit einer anderen Unternehmung parallel geführt, ja gleichgesetzt, nämlich mit einem Gang durch das System unseres Denkens. »Die Jahrtausende schmelzen unter starkem Druck« (9), heißt es zunächst noch, und dann:

> Unsere Verkennung bildet ein geschlossenes System, nichts kann sie widerlegen. Oder müssen wir uns in das Innerste unserer Verkennung und Selbstverkennung hineinwagen, [...] das Geräusch der einstürzenden Wände im Ohr. Neben uns, so hoffen wir, die Gestalt mit dem magischen Namen, in der die Zeiten sich treffen, schmerzhafter Vorgang. In der unsere Zeit uns trifft. Die wilde Frau.
> Jetzt hören wir Stimmen (10).

Die Rede vom geschlossenen System unserer Verkennung impliziert zum einen die Begrenzung des Erkennens und zum anderen aber, dass diese Begrenzung dem Erkennen nicht sichtbar ist und die Erkenntnis eben

---

[24] Vgl. Loster-Schneider, Gudrun, »Intertextualität und Intermedialität als Mittel ästhetischer Innovation in Christa Wolfs Roman ›Medea. Stimmen‹«, in: Waltraut Wende (Hg.), *Nora verlässt ihr Puppenheim. Autorinnen des 20. Jahrhunderts und ihr Beitrag zur ästhetischen Innovation*, Stuttgart 2000, 223–249, hier 230. Loster-Schneider will hier nicht sagen, dass Wolf Euripides nicht der Misogynie verdächtige – Dokumente der Autorin bestätigen, dass sie dies tut, ebenso wie Loster-Schneider –, sondern dass es Wolf nicht um eine »feministisch-parteiliche Revision« gehe (ebd.).

daher ihren Wahrheitswert gewinnt. Dieser allgemeine Topos eines seinen eigenen Grenzen gegenüber blinden Denksystems wird sogleich auf das besondere Problem der Selbst(v)erkennung hin konkretisiert, einem Problem, das zweifellos in engem Zusammenhang mit dem modernen Projekt der Aufklärung steht – das auch heute noch unser Denken leitet – und auf dessen immanente Paradoxalität hinweist.

Unterstützt wird die Parallelisierung der beiden Unternehmungen durch die Verwendung der Gebäudemetapher sowohl für die Tiefen der Zeiten (»Wir besitzen den Schlüssel, der alle Epochen aufschließt, manchmal benutzen wir ihn schamlos, werfen einen eiligen Blick durch den Türspalt« [9]) als auch für das System des Denkens (»das Geräusch der einstürzenden Wände im Ohr« [10]). Von Türen und Wänden ist die Rede, wie übrigens auch im dem gesamten Roman vorangestellten Zitat von Elisabeth Lenk, die Achronie als ein Ineinander der Zeiten definiert, wobei die Menschen aus den verschiedenen Jahrhunderten einander durch die »Wände der Zeiten« (5) hören können.

Das Bestreben, das sich selbst gegenüber blinde Denksystem zum »Einstürzen« zu bringen, wird also, wie aus dem obigen Zitat hervorgeht, mit der Hoffnung auf die Begegnung mit Medea verbunden – und nicht umgekehrt. Das heißt, die Begegnung mit Medea hat weder einen Zweck in sich selbst noch dient sie einem besseren oder richtigeren Verständnis von Medeas Schicksal, sondern sie dient der dekonstruierenden Analyse unseres Denkens. Der letzte Satz des Prologs, »Jetzt hören wir Stimmen«, erhält somit eine doppelte Bedeutung: Er bezieht sich einerseits auf die imaginären Stimmen, die wir aus der Tiefe der Zeit hören. Gleichzeitig kommen diese Stimmen aber auch aus uns selbst, eben aus unserem Denken heraus. Aus dieser Ambivalenz folgt, dass wir die nun folgenden Stimmen nicht in erster Linie als Imitationen von Personen verstehen sollten, sondern eher als Repräsentanten von Prinzipien unseres Denkens bzw. von Denkweisen. Das bringt eine Entpsychologisierung der Figuren, denen jene Stimmen gehören, sowie des oben beschriebenen Konflikts zwischen Medea als Wissen-Wollender und Akamas als Repräsentanten der Macht mit sich. Die Deutung dieses Konflikts muss dann nicht an der Schuldlosigkeit und der Idealität der Wolf'schen Medea ansetzen. Dominanz erhalten diese Aspekte ja vor allem, wenn die Deutung vom Vergleich mit der Überlieferung geleitet wird. Ausgehend von der oben besprochenen Funktion der intertextuellen Verweise sowie der im Prolog angestellten Reflexionen verschiebt sich die Interpretationsperspektive. Die von den selbstreflexiven Elementen des Textes abgeleitete Interpretationsfrage lautet nun: Was macht die textuelle Inszenierung über die Grenzen des modernen Denkens sichtbar?

5 Selbstaufklärung vs. Zweckrationalität

Medea und Akamas sind nicht nur Gegenspieler, sondern es verbindet sie ihre Intellektualität, auch wenn sie sie auf sehr verschiedene Weise einsetzen. Beide Figuren können als Verkörperung der Aufklärung betrachtet werden, jenes modernen Projektes, das die Vernunft als Maßstab der menschlichen Existenz setzt.

Aufklärerin ist Medea natürlich, indem sie die Verhältnisse in Korinth zu durchschauen sucht und letztlich auch durchschaut. Sie begreift, auf welchem Fundament die Macht in Korinth beruht, eben auf der Tötung der ersten Königstochter Iphinoe. Aber ihr Aufklärungsbestreben geht tiefer, denn es zielt nicht auf politische Einflussnahme in Korinth, sondern auf etwas anderes: »Ich wollte mir nur klarmachen, wo ich lebe« (176). Sie sucht zu ergründen, ob die Zustände in Korinth tatsächlich ebenso unerträglich seien wie jene in ihrer Heimat Kolchis. Auch hier wurde ein Kind getötet, Medeas jüngerer Bruder Absyrtos, auch hier geschah dies im Auftrag des königlichen Vaters, auch hier in politisch-strategischer Absicht. Nun, da Medea seit einigen Jahren ein Leben als Migrantin in Korinth führt und zudem unter dem Vorwurf des Verrats am eigenen Vater leidet, bestätigt sich für sie nach und nach die »Vergeblichkeit unserer Flucht« (31). Medeas Aufklärungsbestreben kommt hier der Selbstaufklärung nahe, die den Kern der modernen Aufklärungsphilosophie ausmacht, mit anderen Worten, dem kritischen Verhältnis des Subjektes sich selbst und seiner Bedingtheit gegenüber. Dazu gehört auch, dass sie, nachdem sie sich Klarheit verschafft hat, ein neues Ziel verfolgt. »Nun verlangt es mich zu wissen, was ich finden werde, wenn es mich über ihren [der Erde] Rand hinaustreibt« (113). Sie geht nun sehenden Auges der eigenen Vernichtung entgegen – um zu erfahren, ob es jenseits der empirischen Existenz eine andere Welt gibt.

Hier klingt der eng mit der Aufklärung verbundene Zweifel am Glauben daran an, dass eine höhere Instanz die Existenz des Menschen determiniert. Zumindest den Glauben an das Walten einer *göttlichen* Instanz hat Medea hinter sich gelassen. Als sie noch in Kolchis lebte, hatte sie dort eine ähnliche Position inne wie Akamas in Korinth: Sie traf als Priesterin der Hekabe Voraussagen anhand von Sternenkonstellationen, die zu politischen Entscheidungsfindungen herangezogen wurden. Seit der Ermordung ihres Bruders hat sie sich jedoch »vom Glauben gelöst, daß die menschlichen Geschicke an den Gang der Gestirne geknüpft sind« (188). Gleichwohl verstellt Medea sich gegenüber den anderen Menschen und täuscht den Glauben vor, »aus Mitleid mit uns Sterblichen, die wir, wenn wir die Götter entlassen, eine Zone des Grauens durchqueren, der nicht jeder entkommt«

(189). Medea hat also jene Erfahrung der Sinnleere gemacht, die zugleich Quelle und Konsequenz einer radikalen aufgeklärten Haltung ist.

Die Haltung der Aufklärung verkörpert Medea zudem dadurch, dass sie die Autorität der Vergangenheit und überlieferter Traditionen in Frage stellt, selbst wenn diese vorteilhaft erscheinen mögen. So muss sie, ebenfalls angesichts des Todes von Absyrtos, selbstkritisch befinden, dass sie und die ihr Gleichgesinnten, gerade indem sie sich auf das Stellvertreterritual berufen hatten, um Aites von der Macht abzulösen, den Weg zur Opferung ihres Bruders gebahnt hatten (vgl. 102–103). Geblieben ist ihr ein »Schauder [...] vor diesen alten Zeiten und vor den Kräften, die sie in uns freisetzen und derer wir dann nicht mehr Herr werden können« (103) und sie erkennt, »daß wir nicht nach unserem Belieben mit den Bruchstücken der Vergangenheit verfahren können, sie zusammensetzten oder auseinanderreißen, wie es uns gerade passt« (ebd.).

Durch ihr kritisches Verhältnis zum Glauben und zur Autorität der Überlieferung unterscheidet sich Medea nicht zuletzt von jenen Migrantinnen aus dem archaischen Kolchis, die sich um Arinna gruppieren und sich entschieden haben, Korinth zu verlassen und nun als Exilanten ein wildes, aber freies Leben in den Bergen leben. So versucht Medea denn auch (erfolglos) diesen Kolcherinnen in ihrer Raserei Einhalt zu gebieten, als sie den Korinther Turon kastrieren, weil er während des Frühlingsfestes ihr Heiligtum gestört hat.

In all dem, was Medea zur Aufklärerin macht – in ihrer Distanzierung vom Glauben, vom Kult, von der Vergangenheit, von den Aussteigerinnen –, wird im Übrigen deutlich, dass sie keineswegs als eine Vertreterin des Matriarchats entworfen ist und dass sie ebenso wenig als vorgeblich naturnahe, wilde Frau der Beschwörung mythischer Weiblichkeit dient.[25] Bei aller Idealität ist die Figur der Medea denn doch komplex genug, um weder Gegenfigur zu einer sich an den Maßstäben der Vernunft orientierenden Gesellschaftsform zu sein noch die Repräsentantin einer ursprünglichen Weiblichkeit schlechthin, die als verdrängte und nunmehr rettende Kraft der Instrumentalisierung der Vernunft Einhalt zu gebieten suche.[26]

---

[25] Wenn Medea im Prolog die »wilde Frau« (10) genannt wird, so ist hier noch von der Medea der Überlieferung die Rede.

[26] Wie, in unterschiedlichen Variationen, oft behauptet wird, etwa bei Stephan, Inge, »The bad mothers: Medea-myths and national discourse in texts from Elisabeth Langgässer and Christa Wolf«, in: Barbara Kosta & Helga Kraft (Hg.), *Writing against boundaries. Nationality, Ethnicity and Genderin the German-speaking Context*, Amsterdam 2003, 131–139; aber auch bei Scheffel, Michael, »Vom Mythos gezeichnet? Medea zwischen ›Sexus‹ und ›Gender‹ bei Euripides, Franz Grillparzer und Christa Wolf«, in: *Wirkendes Wort* 53:2 (2003), 295–307 und Paul, Georgina, »Schwierigkeiten mit der Dialektik. Zu Christa Wolfs ›Medea. Stimmen‹«, in: *German Life and Letters* 50: 2 (1997), 227–239; von zahlreichen Rezensionen im Feuilleton ganz zu schweigen.

»Akamas denkt wie ich«, stellt Medea fest, »das weiß ich seit einem Blickwechsel bei einer Opferfeier« (189). Ebenso wenig wie Medea teilt Akamas den Glauben an eine höhere Instanz und an die Systeme der Weissagung, die er dennoch weiterhin praktiziert und aufrechterhält, indem er, je nach politischer Interessenlage, Voraussagen erfindet, und dadurch die Fäden in Korinth in der Hand hält, wobei er vor Menschenopfern nicht zurückschreckt, die in der Öffentlichkeit freilich nicht als solche benannt werden dürfen. (So belügt man die Korinther über die Tatsachen und macht sie glauben, dass Iphinoe von einem König eines anderen Landes entführt worden sei.) Akamas erscheint dabei als rational denkender Mann, der das, was er tut, als eine Notwendigkeit im Interesse des Gemeinwesens von Korinth betrachtet:

> Nicht immer gefällt einem, was notwendig ist, aber daß ich in der Pflicht meines Amtes nicht nach persönlichem Gefallen, sondern nach höheren Gesichtspunkten zu entscheiden habe, das hat sich mir unauslöschlich eingeprägt (133).

Durch seine Verpflichtung auf die Staatsräson wird Akamas in einen Gegensatz zu anderen Teilhabern der Macht gestellt, die andere Motive haben, wie etwa zum jungen Astronomen Turon, dessen ausschließlich auf persönlichen Vorteil bedachtes Karrierebestreben Akamas missfällt. Von den anderen Gegenspielern Medeas, Agameda und Presbon, mit denen Akamas zusammenarbeitet, unterscheidet dieser sich gleichwohl durch seine Rationalität. Akamas hasst Medea nicht, sondern schätzt sie sogar trotz vieler Differenzen in der Weltsicht; gleichzeitig durchschaut er Agamedas Neid auf Medea und Presbons Triebhaftigkeit als Quellen ihres Handelns. Nicht zuletzt ist darauf hingewiesen worden, dass die Worte »durchschauen« und »durchsichtig« die Monologe Medeas mit denen des Akamas verbinden.[27]

Medea und Akamas sind somit als Figuren konzipiert, die, betrachtet man das gesamte Figurenensemble des Romans, einander zugleich am nächsten und am unversöhnlichsten sind. Sie treffen sich in ihrer Position der Intellektualität und des Aufgeklärt-Seins und sie unterscheiden sich radikal in den Konsequenzen, die sie daraus ziehen. So betonen beide die anfängliche Anziehung und Nähe zwischen ihnen: »Hier [in Korinth] fand ich einen, der glaubt so wenig wie ich«, stellt Medea fest, die sich bisher allein in ihrer aufgeklärten Skepsis glaubte, während Akamas die immer anregenden Streitgespräche mit Medea erwähnt (vgl. 123); nicht zuletzt verspürt er die Regung, Medea wissen zu lassen, wie Korinth funktioniert

---

[27] Vgl. Paul, Georgina, »Schwierigkeiten mit der Dialektik. Zu Christa Wolfs ›Medea. Stimmen‹«, in: *German Life and Letters* 50: 2 (1997), 227–239, hier 235.

(vgl. 122). Dass beide Figuren durch eine ihnen gemeinsame Fähigkeit verbunden und von anderen unterschieden sind, kommt vielleicht am deutlichsten zum Ausdruck, wenn Akamas bekennt, dass er mit keiner anderen Frau im selben Augenblick die Sphärenmusik zu hören vermochte, jenes »kristallene[] Klingen, auf das unsere Ohren nicht eingestimmt sind, dass sie aber in seltenen Momenten äußerster Konzentration dennoch wahrnehmen können« (124).

Worin sich Akamas und Medea unterscheiden, das ist ihre Stellung zur Macht. Wenn Medea in ihrem Drang nach (Selbst-)Aufklärung die Grenze berührt, die, so Akamas, »niemand überschreiten durfte« (124), nämlich das Fundament der Macht erkennt, reagiert Akamas mit aller Konsequenz im Interesse des Machterhalts.

Befragt man die Figuren Akamas und Medea danach, welche Denkweisen sie repräsentieren – dies zu tun, dazu haben wir uns durch die selbstreflexiven Elemente des Romans aufgefordert gefühlt –, so lässt sich für Akamas zusammenfassend sagen, dass seine Denkweise der Zweckrationalität der Aufklärung entspricht. Er ist deutlich als Vertreter der aufgeklärten abendländischen Kultur konzipiert, die an Maßstäben der Vernunft und Rationalität ausgerichtet ist und in der das Handeln vom Zweckdenken zum Ziele des Machterhalts geleitet wird, dessen Notwendigkeit gleichwohl unter Berufung auf die Sicherung des Gemeinwesens begründet wird.[28] Das der Aufklärung (auch in der Gegenwart des Romans) als archaisch und barbarisch geltende »Menschenopfer« gehört hier durchaus zu den Handlungsalternativen, muss aber als solches verschleiert werden.

Medea wiederum repräsentiert, das ist deutlich geworden, die Denkweise der Selbstaufklärung. Damit eng verbunden ist die von ihr ausgehende Infragestellung der Macht in Korinth, die sich – anders als noch in Kolchis – nicht mit konkreten Absichten politischer Einflussnahme verbindet, sondern, eben, »lediglich« mit dem Bestreben, die Bedingungen ihrer Existenz zu ergründen. Durch all dies nimmt Medea die Position der radikalen Infragestellung ein.

6 Zwischen Selbstaufklärung und Sehnsucht nach Transzendenz

Aber dies ist nur eine Seite der Medea. Auf der anderen Seite relativiert sie ihre Haltung der Selbstaufklärung durch das, was man in einer ersten Annäherung ihre »Sinnverliebtheit« nennen könnte: ihre apodiktisch an-

---

[28] Vgl. auch ebd.

mutenden Weisheiten, ihre Schwärmerei von Ganzheitlichkeit (»[U]nd sie fing an, von gewissen Kräften zu reden, die uns Menschen mit allen Lebewesen verbänden und die frei fließen müssten, damit das Leben nicht ins Stocken käme« [123]), vom Guten (»Wie hat sich mich [Akamas] und vor allem sich selbst mit dem Wörtchen ›gut‹ gequält« [122]) und ihr Hang zur Selbststilisierung (»Warum werde ich gehasst« [59]) und nicht zuletzt ihre Suche nach einer Utopie, die sich vor allem in ihrer abschließenden Frage manifestiert: »Wohin mit mir. Ist eine Welt zu denken, eine Zeit, in die ich passen würde. Niemand da, den ich fragen könnte. Das ist die Antwort.« (236)

All dies indiziert Medeas Neigung zu einem anderen Glauben als dem an die Götter und an die astronomische Weissagung, nämlich zum Glauben an einen Sinn der menschlichen Existenz, der vom Menschen (als Gattungswesen, nicht als Individuum – Medea vertritt keinen indiviualistischen Egoismus) selbst ausgeht. Freilich bleibt dieser Glaube unbestimmt, eher fragend als bestätigend, aber vielleicht wirkt er gerade deswegen so aufdringlich, dass die Kritik leicht spotten hat: »Edel, hilfreich und gut ist hier nur eine: Medea«.[29] Es ist die ausgestellte Sehnsucht nach Transzendenz, die sich hier markiert. Aber diese Sehnsucht weiß zugleich um ihre Grenzen, was nicht zuletzt in den zitierten Schlussworten Medeas deutlich wird.

Auch im von Leukon wiedergegebenen Gespräch zwischen ihm und Medea angesichts der Vernichtung, der Medea sehenden Auges entgegengeht, ist indirekt von Transzendenz die Rede, die Leukon verneint (weil er die individuelle Person über »die Menschheit« stellt) und an die Medea zumindest glauben möchte:

Aber jeder hat nur ein Leben, sage ich.
Wer weiß, sagt sie (181).

In diesem Gespräch spielt der Roman schließlich auf Kants philosophische Setzung einer transzendentalen Existenz des Menschen an, auch hier wieder die Feststellung vermeidend und die Frage betonend:

Ich starre sie an. Was weiß ich von dieser Frau, was weiß ich, was sie glaubt. Ich möchte sie fragen, ob es einen Glauben gibt, der die, die ihm anhängen, von der Angst vor dem Tod befreit, von der wir besessen sind […]. Zum ersten Mal denke ich, vielleicht hat sie ein Geheimnis, das mir verborgen ist. *Woran ich mich halte, ist die Überzeugung, daß wir dem Gesetz nicht entgehen, das über uns genauso waltet wie über dem Lauf der Gestirne*

---

[29] Hage, Volker, »Kein Mord. Nirgends. Christa Wolfs ›Medea‹-Version«, in: ders., *Propheten im eigenen Land. Auf der Suche nach der deutschen Literatur*, München 1999, 289–294, hier 289.

[Hervorhebung B.K.]. Was wir tun oder lassen, ändert nichts daran. Sie stemmt sich dagegen (182).

Leukon formuliert hier das Gegenteil von Kants Annahme einer doppelten Bestimmung des Menschen als empirisches Wesen und als diese Bestimmung transzendierendes Wesen:

> Zwei Dinge erfüllen das Gemüth mit immer neuer und zunehmender Bewunderung und Ehrfurcht, je öfter und anhaltender sich das Nachdenken damit beschäftigt: der bestirnte Himmel über mir und das moralische Gesetz in mir. [...] Der erstere Anblick einer zahllosen Weltenmenge vernichtet gleichsam meine Wichtigkeit als, eines thierischen Geschöpfs, das die Materie, daraus es ward, dem Planeten (einem bloßen Punkt im Weltall) wieder zurückgeben muß, nachdem es eine kurze Zeit (man weiß nicht wie) mit Lebenskraft versehen gewesen. Der zweite erhebt dagegen meinen Werth, als einer Intelligenz, unendlich durch meine Persönlichkeit, in welcher das moralische Gesetz mir ein von der Thierheit und selbst von der ganzen Sinnenwelt unabhängiges Leben offenbart.[30]

Leukons Insistieren, entgegen der Kant'schen Metapyhsik: »Was die Menschen treibt, ist stärker als die Vernunft« (182), beantwortet Medea mit Schweigen (vgl. ebd.), das ihrem unbestimmten »Wer weiß« auf Leukons Rede von dem *einen* Leben entspricht. Wonach Medea sich sehnt, ist das Aufgehen des einzelnen Menschen in eben jener Transzendenz eines moralischen Gesetzes. Wobei Medeas Sehnsucht sich als eine solche offenbart, die im Grunde weiß, dass es ihr Objekt nicht gibt, es aber dennoch ersehnt.

7 Das Dreieck der Aufklärung

Zieht man die beiden Seiten der Medea in Betracht, so verkörpert Medea gleichsam die Ausgangsbewegung der Aufklärung in ihrer Oszillation zwischen der Haltung der radikalen Selbstaufklärung und andererseits der diese Haltung zurücknehmenden – weil die Metaphysik wieder einführenden – Idee der Bindung der menschlichen Existenz an ein eigenes transzendentales Gesetz. So dass sich, zusammen mit der Position der politischen Realisierung der Aufklärung, die Akamas repräsentiert, eine Dreiecksfigur ergibt, die die drei verschiedenen Aspekte der Aufklärung in Beziehung zueinander setzt. In dieser Figuration wird dreierlei sichtbar: Zum einen, dass die Haltung der Selbstaufklärung im Rahmen bestehender Machtverhältnisse nicht toleriert werden kann. Zum anderen, dass das sich (konsequent) selbst aufklärende Subjekt die Erfahrung macht,

---

[30] Kant, Immanuel, *Werke Bd. 5*, Berlin 1913, 161–162.

dass es unmöglich ist, die angenommene transzendentale Bestimmung des Menschen in irgendeiner gesellschaftlichen Formation zur Geltung zu bringen. Und letztlich, dass diese Unmöglichkeit wiederum den Glauben an die Transzendenz schwächt, ihn gleichsam in eine Sehnsucht danach verwandelt, die ins Leere geht.

An dieser Stelle lässt sich nun die Interpretationsfrage beantworten, die wir von den selbstreflexiven Elementen des Textes abgeleitet hatten: Was ist es, das die textuelle Inszenierung der imaginären Begegnung mit Medea über das moderne Denken und das »System unserer Verkennungen« sichtbar macht? Sichtbar wird vor allem die Unvereinbarkeit der Haltung der radikalen Selbstaufklärung einerseits und der Bindung an ein transzendentales Gesetz andererseits. Der Wissenshistoriker Michel Foucault hat das Verhältnis dieser beiden Seiten des modernen Denkens eingehend analysiert und darauf aufmerksam gemacht, dass das Ethos der Selbstaufklärung jegliche metaphysische Annahme negiert und daher die neue Metaphysik des Subjekts eben jenes Ethos wieder relativiert. Die Annahme eines transzendentalen Gesetzes des Subjekts streicht somit ihre eigenen Voraussetzungen wieder aus. Und andersherum: Die Denkfigur der transzendentalen Bestimmung des Subjekts wird gleichsam von innen her durch ihr Gegenteil, durch die Erfahrung einer transzendentalen Leere (»Gottes Tod«) ausgehöhlt. Freilich geht Christa Wolf nicht so weit, diese *immanente* Paradoxalität aufzuzeigen. Vielmehr wird die Erfahrung des Misslingens der sozialen Praxis dazwischengeschaltet. Daher rührt das (bei Wolf immer vorhandene) utopische Moment und die Trauer der Wolf'schen Figuren über die Unmöglichkeit der Realisierung der Utopie, die dann leicht als eine Haltung der Selbstgerechtigkeit und des Selbstmitleids aufgefasst werden kann. Wenn die Kritik allerdings hier stehenbleibt und die Einblicke des Romans mit denen seiner Protagonistin gleichsetzt, dann übersieht sie, was Wolfs textuelle Konfiguration leistet, nämlich – wenn auch nicht in derselben Schärfe wie etwa Heiner Müllers Adaption des Philoktet-Mythos[31] – in der Abwandlung einer mythologischen Konstellation einen Grundzusammenhang des modernen Denkens beobachtbar zu machen.

---

[31] Vgl. meine Analyse in Kaute, Brigitte, »The Challenge of Myth: Heiner Müller's ›Philoktet‹«, in: *Literature and Theology. An International Journal of Religion, Theory and Culture* 19:4 (2005), 327–345.

Literaturverzeichnis

Primärliteratur

Wolf, Christa, *Medea. Stimmen*, München 1996.

Sekundärliteratur

Hage, Volker, »Kein Mord. Nirgends. Christa Wolfs ›Medea‹-Version«, in: ders., *Propheten im eigenen Land. Auf der Suche nach der deutschen Literatur*, München 1999, 289–294.

Kant, Immanuel, *Werke Bd. 5*, Berlin 1913.

Kaute, Brigitte, *Die Ordnung der Fiktion. Eine Diskursanalytik der Literatur und exemplarische Studien*, Wiesbaden 2006.

Kaute, Brigitte, »The Challenge of Myth: Heiner Müller's ›Philoktet‹«, in: *Literature and Theology. An International Journal of Religion, Theory and Culture* 19:4 (2005), 327–345.

Kraetzer, Jürgen, »Das Kassandra-Syndrom. Medea Stimmen und Gegenstimmen: Christa Wolfs Medea im Spiegel der Literaturkritik«, in: *Die Horen* 42:2 (1997), 48–60.

Loster-Schneider, Gudrun, »Intertextualität und Intermedialität als Mittel ästhetischer Innovation in Christa Wolfs Roman ›Medea. Stimmen‹«, in: Waltraut Wende (Hg.), *Nora verlässt ihr Puppenheim. Autorinnen des 20. Jahrhunderts und ihr Beitrag zur ästhetischen Innovation*, Stuttgart 2000, 223–249.

Neuhaus, Stefan, »Christa Wolf, Medea und der Mythos«, in: *Wirkendes Wort* 53 (2003), 283–299.

Paul, Georgina, »Schwierigkeiten mit der Dialektik. Zu Christa Wolfs ›Medea. Stimmen‹«, in: *German Life and Letters* 50:2 (1997), 227–239.

Scheffel, Michael, *Formen selbstreflexiven Erzählens. Eine Typologie und sechs exemplarische Analysen*, Tübingen 1997.

Scheffel, Michael, »Vom Mythos gezeichnet? Medea zwischen ›Sexus‹ und ›Gender‹ bei Euripides, Franz Grillparzer und Christa Wolf«, in: *Wirkendes Wort* 53:2 (2003), 295–307.

Sprenger, Mirjam, *Modernes Erzählen. Metafiktion im deutschsprachigen Roman der Gegenwart*, Stuttgart, Weimar 1999.

Stephan, Inge, »The bad mothers: Medea-myths and national discourse in texts from Elisabeth Langgässer and Christa Wolf«, in: Barbara Kosta & Helga Kraft (Hg.), *Writing against boundaries. Nationality, Ethnicity and Gender in the German-speaking Context*, Amsterdam 2003, 131–139.

Tabah, Mireille, »Aufklärung oder Re-Mythisierung? Christa Wolf und Medea«, in: Irene Heidelberger-Leonard & Mireille Tabah (Hg.), *Wahlverwandschaften in Sprache, Malerei, Literatur, Geschichte*, Stuttgart 2000, 275–290.

Waugh, Patricia, »What is metafiction and why are they saying such awful things about it?«, in: Mark Currie (Hg.), *Metafiction*, London, New York 1995.

Das Ich und der Andere: Metafiktion als kontrollierte »Entgrenzung« in Peter Handkes *Don Juan (erzählt von ihm selbst)*

Jan Wiele

1 Voraussetzungen

Peter Handkes literarische Produktionsweise auf einen *Begriff* zu bringen, muß jedem etwas ungeheuer sein, der sich an die folgende Proklamation des Autors erinnert:

> Thomas Bernhard sagte, sowie bei ihm während des Schreibens auch nur der Ansatz einer Geschichte auftauche, würde er sie abschießen. Ich antworte: Sowie beim Schreiben auch nur der Ansatz eines Begriffs auftaucht, weiche ich – wenn ich noch kann – aus in eine andere Richtung, in eine andere Landschaft, in der es keine Erleichterungen und Totalitätsansprüche durch Begriffe gibt.[1]

Im Gegensatz zur Literatur ist es aber nun einmal die Aufgabe der Literaturwissenschaft, Dinge auf den Begriff zu bringen, und wenn es einen Begriff gibt, unter dem Handkes Werk von Beginn an stehen könnte – so die hier vorgetragene These –, dann ist es derjenige der Metafiktion. Sein vielleicht klarstes Bekenntnis zur Metafiktionalität hat Peter Handke in einer Replik auf Marcel Reich-Ranicki formuliert. Dort heißt es:

> Reich-Ranicki will es nicht merken, daß jede literarische Methode, solange sie noch etwas taugt, künstlich scheint, indem sie sowohl den Vorgang des Schreibens als auch das Geschriebene als Gemachtes, Nicht-Natürliches, als Gegenwirklichkeit, in jedem Moment kenntlich macht: er hält einen richtigen erzählenden Satz, niedergeschrieben, für das natürlichste Ding auf der Welt; aber einen Satz, der, niedergeschrieben, kenntlich macht, daß ein richtiger erzählender Satz, kaum niedergeschrieben, das künstlichste Ding auf der Welt ist, beschimpft er als ›modernistisch‹, obwohl doch gerade dieser Satz vom natürlichsten Ding auf der Welt redet.[2]

Ganz deutlich wird hier das Credo von der Eigenwelt der Sprache, die der Natur nicht nur abbildend gegenübersteht, sondern eine Welt für sich

---

[1] Handke, Peter, »Die Geborgenheit unter der Schädeldecke« (= Rede zur Verleihung des Büchnerpreises 1973), in: Ders., *Als das Wünschen noch geholfen hat*, Frankfurt a.M. 1974, 71–80, hier 76–77.
[2] Vgl. Handke, Peter, »Marcel Reich-Ranicki und die Natürlichkeit«, in: Ders., *Ich bin ein Bewohner des Elfenbeinturms*, Frankfurt a.M. 1972, 203–207, hier 204–205.

schafft. Künstlichkeit soll bewusst ausgestellt werden, nicht verborgen: Handke stellt sich damit in die Tradition des Anti-Illusionismus, die seit jeher die illusionistische (Erzähl-)Kunst begleitet, ihr als Spiegelbild und Korrektiv gegenübersteht.[3]

Zur Einführung in eine Untersuchung der Erzählweise von *Don Juan (erzählt von ihm selbst)* aus dem Jahre 2004 seien hier zunächst drei grundsätzliche Merkmale von Handkes Poetik herausgestellt,[4] die sich schon früh ausgeprägt haben und noch heute leicht nachzuweisen sind: 1. eine Disposition zur Sprachkritik überhaupt, 2. eine in Bezug auf die Erzähltradition geäußerte Kritik an übernommenen, also klischeehaften Wendungen (eben den »Begriffen«) und Darstellungsweisen, 3. eine daraus folgende selbstreflexive und stets zu Selbstkorrektur bereite Erzählweise der Suchbewegung. Zum Kontext, in dem dieses poetische Programm entstanden ist, sei hier kurz etwas gesagt: Während Handkes sprachkritische Disposition maßgeblich durch seinen Kontakt mit der »Grazer Gruppe« motiviert ist,[5] lässt sich die bereits in der Stellungnahme gegen Marcel Reich-Ranicki vorgeführte Realismuskritik einordnen in die nach 1945 auf internationaler Ebene neubelebte Anti-Realismus-Debatte. Auf der Linie polemischer, epochemachender Schriften wie Alain Robbe-Grillets *Pour un nouveau Roman* (1956–63) und John Barths *The Literature of Exhaustion* (1967), die über den Vergleich mit Musik und Kunst den realistischen Roman zum stilistischen Anachronismus erklären, liegen ganz deutlich auch Peter Handkes Positionsnahmen in den Aufsätzen *Ich bin ein Bewohner des Elfenbeinturms* aus dem Jahre 1967 und *Zur Tagung der Gruppe 47 in den USA*:[6] Was Robbe-Grillet und Barth an der zeitgenössischen Prosa kritisieren, die ihnen wie die des 19. Jahrhunderts etwa von Dickens und Balzac erscheint, sieht auch Handke wieder durch die Schreibweise seiner Zeitgenossen verkörpert, denen er 1966 auf der Tagung in Princeton den berühmt-berüchtigten Vorwurf der »Beschreibungsimpotenz«[7] macht. Aus der sprach- und realismuskritischen Disposition also entsteht Handkes Prinzip des begriffsvermeidenden und selbstreflexiven Erzählens, das nun

---

[3] So die reich belegte These des Grundlagenwerks von Wolf, Werner, *Ästhetische Illusion und Illusionsdurchbrechung in der Erzählkunst*, Tübingen 1993.

[4] Die Erzählung ist bislang nur in einigen Zeitungsrezensionen behandelt worden, die sämtlich das Merkmal der sie konstituierenden Metafiktionalität vernachlässigen oder gänzlich ignorieren.

[5] Vgl. Holzinger, Alfred, »Peter Handkes literarische Anfänge in Graz«, in: Raimund Fellinger (Hg.), *Peter Handke*, Frankfurt a.M. 1985, 11–25; Laemmle, Peter & Drews, Jörg (Hg.), *Wie die Grazer auszogen, die Literatur zu erobern*, München 1975.

[6] Beide in Handke, Peter, *Ich bin ein Bewohner des Elfenbeinturms*, Frankfurt a.M. 1972, 19–28 und 29–34.

[7] Vgl. ebd., 29.

als Grundlage der Interpretation von *Don Juan* anhand einiger Beispiele aus dem bisherigen Werk charakterisiert werden soll.

2 Vom Erzählen erzählen: Metafiktion in Peter Handkes Erzählwerk

Schon Handkes ersten Roman *Die Hornissen* aus dem Jahre 1966 bezeichnet der Klappentext als »Versuch, die Entstehung eines Romans zu beschreiben«:[8] Gezeigt wird ein Mann, der mit der literarischen Verarbeitung einer Erfahrung beschäftigt ist, thematisiert wird immer wieder das Verhältnis von Erinnerung und Fiktionalisierung. Besonders im vorletzten Kapitel (»Die Entstehung der Geschichte«) wird der selbstreflexive Blick auf das bereits Erzählte geworfen. Damit ist der Handke'sche Erzählertypus in der Welt: ein Schriftsteller, der sich oft als *poeta doctus* erweist, der also seine eigene Weltverarbeitung immer auch zusammensieht mit derjenigen literarischer Vorgänger. Eine solche typische Verquickung von Metafiktionalität und Intertextualität begegnet besonders im Roman *Der kurze Brief zum langen Abschied* aus dem Jahre 1972, für dessen Erzähler auf einer Reise durch die USA sich stets die Selbstbeobachtung mit der Lektüreerfahrung verbindet – in diesem Fall etwa mit Gottfried Keller[9] und F. Scott Fitzgerald. Bereits im Titel bezieht sich auch der *Nachmittag eines Schriftstellers* von 1987 auf eine gleichnamige Erzählung Fitzgeralds, impliziert also über diese literarische Voraussetzung die Schreibkrise des Amerikaners, die der Handke'sche Schriftsteller dann bei der Erwanderung des Umlandes von Salzburg zu überwinden sucht. Wie sehr die Werke Handkes von Sprachkrise und Sprachskepsis geprägt sind, hat besonders Dirk Göttsche nachgewiesen. Er spricht von einer »Produktivität der Sprachkrise«, die Handkes Texte zur »Spracharbeit« werden lässt und ihre ebenso typisch selbstreflexive Komposition zeitigt.[10]

Indem Handke den Schriftsteller zum Protagonisten und das Erzählen zum Thema macht, wird er einer weiteren Überzeugung gerecht, die sich im Kontext der Realismuskritik bei ihm herausgebildet hat:

---

[8] Vgl. Handke, Peter, *Die Hornissen*, Frankfurt a. M. 1966, Klappentext.
[9] »Ich ging ins Hotel zurück und las noch, wie der grüne Heinrich nach der Natur zu zeichnen anfing und doch erst nur das Abgelegene und Geheimnisvolle darin suchte.« – Die künstlerische Entwicklung von Kellers »Grünem Heinrich« vom Malen idealisierter Landschaften zum wirklichen Beobachten, die anschließend geschildert wird, wird zum Vorbild für die schriftstellerische Entwicklung des Erzählers; vgl. Handke, Peter, *Der kurze Brief zum langen Abschied*, Frankfurt a. M. 1972, 64.
[10] Vgl. Göttsche, Dirk, *Die Produktivität der Sprachkrise in der modernen Prosa*, Frankfurt a. M. 1987, 223–302.

> Die Fiktion, die Erfindung eines Geschehens als Vehikel zu meiner Information über die Welt ist nicht mehr nötig, sie hindert nur. Überhaupt scheint mir der Fortschritt der Literatur in einem allmählichen Entfernen von unnötigen Fiktionen zu bestehen. Immer mehr Vehikel fallen weg, die Geschichte wird unnötig, es geht mehr um Mitteilung von Erfahrungen, sprachlichen und nicht sprachlichen, und dazu ist es nicht mehr nötig, eine Geschichte zu erfinden.[11]

Diese Maxime hat er mit unterschiedlicher Radikalität umgesetzt: Während die bislang vorgestellten Bücher zumindest noch zusammenhängende Texte sind, die, wenn auch von großer Selbstreflexivität gezeichnet, eine Art von Fabel entwickeln (und sei es nur die eines Schriftstellers auf Reisen oder bei der Arbeit im Zimmer), hat Handke in seinen »Journalen« auch noch diesen Rest von herkömmlicher Erzählstruktur getilgt. Hier – also etwa in der *Geschichte des Bleistifts* aus dem Jahre 1982 – begegnet der Leser nur noch aphoristischen Einträgen von wenigen Zeilen, die durch Absätze getrennt sind und zumeist nicht in unmittelbarem Zusammenhang stehen. Dabei ist zu erwähnen, dass diese Journale aus Sicht des Autors selbst durchaus nicht nur als die poetologischen Begleittexte zu den Romanen und Erzählungen gelten sollen, sondern als Entwicklung hin zum Ideal eines »Epos aus Haikus«.[12]

Mit einer einfachen gattungstheoretischen Unterscheidung von expositorischen und fiktionalen Texten würde man der Eigenart der Handke'schen Prosa gerade nicht gerecht: Wenngleich man zwar Unterschiede in der Radikalität der Entfabelung machen kann, so liegt doch den »Romanen« wie den »Journalen« dieselbe Einsicht zugrunde, dass die Sprache *an sich* schon Kunstcharakter besitzt, dass mit jedem Sprechen schon eine »Fiktionalisierung« der Wirklichkeit stattfindet. Aufgabe des Schriftstellers ist es nun, sich selbst bei diesem Prozess zu beobachten. In den Journalen mag man somit eine extreme Variante des metafiktionalen Schreibens sehen, die das schriftstellerische Bewusstsein »bei der Arbeit« zeigt und alle Denkmöglichkeiten protokolliert. Für Handke charakteristisch ist also eine Schreibweise, »die das erzählerische Ich als im Entstehen begriffen ausweist«.[13]

Zum hier zugrundegelegten Metafiktionsbegriff sei an dieser Stelle noch gesagt, dass es von diesem Begriff verschiedene Definitionen gibt, die man

---

[11] Vgl. Handke, Peter, *Ich bin ein Bewohner des Elfenbeinturms*, Frankfurt a.M. 1972, 24.
[12] Vgl. Handke, Peter, *Die Geschichte des Bleistifts*, Frankfurt a.M. 1982, S. 52: »Ein Epos aus Haikus, die sich dabei keineswegs als solche Einzeldinge bemerkbar machen, ohne Handlung, ohne Intrige, ohne Dramatik, und doch erzählend: das schwebt mir vor als das Höchste«.
[13] Vgl. Jurgensen, Manfred, *Erzählformen des fiktionalen Ich. Beiträge zum deutschen Gegenwartsroman*, Bern, München 1980, 7; zu Handke auch ebd., 9–27.

in enge und weitgefasste unterteilen kann. Einschlägige Untersuchungen sind immer wieder von einer Dichotomie gezeichnet, die sich am Phänomen der Illusionsstörung oder des Illusionsbruchs scheidet – so etwa bei Werner Wolf »fictio-thematisierende vs. fictum-thematisierende Metafiktion«,[14] bei Michael Scheffel die Differenzierung von »Betrachtung« gegenüber »Spiegelung« beim selbstreflexiven Erzählen,[15] bei Ansgar Nünning die Unterscheidung zwischen Metanarrativität und Metafiktion.[16] Mit dem jeweils ersten Begriff wird eine literarische Selbstreflexivität bezeichnet, bei der die Wahrheitsillusion dennoch aufrechterhalten bleibt oder bleiben kann, mit dem jeweils zweiten eine solche, bei der das Erzählte offen als Fiktion preisgegeben wird. In Bezug auf Handke müsste man nun sagen, dass nach dieser scharfen Trennung seine Texte zum Teil nicht als metafiktional gelten dürften, weil zwar der Erzählvorgang thematisiert wird, das Erzählte aber nicht als »Erfundenes« präsentiert wird. In dem Versuch, den schriftstellerischen Prozess darzustellen, schaffen sie sozusagen eine neue Wahrheitsillusion. Ein solches Phänomen hat bereits Eberhard Lämmert in seinen *Bauformen des Erzählens* beschrieben:

> Durch denselben Akt, durch den der Dichter die Distanz zum Erzählten vergrößert, verringert er die Distanz zum erzählenden Ich. Denn indem er selbst eine Unterscheidung zwischen Erzählung und Wirklichkeit macht, schafft er dem Leser um so eher die Illusion seiner persönlichen Wirklichkeit und Nähe![17]

Dies trifft ganz entschieden auch auf Handkes Erzählen zu. Es darf deswegen unter einem weitergefassten Begriff durchaus als metafiktional bezeichnet werden.[18]

Wenngleich die Erzählerfiguren also nicht namentlich mit Handke identifiziert werden, weisen sie doch häufig einen überprüfbaren Bezug

---

[14] Vgl. Wolf, Werner, *Ästhetische Illusion und Illusionsdurchbrechung in der Erzählkunst*, Tübingen 1993, 247–259.
[15] Vgl. Scheffel, Michael, *Formen selbstreflexiven Erzählens*, Tübingen 1997, das Kapitel »Die Typen der Selbstreflexion in fiktionalen Erzähltexten«, 54–85.
[16] Vgl. Nünning, Ansgar, »Metanarration als Lakune der Erzähltheorie: Definition, Typologie und Grundriß einer Funktionsgeschichte metanarrativer Äußerungen«, in: *Arbeiten aus Anglistik und Amerikanistik* 26:2, 2001, 125–164. – »Metanarrativität« ist bei Nünning der Oberbegriff für alle Formen der Selbstreflexivität, die sowohl illusionsfördernd als auch illusionsstörend eingesetzt werden können; »Metafiktion« stellt für Nünning einen illusionsstörenden Fall der Metanarrativität dar.
[17] Vgl. Lämmert, Eberhard, *Bauformen des Erzählens*, Stuttgart 1955, 69.
[18] Eine solche »einfache« Definition von Metafiktion bietet neben vielen englischsprachigen Theoretikern etwa Arno Löffler: »Metafiktion liegt immer dann vor, wenn das Erzählen Gegenstand des Erzählens wird und damit seinen unbewußten oder ›selbstverständlichen‹ Charakter einbüßt.« – Vgl. Löffler, Arno & Freiburg, Rudolf & Petzold, Dieter & Späth, Eberhard, *Einführung in das Studium der englischen Literatur*, 6. Auflage, Stuttgart 2001, 113.

zur Person des Autors auf, der sich etwa über den jeweiligen Wohnort erschließt. In diesen Parallelführungen von fiktionalem Ich und empirischem Autor mag man einen zusätzlichen Authentizitätsgewinn im Hinblick auf die Produktionsästhetik sehen. So heißt es etwa in *Mein Jahr in der Niemandsbucht* aus dem Jahre 1994 – man lese bereits im Hinblick auf die *Don Juan*-Erzählung:

> Die Art meines Tuns wie meines Nichtstuns entspricht mir im großen und ganzen, und ebenso auch meine Umgebung, das Haus, der Garten, die abgelegene Vorstadt, die Wälder, die Nachbartäler, die Zuglinien, die kaum sichtbare und umso spürbarere Nähe des großen Paris unten im Seinebecken hinter dem östlichen Hügelwald.[19]

3 Don Juan

Auf einer Skala der Radikalität der Entfabelung stellt sich nun *Don Juan (erzählt von ihm selbst)* zunächst wieder als etwas gemäßigter dar: Es ist ein geschlossener und chronologisch zu lesender Text, dessen Erzähler im Präteritum spricht und seinen Gegenstand aus der Rückschau vollständig kontrolliert, sich also dem Anschein nach der traditionellen Erzählsituation wieder annähert und auch von einem ›Fiktionsvehikel‹[20] Gebrauch zu machen scheint, indem er eine Figur namens Don Juan auftreten lässt. Dennoch gibt das Buch mit beginnender Lektüre sogleich ein Rätsel auf: Der dort erzählt und sich »Ich« nennt, ist nämlich nicht Don Juan, sondern ein Don Juan soll dieses Ich besucht und ihm seine Geschichte erzählt haben: »Seine Geschichte erzählte er mir nicht in der Ich-Form, sondern in der dritten Person. So kommt sie mir jetzt jedenfalls in den Sinn.« (7)[21]

Diese Aussage, die gleich im ersten Absatz steht, ist stilistisch wie inhaltlich eigenartig: Zum einen klingt sie durch den Verweis auf »Ich-Form« und »dritte Person« für einen literarischen Text merkwürdig wissenschaftlich, zum anderen lässt sie durch die Relativierung »So kommt sie mir jetzt jedenfalls in den Sinn« schon zu Beginn der Geschichte fundamentale Zweifel an der Wahrheitsillusion aufkommen. Wer erzählt schließlich von sich in der dritten Person? Das tun gemeinhin nicht Figuren, sondern eher manche Schriftsteller, wenn sie eine Erfahrung verarbeiten, ohne dabei »Ich« sagen zu wollen. Von Anfang an wird im Text also die Deutungsmöglichkeit

---

[19] Vgl. Handke, Peter, *Mein Jahr in der Niemandsbucht*, Frankfurt a. M. 1994, 13.
[20] Vgl. Handkes Zitat (Anm. 11 auf S. 176), in dem er über fiktionsfördernde »Vehikel« spricht.
[21] Handke, Peter, *Don Juan (erzählt von ihm selbst)*, Frankfurt a. M. 2004, 7.

angelegt, dass dieser Don Juan nur ein Hirngespinst des Erzählers ist. So fragt sich dieser bezüglich der Ankunft Don Juans: »Kam er? Erschien er?« (11) – und zieht damit wiederum den innerfiktionalen ontologischen Status der Figur in Zweifel. Einerseits spricht er mit dem Gestus der Aufrichtigkeit vom Besuch Don Juans in seinem Garten – nämlich im Indikativ Präteritum, etwa: »Ich kochte, und Don Juan erzählte.« (43) Andererseits aber ist die Beschreibung dieses Don Juan widersprüchlich und rückt bald ins Phantastische – sein Gesicht etwa ist schachbrettartig dunkelrot-weiß gescheckt.[22] »Ich möge ihn als so wirklich wie nur etwas betrachten« (18), zitiert der Erzähler Don Juan, und ruft kurz darauf aus: »Und wie dieser Mensch wirklich war!« (19) Dass er sich dessen erst versichern muss, impliziert das Gegenteil der Aussage.

Die Spannung, die somit zwischen Behauptung des Erzählers einerseits und Implausibilität andererseits entsteht, könnte man zunächst auffassen als erzählerische Unzuverlässigkeit, die in der Literaturgeschichte oft entweder an einen Wahn- oder Traumzustand gebunden ist. So würde die Behauptung, in einer verlassenen Klosterruine zu wohnen, dort »Koch« zu sein und »Don Juan« zu Gast zu bekommen, eine traumhafte oder träumerische Vorstellung des Erzählers, die durch das Weltwissen des Lesers von diesem auch als solche »entlarvt« wird.

Handke kokettiert mit dieser Erzählweise des Traumspiels,[23] durchbricht sie dann aber doch: Der Erzähler selbst entlarvt seinen Gast als Einbildung. Ganz deutlich wird dies in einigen dem Text eingeflochtenen Klammerkommentaren, die etwa an die Döblin'sche Manier der Erzählerkommentare erinnern, also ein »Heraustreten« aus dem Text auch typographisch anschaulich machen.[24] Nach einer Schilderung der Landschaft um die Klosteranlage von Port-Royal-des-Champs heißt es in einem solchen Klammerkommentar:

> Ich hole hier nicht nur deswegen so weit aus, weil mir das Gefilde im Umkreis des Port-Royal-Trümmerhaufens ans Herz gewachsen ist, sondern auch, weil ich mir in ihm die richtige oder mögliche, jedenfalls die sich aufdrängende Örtlichkeit für die Geschichte jetzt, für etwas von jetzt oder überhaupt für jetzt *einbilde*, so wie das vielleicht einmal die verlassenen Mauern der italienischen Fabrikvorstädte für die Filme Antonionis waren und die sandstrahlbenagten Inselberge des Monument Valley für die Western von John Ford. [30–31, Hervorhebung J. W.]

Hierdurch wird nicht nur textimmanent die Erscheinung Don Juans als Illusion erwiesen, sondern zusätzlich ein außerfiktionaler Bezug hergestellt:

---

[22] Vgl. ebd., 18.
[23] Vgl. hierzu Gerigk, Horst-Jürgen, *Lesen und Interpretieren*, Göttingen 2002, bes. 41–52.
[24] Z. B. in *Berlin Alexanderplatz* oder in *Babylonische Wandrung*.

zumindest, wenn man weiß, dass Handke selbst sich bereits mehrfach, auch in expositorischen Texten, mit den Regisseuren Antonioni und Ford auseinandergesetzt hat.[25] Damit soll freilich nicht gesagt sein, dass die Erzählerfigur mit Handke identisch wird; wie schon in anderen Werken zuvor wird aber durch den angedeuteten Bezug zu seiner Person ein interpretatorischer Mehrwert gewonnen, der wiederum auf das Thema von Realität und Fiktionalisierung verweist. Eine weitere Anspielung birgt der folgende Kommentar:

> Ich bemerkte, wie oft Don Juan in seiner Geschichte statt »ich« das »Man« gebrauchte, so als sei ihm die Allgemeingültigkeit seines Erlebens etwas Selbstredendes – wollte Gott, mir wäre es mit den Wechselfällen, zuletzt mehr Fällen als Wechsel, meines Lebens ebenso ergangen. (60)

Bedenkt man, dass »Don Juan« an diesem Punkt der Erzählung bereits als Teil des Erzählerbewusstseins gelten kann und nicht mehr als Gast aus Fleisch und Blut, so wirkt die Stelle geradezu ulkig: denn der das »Man« gebraucht, ist ja letztlich der Erzähler selbst. Bedenkt man dann noch, wo die Problematik, wie vom »Erleben« zu berichten sei, besonders stark thematisiert wird, dann weist dieser Erzähler eine große Übereinstimmung mit den bisherigen Handke'schen Erzählern auf. Dass er sich des sprachkritischen Wortspiels mit den »Wechselfällen« nicht enthalten kann, ist besonders verräterisch.

Anhand ihrer zwei Wahrheitsebenen erweist sich die Erzählung somit als »längeres Gedankenspiel«[26] im Sinne Arno Schmidts, bei dem der Leser hauptsächlich mit der subjektiven »Erlebnisebene I« des Erzählers konfrontiert wird – in diesem Fall dem Erwandern der Ile de France mit einem Gast und dann den nacherzählten Erzählungen dieses Gastes. Durch die punktuellen Illusionsbrüche jedoch kann der Leser auch auf die objektive »Erlebnisebene II« schließen, die den Erzähler als völlig vereinsamten Menschen ausweist,[27] dessen Phantasie bei Wanderungen in der Ile de France und durch Leseerlebnisse zur Einbildung eines Gastes und seiner Erzählungen beflügelt wird. Obwohl beide Ebenen im Indikativ Präteritum vermittelt werden – also im Modus der Wahrheitsbehauptung –, kann der Interpret die subjektive Erlebnisebene doch nicht mehr »ernstnehmen«,

---

[25] Vgl. Handke, Peter, »Appetit auf die Welt. Rede eines Zuschauers über ein Ding namens Kino«, in: Ders., *Mündliches und Schriftliches. Zu Büchern, Bildern und Filmen*, Frankfurt a.M. 2002, 11–17; zu Ford vgl. bes. auch den Schluß von *Der Kurze Brief zum langen Abschied*.

[26] Vgl. Schmidt, Arno, *Berechnungen (I und II)*, in: Ders., *Rosen & Porree*, Karlsruhe 1959, 283–308, sowie dazu Gerigk, Horst-Jürgen, *Lesen und Interpretieren*, Göttingen 2002, 45ff.

[27] Vgl. Handke, Peter, *Don Juan (erzählt von ihm selbst)*, Frankfurt a.M. 2004, 43.

sobald sie einmal durch den Meta-Kommentar der Ebene II torpediert wurde.[28] Vor jedem behaupteten »Don Juan erzählte ...« denkt man sich somit ein – sozusagen Gantenbein'sches – »Ich stelle mir vor:« des Erzählers.

Im Vergleich mit den eingangs skizzierten Grundtendenzen der Handkeschen Poetik lässt sich über die Erzählweise in *Don Juan* nun sagen: Auch hier wird nicht eine herkömmliche realistische Fiktion aufgebaut, in der nun ein »neuer Don Juan« Protagonist ist, sondern eine Meta-Fiktion, deren Thema der Besuch eines *eingebildeten* Don Juan ist. Nicht er steht im Mittelpunkt, sondern der Ich-Erzähler. Nicht das, *was* Don Juan auf seinen Reisen erlebt hat, ist von Interesse, sondern *wie* davon zu berichten ist. Es wird vom Erzählen erzählt.[29] »Don Juan« ist also kein »Fiktionsvehikel«, dessen sich Handke ja entledigen wollte, sondern geradezu ein »Metafiktionsvehikel«, eine Zwischeninstanz des Erzählerbewusstseins, die bei der Sprachfindung hilft. Erst durch die Einbildung dieser Zwischeninstanz werden Dinge dem Erzähler wieder »beschreibbar« (154).

4 Metafiktion als kontrollierte Entgrenzung

Aufschlussreich für das »Erscheinen« Don Juans ist der jeweils beschriebene Kontext, in dem häufig deutliche Signale für den Phantasiecharakter dieses Besuchers stehen: Zunächst verrät der Erzähler, dass er eines Morgens »genug vom Lesen« (9) gehabt habe. Dann heißt es: »Don Juans Kommen an jenem Maiennachmittag ersetzte mir mein Lesen.« (10) Und schließlich: »Er hatte die Beine auf die angemorschte Platte des Tisches gelegt, der mir vormals als Lesetisch gedient hatte.« (25) Nur zu gut kann man sich hier denken, wer zunächst die Beine auf den Lesetisch gelegt hatte: der Erzähler selbst. Seine Selbstwahrnehmung schlägt dann um in eine Vision. Nochmals bezogen auf die erwähnten zwei Ebenen der Geschichte, erweist sich der »Lesetisch« als Objekt der Wirklichkeit des Erzählers, aber als Schnittstelle zu den Welten der Phantasie: das Lesen hört auf, und die Einbildung beginnt. Diesen Vorgang versieht der Erzähler dann noch mit einem denkwürdigen Stichwort:

> Zugleich bescherte mir Don Juans Kommen buchstäblich die innere Erweiterung oder Entgrenzung, die sonst nur das so aufgeregte (und aufgescheuchte) wie selige Lesen schaffte. (10)

---

[28] »Wahrheitsbehauptung« ist hier weiterhin innerfiktional, nicht im Hinblick auf die Realität des Lesers gemeint.
[29] Diese Wendung ist entliehen von Loetscher, Hugo, *Vom Erzählen erzählen. Münchner Poetikvorlesungen*, Zürich 1988.

»Entgrenzung« – das ist eines der wichtigsten Schlagworte der Moderne.[30] Es evoziert Namen wie Rimbaud oder Lasker-Schüler, die die Erfahrung einer »Instrumentalisierung« oder »Medialisierung« des Künstlers eindrücklich beschrieben haben in kanonisch gewordenen Dicta wie »*Ich* ist ein anderer« oder »es dichtet in mir«.[31] Solche Entgrenzung des dichterischen Subjekts gehört zu den »Prinzipien der programmatischen Moderne«.[32] Diese Tradition der Moderne, wie die sprachkritische, ist auch Peter Handke nicht unbekannt. Die Erfahrung einer »heteronomen Autorschaft«[33] wird von Handkes Erzähler im Kunstwerk selbst thematisiert: nämlich durch die Trennung von Ich- und Er-Form. Der Ich-Erzähler »entgrenzt sich« in der Er-Form; das »er« ist der »Andere«, den die Phantasie gebiert. Dieser Andere zeigt sich dem Ich-Erzähler so »wirklich«, dass er ihn zunächst auch als heteronome Figur behauptet (s.o.). Die Er-Erzählung für sich alleine stellt sich so dar, wie man sie aus der langen Tradition des poetischen Realismus gewohnt ist: als Behauptung der Einsicht in ein Figurenbewusstsein, oder mit Franz K. Stanzel gesprochen als »personale Erzählsituation«, etwa wenn es über Don Juan heißt: »er sah« oder »er hörte«, aber auch in Sätzen mit tieferer Einsicht wie: »Seine Trauerjahre waren nicht vorbei.« (90) Auch wenn der Erzähler über diese vermittelte Innensicht der Figur hinausgeht und eine kommentierende Außenperspektive einnimmt, stützt er manchmal noch die Wahrheitsillusion der Figur: »Don Juans Macht kam von seinen Augen.« (70)

Dann aber lenkt der Erzähler die Aufmerksamkeit auf seine eigene Rolle in diesem Prozess der Medialisierung – er macht deutlich, daß hinter jeder Er-Erzählung sprechgrammatisch ein »Ich« stehen muss.[34] Dieses Ich liefert den übergeordneten, also den Meta-Kommentar zur imaginierten Er-Erzählung des Don Juan. Über eine beglaubigende auktoriale Erzählweise geht

---

[30] Vgl. dazu Kiesel, Helmuth, *Geschichte der literarischen Moderne. Sprache – Ästhetik – Dichtung im zwanzigsten Jahrhundert*, München 2004, 108–176, bes. 129–135 (»Transformation des Subjekts«). In Anbetracht des häufigen Gebrauchs des Entgrenzungsbegriffs in postmodernen Literatur- und Kulturtheorien mit dabei teilweise ganz unterschiedlicher Bedeutung sei hier angemerkt, dass mit Entgrenzung in diesem Beitrag ausschließlich die Aufhebung der Grenzen des dichterischen Subjekts, d.h. eines festen Ichs gemeint ist, Entgrenzung also synonym für das moderne Phänomen der Ich-Dissoziation gebraucht wird.
[31] Zitatnachweise ebd., 129.
[32] Ebd., 99.
[33] Ebd., 130.
[34] Vgl. etwa Petersen, Jürgen H., *Erzählsysteme. Eine Poetik epischer Texte*, Stuttgart, Weimar 1993, 15–16, oder auch Martínez, Matías & Scheffel, Michael, *Einführung in die Erzähltheorie*, 5. Auflage, München 2003, 81: »Da jede Erzählung *per definitionem* von jemandem erzählt wird, ist sie, sprechgrammatisch gesehen, immer in der ersten Person abgefaßt (selbst wenn der Erzähler die grammatische erste Person an keiner Stelle seines Textes verwendet).«

dieser Kommentar hinaus, indem er nicht nur die Figur zum Gegenstand macht, sondern die von ihr handelnden »richtigen erzählenden Sätze«, die dem Ich-Erzähler, kaum dass er sie ausgesprochen hat, unwirklich oder unrichtig erscheinen:

> Er sah sich noch zu sehr vorkommen in dem Geschehen; erst wenn es nicht mehr um ihn ginge, könnte er damit frei ausholen. Im zeitlichen Abstand sehe ich das jetzt freilich anders. (28)

Zwischen den beiden hier zitierten Sätzen geschieht bruchlos der Übergang von der Er-Form zur Ich-Form: Die Entgrenzung, welche die künstlerische Imagination gewährt – so wirklich sie sich auch manchmal darstellen mag –, wird also doch wieder von der Kontrollinstanz des Dichtererzählers als solche entlarvt. Mit dem Kunstgriff dieses narrativen Nebeneinanders erwirbt sich Handke noch einmal das Privileg der »Dummheit des Erzählens, festzuhalten, wie es war«[35] – und gleichzeitig zum Ausdruck zu bringen, dass man in einem solchen Modus der ungestörten Wahrheitsillusion, der vorgegaukelten Medialisierung nicht mehr erzählen kann.

5 Warum »Don Juan«? – Begriffsauflösendes Erzählen

Damit ist allerdings noch nicht geklärt, warum Handke als Reflexionsfigur ausgerechnet *Don Juan* wählt – also geradezu einen »Mythos der Neuzeit«,[36] mit dem, bei allen Differenzierungen seiner Psyche und Verhaltensweise in den verschiedenen Bearbeitungen des Stoffes, bestimmte Begriffe untrennbar verbunden sind: »Was verstehen wir heute unter einem ›Don Juan‹ […]? Einen Frauenhelden und Verführer, einen Mann, der ständig auf neue Liebesabenteuer aus ist, stets neue sexuelle Beziehungen sucht.«[37]

In der Vorstellung vieler sei, so Hiltrud Gnüg, der Name Don Juans sogar deckungsgleich mit dem Casanovas: »Don Juan – Casanova: das sind in der Volksmeinung nur zwei verschiedene Namen für ein und denselben Typus: den Homme à femmes.«[38]

Evoziert Don Juan also zuallererst den Typus des Libertins, so hat er doch im Laufe der Stoffgeschichte eine Reihe von Umwertungen erfahren – vom melancholischen »Idealsucher« über den »Dandy«[39] bis zum »zügellose[n]

---

[35] Vgl. Adorno, Theodor W., *Noten zur Literatur I*, Frankfurt a.M. 1954, 53.
[36] Vgl. Gnüg, Hiltrud, *Don Juan – Ein Mythos der Neuzeit*, Bielefeld 1993, sowie die erhellende Anthologie zur Stofftradition von Müller-Kampel, Beatrix (Hg.), *Mythos Don Juan*, Leipzig 1999.
[37] Vgl. Müller-Kampel, Beatrix (Hg.), *Mythos Don Juan*, Leipzig 1999, 11.
[38] Vgl. Gnüg, Hiltrud, *Don Juan – Ein Mythos der Neuzeit*, Bielefeld 1993, 7.
[39] Ebd., 79 und 99.

Zyniker«.[40] Exemplarisch für die Vision eines »modernen« Don Juan mag man sich an Max Frischs Charakterisierung als »Intellektueller, wenn auch von gutem Wuchs und ohne alles Brillenhafte«[41] erinnern.

Dass man Don Juan immer neu erfindet, ist also nichts Neues: So grenzt sich auch Handkes Erzähler von den früheren Deutungen der Figur ab, indem er behauptet, die bisherigen Don Juans seien »allesamt die falschen« gewesen – »auch der von Molière; auch der von Mozart« (157). Auch auf das gern zitierte Kierkegaard-Wort von Don Juans »sieghafter« Begierde bezieht er sich indirekt, nur um dann zu widersprechen: Sein Don Juan habe mit »Sieg und Begehren […] nichts zu schaffen« (75). Bezeichnend ist also, dass Handke zwar seine Figur nach einem literarischen Typus benennt, sie aber nicht darauf festlegen will: »Er beschwört den Mythos herauf, um ihn zu überschreiben […]. Handke betreibt poetischen Dekonstruktivismus, ohne aus den Scherben eine Gestalt mit festen Umrissen gewinnen zu wollen.«[42]

Treffend bemerkt ein anderer Rezensent:

> Handkes Don Juan hat […] kaum etwas von dem, was die Stoffgeschichte von ihm verlangt, wohl aber alles, was man von einem Handkeschen Helden erwarten würde. Er ist also ein Virtuose der wahren Empfindung und ein Spezialist für erfüllte Augenblicke.[43]

Indem Handke diese Annäherung an seine Poetik vornimmt, unterzieht er die Figur Don Juans, die zum Begriff erstarrt ist, seinem oben erwähnten Prinzip der Begriffsvermeidung. Weil Don Juan eine Figur mit großem Identifikationspotential ist – weil also viele Leser oder auch Kinogeher geneigt sind, ihre eigenen Erfahrungen als Parallelisierung oder Postfiguration der Fiktion zu sehen, macht der Erzähler es zu seinem Anliegen, Elementarsituationen zwischen Mann und Frau, die so etwas vermeintlich »Donjuaneskes« an sich haben, unter die Lupe zu nehmen und vom Klischee zu befreien: »Es herrschte von Tag zu Tag keine höhere Gewalt als die zwischen ihm und der Frau. Von ›Liebe‹ dabei von Don Juan kein Wort. Das hätte nur abgeschwächt, was geschah.« (109)

Besonders eindrücklich gelingt dies durch die geschilderte Erzählsituation: Indem der Erzähler sich »entgrenzt«, d.h. sich seine eigene Geschichte als die eines Don Juan vorstellt, sieht er sich immer wieder mit der Macht vorgeformter Bilder und Szenen konfrontiert. Er bricht aber

---

40 Vgl. Müller-Kampel, Beatrix (Hg.), *Mythos Don Juan*, Leipzig 1999, 56.
41 Vgl. Frisch, Max, *Don Juan oder die Liebe zur Geometrie*, Frankfurt a.M. 1963, 93.
42 Vgl. Strigl, Daniela, »Zählen und Erzählen. Peter Handkes Roman *Don Juan (erzählt von ihm selbst)*«, in: *Der Standard*, 30.7.2004.
43 Vgl. Osterkamp, Ernst, »Held der erfüllten Zeit. Weg von hier: Peter Handke verbringt sieben Nächte mit Don Juan«, in: *Frankfurter Allgemeine Zeitung*, 7.8.2004.

diese Macht, indem er die sich zunächst aufdrängende Sprache korrigiert oder kommentiert: getreu der Handke'schen Maxime, die »üblichen Begriffe« seien »das erste Schlechte«, das der Schriftsteller nur stehenließe, wenn er »müde« sei – während wahrhaft »poetisches Denken« dagegen »begriffsauflösende Kraft« besitze.[44] Auch das ist, im Kleinen, eine Form von »Metafiktion«:

> [...] ihn, Don Juan, betrachteten, ja, betrachteten jene Frauen als ihren Herrn, den alleinigen, auf immer (ohne »Gebieter«). Und als einen solchen beanspruchten sie ihn, fast (»fast«) als eine Art Retter. Retter wovor? Einfach Retter. Retten wovor? Einfach retten. Oder einfach: sie, die Frauen, wegbringen, von hier, hier und hier. (74)

Don Juan (erzählt von ihm selbst) wurde anhand seiner hier aufgezeigten Facetten literarischer Selbstreflexivität als Paradigma metafiktionalen Erzählens ausgewiesen. Bei allen aufgezeigten Anklängen an Handkes bisheriges Werk und seine poetologischen Überzeugungen stellt die Erzählung aber auch eine Weiterentwicklung dar. Sie besteht in der Ambivalenz, die allen behauptenden Sätzen der Binnenerzählung des Don Juan anhaftet, sobald ihre Wahrheitsillusion einmal gestört wurde. Je »realistischer« danach der Erzähler die Existenz seines Gastes schildert, desto mehr entsteht der Eindruck einer *Fiktionsironie*[45] – denn der Leser weiß ja ein für allemal, dass der Erzähler ein Gedankenspieler ist. Auf diese Weise gewinnt das Werk etwas für Handke außergewöhnlich Humorvolles, besonders wenn sich die »entgrenzende« Phantasie des Erzählers am Ende potenziert und zur Figur des Don Juan noch einen »Diener« herbeidenkt, der immerhin vier Seiten lang grobianisch monologisieren darf, wie man es von Handke wohl noch nie gehört hat.

Der Erzähler beteuert einmal, in der Geschichte seines Don Juan könne es keine »pikanten Einzelheiten« (42) geben, wie dies in der Geschichte des Don Juan-Stoffes häufig der Fall war – auch in diesem Punkt zeigt sich also eine Absage an die Tradition. In ganz anderer Hinsicht Pikantes streut dieser Erzähler jedoch in Bezug auf sich selbst ein, während er von Don Juan erzählt:

> Er saß in der milden Maisonne, als er erzählte, während ich, sein Zuhörer, im Halbschatten blieb, unter einem Holunderstrauch, der gerade blühte und dessen winzige – ›wunzig‹ hieß es damals auf dem Land statt ›winzig‹ – nicht einmal hemdknopfgroße, weißgelbe Blüten [...] in das besondere Holundergras herabpfeilten. (26)

---

[44] Vgl. Handke, Peter, *Als das Wünschen noch geholfen hat*, Frankfurt a. M. 1974, 76–77.
[45] Fiktionsironie wird hier verstanden als implizite Form der Metafiktion, insofern als sie dem einsinnigen, »wahrheitsgetreuen« Erzählbericht eine kommentierende oder relativierende Perspektive hinzufügt, aus der das Erwählte zweifelhaft erscheint.

Nicht nur deutet der Einschub in der Mitte des Zitats womöglich auf Handkes eigene Herkunft hin, sondern erinnert auch stark an die Erzählerkommentare eines Epikers, in dessen Tradition man Handke bislang noch nicht so sehr gesehen hat, dessen ironische Einmischung aber durchaus für Handkes Erzählung Pate gestanden haben könnte: »Man sagte ›inzückend‹.«[46]

6 Fazit

Wie unlängst in einem Aufsatz zu lesen war, zeigt sich Peter Handke in seinem jüngeren Werk zunehmend »gelassen«[47] angesichts der zumindest partiellen Wiederkehr fabulierender Passagen wie jener des hier erwähnten Diener-Monologs. Immer jedoch sind solche Binnenerzählungen eingebunden in die Rahmenerzählung eines Dichtererzählers, dessen Wahrnehmung die jeweils oberste Illusionsebene konstituiert, von der aus die Gedankenspiele entworfen, aber auch entlarvt werden. Dieses Prinzip taucht in Handkes *Don Juan*-Erzählung nicht zum ersten Mal auf – sondern es ist bereits zu viel facettenreicherer Ausführung in seiner über tausendseitigen Metafiktion *Mein Jahr in der Niemandsbucht* gekommen.[48] Genau genommen ist *Don Juan* sogar als dichterische Frucht der *Niemandsbucht*-Poetik zu bezeichnen, wenn man so will als ›kleiner Bruder‹ jenes »Märchens aus den neuen Zeiten«.[49] Dass der Erzähler in der *Niemandsbucht* große Ähnlichkeiten mit dem von *Don Juan* aufweist, wurde bereits erwähnt – beide sind ansässig in einem Pariser Vorort und sind Flaneure mit einer Disposition zur entgrenzten Wahrnehmung ihrer Umgebung. Es besteht aber darüber hinaus auch ein expliziter intertextueller Zusammenhang zwischen beiden Werken. Hierfür ist auf eine Passage der *Niemandsbucht* hinzuweisen, die deren Erzähler als Gedankenspieler genau in dem Sinne ausweist, wie es hier bereits beschrieben wurde. Auf einem Waldspaziergang ›begegnet‹ ihm eine Reihe von historischen Gestalten und Figuren aus Literatur und Film, unter denen hier besonders eine interessiert:

---

[46] So der berühmte Erzählerkommentar in: Mann, Thomas, *Buddenbrooks. Verfall einer Familie*, Frankfurt a. M. 1963, 115.
[47] Vgl. Wagner, Karl, »Handkes Arbeit am 19. Jahrhundert: Roman- und Realismuskritik«, in: Schneider, Sabine & Hunfeld, Barbara (Hg.), *Die Dinge und die Zeichen. Dimensionen des Realistischen in der Erzählliteratur des 19. Jahrhunderts. Für Helmut Pfotenhauer*, Würzburg 2008, S. 403–412, hier: S. 412.
[48] Insbesondere die sieben »Geschichten der Freunde« des Erzählers, die den Mittelteil der *Niemandsbucht* bilden, können als gedankenspielerische Entgrenzungen gelten.
[49] So der Untertitel von *Mein Jahr in der Niemandsbucht*.

> Während hier bei mir in dem Laubschatten die Bleistifte gleichmäßig dahinfuhren, ging drüben in der Sonne ein Priester vorüber, in bodenlanger Soutane, begleitet von Hochzeitsleuten, dem Paar wie den Trauzeugen; folgten im Abstand müßig, dabei wachsam, in Neubesetzung die Glorreichen Sieben, einer neben dem andern, so breit war der Weg da; folgten nach einer Zeit, Hand in Hand, schon halbverloren, den Blick himmelauf, Hans und Gretel, folgte Stunden später ein elegantes Paar, er im Kamelhaarmantel, sie auf hohen Schuhen und im Abendkleid, bis ich in dem Mann, gebräunt, geschwärztes Schnurrbarthaar, den Arm um seine Frau geschlungen, Wiegeschritte bergauf am Wegrand zwischen dem Ginster hindurch, Don Juan erkannte [...].[50]

Das ist gewissermaßen die Urszene für die Erscheinung des Don Juan, die hier zu Anfang beschrieben wurde (s.o.). Schon in der *Niemandsbucht* wird die Wald-Erscheinung, zu der auch Don Juan gehört, als Spiel der Imagination des Erzählers dekuvriert – auch und gerade wenn dieser Erzähler noch kurz vor der geschilderten Begegnung beteuert, er habe »keine Halluzinationen«.[51] Aus der zitierten Textstelle geht hervor, dass *Don Juan (erzählt von ihm selbst)* nur die weitergesponnene Fiktion jenes Entgrenzungsmoments aus der *Niemandsbucht* sein könnte. Das klischeehafte »geschwärzte Schnurrbarthaar« hat Don Juan bei der Neuerfindung verloren – wie gezeigt, wurde er einem Prozess der Begriffsauflösung unterzogen. Ein weiteres in der *Niemandsbucht* erwähntes Projekt, nämlich die Geschichte eines Apothekers, hat Handke inzwischen ebenfalls zu einem eigenen Buch gemacht.[52] Man darf gespannt sein, wann er das neuzeitliche Märchen von *Hänsel und Gretel* und die begriffsauflösende Metafiktion der *Glorreichen Sieben* vorlegt.

Literaturverzeichnis

Primärliteratur

Frisch, Max, *Don Juan oder die Liebe zur Geometrie. Komödie in fünf Akten*, Frankfurt a.M. 1963.
Handke, Peter, *Don Juan (erzählt von ihm selbst)*, Frankfurt a.M. 2004.
Handke, Peter, »Appetit auf die Welt. Rede eines Zuschauers über ein Ding namens Kino«, in: Ders., *Mündliches und Schriftliches. Zu Büchern, Bildern und Filmen*, Frankfurt a.M. 2002, 11–17.
Handke, Peter, *In einer dunklen Nacht ging ich aus meinem stillen Haus. Roman*, Frankfurt a.M. 1997.
Handke, Peter, *Mein Jahr in der Niemandsbucht. Ein Märchen aus den neuen Zeiten*, Frankfurt a.M. 1994.
Handke, Peter, *Die Geschichte des Bleistifts*, Frankfurt a.M. 1982.
Handke. Peter, *Als das Wünschen noch geholfen hat*, Frankfurt a.M. 1974.

---

[50] Vgl. Handke, Peter, *Mein Jahr in der Niemandsbucht*, S. 813.
[51] Vgl. ebd., S. 812.
[52] Aus dem Apotheker von Erdberg wurde der Apotheker von Taxham – vgl. Handke, Peter, *In einer dunklen Nacht ging ich aus meinem stillen Haus*, Frankfurt a.M. 1997.

Handke, Peter, »Die Geborgenheit unter der Schädeldecke« (= Rede zur Verleihung des Büchnerpreises 1973), in: Ders., *Als das Wünschen noch geholfen hat,* Frankfurt a. M. 1974, 71–80.
Handke, Peter, »Marcel Reich-Ranicki und die Natürlichkeit«, in: Ders., *Ich bin ein Bewohner des Elfenbeinturms,* Frankfurt a. M. 1972.
Handke, Peter, *Ich bin ein Bewohner des Elfenbeinturms,* Frankfurt a. M. 1972.
Handke, Peter, *Der kurze Brief zum langen Abschied,* Frankfurt a. M. 1972.
Handke, Peter, *Die Hornissen. Roman,* Frankfurt a. M. 1966.
Mann, Thomas, *Buddenbrooks. Verfall einer Familie,* Frankfurt a. M. 1963.
Schmidt, Arno, *Berechnungen (I und II),* in: Ders., *Rosen & Porree,* Karlsruhe 1959, 283–308.

Sekundärliteratur

Adorno, Theodor W., *Noten zur Literatur I,* Frankfurt a. M. 1954.
Gerigk, Horst-Jürgen, *Lesen und Interpretieren,* Göttingen 2002.
Gnüg, Hiltrud, *Don Juan – Ein Mythos der Neuzeit,* Bielefeld 1993.
Göttsche, Dirk, *Die Produktivität der Sprachkrise in der modernen Prosa,* Frankfurt a. M. 1987.
Holzinger, Alfred, »Peter Handkes literarische Anfänge in Graz«, in: Raimund Fellinger (Hg.), *Peter Handke,* Frankfurt a. M. 1985, 11–25.
Jurgensen, Manfred, *Erzählformen des fiktionalen Ich. Beiträge zum deutschen Gegenwartsroman,* Bern, München 1980.
Kiesel, Helmuth, *Geschichte der literarischen Moderne. Sprache – Ästhetik – Dichtung im zwanzigsten Jahrhundert,* München 2004.
Laemmle, Peter & Drews, Jörg (Hg.), *Wie die Grazer auszogen, die Literatur zu erobern,* München 1975.
Lämmert, Eberhard, *Bauformen des Erzählens,* Stuttgart 1955.
Löffler, Arno & Freiburg, Rudolf & Petzold, Dieter & Späth, Eberhard, *Einführung in das Studium der englischen Literatur,* 6. Auflage, Stuttgart 2001.
Loetscher, Hugo, *Vom Erzählen erzählen. Münchner Poetikvorlesungen,* Zürich 1988.
Martínez, Matías & Scheffel, Michael, *Einführung in die Erzähltheorie,* 5. Auflage, München 2003.
Müller-Kampel, Beatrix (Hg.), *Mythos Don Juan,* Leipzig 1999.
Osterkamp, Ernst, »Held der erfüllten Zeit. Weg von hier: Peter Handke verbringt sieben Nächte mit Don Juan«, in: *Frankfurter Allgemeine Zeitung,* 7.8.2004.
Nünning, Ansgar, »Metanarration als Lakune der Erzähltheorie: Definition, Typologie und Grundriß einer Funktionsgeschichte metanarrativer Äußerungen«, in: *Arbeiten aus Anglistik und Amerikanistik* 26:2, 2001, 125–64.
Petersen, Jürgen H., *Erzählsysteme. Eine Poetik epischer Texte,* Stuttgart, Weimar 1993.
Scheffel, Michael, *Formen selbstreflexiven Erzählens,* Tübingen 1997.
Strigl, Daniela, »Zählen und Erzählen. Peter Handkes Roman *Don Juan (erzählt von ihm selbst)*«, in: *Der Standard,* 30.7.2004.
Wagner, Karl, »Handkes Arbeit am 19. Jahrhundert: Roman- und Realismuskritik«, in: Schneider, Sabine & Hunfeld, Barbara (Hg.), *Die Dinge und die Zeichen. Dimensionen des Realistischen in der Erzählliteratur des 19. Jahrhunderts.* Für Helmut Pfotenhauer, Würzburg 2008, 403–412.
Wolf, Werner, *Ästhetische Illusion und Illusionsdurchbrechung in der Erzählkunst,* Tübingen 1993.

Mythenmetz & Moers in der *Stadt der Träumenden Bücher* – Erfundenheit, Fiktion und Epitext

Remigius Bunia

1 Zur Lage des Buchmarktes

Weder wirken Walter Moers' Comics hochstilambitioniert noch sind die Romane im Sinne des Kulturestablishments ›kritisch‹ – und fallen damit aus dem üblichen Raster dessen, was als ›höhere Literatur‹ gängig wahrgenommen wird. Fantastik und Fantasy setzen sich gegenüber ›ernst‹ auftretender Literatur seit vielen Jahrzehnten in der Wahrnehmung durch die Literaturwissenschaft schwer durch, mag das Lesepublikum noch so erfreut sein. Doch zögerlich beginnt die Literaturwissenschaft zu bemerken, dass Walter Moers ihrer Aufmerksamkeit entgangen ist, obwohl seine Texte in Kunstfertigkeit und Originalität wenigen deutschsprachigen Werken der letzten Dekaden nachstehen.[1]

Im Roman *Die Stadt der Träumenden Bücher*, einem Band aus einem Zyklus, der in Zamonien spielt,[2] wird satirisch das Buchwesen beschrieben: Dichter, Literaturagenten, Verleger, Kritiker und Buchhändler leben in der Stadt Buchhaim, in der das Buch und der Dichter stark verehrt werden.[3] Alles scheint gut, doch hat der Großbuchhändler Phistomefel Smeik den Buchhaimer Handel unter seine Kontrolle gebracht, ohne dass die Buchhaimer von seiner Macht wissen:

---

[1] So beispielsweise von Lars Korten (siehe Anm. 2) bei einem am 13. November 2007 gehaltenen Vortrag von Hans-Edwin Friedrich in Kiel zu »Die 13 1/2 Leben des Käpt'n Blaubär« sowie bei einem am 10. Oktober 2008 von Sabine Zubarik in Erfurt gehaltenen Vortrag zu »Funny Footnotes« (der Aufsatz erscheint bei Kadmos 2011).

[2] Zu der Geografie bei Moers vgl. Korten, Lars, »Ländliches Idyll und (mega-)städtischer Raum. Walter Moers' Zamonien global und regional betrachtet«, in: Martin Hellström, Edgar Platen (Hgg.), *Zwischen Globalisierungen und Regionalisierungen*, München 2008, 53–62.

[3] Es fällt auf, dass die Gegenwartsliteratur erstaunlich viele Bücher kennt, die das Buch – in seiner Materialität – besingen; man denke etwa an *The Eyre Affair* von Jaspar Fforde und an *La casa de papel* von Carlos María Domínguez. Man könnte mit Dirk Baecker vermuten, dass dies mit dem Aufkommen der Computergesellschaft zu tun hat, die die Buchdruckgesellschaft ablöst; die Huldigung des Buches wäre damit ein nostalgischer Reflex auf diese Veränderung. Vgl. Baecker, Dirk, *Studien zur nächsten Gesellschaft*, Frankfurt a. M. 2007, 7. Dirk Baecker geht in seinen Schriften der Umstellung in allen möglicheren Bereichen nach. Natürlich gibt es vorher Bücher, die sich mit Büchern beschäftigen, denkt man nicht zuletzt an Laurence Sterne und E.T.A. Hoffmann, die beide offenbar Vorbilder für Moers bilden.

> Ich lege den Papierpreis fest. Die Auflagen. Ich bestimme, welche Bücher Erfolg haben und welche nicht. Ich mache die erfolgreichen Schriftsteller, und ich vernichte sie wieder, wenn es mir gefällt. Ich bin der Herrscher von Buchhaim. *Ich bin die Zamonische Literatur.* (149)[4]

Smeiks Geschichte ist keineswegs als schlichte Kapitalismus-Kritik zu lesen. Vielmehr figuriert Smeik – der Vorname Phistomefel ist ein Anagramm von Mephistopheles – als das Böse schlechthin, das kein Ziel neben der Schaffung von weiterem Bösem verfolgt. Der Roman zeichnet nicht bloß das Bild einer böswilligen Kraft, sondern interessiert sich (darin den *Illusions perdues* von Honoré de Balzac vergleichbar) gleichermaßen für die komplexen Strukturen des Buchwesens und die Abhängigkeiten der Beteiligten. Dieses Geflecht, in das sich Smeik so erfolgreich einnisten kann, erwächst aus der Berechenbarkeit des Publikums, der Habsucht der Händler und der Ruhmgier der Schriftsteller. Die Aufmerksamkeit des Romans gilt der Anfälligkeit unvermeidlicher Strukturen der Ordnung für Missbrauch und Gewalt. Kritisiert wird demnach nicht die Gesellschaftsstruktur, sondern derjenige, der sie virtuos und unethisch zum Schaden vieler ausnutzt.

Smeiks Reich wird bloß von der wahren Poesie bedroht und am Ende auch besiegt. Der Kampf, der in dem Roman ausgetragen wird, ist einer zwischen der Kunst und der Kulturindustrie. In seiner Gesamtkonfiguration erscheint *Die Stadt der Träumenden Bücher* indes als Bildungsroman, in dem der junge aufstrebende Dichter Hildegunst von Mythenmetz, Ich-Erzähler und fiktiver[5] Autor des Romans, durch seine ästhetische Schule geht. Diese besteht zum einen in der Lektüre großer, bereits arrivierter Dichter. Zum anderen nimmt sie ihre Prägung aus der Lektüre eines einzelnen, besonderen, perfekten Textes:

> Ich las weiter. An dieser Art zu schreiben war alles richtig, derart vollkommen, daß mir die Tränen kamen – was mir ansonsten nur bei ergreifender Musik widerfährt. Das war – gigantisch, so überirdisch, so endgültig! (26)

---

[4] Mit Seitenangaben in Klammern zitiert nach der folgenden Ausgabe: Moers, Walter, *Die Stadt der Träumenden Bücher* (2004), München, Zürich 2006. Alle Hervorhebungen finden sich stets im Original.

[5] Zu dem Begriff vgl. Zipfel, Frank, *Fiktion, Fiktivität, Fiktionalität. Analysen zur Fiktion in der Literatur und zum Fiktionsbegriff in der Literaturwissenschaft*, Berlin 2001, 17. – Fiktional ist, was eine fiktive Welt hervorbringt, während fiktiv ist, was – hinsichtlich der fiktional hervorgebrachten Welt – reale Entität ist. Da die fiktionale hervorgebrachte Welt ihrerseits in sich selbst real ist, heißt sie selbst in den meisten Forschungsarbeiten ›fiktive Welt‹. Da im vorliegenden Sammelband der Ausdruck ›fiktional‹ meist anders gebraucht wird, weiche ich zur Klärung auf den Ausdruck ›fiktionsschaffend‹ aus. Zu einer ausführlichen Diskussion des Begriffs ›Welt‹, der nicht in einer Anmerkung abgehandelt werden kann, siehe Bunia, Remigius, *Faltungen. Fiktion, Erzählen, Medien*, Berlin 2007, 81–88.

Die Suche nach dem Autor dieses Textes ist der erste Antrieb für Mythenmetz' Gang nach Buchhaim. Leichtfertig die überragende Dichtung anderen vorzeigend, zieht er Smeiks Aufmerksamkeit auf sich, der ihn in die Katakomben Buchhaims verbannt. Dort trifft er nach vielen Abenteuern auf den Schattenkönig, einen von Smeik zum Ungeheuer umkreierten Menschen. Dieser besteht aus leicht brennbarem Buchpapier, das ihm verbietet, wieder an die Sonne und damit an die Erdoberfläche unter gewöhnliche Lebewesen zurückzukehren.[6] Es stellt sich heraus, dass der Schattenkönig der Autor jener vollendeten Dichtung ist, die Mythemetz so beeindruckt hat. Smeik hat die poetische Kraft dieses Dichters als Bedrohung seines Imperiums angesehen, ihn deshalb verunstaltet und in die Katakomben verbannt:[7]

> »Ich sage dir, was der wirklich Grund für all diese Maßnahmen ist«, sagte Smeik. »Du schreibst zu gut. [...] Im Gegensatz zu unserem unsensiblen Freund Claudio Harfenstock hier«, sagte er, »kann ich nämlich ein gutes Stück Literatur sehr wohl von einem Loch im Boden unterscheiden. Ich habe alles gelesen, was du geschrieben hast, einschließlich der Geschichte deiner Schreibhemmung. Und ich muß sagen: Ich habe noch nie etwas so Gutes in die Finger bekommen. Niemals zuvor! [...] Wenn du hier in Buchhaim auch nur ein einziges Buch veröffentlichst, dann ist der Zamonische Buchmarkt im Eimer. [...] Weißt du, wieviel Mühe und Zeit es gekostet hat, die Zamonische Literatur auf dieses genau regulierte Mittelmaß zu bringen, auf dem sie sich jetzt befindet? Und was noch schlimmer ist: Du könntest Schule machen. Andere Schriftsteller inspirieren, bessere Bücher zu produzieren. [...]« (366–367)

Da Mythenmetz letztlich nicht unerheblich zur Befreiung Buchhaims beiträgt und überdies Mythenmetz' Dichtung absolute Perfektion aufweist, gibt es bemerkenswerte Überlagerungen zwischen Mythenmetz' Roman auf der einen und des Schattenkönigs Dichtung auf der anderen Seite.[8] Mythenmetz ist ja der Dichter, den der Schattenkönig inspiriert hat; Smeiks Befürchtung hat sich als zutreffend erwiesen. Mythenmetz' Suche nach der perfekten Dichtung wird zur Geschichte der Werkentstehung der *Träumenden Bücher*, einem Buch, an dessen Vollendetheit zumindest sein Autor Mythenmetz wenig Zweifel hegt. Denn dieser erwirbt am Ende der Ge-

---

[6] Für die Schaffung und die unablässige Traurigkeit des Monsters steht Mary Shelley mit *Frankenstein* Patin.
[7] Smeik: »Die Künstler werden am meisten unter meiner Herrschaft zu leiden haben, fürchte ich. Denn ich werde die Literatur abschaffen. Die Musik. Die Malerei. Theater. Tanz. Sämtliche Künste. [...] Befreit von der Geißel der Kunst. Eine Welt, in der es nur noch die Wirklichkeit geben wird.« (150)
[8] Der erste Satz in Mythenmetz' Roman, zumindest der erste Satz des Haupttextes, »Hier fängt die Geschichte an«, ist zugleich der Schlusssatz jenes vollendeten Textes des Schattenkönigs, von dem auch nur dieser eine Satz bekannt ist (9/29).

schichte das »Orm«. Als Orm wird die Befähigung zur perfekten Dichtung bezeichnet, die einen Schriftsteller plötzlich durchströmt:

> Man kann es spüren, wenn man einen Dialog schreibt, der so brillant ist, daß ihn die Schauspieler in tausend Jahren noch Wort für Wort auf den Bühnen nachbeten werden. Oh ja, man kann es spüren, das Orm! (424)

In der Tat ist der Roman *Die Stadt der Träumenden Bücher* – dies ist eine neuartige Variante unter all den Romanen, die ihre eigene Entstehung beschreiben – vom Orm durchdrungen:

> Dies war der Augenblick, in dem ich zum ersten Mal das Orm verspürte. Es fuhr mich an wie ein heißer Wind, aber der kam nicht aus den Feuern von Buchhaim, sondern aus den Tiefen des Weltalls. Er blies durch meinen Kopf und füllte ihn mit einem Wirbelsturm von Wörtern, die sich binnen weniger erregter Herzschläge zu Sätzen, Seiten, Kapiteln und schließlich zu jener Geschichte ordneten, die ihr nun gelegen habt, oh meine treuen Freunde! (475)

Moers und Mythenmetz bilden ein gleiches sowie ungleiches Paar; gemäß der Herausgeberfiktion ist Mythenmetz der Autor und Moers der bloße Übersetzer. Diese Herausgeberfiktion wird jedoch gesteigert, indem sogar in Epitexten (speziell in Beiträgen der *Frankfurter Allgemeinen Zeitung*) auf die Nichtidentität von Moers und Mythenmetz bestanden wird. In diesen zwei Nexus, Mythenmetz/Schattenkönig und Mythenmetz/Moers, liegen die metafiktionalen Momente des Romans, die der vorliegende Beitrag genauer untersuchen möchte.

2 Selbstreflexivität und Erfundenheitsreflexion

Der Ausdruck ›Metafiktion‹ und seine englischsprachigen Pendants sind in der literaturwissenschaftlichen Diskussion uneinheitlich besetzt.[9] Es lassen sich eine erzählbezogene und eine fiktionsbezogene Begriffsbildung ausmachen.[10] – 1. Die erzählbezogene interessiert sich für Effekte

---

[9] Für einen Überblick vgl. Fludernik, Monika, »Metanarrative and Metafictional Commentary. From Metadiscursivity to Metanarration and Metafiction«, in: *Poetica* 35 (2003), 1–39.

[10] Beide werden in Waughs Pionierarbeit im Prinzip auseinandergehalten – zumindest in den Einzelanalysen. In der Eingangsdefinition vermischt sie beide. Vgl. Waugh, Patricia, *Metafiction. The Theory and Practice of Self-Conscious Fiction* (1984), London, New York 1993, 2. Die Verwirrung in Reaktion auf Waughs Arbeit ist wohl auch dem Umstand geschuldet, dass das englische ›fiction‹ eher ›Dichtung‹ und nur bedingt ›Fiktion‹ meint, weswegen Waugh auch da, wo es ihr darauf ankommt, von ›fictionality‹ spricht. – Die nicht klare Abgrenzung auch in den Einzelanalysen führt hingegen zu Verwirrungen, wie einzelne Arbeiten zeigen. Siehe etwa Sprenger, Mirjam, *Modernes Erzählen. Metafiktion im deutschsprachigen Roman der Gegenwart*, Stuttgart, Weimar 1999.

der Wiederholung oder Spiegelung mundaner Gegebenheiten in der Diegese.[11] Man könnte sie auch als diegetische Synekdoche verstehen. Oft wird zutreffend von ›Selbstreflexivität‹ gesprochen.[12] Speziell der Begriff der *mise en abyme* bezeichnet die Spiegelung der erzählten Welt in der erzählten Welt.[13] Es gibt schier unbegrenzt viele Formen der Selbstspiegelung, eine Vielfalt, die nicht zuletzt Italo Calvinos Dichtung erkundet. Um den allgemeinen, eingebürgerten Begriff zu wahren, soll für diese erste Dimension von *Selbstreflexivität* die Rede sein. – 2. Die fiktionsbezogene Begriffsbildung erlaubt, Texte und Textstellen zu fokussieren, die sich auf die fiktionsschaffende Qualität des Textes oder die Fiktivität beziehungsweise auch die Erfundenheit der diegetischen Gegebenheiten beziehen.[14] Es handelt sich oft um rhetorische Metalepsen (›ich lasse Dido sterben‹). Metafiktion in diesem zweiten Sinne versteht sich, wie Werner Wolf formuliert, als Sammelbegriff für »selbstreflexive Aussagen und Elemente einer Erzählung, die nicht auf Inhaltliches als scheinbare Wirklichkeit[15] abheben, sondern zur Reflexion veranlassen über [...] ›Fiktionalität‹ – im Sinne von ›Künstlichkeit, Gemachtheit‹ oder ›Erfundenheit‹«.[16] Wolfs Gebrauch des Ausdrucks ›Fiktionalität‹ zielt nicht, wie man sofort sieht, auf die Idee der Fiktionsschaffung (›Fiktionalität‹ im Sinne Zipfels), sondern

---

[11] Das Mundane ist das, was sich auf eine fiktive oder reale Welt bezieht, als könne man sich auf die Gegebenheiten, Gegenstände, Personen etc. beziehen, ohne dass es nötig wäre, sie zu vermitteln. Es ist eine ontologische Semantik. Wenn man etwa in einem Aufsatz über Mythenmetz spricht, dann analysiert man mundan. Zu dem Begriff ›mundan‹ vgl. Bunia, Remigius, *Faltungen. Fiktion, Erzählen, Medien*. Berlin 2007, 133 und 235–239. Vgl. auch Waugh, Patricia, *Metafiction. The Theory and Practice of Self-Conscious Fiction* (1984), London, New York 1993, 95.

[12] Zum Begriff der Selbstreflexivität vgl. Scheffel, Michael, *Formen selbstreflexiven Erzählens. Eine Typologie und sechs exemplarische Analysen*, Tübingen 1997. Man kann kurz sagen: ein (erzählerischer) Text betrachtet oder spiegelt sich selbst.

[13] Vgl. Wolf, Werner, »Formen literarischer Selbstreferenz in der Erzählkunst. Versuch einer Typologie und ein Exkurs zur ›mise en cadre‹ und ›mise en reflet/série‹«, in: Jörg Helbig (Hg.), *Erzählen und Erzähltheorie im 20. Jahrhundert*, Heidelberg 2001, 49–84; Dällenbach, Lucien, *Le récit spéculaire. Essai sur la mise en abyme*. Paris 1977, 60; Bal, Mieke, »Mise en abyme et iconicité«, in: *Littérature* 29 (1978), 116–128. Für eine ausführliche Darlegung, die auf den Begriff der *mise en abyme* als einen zentralen *terminus technicus* verzichtet, vgl. auch Scheffel, Michael, *Formen selbstreflexiven Erzählens. Eine Typologie und sechs exemplarische Analysen*, Tübingen 1997, 46–48.

[14] Vgl. Hutcheon, Linda, *Narcissistic Narrative. The Metafictional Paradox* (1980), New York 1984, 97–103.

[15] Die Idee des Inhaltlichen als scheinbarer Wirklichkeit lässt sich besser mit dem Konzept des Mundanen verstehen: es geht ja um die ›Inhaltlichkeit‹ der Darstellung, egal ob sie ›scheinbar‹ ist oder nicht.

[16] Wolf, Werner, Artikel »Metafiktion«, in: Ansgar Nünning (Hg.), *Metzler Lexikon Literatur- und Kulturtheorie*, Stuttgart, Weimar, 3. Aufl. 2004; Wolf, Werner, »Formen literarischer Selbstreferenz in der Erzählkunst. Versuch einer Typologie und ein Exkurs zur ›mise en cadre‹ und ›mise en reflet/série‹«, in: Jörg Helbig (Hg.), *Erzählen und Erzähltheorie im 20. Jahrhundert*, Heidelberg 2001, 49–84, hier 71.

auf Erfundenheit im Sinne des vorliegenden Beitrags: Der Text weist ausdrücklich darauf hin, dass er nicht bloß eine fiktive Welt hervorbringt, die von der realen abgehoben ist, sondern speziell auch Entitäten enthält, die in der realen Welt nicht auffindbar sind. Luzide und kurz definiert Fludernik ›Metafiktion‹ als »self-reflexive statements about the inventedness of the story«.[17] Der Vorzug dieser letzten Charakterisierung ist, dass sie vom recht komplexen Phänomen der Fiktion abstrahiert, indem sie auf Erfundenheit abhebt. Eine Begebenheit oder Entität soll erfunden heißen, wenn unwahrscheinlich ist, dass sie sich in der realen Welt belegen lässt.[18] Denn in fiktionsschaffenden Texten sind nicht alle fiktiven Entitäten erfunden, sondern sie folgen oftmals realen Vorbildern oder gleichen ihnen sogar. Ein Beispiel ist Napoléon, der in Romanen Teil der fiktiven Welt und daher eine fiktive Person ist, aber nicht erfunden ist. Metafiktion in diesem Sinne ist davon geprägt, dass sie auch ein »Spiel mit ›Realität‹«[19] betreiben kann, also letztlich die Annahmen darüber erschüttern kann, wie Realität sich konstituiert. Insofern ist eine solche Metafiktion »fiction about fiction«[20] auch in dem Sinne, dass sie zugleich ›fiction about reality‹ ist. Es soll für diese zweite Begriffsdimension von Metafiktion daher von *Erfundenheitsreflexion* gesprochen werden.

Da Typologien nicht um ihrer selbst willen bestehen dürfen,[21] sondern eine Anwendung am Text finden müssen, bedürfen sie bei ihrer Einführung besonderer Legitimation. Die genannte Unterscheidung rechtfertigt sich dadurch, dass sie gar nicht einen Phänomenbereich in zwei Klassen einteilt, sondern dass sie darauf hinweist, dass Erfundenheitsreflexion ein grundsätzlich von Selbstreflexivität unabhängiges Phänomen ist. Lässt sich eine Darstellung darauf ein, zu signalisieren, dass einige ihrer Gegenstände erfunden sind, so muss sie das nicht in einer *mise en abyme* oder mittels einer anderen, die Darstellung reduplizierenden Technik darlegen. Sie könnte etwa explizit sagen: ›Graf *** gibt es nur in diesem Roman, nicht

---

[17] Fludernik, Monika, »Metanarrative and Metafictional Commentary. From Metadiscursivity to Metanarration and Metafiction«, in: *Poetica* 35 (2003), 1–39, hier 28.

[18] Zu diesem Problem und zu einem ausführlichen Vorschlag, Erfundenheit zu bestimmen, vgl. Bunia, Remigius, *Faltungen. Fiktion, Erzählen, Medien*. Berlin 2007, 136–140. – Waugh geht es um das »relationship between fiction and reality«. Waugh, Patricia, *Metafiction. The Theory and Practice of Self-Conscious Fiction* (1984), London, New York 1993, 2. Dabei fokussiert sie *fiction* im Sinne von *fictionality* (also im Sinne der Erfundenheitsreflexion).

[19] Erika Greber, »Metafiktion – ein ›blinder Fleck‹ des Formalismus?«, in: *Poetica* 40 (2008), 43–71, hier 54.

[20] Hutcheon, Linda, *Narcissistic Narrative. The Metafictional Paradox* (1980), New York 1984, 1.

[21] Vgl. zu dieser Haltung Stanzel, Franz K., *Typische Formen des Romans* (1964), Göttingen 1970, 10.

aber in der Realität, in der Sie, liebe Leserin, lieber Leser, leben.‹ Ein Beispiel für einen solchen Hinweis liefert etwa Günter Grass zu Beginn seiner Novelle *Katz und Maus*. Häufiger sind weniger auffällige erfundenheitsreflexive Kommentare. Für die Analyse solcher Textstellen ist besonders zu betrachten, ob zeiträumliche Unstimmigkeiten in einer Darstellung eher als Erfundenheitsreflexion zu deuten sind[22] oder ob es sich nicht um Continuity-Fehler handelt,[23] die lediglich auf Inkonsistenzen in der Darstellung verweisen und in jedem faktualen Bericht, etwa in einem Zeitungstext, vorkommen können. Der Verdacht, es liege Erfundenheitsreflexionen vor, kann also an sehr verschiedenen Stellen aufkommen.

Eine theoretisch reizvolle Frage mit zudem praktischem Bezug zu Moers lautet, wie man mit den Randzonen des Textes umgeht – also speziell mit dem Paratext.[24] Denn sind, denkt man zum Beispiel an die Etikettierung als ›Roman‹, nicht alle Fiktionalitätssignale[25] Erfundenheitsreflexionen? Das Problem ist gering, solange man sich nur den Haupttext ansieht. Doch lassen sich Eigentümlichkeiten beobachten, sobald man an die Randzonen des Textes geht, an den Paratext. Zwischen diesem und dem Haupttext gibt es zwei Arten der Grenzziehung. Zum einen ist es ohne Weiteres möglich, dass ein paratextueller Hinweis (etwa: ›alle Personen sind frei erfunden‹) sich als wirkungslos erweist.[26] Zum anderen kann es sein, dass der Paratext – besonders der Peritext – in das Spiel der Fiktion einbezogen ist.[27]

---

[22] Zu dieser These vgl. Korten, Lars, *Poietischer Realismus. Zur Novelle der Jahre 1848–1888. Stifter, Keller, Meyer Storm*, Tübingen 2009.

[23] Zu dieser These vgl. Bunia, Remigius, *Faltungen. Fiktion, Erzählen, Medien*. Berlin 2007, 133. In *Faltungen* wird zwischen Darstellungen und Fiktion unterschieden (d. h. es gibt natürlich fiktionale Darstellungen); die Frage ist immer, welche Effekte typisch für Fiktion und welche charakteristisch für Darstellung sind.

[24] Für die Begriffsbildung vgl. Genette, Gérard, *Seuils*, Paris 1987. – Für das Problem der Zwischenzone vgl. Compagnon, Antoine, *La seconde main ou le travail de la citation* (1979), Paris 2002, 328. – Für eine Analyse des Paratextbegriffs vgl. Dembeck, Till, *Texte rahmen. Grenzregionen literarischer Werke im 18. Jahrhundert (Gottsched, Wieland, Moritz, Jean Paul)*, Berlin, New York 2007.

[25] Gemeint sind Signale, die den fiktionsschaffenden Charakter eines Textes anzeigen. Vgl. Zipfel, Frank, *Fiktion, Fiktivität, Fiktionalität. Analysen zur Fiktion in der Literatur und zum Fiktionsbegriff in der Literaturwissenschaft*, Berlin 2001, 232–234 und 243–247. Das Konzept geht grundsätzlich (ohne die Unterscheidung zwischen Fiktivitäts- und Fiktionalitätssignalen) auf Hamburger zurück, vgl. Hamburger, Käte, *Die Logik der Dichtung* (1957), Stuttgart, 3. Aufl. 1983, 65.

[26] Dies ist seit zweihundert Jahren bekannt, vgl. Seiler, Bernd W., *Die leidigen Tatsachen. Von den Grenzen der Wahrscheinlichkeit in der deutschen Literatur seit dem 18. Jahrhundert*, Stuttgart 1983. – Exemplarisch ist das Problem am Fall Esra deutlich geworden, vgl. Bunia, Remigius, »Fingierte Kunst. Der Fall Esra und die Schranken der Kunstfreiheit«, in: *Internationales Archiv für Sozialgeschichte der Literatur* 32 (2007) 2, 1–21.

[27] Für den besonders eindrucksvollen Fall von Wielands *Agathon*, in welchem Roman sogar der Name des Druckorts in die Fiktion eingebunden ist, vgl. Dembeck, Till, *Texte rahmen. Grenzregionen literarischer Werke im 18. Jahrhundert (Gottsched, Wieland, Moritz, Jean Paul)*, Berlin, New York 2007, 54–64, hier besonders 54.

Als Peritext soll alles begriffen werden, was mittels typographischer Mittel sich vom Haupttext unterscheidet, aber mit dem Buch ›physisch‹ verbunden bleibt.²⁸ Der Peritext ist der Paratext im engeren Sinne. Dass Genette Peri- und Epitext zusammen als *ein* Phänomen, den Paratext, begriffen hat, erscheint inzwischen als Missgriff, ist jedoch Genettes funktionalistischem Verständnis geschuldet.²⁹ Ist der Begriff des (peritextuellen) Paratextes inzwischen deutlich geschärft, so bleibt offen, wie man den Epitext begreifen kann, hat doch die Intertextualitätsdebatte gezeigt, welche verschiedenartigen Beziehungen zwischen Texten bestehen können. Selbst Genettes funktionalistisches Modell stellt uns vor Probleme: Ist Epitext alles, was an zum Bezugstext erschienenem Schrifttum entweder Verleger oder Autor autorisiert haben? Es sind Zweifel daran angebracht, dass ein solches Konzept weit trägt. Für die vorliegende Analyse genügt es, als Epitext allen Text zu bezeichnen, der sich über den Bezugstext äußert und im Namen des Autors oder mit dessen klar signalisiertem Einverständnis veröffentlicht wird.³⁰ Was jeweils der Bezugstext ist, ergibt sich aus dem Kontext.

3 Syndiegese

Diese kleinen Betrachtungen werden uns helfen, bestimmte Texterscheinungen in Moers' Roman genauer zu betrachten. Zunächst werfen wir einen Blick auf die selbstreflexiven Einsprengsel in *Die Stadt der Träumenden Bücher*. Hier fällt eine bestimmte Form auf, die zu selten in den Fokus der Metafiktionsforschung gerät: die Syndiegese. Als Syndiegese bezeichnet man das Vorhandensein des Druckbildes des Buches, das man in der Hand

---

[28] Für eine ausführliche Darlegung vgl. Bunia, Remigius, »Die Stimme der Typographie. Überlegungen zu den Begriffen ›Erzähler‹ und ›Paratext‹, angestoßen durch die *Lebens-Ansichten des Katers Murr* von E.T.A. Hoffmann«, in: *Poetica* 36 (2005), 373–392, hier 379. – Wolf, Werner, »Framing Fiction. Reflections on a Narratological Concept and an Example: Bradbury, *Mensonge*«, in: Walter Grünzweig, Andreas Solbach (Hgg.), *Grenzüberschreitungen. Narratologie im Kontext*, Tübingen 1999, 97–124, hier 108. – Dembeck, Till, *Texte rahmen. Grenzregionen literarischer Werke im 18. Jahrhundert (Gottsched, Wieland, Moritz, Jean Paul)*, Berlin, New York 2007, 4–25. Dembeck unterscheidet zwischen Paratext und Paratextualität. – Bunia, Remigius, *Faltungen. Fiktion, Erzählen, Medien*, Berlin 2007, 287.
[29] Für eine Würdigung und Kritik des funktionalistischen Ansatzes vgl. Stanitzek, Georg, »Texte, Paratexte, in Medien: Einleitung«, in: Klaus Kreimeier, ders. (Hgg.), *Paratexte in Literatur, Film, Fernsehen*, Berlin 2004, 3–19.
[30] Dass eine solche ›Definition‹ mehr das Bauchgefühl (›wir wissen doch, was wir meinen, wenn wir Epitext sagen‹) und weniger einen formal denkenden Verstand adressiert, zeigt ein nahe liegendes Beispiel. Nach der vorliegenden Charakterisierung ist nämlich der zweite Teil des *Don Quixote* von Cervantes ein Epitext zum ersten Teil.

hält, in der Diegese desselben Buches.³¹ Folgendes Beispiel veranschaulicht, was gemeint ist:

> **Einladung**
> »Vom Urton zur Mumenstädter Augenarztmusik«
> Historisches Trompaunenkonzert
> in der Buchhaimer Muschel
> Es musiziert das Nebelheimer Trompaunenorchester,
> gesponsert von Phistomefel Smeik.
> Nach Sonnenuntergang im Stadtpark.
> Eintritt frei!
> **Bringen Sie einen warmen Schal mit!**

Abb. 1: (112)

Genau diese ›Einladung‹ findet sich nicht nur im realen Buch, sondern auch in der fiktiven Welt. Man könnte daher sagen, dass das Schriftbild eine Art Abbildung ist, die aber zugleich erzählt. Eines der wichtigsten Vorbilder für syndiegetische Stellen sind der *Tristram Shandy* von Laurence Sterne und der *Kater Murr* von E. T. A. Hoffmann. Die syndiegetischen Seiten in Moers' Roman verweisen darauf, dass das reale Buch und das fiktive Buch aufeinander Bezug nehmen. Sie spiegeln also die reale Welt in die fiktive und die fiktive in die reale. Den folgenden Anblick auf einer Buchdoppelseite erlebt Mythenmetz – genau wie der reale Leser:

> Sie wurden soeben vergiftet. Sie wurden soeben vergiftet. Sie wurden soeben vergiftet. Sie wurden soeben vergiftet.
> Sie wurden soeben vergiftet. Sie wurden soeben vergiftet. Sie wurden soeben vergiftet. Sie wurden soeben vergiftet.
> Sie wurden soeben vergiftet. Sie wurden soeben vergiftet. Sie wurden soeben vergiftet. Sie wurden soeben vergiftet.
> Sie wurden soeben vergiftet. Sie wurden soeben vergiftet. Sie wurden soeben vergiftet. Sie wurden soeben vergiftet.
> Sie wurden soeben vergiftet. Sie wurden soeben vergiftet. Sie wurden soeben vergiftet. Sie wurden soeben vergiftet.
> Sie wurden soeben vergiftet. Sie wurden soeben vergiftet. Sie wurden soeben vergiftet. Sie wurden soeben vergiftet.
> Sie wurden soeben vergiftet. Sie wurden soeben vergiftet. Sie wurden soeben vergiftet. Sie wurden soeben vergiftet.
> Sie wurden soeben vergiftet. Sie wurden soeben vergiftet. Sie wurden soeben vergiftet. Sie wurden soeben vergiftet.
> Sie wurden soeben vergiftet. Sie wurden soeben vergiftet. Sie wurden soeben vergiftet. Sie wurden soeben vergiftet.
> Sie wurden soeben vergiftet. Sie wurden soeben vergiftet. Sie wurden soeben vergiftet. Sie wurden soeben vergiftet.
> Sie wurden soeben vergiftet. Sie wurden soeben vergiftet. Sie wurden soeben vergiftet. Sie wurden soeben vergiftet.
> Sie wurden soeben vergiftet. Sie wurden soeben vergiftet. Sie wurden soeben vergiftet. Sie wurden soeben vergiftet.
> Sie wurden soeben vergiftet. Sie wurden soeben vergiftet. Sie wurden soeben vergiftet. Sie wurden soeben vergiftet.

Abb. 2: (154–155), Ausschnitt

Allerdings wird der Leser in der realen Welt nicht vergiftet. Damit zeigen sich die Grenzen des syndiegetischen Verfahrens an. Die Syndiegese ist zwar angesichts der beschworenen Perfektion von Mythenmetz' Dichtung mehr als bloße Illustration; aber das Druckbild der fiktiven Welt kann, mag es auch äußerlich dem der realen Welt gleichen, keine reale Wirkung entfalten.

---

31 Vgl. Bunia, Remigius, »Die Stimme der Typographie. Überlegungen zu den Begriffen ›Erzähler‹ und ›Paratext‹, angestoßen durch die *Lebens-Ansichten des Katers Murr* von E. T. A. Hoffmann«, in: *Poetica* 36 (2005), 373–392, hier 375 und 391.

4 Moers vs. Mythenmetz

Schließlich wenden wir uns der Erfundenheitsreflexion bei Moers zu, der Metafiktion im engeren Sinne. Beim Roman *Die Stadt der Träumenden Bücher* stellen sich gleich vielfach Probleme ein, was man als Erfundenheitsreflexion werten kann, denn der Roman legt ja – in Epi-, Peri- und Haupttext – an jeder Stelle Wert darauf,[32] nicht Erfundenes zu beschreiben. Lediglich der instabilste aller Hinweise auf Erfundenheit wird beansprucht: Die Gestalten – dichtende Dinosaurier und hässliche Haifischmaden – scheinen nicht von dieser Welt zu sein; die Darstellung widerspricht in hohem Maße unseren Vorstellungen von der Realität und erscheint so als fiktive Welt, die hinsichtlich der dort lebenden Kreaturen kaum Ähnlichkeiten mit unserer aufweist. Wie schon bemerkt worden ist, schließt dies mögliche Bezüge zu unserer Welt – etwa zu den hiesigen Gebräuchen auf dem Buchmarkt – nicht aus. Zugleich wird Zamonien als schlicht geografisch fernes Gebiet inszeniert, namentlich als eigener »Kontinent«. Daher besteht kein Zweifel daran, dass dieser ›Ort‹ zwar nicht in Europa liegt, aber es handelt sich auch nicht um eine andere Welt, zu der ein Kontakt unmöglich ist, denn schließlich hat ja Moers den Kontakt zu diesem Land etabliert und übersetzt nun aus dem Zamonischen.

Diese ›Strategie‹ setzt sich bis in den Epitext durch. In der *Frankfurter Allgemeinen Zeitung* sind zwei Beiträge erschienen, in denen Mythenmetz sich einmal über Moers kritisch äußert und dann ein Gespräch mit beiden geführt wird.[33] Hier deutet der Rahmen – das Feuilleton einer Tageszeitung – darauf hin, dass man es mit faktualen Beiträgen zu tun hat. Wieder ist es nur die mangelnde Plausibilität im Vergleich zu gängigen Realitätsvorstellungen, die daran zweifeln lässt, dass ein Dinosaurier Interviews gibt. Die Fiktionstheorie könnte sich lang und breit der Frage widmen, ob die Zeitungsbeiträge nun fiktionsschaffend oder faktual sind.[34] Bemerkenswert ist an diesem ›Spiel mit der Fiktion‹, dass es die Aufmerksamkeit auf die Erfundenheit von Mythenmetz lenkt. Denn gerade

---

[32] Eine – aber gewichtige – Ausnahme bilden der Einband bzw. der Schutzumschlag, auf denen Moers als Autor erscheint. Auf dem Titelblatt figuriert Moers dagegen nur als Übersetzer. – Im Katalog des Hochschulbibliothekszentrums NRW wird Hildegunst von Mythenmetz als »Angebl. Verf.« des Romans geführt.

[33] Vgl. Platthaus, Andreas, »Der allergrößte Schriftsteller über seinen Schundheftzeichner«, in: *Frankfurter Allgemeine Zeitung*, 18.08.2007. – Andreas Platthaus im Gespräch mit Hildegunst von Mythenmetz und Walter Moers, »Natürlich bleibt Ihr Buch ein Schmarrn«, in: *Frankfurter Allgemeine Zeitung*, 04.10.2007, 37.

[34] Es wäre eine müßige Übung. Der Punkt ist, dass ihre poietische Kraft gering ist und sie sich als mundane Interpretationen von Ereignissen in einer fiktiven Welt verhalten. Ein nicht geringer Teil der literaturwissenschaftlichen Literatur verfährt ähnlich, wenn sie etwa über Effi Briests Eheprobleme spricht.

der Rahmenbruch[35] erinnert an den Rahmen, an die besondere Lizenz der Fiktion, auch Erfundenes wie Reales zu behandeln. Damit bewirkt die beständige Invokation von Moers' Nichtautorschaft eine Stärkung von dessen Autorschaft, denn sie erzwingt, die als faktisch kommunizierte Nichtautorschaft immer wieder zu hinterfragen und sich Moers' Erfindungsreichtum zu vergegenwärtigen.

Die Auseinandersetzung zwischen Moers und Mythenmetz ironisiert die Selbstmessianisierung des Letzteren. Ein ›Mythenmetz‹ ist, etymologisch gedeutet, jemand, der Mythen erschafft.[36] Insbesondere erschafft Mythenmetz einen Mythos von sich selbst, indem er sich als Held der Dichtung und der Katakomben von Buchhaim stilisiert. Äußerst eigentümlich ist dies, weil der ›eigentliche‹ Held des Romans der Schattenkönig ist: der König der Schatten in den Katakomben Buchhaims. Als Schattenkönig ist er der Gegenmonarch zu Smeik (im Sinne eines oppositionellen ›Schattenkabinetts‹). Letztlich ist er auch Mythenmetz' Schatten, die nicht im Licht stehende, unaussprechlich[37] große dichterisch-königliche Gestalt – indessen Mythenmetz als profaner Dichterfürst dereinst im Rampenlicht der Feuilletons stehen wird. Der Schattenkönig ist Mythenmetz als Schatten vorausgeworfen, aber – wie man argwöhnen wird – nicht als johannitische Verheißung von Mythenmetz' messianischer Dichtung, sondern als die wahre Erlösung durch die Kunst, die uns durch Smeiks Taten ewig vorenthalten bleiben muss. Weiter wähnt man, dass Mythenmetz ein ›unzuverlässiger‹ Erzähler ist, der seine eigene Lebensleistung schönt. Dieser Verdacht wird bestärkt, wenn man sich die Widersprüche vor Augen führt, die sich im Roman finden. Bedenkt man erneut, in welchem Verhältnis Moers und

---

[35] Im Sinne von Goffman, Erving, *Frame Analysis. An Essay on the Organization of Experience* (1974), Boston 2003. – Auch im Kontext von Metafiktion gilt: »Frames are set up only to be continually broken.« (Waugh, Patricia, *Metafiction. The Theory and Practice of Self-Conscious Fiction* [1984], London, New York 1993, 101).

[36] Das Vorbild ist ›Steinmetz‹, welchen Wortes Etymologie sich über das Galloromanische zur indogermanischen Wurzel *mag- zurückführen lässt, die ›kneten‹ bedeutet und aus der auch ›machen‹ hervorgegangen ist. Vgl. Drosdowski, Günther (Hg.), *Das Herkunftswörterbuch. Etymologie der deutschen Sprache*, Mannheim 1989, 430 und 707. Waugh verweist darauf, dass Namen oft metafiktionale Effekte auslösen können, vgl. Waugh, Patricia, *Metafiction. The Theory and Practice of Self-Conscious Fiction* (1984), London, New York 1993, 93. – Nicht nur Mythenmetz hat einen sprechenden Namen, sondern auch Moers: Moers ist ein ›Anagramm‹ zu ›mores‹ und verweist, weil die massive Verwendung von Anagrammen bei erfundenen Namen dazu einlädt, nach anagrammatischen Effekten bei nicht erfundenen Namen wie ›Moers‹ zu suchen (im Zuge der ohnehin im Künstlerischen gängigen Aufladung des Kontingenten mit Sinn), auch auf die moralistische Tradition, in der Teile von Moers' Arbeiten stehen.

[37] Die *ineffabilitas* drückt sich eben darin aus, dass wir des Schattenkönigs Dichtung ja nicht lesen dürfen. Sie ist die vollendete Dichtung, die als göttliche und jenseitige nur erahnt werden kann. Auf diese Weise kann Moers wieder Bescheidenheit signalisieren: im Vergleich zu dieser Perfektion sind seine ›irdischen‹ Schriften bloße Etüden.

Mythenmetz zueinander stehen, so kann sich Moers in der derartig sich selbst aufhebenden Selbsterhöhung von Mythenmetz' Hybris im selben Atemzug distanzieren, in dem Moers die Selbstanpreisung für sich selbst beansprucht. Und mehr noch: Moers sät im gemeinsamen Interview Zweifel an der Perfektion von Mythenmetz' Dichtung, indem er darauf verweist, er habe die besonders langweiligen Passagen (allerdings eines anderen Romans als der *Träumenden Bücher*) gestrichen.[38]

Diese zweigleisige, ja geradezu bipolare Selbstinszenierung hat ihre Tradition; ein Dichter, der an der Grenze zwischen Großartigkeit und Versagen steht, aber genau diesen schmalen Grenzstreifen als das Reich des genuin Poetischen erkennt, ist angesichts der Identitätskapriolen bei Hoffmann, Tieck, Pessoa, Proust, Borges, Johnson und Goetz – so unterschiedlich deren Verfahren auch untereinander sein mögen – durchaus vertraut. Die erfundenheitsreflexiven Momente unterstreichen – wie in anderen Texten auch – die dichterische, poietische Kraft des Romans. Der paradoxe Effekt metafiktionalen Erzählens besteht darin, dass Metafiktion (obwohl sie doch gerade auf das Artifizielle eines Textes hinweist) nicht die Möglichkeit des Umgangs mit einer fiktiven Welt beeinträchtigt, sondern bereichert.

Literaturverzeichnis

Primärliteratur

Moers, Walter, *Die Stadt der Träumenden Bücher* (2004), München, Zürich 2006.

Sekundärliteratur

Baecker, Dirk, *Studien zur nächsten Gesellschaft*, Frankfurt a. M. 2007.
Bal, Mieke, »Mise en abyme et iconicité«, in: *Littérature* 29 (1978), 116–128.
Bunia, Remigius, »Die Stimme der Typographie. Überlegungen zu den Begriffen ›Erzähler‹ und ›Paratext‹, angestoßen durch die *Lebens-Ansichten des Katers Murr* von E.T.A. Hoffmann«, in: *Poetica* 36 (2005), 373–392.
Ders., *Faltungen. Fiktion, Erzählen, Medien*, Berlin 2007.
Ders., »Fingierte Kunst. Der Fall Esra und die Schranken der Kunstfreiheit«, in: *Internationales Archiv für Sozialgeschichte der Literatur* 32 (2007) 2, 1–21.
Compagnon, Antoine, *La seconde main ou le travail de la citation* (1979), Paris 2002.
Dällenbach, Lucien, *Le récit spéculaire. Essai sur la mise en abyme*, Paris 1977.
Dembeck, Till, *Texte rahmen. Grenzregionen literarischer Werke im 18. Jahrhundert (Gottsched, Wieland, Moritz, Jean Paul)*, Berlin, New York 2007.

---

[38] »Kommen wir doch lieber gleich zu den konkreten Vorwürfen. Sie, Herr von Mythenmetz, werfen dem Übersetzer Walter Moers vor, dass er Ihr Buch ›Der Schreckensmeister‹ stark gekürzt hat. / Mythenmetz: Um siebenhundert Seiten! / Moers: Das war eine Notwendigkeit.« (Andreas Platthaus im Gespräch mit Hildegunst von Mythenmetz und Walter Moers, »Natürlich bleibt Ihr Buch ein Schmarrn«, in: *Frankfurter Allgemeine Zeitung*, 04.10.2007, 37.) Moers legt sodann dar, welche von Mythenmetz' Digressionen besonders unangenehm zu lesen sind.

Drosdowski, Günther (Hg.), *Etymologie der deutschen Sprache*, Mannheim 1989.
Fludernik, Monika, »Metanarrative and Metafictional Commentary. From Metadiscursivity to Metanarration and Metafiction«, in: *Poetica* 35 (2003), 1–39.
Genette, Gérard, *Seuils*, Paris 1987.
Goffman, Erving, *Frame Analysis. An Essay on the Organization of Experience* (1974), Boston 2003.
Greber, Erika, »Metafiktion – ein ›blinder Fleck‹ des Formalismus?«, in: *Poetica* 40 (2008), 43–71.
Hamburger, Käte, *Die Logik der Dichtung* (1957), 3. Aufl., Stuttgart 1983.
Hutcheon, Linda, *Narcissistic Narrative. The Metafictional Paradox* (1980), New York 1984.
Korten, Lars, »Ländliches Idyll und (mega-)städtischer Raum. Walter Moers' Zamonien global und regional betrachtet«, in: Martin Hellström, Edgar Platen (Hgg.), *Zwischen Globalisierungen und Regionalisierungen*, München 2008, 53–62.
Ders., *Poietischer Realismus. Zur Novelle der Jahre 1848–1888. Stifter, Keller, Meyer Storm*, Tübingen 2009.
Platthaus, Andreas, »Der allergrößte Schriftsteller über seinen Schundheftzeichner«, in: *Frankfurter Allgemeine Zeitung*, 18.08.2007.
Ders. im Gespräch mit Hildegunst von Mythenmetz und Walter Moers, »Natürlich bleibt Ihr Buch ein Schmarrn«, in: *Frankfurter Allgemeine Zeitung*, 04.10.2007, 37.
Scheffel, Michael, *Formen selbstreflexiven Erzählens. Eine Typologie und sechs exemplarische Analysen*, Tübingen 1997.
Seiler, Bernd W., *Die leidigen Tatsachen. Von den Grenzen der Wahrscheinlichkeit in der deutschen Literatur seit dem 18. Jahrhundert*, Stuttgart 1983.
Sprenger, Mirjam, *Modernes Erzählen. Metafiktion im deutschsprachigen Roman der Gegenwart*, Stuttgart, Weimar 1999.
Stanitzek, Georg, »Texte, Paratexte, in Medien: Einleitung«, in: Klaus Kreimeier, ders. (Hgg.), *Paratexte in Literatur, Film, Fernsehen*, Berlin 2004, 3–19.
Stanzel, Franz K., *Typische Formen des Romans* (1964), Göttingen 1970.
Waugh, Patricia, *Metafiction. The Theory and Practice of Self-Conscious Fiction* (1984), London, New York 1993.
Wolf, Werner: »Framing Fiction. Reflections on a Narratological Concept and an Example: Bradbury, Mensonge«, in: Walter Grünzweig, Andreas Solbach (Hgg.), *Grenzüberschreitungen. Narratologie im Kontext*, Tübingen 1999, 97–124.
Ders., »Formen literarischer Selbstreferenz in der Erzählkunst. Versuch einer Typologie und ein Exkurs zur ›mise en cadre‹ und ›mise en reflet/série‹«, in: Jörg Helbig (Hg.), *Erzählen und Erzähltheorie im 20. Jahrhundert*, Heidelberg 2001, 49–84.
Ders., Artikel »Metafiktion«, in: Ansgar Nünning (Hg.), *Metzler Lexikon Literatur- und Kulturtheorie*, Stuttgart, 3. Aufl., Weimar 2004.
Zipfel, Frank, *Fiktion, Fiktivität, Fiktionalität. Analysen zur Fiktion in der Literatur und zum Fiktionsbegriff in der Literaturwissenschaft*, Berlin 2001.

»Aber das ist ja genau das Thema der Geschichte!« Dialog und Metafiktion in Wolf Haas' *Das Wetter vor 15 Jahren*

Michael Jaumann

1 Einleitung

Es lohnt sich, den Inhalt von Haas' Roman auf der Ebene des erzählten Geschehens zu referieren: Träger der Handlung ist der Ingenieur Vittorio Kowalski aus dem Ruhrgebiet, der seit fünfzehn Jahren mit manischer Energie das Wetter in einem österreichischen Alpendorf studiert. Kowalski kennt sämtliche Temperatur- und Luftdruckschwankungen in »Farmach« auswendig, er ist mit Sonnenscheindauer, Niederschlagsmenge, Hoch- und Tiefwetterlagen eines jeden Tages vertraut. Mit dieser skurrilen Memorierleistung wird er schließlich sogar Wettkönig bei *Wetten, dass ...?*. Im Fernsehen wird er vom eigentlichen Anlass seiner Gedächtnisleistung wiedererkannt: Anni Bonati, die Tochter der Zimmervermieter, bei denen der junge Vittorio mit seinen Eltern Jahr für Jahr den Sommerurlaub verbrachte. Die beiden Kinder wachsen also gemeinsam auf, sie kommen sich schließlich im Teenager-Alter bei einem Unwetter in einer Berghütte erotisch näher. In eben dieser Berghütte pflegt sich aber auch Annis Vater mit Vittorios Mutter zu treffen, mit der er eine außereheliche Beziehung unterhält. Just zum Zeitpunkt des Gewitters trifft Annis Vater bei der Hütte ein, doch die nackt im Heu liegenden Jugendlichen öffnen ihm auf sein Klopfen nicht. Annis Vater kommt daraufhin im Gewittersturm zu Tode, was bei den Jugendlichen heftige Schuldgefühle auslöst und auch das Ende der Österreichurlaube der Kowalskis markiert. Fünfzehn Jahre später plant Anni gerade ihre Hochzeit mit der Dorfgröße Lukki, als plötzlich Vittorio in Farmach erscheint. Er hegt immer noch große Gefühle für Anni, von denen sie ihn abzubringen versucht. Frustriert sucht er die Berghütte auf, in der er seine bisher einzige erotische Erfahrung hatte. Unter der Hütte liegt ein Felsenkeller, in dem Annis Vater einst ein Schmugglerversteck eingerichtet hatte. Wie es der Zufall will, bricht der Boden ein, Vittorio wird in dem Keller verschüttet. Er findet jedoch geschmuggelte Waffen und Sprengstoff, mit dem er den Zugang teilweise freisprengen kann. Die Explosion unterbricht gerade noch zum richtigen Zeitpunkt die Trauungszeremonie, Lukki kommt bei den Bergungsarbeiten ums Leben, einer glücklichen Wiedervereinigung von Anni und Vittorio steht also wohl nichts mehr im Wege, was durch den Kuss angedeutet wird, den der nur leicht verletzte Vittorio im Krankenhaus von ihr erhält.

Die ausführliche Inhaltsangabe zeichnet das erschütternde Bild einer von unwahrscheinlichen Zufällen, haarsträubenden Unwahrscheinlichkeiten und einer generellen Überkonstruiertheit bestimmten Erzählhandlung. Verdichtet man die erzählte Geschichte noch weiter zum Plot, den man auf wenige Worte reduzieren kann, so scheint man fast zwangsläufig in den Bereich sentimentaler Klischees[1] zu geraten: Unerfüllte Jugendliebe kommt nach langer Zeit endlich doch noch zu ihrem Recht, geduldiges Ausharren wird vom Schicksal belohnt.

Der zunächst sehr vordergründig wirkende Clou des Buches liegt nun darin, dass dieser Plot eben nicht mimetisch erzählt wird. Der gesamte Text, der im Untertitel paratextuell als »Roman« gekennzeichnet wird, besteht vielmehr aus einem in direkter Rede wiedergegebenen Dialog, der von zwei nicht wechselnden Gesprächspartnern geführt wird: Der eine wird mit »Wolf Haas« benannt, ihm gegenüber sitzt eine Journalistin, die ohne Namensnennung einfach nur mit »Literaturbeilage« bezeichnet wird. Eine Interviewsituation also, Thema des Gesprächs ist ein Roman mit dem Titel *Das Wetter vor 15 Jahren*, den der im Interview redende »Wolf Haas« geschrieben haben soll; die Handlung dieses fiktiven Buches ist diejenige, die oben gerade referiert wurde – sie erschließt sich im Übrigen dem Leser nur indirekt, aus den Informationen, die in dem ebenfalls fiktiven Interview bruchstückhaft verstreut sind und zur Rekonstruktion der scheinbaren Romanhandlung nach und nach zusammengetragen werden müssen. Der Dialog läuft dabei durch, es gibt keinerlei Regiebemerkungen oder Einschübe anderer Art, auch auf Inquit-Formeln wird verzichtet, lediglich der Name bzw. die Bezeichnung der Gesprächspartner gliedert die direkte Rede. Ein 224 Seiten langes Interview also, das sich – so die Fiktion – über fünf Tage erstrecken soll; dementsprechend wird der Gesamttext in fünf annähernd gleich lange Abschnitte eingeteilt, die mit den Überschriften »Erster Tag«, »Zweiter Tag« usw. bezeichnet werden. Abgesehen von Klappen- und Einbandtext und dem Untertitel »Roman« gibt es keine weiteren paratextuellen Elemente, auch ein Inhaltsverzeichnis fehlt.

---

[1] Narratologisch zu fassen als kulturell verfestigte und beliebig reproduzierbare Handlungsschemata, zu diesem Begriff siehe Martínez, Matías & Scheffel, Michael, *Einführung in die Erzähltheorie*. München, 5. Aufl. 2003, 135, die ebenda den Begriff vom *plot* als »Handlungsstruktur einzelner Texte« abgrenzen wollen. Dagegen stehen Verwendungsvarianten, die mit Plot eben »ein von der Gesamtheit der erzählten Ereignisse abstrahiertes Schema« bezeichnen, das für Textgruppen und Gattungen charakteristisch ist, siehe den Artikel »Plot«, der bemerkenswerter Weise ebenfalls von Matías Martínez stammt, in: *Reallexikon der deutschen Literaturwissenschaft. Neubearbeitung des Reallexikons der deutschen Literaturgeschichte*, Bd. III, Berlin, New York 2003, 92–94, hier 92.

2 Reaktionen der Literaturkritik

Der Literaturbetrieb hat den (empirischen) Autor Wolf Haas für diesen Text mit dem Wilhelm-Raabe-Literaturpreis geehrt, die Literaturkritik jedoch hat teilweise verhalten reagiert. In einzelnen Rezensionen kommt es dabei zu Argumentationen, die man als Verkennung des erzählerischen Ansatzes in Haas' Text werten muss: Zwar beschreiben die Rezensenten die Doppelung der Fiktion zutreffend; sie richten ihre kritische Energie dann jedoch auf den Roman zweiter Ordnung, das vom interviewten »Wolf Haas« angeblich geschriebene Buch also. Es müsse sich dabei, so die Kritik, um einen »recht misslungenen, sprachlich konventionellen Roman« handeln, den der reale Wolf Haas »nie geschrieben«[2] hätte; am fiktiven Roman werden »die blassen Figuren, die mehr als konventionelle Handlung« gerügt, die »in einer Aufdeckung und Aufhebung von Sünden mündet und als rosafarbener Abenteuerkitsch à la Hollywood« ausklinge, während andererseits die Gesamtanlage von Haas' Text halb widerwillig als »endlos eskalierende Meta-Schleifenkonstruktion« gewürdigt wird.[3] Der buchlange Dialog sei ein »ästhetischer Kunstgriff«, der darüber hinwegtröste, dass »der erzählte Roman mäßig interessant und jedenfalls schlecht geschrieben« sei – man müsse sich deswegen sogar fragen, »ob der Autor zur Textproduktion jenseits von Mündlichkeit fähig wäre«.[4]

Ziel des vorliegenden Aufsatzes ist nicht die Konterkritik zu Rezensionen, die in Einzelfällen sogar den empirischen Autor mit dem fiktiven »Wolf Haas« gleichsetzen.[5] Allerdings verwundern die Reaktionen der Literaturkritik doch, die den realen Autor Wolf Haas als Verfasser der Kriminalromane um den Ermittler Simon Brenner stets in starkem Maße gewürdigt hatte.[6] Man kann aber die Irritationen und die mitunter offen-

---

[2] Moritz, Rainer, »Was tun mit dem Entjunferungskomplex? Mit ›Das Wetter vor 15 Jahren‹ versucht der vielgefeierte Krimi-Autor Wolf Haas den Schritt in die Zeit nach Simon Brenner«, in: *literaturen. Journal für Bücher und Themen* 7 (2006) Nr. 9, 71–72, hier 72.

[3] Kluy, Alexander, »Jeden Einwand vorweggenommen. Wolf Haas' Roman ›Das Wetter vor 15 Jahren‹«, in: *Literatur und Kritik* 41 (2006) Nr. 407/408, 101–102, hier 102. Das Buch im Buch wird hier bitter ernst genommen, Haas wird allen Ernstes vorgeworfen, jeden Einwand gegen den fiktiven Liebesroman im fiktiven Dialog bereits formuliert zu haben: »Kritik neutralisiert hier von vornherein die Kritik – all diese Ironieschleifen sind, wie die ›Literaturbeilage‹ öfters meint, ›too much‹.« (ebenda).

[4] Symmank, Markus, »Rezension zu Wolf Haas' *Das Wetter vor 15 Jahren*. Hamburg: Hoffmann & Campe 2006«, in: *Deutsche Bücher. Forum für Literatur* 37 (2007) H. 1, 49–50, hier 50.

[5] So in einer Rezension im WWW: Wolff, Anna-Lena, »Kritik der reinen Moral«, in: *Kultura-Extra, das Online-Magazin*. http://www.kultura-extra.de/literatur/literatur/rezensionen/wolf_haas_das_wetter_vor_15_jahren.php. (Stand: 23.07.2008), die Haas tatsächlich »Selbstbeweihräucherung und Hymnengesang auf ein nichtexistentes Buch« vorwirft.

[6] Ganz deutlich in dem Essay von Schuh, Franz, »Hinein in den Kanon mit ihm! Plädoyer für das Niedrige und das Erhabene, für den Kulturkampf und für Wolf Haas«, in: Fried-

kundigen Missverständnisse der Literaturkritik als Ansatzpunkte nehmen, aus ihnen Fragerichtungen ableiten, die für die Interpretation von Haas' Text fruchtbar werden können. An erster Stelle muss hierbei die genauere Analyse der Mehrschichtigkeit des Textes stehen, das Wechselspiel der verschiedenen Erzählebenen einschließlich des scheinbaren ›Romans im Roman‹ ist hier in den Blick zu nehmen. Daran knüpfen sich Fragen zur Metafiktionalität des Textes – bis hin zu der Überlegung, ob hier überhaupt von Metafiktion gesprochen werden kann. Zentral ist hier die Frage nach dem Status des Dialogs als Element der Narration, dies sowohl in erzähltheoretischer als auch literaturhistorischer Perspektive.

3 Eine kitschige Liebeshandlung?

Angesichts der Reaktionen der Kritiker drängt sich zunächst eine Beschäftigung mit der vom Text – aber eben nur indirekt – präsentierten Liebeshandlung auf. Der Status der Liebesgeschichte von Vittorio und Anni ist also zu untersuchen, deren stereotype Schema-Haftigkeit und Banalität das besondere Missfallen der Kritik erregt hat. In der Erzähltheorie ist es Usus, das erzählte Geschehen, das »Was« der Erzählung vom »Wie« des Erzählens, dem Narrationsakt oder Erzähldiskurs zu unterscheiden.[7] Für *Das Wetter vor 15 Jahren* ist dabei festzuhalten, dass die Liebesgeschichte eigentlich gar nicht erzählt wird – es gibt ja schließlich nur den Interviewdialog, in dem darüber geredet wird, dass eine Geschichte vom interviewten Autor erzählt wurde. Natürlich kann der Leser des Interviews die Handlung der Liebesgeschichte aus dem Dialog nach und nach erschließen – auf der Ebene des Textes existiert aber nur eine erzählte Welt, nämlich die der Gesprächssituation zwischen fiktiver Journalistin und fiktivem Autor. Das »Was« der Erzählung, das eigentliche erzählte Geschehen ist also nur das Gespräch selbst, die Interaktion der beiden Gesprächspartner. Interpretationslogisch gesehen kann man also streng genommen die Liebeshandlung um Vittorio und Anni gar nicht interpretieren, geschweige denn rezensieren;

---

bert Aspetsberger (Hg.), *Ein Dichter-Kanon für die Gegenwart! Urteile und Vorschläge der Kritikerinnen und Kritiker*, Innsbruck, u. a. 2002, 61–78; auch die Literaturdidaktik kanonisiert und favorisiert den Autor, vgl. Rußegger, Arno, »Alte Regel, solange du liest, bist du nicht tot. Wolf Haas' *Silentium!* und die Didaktik des Kriminalromans«, in: *ide. Informationen zur Deutschdidaktik* 27 (2003) H. 1, 72–78. Zu Haas' narrativer Innovativität angesichts der Gattungstradition der Detektiverzählung vgl. Neuhaus, Volker, »Austria nigra – zu den Detektivromanen von Wolf Haas«, in: Michael Braun, Birgit Lermen (Hgg.), *Begegnung mit dem Nachbarn. Aspekte österreichischer Gegenwartsliteratur*, St. Augustin 2003, 107–114.

[7] Vgl. Martínez, Matías & Scheffel, Michael, *Einführung in die Erzähltheorie*, München, 5. Aufl. 2003, 108–144 (Kapitel III. »Das ›Was‹: Handlung und erzählte Welt«).

sie bleibt immer an das fiktive Gespräch gebunden, in das nur ganz wenige direkte Zitate aus dem fiktiven Roman eingefügt sind.

Aber selbst wenn man sich auf die genauere Analyse der reinen Plot-Ebene, des erzählten Geschehens nun doch einlässt, kann man einer naiven Bewertung der Handlung kaum folgen. Die Skurrilität der Figur Vittorio Kowalski und ihres Wetterfimmels wird im Text deutlich akzentuiert: »Der Typ lebt im Ruhrgebiet und weiß von jedem einzelnen Tag der vergangenen fünfzehn Jahre das Wetter in einem österreichischen Bergdorf.«[8] Zugleich wird hervorgehoben, dass sich Vittorios exzentrisches Interesse lediglich auf das Wetter der Vergangenheit richtet – dabei sei das Wetter »ja so ein Thema, wo uns immer nur zu interessieren hat, wie es morgen wird«. (13). Andererseits wird Vittorio als »eher unscheinbar« und als ein »eher blasser Typ« (12) charakterisiert – Interesse erregt er also zunächst nur durch seine singuläre und exzentrische Neigung für das Wetter. Es geht wohl nicht zu weit, hier Vergleiche mit einem kanonischen Text metafiktionaler Literatur zu ziehen: Tatsächlich erinnert Vittorios wettertechnische Gedächtnisleistung gerade mit ihrer Akribie und manischen Totalitätsbesessenheit an das *hobby horse* Onkel Tobys – das auch dessen Beziehung zur Witwe Wadman prägt – und ganz ähnlich wie bei Sterne wird diese Exzentrizität einer erzählten Figur wiederum zu Digressionen genutzt, die das erzählte Geschehen überwuchern und somit letztendlich Autonomie und Selbstreflexivität der Erzählrede bewirken.[9] Bei Haas mündet die knappe Vorstellung der Vittorio-Figur und ihrer exzentrischen Wetterfixierung so zum Beispiel in weitschweifige Reflexionen über Luftmatratzen, deren Status als Alltagsprodukt wie auch als literarischer Gegenstand, was schließlich einen Gutteil des ersten Gesprächstages einnimmt (21–33).

Die Künstlichkeit der Vittorio-Figur, die Konstruiertheit ihrer exzentrischen Neigung jedenfalls verweist hauptsächlich auf eines: dass sie eben eine Kunstfigur ist. Der Status anderer Figuren des Textes wird ebenfalls noch auf der Ebene des erzählten Geschehens reflektiert, wenn auch mit anderen Mitteln. Zu Vittorio gesellt sich eine Gegenfigur, sein Freund und Berufskollege Riemer. Er wird nun mit Mitteln einer recht einfachen satirischen, wenn nicht gar travestiehaften Überzeichnung als Zerrbild eines Frauenhelden geschildert, der seine einschlägigen Fähigkeiten sogar durch die Teilnahme an einem »Volkshochschulkurs *Ran an die Frau*« (40) perfektionieren will. Über andere Figuren der Liebeshandlung erfährt

---

[8] Haas, Wolf, *Das Wetter vor 15 Jahren* (2006), Hamburg, 10. Aufl. 2007, 12. Weitere Zitate aus diesem Werk werden im laufenden Text mit Seitenzahl nachgewiesen.
[9] Zu dieser Interpretation von Sternes Roman siehe Sprenger, Mirjam, *Modernes Erzählen. Metafiktion im deutschsprachigen Roman der Gegenwart*, Stuttgart, Weimar 1999, 32–46.

man im Interviewgespräch herzlich wenig, und dieses Wenige wiederum ist so klischeehaft, dass es eigentlich nur als Parodie von Klischees gewertet werden kann: Dies gilt vor allem für die erotische Beziehung zwischen der ›preußischen‹ Touristin Kowalski und dem schmuggelnden Bergbewohner Bonati, komplett mit Stelldichein in der Berghütte, wie es Heimatromanen und -filmen der gröbsten Machart entspricht: Einer der Archetexte des literarischen Kitsches, nämlich H. Claurens *Mimili*, beruht auf der erotischen Annäherung zwischen dem preußischen Offizier Wilhelm und einem Schweizer »Alpenmädchen«, was in der Folge zu vordergründigsten Effekten mit emotionaler Appellintention in Bezug auf den Leser genutzt wird.[10] Aus Claurens Text lassen sich leicht prägende Merkmale literarischen Kitsches extrahieren. Sie scheinen auch jenen Roman zu prägen, den »Wolf Haas« geschrieben hat. Schon auf der Ebene dieser Romanhandlung werden die Kitscheffekte jedoch konterkariert, zum Beispiel durch die skurrilen Übertreibungen einzelner Figuren und Situationen oder auch durch bewusst gesetzte Stilbrüche: So bezeichnet Annis Vater die aufgetakelte Touristin Kowalski zunächst herabsetzend als »Volksmatratze« (27). Elemente des Kitschigen, so etwa das Vordergründig-Heimelige, das Stereotype der Figuren, das Verniedlichen und Verkleinern oder die exzessive Ausweitung von Beschreibungen werden auch im Gespräch zwischen »Wolf Haas« und »Literaturbeilage« immer wieder thematisiert:

> Für Frau Bachl brauche ich mehr Zeit. Wie sie da immer auf ihrer roten Hausbank sitzt. Unterm Blumenbalkon. Und lächelnd zum Himmel raufguckt. Und ihre dritten Zähne reflektieren den Sonnenuntergang! (47)

So charakterisiert »Literaturbeilage« die Darstellungskunst des »Wolf Haas«. An anderer Stelle äußert sie kritisch, ihr sei es »unbegreiflich, wie Sie es mit diesem Hintergrund schaffen« – gemeint ist die germanistische Dissertation des realen Autors Wolf Haas, die kurz vorher erwähnt wird –, »zwanzig Seiten lang das Wetter zu beschreiben«. (91) Auch an dieser Stelle

---

[10] H. Claurens (eigentlich Carl Gottlieb Samuel Heun) Erzählung *Mimili* erschien erstmals 1815, erweiterte Buchfassungen folgten 1816 und 1819. In kritischen Anthologien zur Kitschproblematik sind in der Regel Auszüge aus seinem Text aufgenommen, so etwa in Dettmar, Ute & Küpper, Thomas (Hgg.), *Kitsch. Texte und Theorien*, Stuttgart 2007, 24–31, hier 24; Killy, Walter (Hg.), *Deutscher Kitsch. Ein Versuch mit Beispielen*, Göttingen, 7. Aufl. 1973, 78–80 und 114–116. Die Entstehung des Begriffs Kitsch liegt natürlich später, etwa um 1900. Zu Definitionsansätzen und historischen Ableitungsversuchen, die die Welle ›kitschiger‹ Texte seit dem späten 18. Jahrhundert unter anderem als Degeneration von Modellen der Empfindsamkeit begreifen, s. die Einleitungen der eben zitierten Anthologien sowie die Beiträge von Braungart, Wolfgang, »Kitsch! Faszination und Herausforderung des Banalen und Trivialen. Einige verstreute Anmerkungen zur Einführung«, und von Claus-Artur Scheier: »Kitsch – Signatur der Moderne?«, in: Wolfgang Braungart (Hg.), *Kitsch. Faszination und Herausforderung des Banalen und Trivialen*, Tübingen 2002, 1–24 und 25–34.

wird die Nacherzählung des Romans aufgelöst in ein Gespräch über das Schreiben von Romanen selbst: »Literaturbeilage« erneuert immer wieder ihre Kritik an der Passage, sie verurteilt »dieses fast in Superzeitlupe geschilderte schnelle Näherrücken des Gewitters« als »etwas *over the top*« und ein »bisschen *too much*« (96, Hervorhebungen im Original); »Wolf Haas« hingegen verteidigt beredt seine Darstellungstechnik, unter anderem mit Verweis auf deren besondere Wirklichkeitsnähe – »Dabei war die Stelle für mich am leichtesten zu schreiben. Haben Sie schon einmal ein richtiges Alpengewitter erlebt?« (96) – bis die Debatte um die adäquate Darstellung eines Unwetters schließlich auf Seite 113 endet. Das Gespräch über Probleme der Beschreibung in literarischen Texten nimmt somit noch einige Seiten mehr ein als die angebliche deskriptive Passage von zwanzig Seiten im fiktiven Roman des »Wolf Haas«.

Erneut wird deutlich, dass es auf das Gespräch ankommt, für das der fiktive Text des »Wolf Haas« lediglich den Anlass bietet. Aber auch alles das, was der Leser aus diesem Gespräch über die Romanhandlung erfahren kann, erweist sich bereits auf der Ebene dieser Handlung selbst als in sich gebrochen, und zwar vor allem durch die satirisch übertreibende Häufung. Dies gilt vor allem für das Ganze der besprochenen Romanhandlung selbst: Wie schon eingangs konstatiert, häufen sich in ihr die unwahrscheinlichsten Wendungen, absurdesten Ereigniskonstruktionen und bemühten Zufälle – demonstriert wird hier nicht, dass der reale Autor Haas in Gestalt des fiktiven »Wolf Haas« ein schlechtes Buch geschrieben hat (oder vielmehr: hätte). Deutlich wird hier vielmehr ein klares Bewusstsein dafür, wie sehr Kitsch doch auch ein Anhäufungsphänomen ist, einem regelrechten »Faktor der *Anhäufung*«[11] unterliegt, mithin auf eine problematischen Ökonomie der Kunstmittel zurückgeht. Die unglaubwürdige Verknüpfung und Zuspitzung der Ereignisse am Ende des besprochenen Romans, als Vittorio genau einen Moment vor Annis Ja-Wort in der Kirche den Sprengstoff zur Explosion bringt, verdeutlicht diese Kitschkritik qua satirischer Übertreibung in besonderem Maße. Dies mag auch eine Kritik an filmischen Stereotypen und Klischees sein, vor allem an der allzu passgerechten zeitlichen Dramaturgie der *cliffhanger*-Ästhetik im populären Liebes- und Action-Film.

---

[11] Moles, Abraham A., *Psychologie des Kitsches*, mit 57 Abbildungen, aus dem Französischen übersetzt von Bernd Lutz, München 1972, 78, vgl. auch 66–67. In differenzierter Begrifflichkeit die gleiche Argumentation bei Best, Otto F., *Der weinende Leser. Kitsch als Tröstung, Droge und teuflische Verführung*, Frankfurt a. M. 1985, 186: »*Kitsch* bietet auf ›Totalität‹ gerichtete Reizkonstellation (Effektkumulation, Synästhesie, Repetition, Preziosität, Konditionalismus), zur Absättigung emotionaler Bedürfnisse«.

4 Zur Dominanz der Dialogform

Wie sich bisher gezeigt hat, lässt sich die narrationslogische Trennung in Was des erzählten Geschehens und Wie des Erzählvorgangs am Text kaum nachvollziehen. Die erzählte Handlung löst sich vielmehr stets im Reden über diese auf. Die wenigen im Interview vorgelesenen Zitate aus dem angeblichen Buch des »Wolf Haas« widerlegen dies nicht, sie unterstreichen es vielmehr in ihrer Seltenheit noch. Diese Dominanz des fiktiven Gesprächs lässt sich im Folgenden noch durch einige Beobachtungen am Text näher belegen. Geradezu demonstriert wird der Vorrang des Gesprächs durch die kontinuierliche Steigerung der Beziehung beider Gesprächspartner, die der Leser unmittelbar mitvollziehen und als zunehmende erotische Spannung deuten kann, eine Spannung, die schließlich zum abrupten Ende des Interviews und damit auch des ›Romans‹ führt:

> LITERATURBEILAGE Ich verstehe nicht, warum Sie es nicht einfach zugeben. Haben Sie Angst, dass man Ihnen einen Entjungferungskomplex unterstellt? Dann hätten Sie das Buch nicht schreiben dürfen. Herr Haas, was hat sich in den Minuten, als Herr Bonati verzweifelt an den verriegelten Eingang seines Schmugglerlagers hämmerte, würklich [sic] zwischen den beiden Kindern abgespielt?
> WOLF HAAS Meinetwegen. Wenn du es unbedingt wissen willst, kann ich dir ja verraten, wie es wirklich war. Aber da musst du vorher das Aufnahmegerät ausschalten.
> LITERATURBEILAGE Ach, du kannst es mir auch so erzählen. Ich lass es dann einfach weg, wenn du es nicht drin haben möchtest.
> WOLF HAAS Schalt lieber aus, dann kann ich dir wirklich alles erzählen.
> LITERATURBEILAGE Na gut, aber erinnere mich auf jeden Fall daran, dass ich wieder einschalte, wenn wir dann über Frau Ba
> (223–224; Hervorhebung durch W.H.)

Der Umschlag im Verhältnis der beiden Gesprächspartner, sichtbar am Übergang von Sie zu du und am Wechsel von provokatorischer Frage zu plötzlichem Einverständnis mit folgendem Abbruch der Tonaufnahme und damit auch Textende ist effektvoll gemacht. Zugleich wird in irritierender Weise auf die Nebenfigur Frau Bachl verwiesen, was man als Hinweis auf die Gemachtheit, das Artifizielle fiktionaler Texte deuten kann.

Man kann nun im Text eine einfache Parallelführung sehen, in dem Sinne, dass der Liebesgeschichte von Vittorio und Anni eine sich entwickelnde Beziehung der beiden Dialogpartner entspricht. Dann hätte man eine einfache Doppelung des erzählten Geschehens, zwei Paarsituationen würden erzählerisch präsentiert und einander gegenübergestellt. Dem entspräche auch die chiastische Verschränkung der nationalen Zuordnungen, es stehen sich jeweils Österreicher und Deutsche, Deutscher und Österreicherin gegenüber. Interessant ist nur, dass der fiktive »Wolf Haas« des Dialogs eine ähnliche Spiegelung für den fiktiven Liebesroman erwogen hat – nämlich die »zweite Hälfte der Geschichte, also den ganzen Gegenwartsteil, einfach ins Ruhrgebiet zu verlagern« (35) –, so dass der erwachsene Vittorio von Anni besucht worden wäre und nicht umgekehrt. Gleich anschließend verwirft er jedoch solche Symmetrieeffekte als effektheischend: »Ich sag ja immer, bei der Symmetrie fängt das Kunsthandwerk an. Stattdessen geht jetzt alles nur in eine Richtung, runter runter runter. Wie im wirklichen Leben!« (36). Die narrative Gesamtanlage des Textes wird also auf der Ebene der Fiktion, im fiktiven Dialog explizit in Frage gestellt. Solche Spannungen und Widersprüche, die oft auf apodiktische Aussagen des interviewten »Wolf Haas« zurückgehen, finden sich noch häufig. Im obigen Zitat wird der interessanteste Punkt an der Liebesgeschichte von Anni und Vittorio – wie weit nämlich die beiden in jener Nacht vor fünfzehn Jahren wirklich gingen – ja gerade durch das Ausschalten des Diktiergerätes explizit ausgespart. Die Vermittlung des dargestellten Geschehens entbehrt also eines zentralen Ereignisses, zugleich wird im Dialog die Möglichkeit bestritten, dass der Leser diese Lücken durch imaginierende Rekonstruktion schließen kann:

> LITERATURBEILAGE Sie können doch nicht allen Ernstes diese romantisierte Version »nur ein Kuss« aufrechterhalten. Ich hab Ihnen nur zugute gehalten, dass Sie es dem Leser überlassen wollten, aus freien Stücken draufzukommen. Das kann ja auch ermüdend sein, wenn in einem Text alles erklärt wird.
> WOLF HAAS Dem Leser überlasse ich grundsätzlich nichts. (221)

Hier liegt natürlich eine ironische Entgegensetzung vor, denn in Wahrheit bleibt die Konstruktion der Liebesgeschichte zwischen Vittorio und Anni eben doch dem Leser überlassen, der natürlich einen Geschlechtsakt der beiden nackt im Stroh liegenden Jugendlichen vermuten wird. Aber auch auf diesen letzten Seiten des Buches geht es eigentlich gar nicht um die Liebesgeschichte, es geht vielmehr um Prozesse des literarischen Schreibens und der Rezeption von Literatur. »Literaturbeilage« sagt es ja selbst: Literarische Texte, in denen »alles erklärt wird«, wirken nicht; die Wirkung literarischer Texte beruht vielmehr auf dem kreativen Füllen von Leerstellen durch die Leserimagination. Genau das konterkariert aber »Literaturbeilage«, indem sie »Wolf Haas« unbedingt zur expliziten Schilderung der Sexszene zwingen will.

5 Ein metafiktionaler Text?

Ist dies bereits Metafiktion? Sicherlich ja, wenn man elementare Definitionen von Metafiktion zugrunde legt. Sarah E. Lauzen etwa versteht unter einem »metafictional device or element« etwas »that foregrounds some aspect of the writing, reading, or structure of a work that the applicable canons of standard (realistic) practice would expect to be backgrounded«;[12] Jutta Zimmermann formuliert im Fazit ihrer Studie zu anglokanadischen Romanen der Gegenwart kurz und bündig, in ihnen werde die »überkommene Ansicht, Sprache bilde die Wirklichkeit ab [...], thematisiert, problematisiert und in Frage gestellt«, wobei sie an gleicher Stelle differenzierend einräumt, dass sich die von ihr untersuchten metafiktionalen Texte im »Grad der Infragestellung traditioneller Kategorien« unterschieden.[13] Solchen Definitionen zufolge ist *Das Wetter vor 15 Jahren* sicherlich metafiktional, das bisher zu diesem Buch Gesagte mag dies bereits belegen. Aber selbst unauffälligere Elemente in Haas' Gesprächsroman ließen sich in dieser Hinsicht interpretieren, so zum Beispiel der Redestil der beiden Gesprächsfiguren: »Literaturbeilage« hat einen Hang zu allzu modischen Anglizismen, leidet aber andererseits unter einem Aussprachefehler, der sie »würklich« (21 und öfter) und »Pfürti« statt des korrekt österreichischen »Pfiati« (8) sagen lässt. »Wolf Haas« hingegen würzt seine Rede mit teilweise deftigen Austriazismen wie »voll wie ein Häusltschick« (79), »anbraten« im Sinne von anmachen, anbaggern (45) oder »Blitzgneißerin« (81), deren Bedeutung er seiner Gesprächspartnerin dann genüsslich erläutert. Auf einer einfachen Ebene kann man dies als folkloristische Vertiefung des Gegensatzes zwischen den beiden Gesprächspartnern lesen. Doch in der Häufung solcher Stellen und in deren Ausweitung zu regelrechten Sprachreflexionen wird deutlich, dass hier auch thematisiert wird, wie Sprache auf ›Wirklichkeit‹ Bezug nimmt und welche Wahlmöglichkeiten und -schwierigkeiten sich dabei für den Sprachnutzer ergeben:

> WOLF HAAS [...] Weil es dann ja nicht einfach zu regnen anfängt. So ist es ja nicht! Es ist ja nicht so, dass es einfach in Kübeln vom Himmel kommt. Jetzt muss ich auch einmal was Englisches sagen. Wissen Sie, wie man auf Englisch sagt? Es regnet Leintücher.
> LITERATURBEILAGE Was sind Leintücher?
> WOLF HAAS Bettlaken. *Sheets.*
> LITERATURBEILAGE Ach ja, *it's raining sheets!*

---

[12] Lauzen, Sarah E., »Notes on Metafiction: Every Essay Has a Title«, in: Larry McCaffery (Hg.), *Postmodern Fiction. A Bio-Bibliographical Guide*, New York u. a. 1986, 93–116, hier 94.

[13] Zimmermann, Jutta, *Metafiktion im anglokanadischen Roman der Gegenwart*, Trier 1996, 272. Das *Reallexikon* verzichtet einer graduierenden Perspektive auf Metafiktionalität entsprechend ganz auf einen Eintrag zum Lemma »Metafiktion« bzw. verweist stattdessen auf den Ersatzbegriff »Potenzierung«, der als »Gestufte Wiederholung literarischer Zeichen« definiert wird: Fricke, Harald, Artikel »Potenzierung«, in: *Reallexikon der deutschen Literaturwissenschaft, Neubearbeitung des Reallexikons der deutschen Literaturgeschichte*, Bd. III, Berlin, New York 2003, 144–147, hier 144.

WOLF HAAS Es regnet Bettlaken, Leintücher, also ohne Luft dazwischen. Flächenregen. Nein, nicht Flächenregen. Regenflächen! Der Himmel fällt vom Himmel sozusagen. Darum schiebt es ja die Luft so brutal über die Felder. (109)

Die Frage nach dem Status von Metafiktionalität in *Das Wetter vor 15 Jahren* ist mit diesen Verweisen auf die fortgesetzte Reflexion über Erzählen und Sprache in der Rede beider Figuren aber noch nicht beantwortet. Man muss hier sich noch einmal die narrative Schichtung des Romans und den Status sowohl des Erzählten als auch der Erzählinstanzen vergegenwärtigen:

Einerseits wird die Erzählung der Liebesgeschichte nicht vollzogen, sie scheint vielmehr nur im Gespräch über diese Erzählung durch. Dies allerdings beständig, so dass der Leser in paradoxer Weise die Liebeserzählung hat und doch nicht hat. Andererseits werden die Ereignisse der Liebeshandlung durch den Dialog weitgehend in der zeitlichen Reihenfolge präsentiert, die sie auch im fiktiven Roman haben sollen. Dieser beginnt mit der Kussszene im Krankenhaus, dann wird nach und nach die Vorgeschichte enthüllt. Auch der Dialog von »Wolf Haas« und »Literaturbeilage« geht von diesem Kuss aus (6-10), es folgen dann Kindheitsszenen mit Anni und Vittorio auf der Luftmatratze, dann werden Schritt für Schritt die folgenden Ereignisse in ihrer natürlichen Reihenfolge benannt. Der Dialog baut also auf einem homochronen Erzählmuster auf, das sich an die natürliche Chronologie anlehnt und den schnellen Nachvollzug der Handlung durch den Leser erleichtert.

Insgesamt muss man dann drei Ebenen unterscheiden: Erstens die des Dialogs zwischen »Wolf Haas« und »Literaturbeilage«, zweitens die des – fiktiven – Romans, über den die beiden sprechen, drittens aber eine fiktionale ›Wirklichkeit‹, die eine gemeinsame Ereignisgrundlage sowohl für den Roman als auch für das Interview zu diesem bildet. Denn sowohl »Wolf Haas« als auch »Literaturbeilage« gehen davon aus, dass es sich bei den Ereignissen um Vittorio und Anni um eine wahre Geschichte handelt, die »Wolf Haas« nach Recherche in eine Art Tatsachenroman verwandelt hat. »Wolf Haas« behauptet, auf die Geschichte Vittorios durch die *Wetten, dass …*-Sendung aufmerksam geworden zu sein und gleich danach mit Recherchen begonnen zu haben, die ihn schließlich bis zu der durch die Explosion verhinderte Hochzeit Annis in der Dorfkirche Farmachs geführt hätten. Der Autor »Wolf Haas« will also den Schluss des von ihm geschriebenen Romans realiter selbst miterlebt haben. Die Nacherzählung dieser angeblich wirklichen Ereignisse in Roman und Interview werden dann gleich wieder zu Reflexionen über die Wirklichkeitsdarstellung im Roman genutzt:

> WOLF HAAS Ja, und ihr Nacken war so zart, dass man sich gefragt hat, wie ihr Hals diese aufgetürmte Haar- und Blütenlast überhaupt tragen kann.
> LITERATURBEILAGE Das fand ich dann allerdings schon etwas *too much*, wie Sie diesen zarten Hals beschreiben.
> WOLF HAAS Das fanden Sie aber höchstens deshalb übertrieben, weil ich's untertrieben habe. Annis Hals ist ja wirklich – also, das musste ich ja sowieso reduzieren, da hab ich gestrichen und gestrichen, damit's nicht zu arg wirkt. Aber wenn man's reduziert, wirkt's dann oft erst recht wie schlecht erfunden. (195)

Doch sollte man sich vor vorschnellen Schlüssen hüten. Das Erscheinen des Autors »Wolf Haas« im Geschehen der von ihm selbst erzählten Geschichte ist eben nicht als metafiktionales Verfahren zu werten. Denn »Wolf Haas« ist ja selbst ein fiktiver Autor, der ein fiktives Geschehen berichtet, dessen Wirklichkeit er im Rahmen eines fiktionalen Textes behauptet. Narratologisch kann man die Äußerungen des »Wolf Haas« mit der Formulierung Michael Scheffels als »real inauthentische/imaginär authentische Sätze« bezeichnen.[14] Denn das Auftreten des »Wolf Haas« in der erzählten Geschichte bzw. im Interview über diese Geschichte soll einen Realitätseffekt erzeugen, auch wenn dieser vom Leser angesichts der Dominanz der Interviewrede nicht mehr ernst genommen wird. Jede Verstörung des Lesers im Sinne eines Illusionsbruchs entfällt, statt Metafiktion liegt hier eine – prinzipiell recht einfache – Staffelung dreier fiktionaler Ebenen vor. Das Auftreten des »Wolf Haas« im eigenen Text ist somit als Beglaubigungsgestus recht traditioneller Art, im Sinne einer Herausgeber- oder Augenzeugenfiktion zu werten. Keinesfalls liegt aber eine Metalepse oder *mise en abyme* vor, die Michael Scheffel mit Recht als Metafiktion hoher Stufe wertet.

6 Narration im Interview

Denn es bleibt festzuhalten, dass die Gesprächssituation dominiert, es gibt sozusagen kein ›Außen‹ der Gesprächssituation – es gibt nur das Gespräch, was umso verstörender wirkt, weil ja die Faktizität der Geschichte um Anni und Vittorio fortweg behauptet wird. Eine diegetische Trennung zwischen einer Rahmenhandlung und einer Binnengeschichte liegt also nicht vor; gerade deswegen kann es auch nicht zu einer Vermischung oder wechselseitigen Durchdringung von Rahmen und Binnengeschichte kommen, wie sie Formen einer klassischen Metalepse auszeichnet. Das

---

[14] Scheffel, Michael, *Formen selbstreflexiven Erzählens. Eine Typologie und sechs exemplarische Analysen*, Tübingen 1997, 51 (unter Berufung auf Genette und Wayne C. Booth).

Übergewicht der Dialogform mit ihrer Dramatisierungspotenz verhindert im Grunde genommen auch, das Buch des realen Wolf Haas als Roman einzustufen.

Dieses Dominieren des Redens über Geschehnisse und Handlungen, die niemals direkt erzählt werden, wirkt sich dann selbstverständlich auch auf der grammatisch-syntaktischen Ebene aus: Es überwiegt das Präsens der Inhaltsangabe, was zunächst nahelegt, hier ein Tempus des Besprechens im Sinne Harald Weinrichs und nicht des Erzählens zu vermuten.[15] Natürlich tauchen auch andere Tempora im Romantext auf; aber sie erhalten angesichts des Gesprächspräsens, mit dem die Anni-Vittorio-Handlung präsentiert wird, andere Funktionen: Zum einen beziehen sie sich auf die Vergangenheit der fiktiven Personen »Wolf Haas« und »Literaturbeilage«, das heißt konkret auch auf den fiktiven Schreib- und Lesevorgang: »Also ich würde das genaue Gegenteil behaupten. Nämlich, dass ich das Gewitter selbst überhaupt nicht beschrieben habe.« (92) versus »Ich wollte hier beim Lesen einfach schneller vorankommen. Man hat ja Angst um die beiden!« (94). Zum anderen markiert gerade das Präteritum, manchmal auch das Perfekt in Abweichung von tradierten Erzählkonventionen die Vorvergangenheit der Anni-Vittorio-Handlung, die in ihrer Wiedergabe durch das Interviewgespräch stets im Präsens erscheint:

> LITERATURBEILAGE   Aber das Gewitter war da.
> WOLF HAAS   Noch nicht!
> LITERATURBEILAGE   Aber es war schon finster. Das Schild können die beiden nur lesen, wenn die Blitze es beleuchten. Man fragt sich ja die ganze Zeit, warum sie nicht endlich umkehren. Warum sie nicht hinunterrennen. Warum sie immer noch auf die Stromautobahn zugehen. (97)

An anderen Stellen gewinnt das Präteritum, aber auch der Konjunktiv II der Vergangenheit die Funktion, die Innensicht auf die erzählten Figuren der Liebeshandlung beziehungsweise die Mutmaßungen der beiden Inter-

---

[15] Weinrich, Harald, *Tempus. Besprochene und erzählte Welt.* Stuttgart, 4. Aufl. 1985 unterscheidet aus textlinguistischer Perspektive Präsens, Perfekt, Futur I und II als besprechende Tempora von Präteritum, Plusquamperfekt, Konditional I und II als erzählenden Tempora, wobei er beide Tempusgruppen kaum mehr mit Zeit-Komponenten verknüpft, sondern als zwei konkurrierende Sprechhaltungen begreift. Ein im Präsens verfasster Roman ist für Weinrich somit eine – problematische – »Ausdehnung der Stilfigur ›Historisches Präsens‹« (111), der eben der orientierende Rahmen aus Erzähltempora fehlt. Die Kritik an Weinrich und an Käte Hamburger, die das Präsens als durchgängiges Darbietungstempus noch entschiedener ablehnt, verweist auf die erzählerische Praxis in modernen (gerade essayistisch-reflexiven) und postmodernen Romanen, in der teilweise das Präsens als Fiktionalitätssignal dominant wird, andererseits die Tempuswahl auch beliebig und funktionslos werden kann, siehe Petersen, Jürgen H., »Erzählen im Präsens. Die Korrektur herrschender Tempus-Theorien durch die poetische Praxis in der Moderne«, in: *Euphorion* 86 (1992) H. 1, 65–89.

viewpartner über das Innenleben, die Gefühls- und Gedankenwelt dieser Figuren zu markieren:

> WOLF HAAS   Er wollte wenigstens noch die zwei Nächte bleiben, die er gebucht hat. Damit es nicht so blöd ausschaut. Auf keinen Fall bis zur Hochzeit. Sie haben ihn ja natürlich sofort zur Hochzeit eingeladen. Sogar mit Übernachtung auf Hotelkosten! (150)

Das »wollte« bezeichnet hier den inneren Entschluss Vittorios, noch etwas in Farmach zu bleiben, um danach einen ehrenvollen Rückzug anzutreten. Die Perfektform wiederum verweist auf Vorvergangenheit, denn gleich im Folgenden wird der Hauptstrang der Erzählung wieder aufgenommen; es geht nun um den Versuch Annis, Vittorio die Hoffnungslosigkeit seines Liebeswunsches klar zu machen, indem sie ihm ihr Hochzeitskleid vorführt (»Und am Abend kommt es dann zu dem Eklat mit dem Hochzeitskleid«, 151):

> WOLF HAAS   Ich hätte mir an seiner Stelle die Kugel gegeben.
> LITERATURBEILAGE   Also ich fände es doch angebracht, dass man das Ganze auch mal aus Annis Warte betrachtet. Vielleicht hat sie es sogar absichtlich getan! Einfach um ein deutliches Signal zu setzen. Das hat doch auch was Aufdringliches, wenn jemand da mit so einer bombastischen Liebeserklärung übers Fernsehen kommt.
> [...] Und dann steht er auch noch in der Tür. Sie wollte eben, dass er es würklich glaubt, also akzeptiert, dass sie einen anderen heiratet. Für sie war es doch auch nicht einfach! (151)

Das »hat [...] etwas Aufdringliches«, das »kommt«, das »steht« sind in dieser Textpassage am eindeutigsten dem erzählenden Präsens zuzuordnen, das der Wiedergabe der erzählten Handlung dient. Alle anderen Tempusformen der Vergangenheit, aber auch der Konjunktiv Gegenwart »fände«, sind Ausdrucksformen des Vermutens, das heißt hier der vermuteten Innensicht auf Gedanken und Gefühlslagen der erzählten Figuren – die Präsensformen in der dass-Konstruktion des vorletzten Satzes hängen in diesem Zusammenhang von dem Vermutungspräteritum »wollte eben« ab.

Die Funktion des erzählerischen Indikativ Präsens ist nicht deshalb zentral, weil es im Text etwa quantitativ überwiegen würde. Das Gegenteil ist der Fall. Andere Tempusformen und Modi überwiegen sogar, aber gerade dann gewinnt das Präsens die Funktion, den narrativen Kern in einem Wust von Reflexionen, Kommentaren, Vermutungen und nachgetragenen Vorbedingungen des Erzählten zu markieren. Dies zeigt sich natürlich an besonderen Höhepunkten der erzählten Handlung: »Die Tür zum Heuboden lässt sich ohne Weiteres öffnen. Doch als er über den verfallenen Geheimgang in das Kellerdepot vordringt, brechen die morschen Balken unter seinem Gewicht zusammen, und er ist im Schmugglerkeller gefangen.« (155f.) Im Folgenden wird dies sofort wieder überlagert, durch – im übrigen erzählzeitlich raffende – Reflexionen über mutmaßliche Gedankengänge der erzählten Figur, die im Perfekt stehen: »Er hat sofort realisiert, dass er verschüttet ist. [...] Und er hat gewusst, dass ihn da oben niemand suchen wird.« (156)

Haas' Text entwickelt im Grunde genommen sein eigenes Tempussystem beziehungsweise eine eigenständige Funktionsordnung der Tempora. Das Präsens wird dabei eigentümlich ambivalent, doppeldeutig: Einerseits fungiert es als genuin narratives Tempus, es bietet die erzählten Geschehnisse um Vittorio und Anni dar, die dadurch zu einem Ereignisstrang und einer erzählten Geschichte verdichtet werden; zum anderen verweist es darauf, dass dieser narrative Hauptstrang immer an den Dialog, die Gesprächssituation zweier Interviewpartner gebunden bleibt, die Erzählung einer Geschichte sich mithin in das Reden über das Erzählen einer Geschichte auflöst.

7 Traditionen des literarischen Dialogs

Der Status von Haas' Text als Dialogroman verdient einen genaueren Blick. Narratologisch und texttheoretisch kann man die poetische Praxis des Erzählens als einen differenzierten Vermittlungsvorgang verstehen, die Mittelbarkeit des Erzählens wird zu dessen hauptsächlichem Definitionskriterium – die Wiedergabe des erzählten Geschehens bleibt an eine Vermittlungsperspektive gebunden, die man dann mit dem Namen eines auktorialen, personalen oder Ich-Erzählers benennen mag. Die Unmittelbarkeit des szenischen Dialogs auf der Bühne und im dramatischen Text stünde in dieser Sicht der Mittelbarkeit des narrativen Textes in idealem Kontrast gegenüber.[16] Der Dialog in unmittelbarer Form, d. h. in direkter Rede wiedergegeben, wäre demnach ein erzählfremdes Element, das paradoxerweise in die Erzählrede integriert werden kann – analog zu den notwendig nichtfiktionalen Bestandteilen einer erzählerisch präsentierten

---

[16] Diese archetypische Unterscheidung taucht in der Erzähltheorie immer wieder auf und führt zu spannenden Folgediskussionen. Verwiesen sei beispielsweise auf Weber, Dietrich, *Erzählliteratur. Schriftwerk – Kunstwerk – Erzählwerk*, Göttingen 1998, der den Grundsatz »Erzähler sind Außenstehende« (ebd., 39) formuliert, gleichwohl aber das Phänomen der »Teichoskopie« (ebd., 35) diskutieren muss, also der im Präsens Geschehnisse darbietenden Mauerschau des Dramas. Teichoskopische Verfahren im Erzähltext beziehungsweise szenisches Erzählen im Sinne O. Ludwigs sind für Weber dann nur eine weitere Als-ob-Haltung des Erzählers, genuine »szenische Darstellung« sei nur dramatischen Texten vorbehalten (ebd., 35–39).

Fiktion.[17] Es dürfte jedoch klar sein, dass ein fiktionales Erzählen im reichen Sinne, d. h. ein auf Realitätsillusion und die Wiedergabe großer Ereignisfülle zielendes literarisches Erzählen danach strebt, den Dialog erzählter Figuren möglichst wirkungsvoll in die Erzählrede zu integrieren, dabei aber höchst unterschiedlich verfahren kann. Die mimetische Wiedergabe eines Figurengesprächs in direkter Wechselrede mag hier auf der einen Seite stehen, auf der anderen findet sich sicherlich auch die extrem raffende Zusammenfassung des Gesprächsinhalts durch die Erzählinstanz, also den perfektivischen und resultativ orientierten Bericht über das Ergebnis eines Gesprächs und nicht die den Gesprächsverlauf akzentuierende Erzählung davon.

Die Einbettung von Dialogen als direkte Wechselrede in narrativ-fiktionale Texte erscheint somit als zwar nicht völlig unproblematisch, aber doch als nachvollziehbare Gestaltungsebene. Es ist jedoch genauso klar, dass sich die Verhältnisse ändern, wenn der gesamte Text nur noch aus Dialog besteht, der Text sich schließlich sogar einer eigenständig Gattung ›Dialog‹ zuordnen lässt. Moderne Fachlexika tragen dem durch die Doppelung des Artikels zum Lemma »Dialog« Rechnung,[18] bei ausgeweiteter Beschäftigung mit der Begrifflichkeit käme noch Bachtins Terminus der Dialogizität ins Spiel, der für den intratextuellen Ansatz des vorliegenden Aufsatzes jedoch keine Rolle spielen kann. Zu der autonomen Textgattung des Dialogs jedoch ließe sich literatur- und kulturgeschichtlich Vieles sagen. An dieser Stelle kann nur umrisshaft auf Einiges verwiesen werden:

Interessant ist die Konstellation im 18. Jahrhundert, in der die eigenständige Textgattung Dialog gerade nicht nur rein literarische oder gar metafiktionale Ausprägungen erfährt. Der spezifisch literarische Dialog musste sich im Gegenteil erst ausdifferenzieren, sich in einem textuellen Feld abgrenzen, in dem die durchgängige Dialogform für philosophische, didaktische, konfessionelle und andere Zwecke genutzt wurde; begriffsgeschichtlich vollzieht sich dies zum Beispiel bei Marmontel, der erst 1787 den *dialogue* mit dem bis dahin überflüssigen Attribut »philosophique ou littéraire« versieht und diese Vollformen von dem in epischen oder dramatischen Texten eingebetteten »dialogue poétique« unterscheidet.[19] Der Dialog

---

[17] Letzteres zu verstehen durch den Bezug auf Umberto Ecos Begriff der Enzyklopädie, die jeder erzählten Welt zugrunde liegen muss, um eben diese Welt dem Leser schlüssig zu machen, vgl. ebd., 107–108.

[18] Artikel »Dialog$_1$« von Ernest W. B. Hess und »Dialog$_2$« von Thomas Fries und Klaus Weimar, in: *Reallexikon der deutschen Literaturwissenschaft. Neubearbeitung des Reallexikons der deutschen Literaturgeschichte*, Bd. I, Berlin, New York 1997, 350–353 und 354–356 (»Eigenständiger Text in Gesprächsform«, 354).

[19] Artikel »Dialog$_2$« von Thomas Fries und Klaus Weimar, in: *Reallexikon der deutschen Literaturwissenschaft. Neubearbeitung des Reallexikons der deutschen Literaturgeschichte*, Bd. I, Berlin, New York 1997, 354–356, hier 355.

als eigenständige Gattung partizipiert zum einen von dem Nimbus, der von Platons Dialogen und anderen antiken Vorbildern als weithin anerkannten Mustern herrührt; zum anderen lässt er sich nur äußerst schwer abgrenzen von den sehr zweckhaft orientierten Gebrauchsformen des Lehrgesprächs, der Disputation und vor allem auch des Katechismus. Die katechetische Form des Lehrwerks, das Wissen in schematisierten Frage-Antwort-Ketten darbietet, blieb in zahlreichen kulturellen Bereichen zunächst dominant. Das geschichtstheoretische Denken der deutschen Aufklärung, um nur ein Beispiel zu nennen, strebte danach, das wachsende historische Wissen nicht nur an Gelehrte, sondern auch an verschiedene Gruppen und Schichten der Bevölkerung zu vermitteln. Die Geschichtserzählung, die die Ereignisse der Vergangenheit zeitlich rhythmisiert darstellen, zugleich aber über sie reflektieren und Gewissheit oder Ungewissheit des Erzählten thematisieren konnte, wurde dabei zur zentralen Darstellungsform der Geschichtsschreibung. Die Geschichtserzählung musste sich aber erst gegen die konkurrierenden Darstellungsformen der Tabelle, der Chronik und vor allem der katechetischen Wissensvermittlung nach dem *Methodus interrogatoria* durchsetzen;[20] die gelungene Narratisierung der Geschichte und der Geschichtserkenntnis beruhte, um es pointiert zu formulieren, zunächst auf einer gelingenden Entkatechetisierung des Historischen.

Aber der Didaktisierungsdruck katechetischer und dialogischer Schreibweisen wirkte auch auf das Feld der Literatur selbst. Dialogromane und kürzere Texte in Dialogform sind in der deutschen Aufklärung zahlreich, und nicht immer erreichen sie jene Höhen philosophischen Räsonnements, die man sich angesichts der antiken Vorbilder eigentlich erwartete. Anstatt die Verteilung der Standpunkte auf mehrere Sprecher für eine Potenzierung des Diskursiven zu nutzen, kippen Dialogtexte immer wieder ins platt Lehrhafte ab. Ein Extrembeispiel hierzu stellt Johann Heinrich Campes *Robinson Crusoe*-Bearbeitung dar, die als eines der ersten Jugendbücher der deutschen Literatur gilt: Sicherlich verweist die Textsorte des Kinder- und Jugendbuchs auf einen forciert pädagogischen Anspruch, der dezidiert belehren will. Es zeigen sich aber durchaus Schwächen der durchgängigen Dialogform selbst, in die Defoes nicht unspannender Roman hier umgewandelt ist. Das Gespräch zwischen einem Vater, dessen erwachsenen Freunden

---

[20] Pandel, Hans-Jürgen, *Historik und Didaktik. Das Problem der Distribution historiographisch erzeugten Wissens in der deutschen Geschichtswissenschaft von der Spätaufklärung zum Frühhistorismus (1765–1830)*, Stuttgart, Bad Cannstatt 1990, dort zur Bestimmung von Katechese und dialogischer Schreibart, die zunächst nicht nur als bücherschonende Memoriertechnik, sondern auch als Inhalt der Geschichte begriffen wurde (»Dialoge […] sind Objekt und Topik in einem«, ebd. 42) sowie insgesamt zur Narratisierung des geschichtlichen Wissens und der Ablösung der Katechese (ebd. 50–100).

und den Kindern auf der anderen Seite, in dessen Verlauf die Geschichte Robinsons erzählt wird, vermittelt Botschaften der Tugend nicht natürlich und auch nicht diskursiv, sondern aufgezwungen artifiziell und von oben herab; die textuelle Form des Dialogs vermittelt kein wirkliches Gespräch, in dem sich im freien Wechsel von Rede und Gegenrede eine mehrstimmig gewonnene Erkenntnis ergibt, sondern eine leere Gesprächsmaske, mit der normative Vorgaben ohne Diskussion gesetzt werden.[21]

Mit Campes Text ist sicherlich ein Extremfall aufgerufen. Es dürfte aber deutlich geworden sein, dass der Dialog als Textgattung durchaus nicht immer auf die gemeinsame Erkenntnisanstrengung von verschiedenen Standpunkten aus zielt, sondern im Gegenteil die bloße Tarnung von Machtansprüchen und Herrschaftsdiskursen bedeuten kann. Sowohl die Dialogpraxis als auch die Dialogtheorie der deutschen Aufklärungsliteratur sind jedoch ausgesprochen reichhaltig und bedenkenswert. In den poetologischen Schriften des 18. Jahrhunderts finden sich detaillierte Versuche, eine Art Kategorienlehre der autonomen Gattung Dialog wie auch der in Drama und Erzähltext eingelagerten Dialoge zu gewinnen, Bauformen des Dialogischen zu bestimmen. Die entsprechenden Positionen, die Erkenntnisse der modernen Narratologie vorwegnehmen, lassen sich an dieser Stelle nur kurz umreißen: Neben die Praxis des didaktisch orientierten, dabei autoritätsfixierten Dialogs tritt in der Aufklärungspoetik die Vorstellung, dass das Gespräch zum einen das allmähliche Werden eines Gedankenganges vermitteln könne; zum anderen erhoffte man sich durch konsequente Dialogisierung eine Belebung der literarischen Erzählung, die mit einer Individualisierung der erzählten Figuren einhergehen sollte. Die traditionellen Vorstellungen einer Getrenntheit und ursprünglichen Reinheit der Gattungen wird abgelöst durch Ansätze zur Gattungsmischung, die schließlich zum Experiment des durchgängig dialogisierten Romans führt. Idealerweise sollten alle seelischen Prozesse in dialogischer Unmittelbarkeit dargestellt werden, die zusammengesetzte Form aus narrativem Hand-

---

[21] Campe, Johann Heinrich, *Robinson der Jüngere. Ein Lesebuch für Kinder. Erster Theil*, (1. Aufl. Hamburg 1779/1780), Braunschweig, 40. Aufl. 1848, 6: »Vater. Der Sohn des Schiffers fragte ihn, ob er mitreisen wolle. [...] Der junge Robinson bedachte sich noch ein paar Augenblicke; dann schlug er Jenem auf einmahl in die Hand, und rief aus: ›Topp, ich fahre mit dir, Bruder! Nur gleich zu Schiffe!‹ – Darauf bestellte er, daß nach einigen Stunden Jemand zu seinem Vater gehen und ihm sagen solle: er sei nur ein Bißchen nach England gefahren, und werde bald wiederkommen. Dann gingen die beiden Freunde an Bord.
Johannes. Fi! den Robinson mag ich nicht leiden.
Nikolas. Ich auch nicht!
Freund B. Warum denn nicht?
Johannes. Ja, weil er das thun kann, daß er so von seinen Aeltern weggeht, ohne daß sie's ihm erlaubt haben!« usw.

lungsbericht und Dialog oder der konsequent durchgeführte Dialogroman dienten somit einer grundsätzlichen Psychologisierung der Poetik, die sich auf französische Vorbilder (Diderot) wie auch auf die zeitgenössische englische Assoziationstheorie bezieht.[22]

8 Sprach- und Narrationskritik in *Das Wetter vor 15 Jahren*

Vor diesem historischen Hintergrund mag sichtbarer werden, was die Dialogform in *Das Wetter vor 15 Jahren* leistet. Auch den Dialog bei Haas könnte man versuchsweise didaktisch lesen, dies dann allerdings in modernisierter Form: Mitunter meint man den Mitschnitt der Diskussionen in einem *creative writing*-Seminar vor sich zu haben. Das geschieht allerdings nicht in einem katechetischen Anweisungston. Die Antworten des »Wolf Haas« aber auf die kritischen, oft auch naiven oder nur nörglerischen Fragen der »Literaturbeilage« geben mitunter durchaus praktikable Hinweise auf die Probleme, die sich bei der Referenz von Text auf Wirklichkeit ergeben. »Wolf Haas« propagiert, um dies zusammenzufassen, eine Poetik der aussparenden Beschreibung; jede sprachliche Schilderung von Welt liefert immer nur eine Interpretation, keine getreue Abbildung, eine totale Wiedergabe der Realität scheint nicht möglich. Die sinnliche Fülle der Außenwelt lässt sich dabei auch deswegen nicht wiedergeben, weil die Sprache nur noch abgenutzte Mittel zur Verfügung stellt oder sich gleich auf andere Medien bezieht:

> WOLF HAAS Das war wie in einem Tarkowski-Film oder so, die tausend Kerzenflämmchen, und Annis Kleid hat die Kerzenflammen reflektiert und den goldenen Barockaltar und die bunten Kirchenfenster und das Blumenmeer, in dem die Braut förmlich zu schwimmen schien, das hab ich mir ja so gar nicht zu schreiben getraut. (193)

---

[22] Dies in knapper Zusammenfassung von Winter, Hans-Gerhard, *Dialog und Dialogroman in der Aufklärung. Mit einer Analyse von J. J. Engels Gesprächstheorie*, Darmstadt 1974, 120–140. Die Studie hebt wohl mit Recht die hohe Bedeutung von Johann Jakob Engels Abhandlung *Über Handlung, Gespräch und Erzählung* (1773/1774) hervor, über deren Erkenntnisse auch Blanckenburg kaum hinausging und die von den Zeitgenossen überwiegend positiv rezipiert wurde (ebd. 140–149); die Untersuchung gibt zugleich einen informativen Überblick der Diskussionen um Erzählung, Drama und Dialogisierung/Dramatisierung von Erzählung bis zur Spätaufklärung (Engels eigener Dialogroman *Herr Lorenz Stark* gilt im Übrigen als Muster der Gattung und entstand durch Umwandlung eines Dramas, ebd. 153). Der Dialog als autonome direkte Figurenrede gilt noch bei Martínez, Matías & Scheffel, Michael, *Einführung in die Erzähltheorie*. München, 5. Aufl. 2003, 62 als Maximalfall der »Abnahme an Mittelbarkeit« der Erzählung, der narrative Text nähere sich hier dem dramatischen »Modus«, dessen Unmittelbarkeit an.

Ähnliche Stellen finden sich zuhauf. Immer wieder wird so jene Häufungsproblematik des literarischen Kitsches verhandelt, die in diesem Beitrag bereits angesprochen wurde. Das Effektheischende, die auf sensationalistische Reizwirkung zielende Dimension des Kitsches wird im fiktiven Interviewdialog immer wieder verhandelt. Doch andererseits zieht sich »Wolf Haas« in diesem Dialog nicht auf wertende Maximalpositionen zurück:

> LITERATURBEILAGE [...] Also ich muss schon sagen. Sie entblöden sich nicht zu schreiben: »Die aus den Friedhofsstehern hervorbrechenden Schreie ungläubigen Entsetzens ließen sich auf keinen Fall mit der Aufforderung des Pfarrers erklären, jetzt zu schreien oder für immer zu schweigen.«
> WOLF HAAS (lacht) Ja, das ist gut, da muss ich mich direkt selber loben. (207)

An anderer Stelle äußert »Wolf Haas« zur Beschreibung der Explosion durch ihn selbst: »Ja, Springquell. *(lacht)* Manchmal kann man's nicht anders sagen. Weil es eben so herausgeschossen ist [...] wie bei einem Springbrunnen eben« (209). An diesen und anderen Stellen wird somit die Auffassung laut, dass sich auch ein gelingender literarischer Text des Effekts oder plakativer sprachlicher Mittel bedienen kann oder sogar bedienen muss, wenn er eine adäquate Interpretation außersprachlicher Wirklichkeit geben will. Einer allzu strikten Ökonomie der Kunstmittel, die auf eine organizistische Auffassung des Kunstwerks verweisen würde,[23] wird somit gerade nicht das Wort geredet. Die hier eingefügten, sonst so überaus seltenen Regiebemerkungen – »*(lacht)*« – dürften aber darauf verweisen, dass hinter dem fiktiven »Wolf Haas« sozusagen durchaus der reale Autor Haas durchscheint; dies nicht im Sinne einer platten Selbstdarstellung oder Rechtfertigung, sondern eher zu lesen im Hinblick auf den Aussagestatus des gesamten Textes *Das Wetter vor 15 Jahren* – er ist grundsätzlich als poetologischer Kommentar zu lesen. Nicht die höchst unwahrscheinliche Liebesgeschichte und auch nicht die literaturbetriebliche Beziehung zwischen Kulturjournalismus und literarischem Autor sind das Thema. Thema ist vielmehr die Reflexion über das Erzählen selbst und dessen Konstrukthaftigkeit, die in regelrechte Aporien hineinführt.

Denn im ganzen Interviewgespräch geht es immer wieder um jene Einzelentscheidungen, die sich während eines Schreibprozesses ergeben, genauso aber um Deutungsentscheidungen, die Leserinnen und Leser während der

---

[23] Zum langen Fortbestehen dieser seit dem 18. Jahrhundert bekannten Argumentationsfigur und ihrer Rolle als Wertungsmaßstab kritisch Nusser, Peter, *Trivialliteratur*, Stuttgart 1991, 6: In seiner »Verabsolutierung« fördere dies ein »Schwarz-Weiß-Schema literarischer Qualifizierung«, das es zu überwinden gelte, ebenso setzten auch manche anerkannte Kunstwerke – etwa in der romantischen Lyrik – auf kumulative Effekte und entbehren somit einer engen Ökonomie der Kunstmittel.

Lektüre treffen. Dies wird auf verschiedenen Ebenen durchgängig ironisiert. Erstens indem durchgängig die Faktizität der Liebesgeschichte von Anni und Vittorio behauptet wird, dies noch verstärkt durch die fiktive Aussage, dass »Wolf Haas« tatsächlich zum Augenzeugen des letzten Teils dieser Geschichte geworden sei. Die beständig erneuerte Faktizitätsbehauptung verweist somit ex negativo immerzu auf die doppelte Fiktionalität des Textes, nämlich seinen Status als fiktives Gespräch über eine genauso fiktive Romanhandlung. Zweitens passt einfach alles zu gut zusammen, der fiktive »Wolf Haas« bewegt sich in der angeblich faktischen, aber eben fiktiven Handlung so treffsicher, dass er seinen fiktiven Roman mit maximaler Wirkung erzählen kann: So verlässt »Wolf Haas« die Kirche, in der die Hochzeit stattfindet, einige Augenblicke vor der Explosion, deren Augenzeuge er damit praktischerweise werden kann. Nicht nur die Liebesgeschichte von Vittorio und Anni wird also durch ihre Unwahrscheinlichkeit decouvriert, sondern ebenso die Augenzeugenfiktion, also die angebliche Verwicklung des Erzählers in seinen eigenen Text. Im Hinblick auf dieses fiktive Buch wird das nochmals verstärkt. Denn der Roman soll als Ich-Erzählung aus der Perspektive Vittorios angelegt sein, so dass die Frage aufgeworfen wird, »wie Sie die Hügel-Explosion aus der Perspektive der Hochzeitsgäste schildern können, obwohl ja der Ich-Erzähler immer noch im Berg steckt«. Die »Literaturbeilage«, die diese Frage stellt, gibt die Antwort darauf gleich selbst, indem sie die Unwahrscheinlichkeit der erzählerischen Kunstgriffe im fiktiven Tatsachenroman zu dessen positivem Gestaltungsprinzip erklärt: »Sie haben die ganze Struktur des Buches um dieses Problem herum gebaut.« (208)

Der Roman in Dialogform ist also kein Lehrdialog im platten, katechetischen Sinne, sondern als argumentierender Dialog angelegt, der im beständigen Austausch von Meinungen und widerstreitenden, oft wieder abbrechenden Reflexionen höhere Erkenntnis bzw. deren Vorbedingungen bei den Lesern erzeugen kann, aber nicht muss. Auf keinen Fall bietet der Roman jenen psychologisierenden Dialog im Sinne Engels und anderer, mit dem »Literaturbeilage« und »Wolf Haas« als abgerundete Figuren erschaffen würden.[24] Beide sind gar keine Gestalten oder Figuren

---

[24] Damit unterscheidet sich die durchgängige Dialogform in diesem Text von Haas' Erzähltechnik in seinen vielgelobten Kriminalromanen um den Ex-Polizisten und Privatermittler Simon Brenner. Der Ich-Erzähler in den Brenner-Krimis pflegt einen von zahlreichen Austriazismen und Leseransprachen durchsetzten Erzählstil, der sich stark an mündliche Erzählrede anlehnt. Damit vermittelt der Ich-Erzähler ein dichtes Charakterbild der erzählten Figur Simon Brenner: »Seine Hauptaufgabe ist es, uns ›den Brenner‹ zu erzählen«, wie Baßler, Moritz, *Der deutsche Pop-Roman. Die neuen Archivisten*, München 2002, 190, in seiner Interpretation der Krimis zutreffend konstatiert. Anmerken ließe sich freilich, dass durch das fiktive orale Erzählen auch der Ich-Erzähler selbst als Figur entsteht; er bleibt nicht

im Sinne eines psychologisierend-realistischen Erzählens, sondern bloße Argumentationsrollen und Standpunkte; Sprechfunktionen eher anstatt Fiktionen von Personen. Eigentlich wird das Erzählen einer Geschichte verweigert, die überschießende Reflexion über Probleme des Erzählens an sich wird stattdessen dominant. Zugleich wird die Liebeshandlung in paradoxer Weise doch erzählt. Und genau dies verweist auf die Metafiktionalität des Romans, die man sogar als Metafiktion höherer Stufe werten kann: Das Erzählen einer Geschichte wird im Romantext überlagert, wenn nicht ersetzt durch die narrative Selbstreflexion, die ihrerseits zu einer Art Handlung wird, die den Leser zur Reflexion über das Erzählen aufruft. Eine mehrfache Spiegelung also; hinzu kommt, dass die Liebeshandlung zwischen Vittorio und Anni hier immer auch noch durchscheint. Die Liebesthematik verschwindet also nicht, sie verbindet sich aber untrennbar mit der Reflexion über Möglichkeiten und Grenzen einer erzählerischen Darstellbarkeit der Welt. An einer Stelle spricht »Literaturbeilage« die Hoffnungslosigkeit von Vittorios Liebe an, seine »prinzipielle Besessenheit«; »Wolf Haas« entgegnet, dass er genau deswegen Vittorios Auftritt im Hotelfoyer »so ein bisschen irreal, fast ein bisschen drogenmäßig« geschildert habe (136). Vittorios Liebeswahn kommt nun, »zum ersten Mal seit fünfzehn Jahren«, in Kontakt und Konflikt mit der »Realität«; »Wolf Haas« leitet diesen Befund mit der Bemerkung »Aber das ist ja genau das Thema der Geschichte!« ein. Dies ist doppelbödig, wie alles in *Das Wetter vor 15 Jahren*: Gemeint ist nicht nur die prinzipielle Diskrepanz zwischen Liebeswunsch und der Erfüllung einer Liebe. Zur Sprache kommt hier auch, ob und wie sich die Liebe oder die Natur oder anderes überhaupt erzählerisch erfassen lässt.

Literaturverzeichnis

Primärliteratur

Campe, Johann Heinrich, *Robinson der Jüngere. Ein Lesebuch für Kinder. Erster Theil*, (1. Aufl. Hamburg 1779/1780), 40. Auflage, Braunschweig 1848.
Claurens, H. (eigentlich Carl Gottlieb Samuel Heun): *Mimili* (1815, erweiterte Buchfassungen 1816 und 1819); Auszüge in Dettmar, Ute & Küpper, Thomas (Hg.), *Kitsch. Texte und Theorien*, Stuttgart 2007, 24–31 sowie in Killy, Walter (Hg.), *Deutscher Kitsch. Ein Versuch mit Beispielen*, 7. Auflage, Göttingen 1973, 78–80 und 114–116.
Haas, Wolf, *Das Wetter vor 15 Jahren* (2006), 10. Auflage, Hamburg 2007.

Sekundärliteratur

Baßler, Moritz, *Der deutsche Pop-Roman. Die neuen Archivisten*, München 2002.
Best, Otto F., *Der weinende Leser. Kitsch als Tröstung, Droge und teuflische Verführung*, Frankfurt a. M. 1985.

---

bloß eine narrative Instanz, sondern gewinnt die Tiefe eines ›Charakters‹. Der Unterschied zur parodistischen Verflachung der beiden Interviewpartner in *Das Wetter vor 15 Jahren* ist jedenfalls bemerkenswert.

Braungart, Wolfgang, »Kitsch! Faszination und Herausforderung des Banalen und Trivialen. Einige verstreute Anmerkungen zur Einführung«, in: Ders. (Hg.), *Kitsch. Faszination und Herausforderung des Banalen und Trivialen*, Tübingen 2002, 1–24.

Fricke, Harald, Artikel »Potenzierung«, in: *Reallexikon der deutschen Literaturwissenschaft, Neubearbeitung des Reallexikons der deutschen Literaturgeschichte*, Bd. III, Berlin, New York 2003, 144–147.

Fries, Thomas & Weimar, Klaus, Artikel »Dialog$_2$«, in: *Reallexikon der deutschen Literaturwissenschaft. Neubearbeitung des Reallexikons der deutschen Literaturgeschichte*, Bd. I, Berlin, New York 1997, 354–356.

Hess, Ernest W. B., Artikel »Dialog$_1$«, in: *Reallexikon der deutschen Literaturwissenschaft. Neubearbeitung des Reallexikons der deutschen Literaturgeschichte*, Bd. I, Berlin, New York 1997, 350–353.

Kluy, Alexander, »Jeden Einwand vorweggenommen. Wolf Haas' Roman ›Das Wetter vor 15 Jahren‹«, in: *Literatur und Kritik*. 4,1 Nr. 407/408, 2006, 101–102.

Lauzen, Sarah E., »Notes on Metafiction: Every Essay Has a Title«, in: Larry McCaffery (Hg.), *Postmodern Fiction. A Bio-Bibliographical Guide*, New York u. a. 1986, 93–116.

Martínez, Matías & Scheffel, Michael, *Einführung in die Erzähltheorie*. München, 5. Aufl. 2003.

Martínez, Matías, Artikel »Plot«, in: *Reallexikon der deutschen Literaturgeschichte. Neubearbeitung des Reallexikons der deutschen Literaturgeschichte*, Bd. III, Berlin, New York 2003, 92–94.

Moles, Abraham A., *Psychologie des Kitsches*, mit 57 Abbildungen, aus dem Französischen übersetzt von Bernd Lutz, München 1972.

Moritz, Rainer, »Was tun mit dem Entjungferungskomplex? Mit ›Das Wetter vor 15 Jahren‹ versucht der vielgefeierte Krimi-Autor Wolf Haas den Schritt in die Zeit nach Simon Brenner«, in: literaturen. *Journal für Bücher und Themen* 7, Nr. 9, 2006, 71–72.

Neuhaus, Volker, »Austria nigra – zu den Detektivromanen von Wolf Haas«, in: Michael Braun & Birgit Lermen (Hg.), *Begegnung mit dem Nachbarn. Aspekte österreichischer Gegenwartsliteratur*, St. Augustin 2003, 107–114.

Nusser, Peter, *Trivialliteratur*, Stuttgart 1991.

Pandel, Hans-Jürgen, *Historik und Didaktik. Das Problem der Distribution historiographisch erzeugten Wissens in der deutschen Geschichtswissenschaft von der Spätaufklärung zum Frühhistorismus (1765–1830)*, Stuttgart, Bad Cannstatt 1990.

Petersen, Jürgen H., »Erzählen im Präsens. Die Korrektur herrschender Tempus-Theorien durch die poetische Praxis in der Moderne«, in: *Euphorion* 86, H. 1, 1992, 65–89.

Rußegger, Arno, »Alte Regel, solange du liest, bist du nicht tot. Wolf Haas' *Silentium!* und die Didaktik des Kriminalromans«, in: *ide. Informationen zur Deutschdidaktik* 27, H. 1, 2003, 72–78.

Scheffel, Michael, *Formen selbstreflexiven Erzählens. Eine Typologie und sechs exemplarische Analysen*, Tübingen 1997.

Scheier, Claus-Artur, Kitsch – Signatur der Moderne?«, in: Wolfgang Braungart (Hg.), *Kitsch. Faszination und Herausforderung des Banalen und Trivialen*, Tübingen 2002, 25–34.

Schuh, Franz, »Hinein in den Kanon mit ihm! Plädoyer für das Niedrige und das Erhabene, für den Kulturkampf und für Wolf Haas«, in: Friedbert Aspetsberger (Hg.), *Ein Dichter-Kanon für die Gegenwart! Urteile und Vorschläge der Kritikerinnen und Kritiker*, Innsbruck u. a. 2002, 61–78.

Sprenger, Mirjam, *Modernes Erzählen. Metafiktion im deutschsprachigen Roman der Gegenwart*, Stuttgart, Weimar 1999.

Symmank, Markus, »Rezension zu Wolf Haas *Das Wetter vor 15 Jahren*«. Hamburg: Hoffmann & Campe 2006«, in: *Deutsche Bücher. Forum für Literatur* 37, H. 1, 2007, 49–50.

Weber, Dietrich, *Erzählliteratur. Schriftwerk – Kunstwerk – Erzählwerk*, Göttingen 1998.

Weinrich, Harald, *Tempus. Besprochene und erzählte Welt*, 4. Aufl., Stuttgart 1985.

Winter, Hans-Gerhard, *Dialog und Dialogroman in der Aufklärung. Mit einer Analyse von J. J. Engels Gesprächstheorie*, Darmstadt 1974, 120–140.

Wolff, Anna-Lena, »Kritik der reinen Moral«, in: *Kultura-Extra, das Online-Magazin*. http://www.kultura-extra.de/literatur/literatur/rezensionen/wolf_haas_das_wetter_vor_15_jahren.php. (Stand: 23.07.2008)

Zimmermann, Jutta, *Metafiktion im anglokanadischen Roman der Gegenwart*, Trier 1996.

Vorerst das letzte Wort haben – Metafiktion in Katja Lange-Müllers Roman *Böse Schafe*

LINDA KARLSSON

> *The forms of things unknown, the poet's pen*
> *Turns them into shapes, and gives to airy nothing*
> *A local habitation and a name.*
> (William Shakespeare, *A Midsummer Night's Dream*[1])

1 Einleitung

Die Texte der Autorin Katja Lange-Müller stellen häufig das Erzählen, die Tradierung von Lebensgeschichten und das der Literatur zugrunde liegende Wechselspiel zwischen ›realen‹ Erfahrungen und ›Fingieren‹ in den Vordergrund und reflektieren ihren eigenen Status als Literatur. Bereits in dem literarischen Debüt der Autorin, *Wehleid – wie im Leben* (1986) werden verschiedene Gattungen nicht nur spielerisch erprobt, sondern in mehreren Texten des Erzählbandes werden auch das Erzählen und die Beschaffenheit von Literatur thematisiert, etwa in dem Text »Abteilungen aus einem Tagebuch«, in dem die Ich-Erzählerin in einem kurzen Tagebucheintrag die Funktion von Literatur im Allgemeinen und Fiktion im Besonderen in ihrem Leben und Schreiben reflektiert.[2] Das Thema des Verfassens und Tradierens von privaten Lebensgeschichten und -erfahrungen bildet einen roten Faden durch das Werk Lange-Müllers, aber das dargestellte Leben erscheint häufig als unsicher. Die Figuren sind entwurzelt und bewegen sich in labilen Zeiträumen, ohne das Gefühl zu haben, je an einem sicheren Ziel anzukommen. Gemeinschaften und zwischenmenschliche Beziehungen entstehen und lösen sich wieder auf. Diese Bedingungen prägen das Erzählen und Tradieren von Lebensgeschichten im Werk Lange-Müllers mit.

In *Kasper Mauser – Die Feigheit vorm Freund* (1988) kommt die Verbindung zwischen der Fragmentarisierung des Lebens und dem Unterwegssein der Figuren einerseits und der Suche nach verbaler Verarbeitung und Tradierung von Erfahrungen andererseits in der Darstellung der Lebensschicksale mehrerer Figuren zum Ausdruck, am deutlichsten aber in der Beschreibung des aus dem Osten in den Westen übergesiedelten Protagonisten, Jürgen

---

[1] Shakespeare, William, *A Midsummer Night's Dream*, London 1940, 60.
[2] Vgl. Lange-Müller, Katja, »Abteilungen aus einem Tagebuch«, in: Dies., *Wehleid – wie im Leben*, Frankfurt a. M. 1986, 72–73.

Amica Hermann, der nach dem Mauerübertritt seine Geburtsurkunde und seinen Ausweis in Stücke reißt und stattdessen verschiedene andere Papierfragmente bei sich trägt:

> Jürgen Amica Hermann wußte nicht – wohin damit, mit einem Stück eines Briefes, das er, wo nur gleich?, – aufgeklaubt und erst mal in der Hand behalten hatte. Die – vermutlich mit dem Namen des Schreibers oder der Schreiberin versehene – Fortsetzung fehlte, war abgerissen, und so, von allein, erinnerte sich Amica nicht. [...] [Er] legte den Fetzen Fragment [...] zwischen die Seiten eines Buches, in dem er oft blätterte, Jacob Wassermanns ›Caspar Hauser oder die Trägheit des Herzens‹.[3]

Indem private Brieffragmente auf diese Weise auf der Handlungsebene mit fiktiven Gattungen verflochten werden, ist die Frage nach dem Verhältnis zwischen Wirklichkeit und Fiktion im Werk Lange-Müllers so gut wie immer präsent, und Themen wie Fragmentarisierung, Unsicherheit und Mobilität des Lebens korrespondieren häufig mit der Form der Texte. In *Die Letzten. Aufzeichnungen aus Udo Posbichs Druckerei* (2000) stehen verschiedene subjektive Darstellungen eines Geschehens einander gegenüber, die sich in einigen Details widersprechen.[4] Wie Edgar Platen in *Reden vom Ende* feststellt, »dienen die *Aufzeichnungen* [und mehrere andere Texte der Autorin, L.K.] nicht den ›Archiven‹ des Zentrums, sondern konzentrieren sich auf den ›Müll‹ und ›Abfall‹, also auf dasjenige, das dem Nichts besonders nahe ist«.[5] Literatur stellt sich in diesen Texten als ein dialogisches, mobiles, ständig von Auflösung bedrohtes Forum dar, in dem fragmentarische Dokumente verschiedener Herkunft und Verfasser miteinander zusammenwirken, und in dem jeder, der zufällig einen Text findet, ihn weiterschreiben und mit neuen Kontexten verbinden kann. Am Ende der *Aufzeichnungen* hat die Erzählerin ein von ihrem ehemaligen Kollegen aus der Druckerei gesetztes Dokument verloren – einen durch den Setzer manipulierten Abschnitt aus dem *Zauberberg* – und wendet sich an ihre Leserschaft mit der Bitte:

> Doch falls unter den Menschen, die das hier lesen, einer ist, bei dem sich – wie auch immer sie dahin geraten sein mögen – meine aus der acht Punkt ›Semper-Antiqua‹ gesetzten und auf einer Kniehebelpresse gedruckten vierhundertvierundvierzig Fahnen vom Zauberberg befinden, so soll er wissen, sie sind mir einiges wert. Sagen wir mal dreitausend – als Verhandlungsbasis?!⁶

---

[3] Lange-Müller, Katja, *Kasper Mauser – Die Feigheit vorm Freund*, Köln 1988, 26–27.
[4] Lange-Müller, Katja, *Die Letzten. Aufzeichnungen aus Udo Posbichs Druckerei*, Frankfurt a. M. 2002 [zuerst Köln 2000], 95.
[5] Platen, Edgar, *Reden vom Ende. Studien zur kulturellen Selbstbeschreibung in der deutschen Gegenwartsliteratur*, München 2006, 137.
[6] Lange-Müller, Katja, *Die Letzten. Aufzeichnungen aus Udo Posbichs Druckerei*, Frankfurt a. M. 2002 [zuerst Köln 2000], 135.

So werden im Werk Lange-Müllers auf thematischer und formaler Ebene Aspekte der Vertextungsverfahren, des Erzählens und der Tradierung von Lebensgeschichten und Erinnerungen thematisiert und reflektiert, was auch in dem Titel *Die Letzten. Aufzeichnungen aus Udo Posbichs Druckerei* angedeutet wird. In diesem weiten Sinne kann das Werk der Autorin als metafiktional gelten, denn es »explore[s] a *theory* of writing fiction through the *practice* of writing fiction«.[7]

Der vorliegende Artikel analysiert die Funktion von Metafiktion in Lange-Müllers Roman *Böse Schafe* (2007). Er richtet sein Augenmerk auf die Hinweise des Romans auf Bedingungen der Herstellung von Kunst im Allgemeinen und (fiktionaler) Literatur im Besonderen. Neben einer Analyse des Verhältnisses der zwei im Text nebeneinander vorliegenden Erzähldiskurse zueinander und der in ihnen vorkommenden metanarrativen[8] Aussagen wird das im Roman zentrale Leitmotiv Täuschen/Fingieren untersucht. Ebenso sollen metaästhetische Aussagen über Kunst sowie intertextuelle Bezüge des Textes zu explizit metafiktionalen Texten Beachtung finden.

Eine ausführlichere Definition des Metafiktionsbegriffes als bei Waugh findet sich in Werner Wolfs *Ästhetische Illusion und Illusionsdurchbrechung in der Erzählkunst*, wo Wolf »binnenfiktionale metaästhetische Aussagen und alle autoreferentiellen Elemente eines Erzähltextes«[9] als metafiktional beschreibt, insofern sie als Sekundärdiskurs über den eigenen Text und anderen literarischen Texten den Blick des Lesers gezielt auf Fragen der Fiktionalität und der Kunst des Erzählens lenken.[10] Explizite Metafiktion stellt in Wolfs Konzeption eines von vier Charakteristika illusionsstörenden Erzählens dar.[11] Für die Analyse der Metafiktion in *Böse Schafe* muss zunächst im Auge behalten werden, dass Metafiktion nicht notgedrungen eine Illusionsstörung bezwecken muss. Ich orientiere mich deshalb an Wolfs relativ offener Definition von Metafiktionalität, da es mir weniger um weitere Differenzierungen narratologischer Termini geht, als vielmehr um die Fruchtbarmachung des Metafiktionalitätsbegriffs für die Analyse des Lange-Müller'schen Romans und die Erkundung ihrer Poetologie. Dabei

---

[7] Waugh, Patricia, *Metafiction. The Theory and Practice of Self-Conscious Fiction*, London, New York 1984, 2.
[8] Nach Ansgar Nünning sind »comments which refer primarily to the act of narration or the communication situation on the discourse level« metanarrativ, solange sie sich weniger auf linguistische Faktoren als auf das Erzählen als solches beziehen. Nünning, Ansgar, »On Metanarrative: Towards a Definition, a Typology and an Outline of the Functions of Metanarrative Commentary«, in: John Pier (Hg.), *The Dynamics of Narrative Form*, Berlin, New York 2004, 11–58, hier 19.
[9] Wolf, Werner, *Ästhetische Illusion und Illusionsdurchbrechung in der Erzählkunst*, Tübingen 1993, 228.
[10] Vgl. ebd.
[11] Vgl. ebd. 214.

wird Poetologie mit Michael Scheffel als eine Art Ordnungsprinzip, ein werkindividueller Schlüssel, verstanden, das semantische, pragmatische und syntaktische Kompositionsverfahren des Werkes einerseits und »das Erzählte selbst«, d. h. das Realitätssystem der erzählten Welt, Handlungsschemata und die Figurengestaltung andererseits, strukturiert.[12]

2 Erzählen und Schicksal

Bereits der Buchumschlag der Erstausgabe des Romans *Böse Schafe* deutet an, dass Schreiben und Erzählen als Vorgänge des Erinnerns und des Sammelns von privaten Erfahrungen und Träumen im Vordergrund des Romans stehen – der Umschlag sieht aus wie ein Schulheft mit einem handschriftlich aufgezeichneten Titel, das Papier ist scheinbar befleckt und zerrissen. Als Leser könnte man das Gefühl bekommen, man halte nicht einen im Buchladen gekauften oder in der Bücherei ausgeliehenen Roman in den Händen, sondern ein Notizheft, das einem mehr oder weniger zufällig in die Hände gefallen ist.[13]

Böse Schafe spielt im Westberlin der späten 1980er Jahre und handelt von der Beziehung der aus Ostberlin stammenden Funktionärstochter Soja mit dem westdeutschen, HIV-positiven Junkie und ehemaligen Häftling Harry. Retrospektiv berichtet eine Ich-Erzählerin über ihre Begegnung mit Harry; das Organisieren einer Begleitgruppe, die Harry vor einer Rückkehr ins Gefängnis retten soll; den Rückfall Harrys, seine AIDS-Erkrankung und seinen frühen Tod. Der Text wird aus zwei Erzählperspektiven vermittelt, die im Buch grafisch unterschiedlich markiert sind: Zum Teil besteht er aus kurzen, kursiv und hauptsächlich in Präsens geschriebenen Passagen, die – wenn man der Erzählerin der anderen Passagen glaubt – von Harry in einem Notizheft verfasst sind, das sie nach seinem Tod als »Universalerbin«[14] erhalten hat. Mit diesen knappen Aufzeichnungen Harrys ist ein ausführlicher, hauptsächlich in Präteritum geschriebener Monolog verknüpft, in dem die Ich-Erzählerin Soja über ihr Verhältnis zu Harry erzählt. Aus der Perspektive der Erzählerin ist das Verhältnis zwischen ihr und Harry ein Liebesverhältnis, und sie spricht Harry vertraulich und in der Du-Form an. Mehrere Passagen im Roman beginnen mit einer direkten

---

[12] Vgl. Scheffel, Michael, *Formen selbstreflexiven Erzählens*, Tübingen 1997, 53–54.
[13] Diese paratextuellen Aspekte des Buches werden im vorliegenden Artikel jedoch nicht untersucht, da die Umschlaggestaltung weniger eine Frage der werkindividuellen Poetologie als eine der Vermarktung ist.
[14] Lange-Müller, Katja, *Böse Schafe*, Köln 2007, 202. Unter Angabe der Seitenzahl zitiere ich hieraus im laufenden Text.

Ansprache wie beispielsweise: »Ach, Harry, du falscher Hase« (76, vgl. auch 128, 182). Der Hauptteil des Romans ist in der Du-Form geschrieben und wird von der rückblickenden Erzählerin erzählt. Nach dem ersten Einschub kursiv geschriebener Sätze erklärt die Erzählerin Harry, dem im Roman Angesprochenen und Dargestellten, warum sie ihm gegenüber seine eigenen Aufzeichnungen zitiert:

> Weil das Schulheft mit deinen undatierten Eintragungen, das ich während all der Zeit, die wir miteinander verbrachten, nie bei dir gesehen habe, damals mir zufiel und ich nicht weiß, ob – und wenn ja, wie gut – du dich erinnerst an deine genau neunundachtzig Sätze, in denen mein Name nicht einmal auftaucht und die ich dir dennoch oder gerade deshalb wiederholen werde, nicht chronologisch, aber Wort für Wort, bis zum Ende unserer Geschichte. Ach Harry, wäre dieses Heft bei jemand anderem gelandet und der neugierig genug gewesen, es auch zu lesen, er hätte nicht einmal ahnen können, daß es mich in deinem Leben, das meines war und ist, jemals gab. (10)

Aus diesem metanarrativen Kommentar geht hervor, dass sich der Monolog der Ich-Erzählerin als eine Art korrigierende Ergänzung der bruchstückhaften Tagebucheintragungen des anderen Ich-Erzählers versteht. In den Händen der Erzählerin verwandeln sich die knappen Eintragungen des Notizheftes aber in eine Liebesgeschichte, wobei Soja, die in den im Notizheft eingetragenen 89 Sätzen nicht einmal als periphere Randfigur erwähnt wird, in ihrer eigenen Darstellung zur Protagonistin wird, die Harrys Anti-Drogen-Programm koordiniert und ihn bis zu seinem tragischen Ende begleitet. Diese den ganzen Roman prägende Unstimmigkeit zwischen den narrativen Diskursen sowie zwischen Harrys häufig rätselhaften, knappen Kommentaren und der detaillierten Geschichte Sojas, lassen den Roman von Anfang an als ambivalent erscheinen, und der Text liefert keine eindeutigen Signale dafür, wie die Frage nach der fiktional ›wahren‹ Variante der Geschichte zu beantworten sei, so dass das Erzählen in *Böse Schafe* mit Martínez/Scheffel als »mimetisch unentscheidbares Erzählen«[15] bezeichnet werden kann. Schon mit diesem durch den gesamten Roman hindurch unaufgelöst bleibenden Widerspruch stellt sich die Frage nach dem Verhältnis von Wirklichkeit und Fiktion in den Vordergrund des Textes. Die Inkongruenz der beiden narrativen Diskurse und die ambivalente Position Sojas zwischen Peripherie (in Harrys Aufzeichnungen) und Zentrum (in ihrer eigenen Erzählung) lässt offen, ob Soja Harry gekannt

---

15 »Viele Texte der Moderne und der Postmoderne lösen diesen festen Bezugspunkt [eine stabile und eindeutig bestimmbare erzählte Welt] auf, so daß der Eindruck der Unzuverlässigkeit hier nicht nur teilweise und vorübergehend besteht, sondern unaufgelöst bestehen bleibt und sich in eine grundsätzliche Unentscheidbarkeit bezüglich dessen, was in der erzählten Welt der Fall ist, verwandelt«. Martínez, Matías & Scheffel, Michael, *Einführung in die Erzähltheorie*, 4 Aufl. München 2003, 103.

hat, ihm aber nicht als erwähnenswert erschien, oder ob sie in der Tat nicht Teil seines Lebens war und die Geschichte von ihrer Liebe nur von ihr selbst zusammenfabuliert ist.

In metanarrativen Kommentaren thematisiert die Erzählerin selbst ihr emotionales Engagement für Harry und fragt sich zuweilen, inwieweit der Mangel an adäquaten Worten und Beschreibungen, der eine Vermittlung ihrer Gefühle erschwert, ein »Distanzproblem« sein könnte:

> Ach, Harry; an dieser Stelle, da vor mir liegt, was nun kommen müßte, verläßt mich der Mut, zweifle ich sehr daran, daß ich schaffe, was ich doch will: dir alles erzählen, frage ich mich, ob ich aufhören sollte, nach Worten zu suchen. [...] Ist das ein Distanzproblem? Obwohl meine Bemühungen nur darauf hinauslaufen, dir nahezubringen, was ich empfand und empfinde, fehlt mir die nötige Souveränität (114–115).

Während Soja in subjektiv-ausführlichen Umschreibungen nach den richtigen Worten sucht, erscheint Harry als wortkarg. Zum einen aus Sojas Beschreibungen von Harry, in denen sein Schweigen wiederholt thematisiert wird (»Konntest du deine Gefühle überhaupt zur Sprache bringen?«, 9), zum anderen auf formal-sprachlicher Ebene entsteht der Eindruck von zwei – was Sprachverhalten und Mitteilungsbedürfnis angeht – sehr unterschiedlichen Figuren, auch wenn beide insofern typische Lange-Müller-Figuren sind, als dass sie im Umgang mit der Sprache spielerisch und unkonventionell vorgehen. Harry schreibt knapp und geht in seinen Beschreibungen kaum auf Gefühle oder Erinnerungen ein: »*Auf dem Plan steht: Kohle besorgen, Karate machen, eigene Bude suchen*« (ebd.). Soja ihrerseits verfasst in ihrer »Antwort« einen ausführlichen Monolog, in dem sie nicht nur ihre eigenen Emotionen in Worte kleidet und für jedes Gefühl die passenden Formulierungen sucht, sondern auch zu erforschen versucht, was sich hinter Harrys rätselhafter Knappheit verbergen mag. Im engen Zusammenhang mit der Frage nach der Fähigkeit Harrys, seine Gefühle zur Sprache zu bringen, kommt der Gegensatz zwischen einem ausschmückend-täuschenden ›Zur-Sprache-Bringen‹ der Protagonistin und Erzählerin einerseits und der verbergenden sprachlichen Knappheit Harrys andererseits zum Ausdruck:

> Wenn ich das wissen wollte [was sich hinter Harrys Knappheit und Gleichgültigkeit verbarg, L.K.], und ich wollte oft genug, maskierte ich den entsprechenden Satz als den angeblich typischsten aller einfachen Frauenfragesätze: Was denkst du? Deine noch sparsamere und klassisch männliche Antwort lautete fast immer: ›Nichts.‹ Oder: ›Nichts Bestimmtes.‹ (9)

Aus dem obigen Zitat geht deutlich hervor, wie Sprache als Maskierung funktionieren kann. So erscheinen sowohl die Knappheit als auch das

Sprechen im Text als Strategien, um ›wahre‹ Motive und Gedanken zu verbergen.

Mehrmals gibt die Erzählerin zu, dass sie aus verschiedenen Gründen nicht genau weiß, was sich in einer bestimmten Situation ereignet hat und ob das, was sie erzählt, Wunschvorstellungen beziehungsweise von Alkoholrausch und Liebessehnsucht verursachte Halluzinationen sind: Als die Protagonistin nach dem zweiten Treffen mit Harry in ihrer Wohnung aufwacht und ihn auf der anderen Matratze entdeckt, weiß sie nicht, ob sie sich berührt haben: »Hatten wir einander nun angefasst, oder wünschte ich mir bloß, dass es so gewesen sei?« (42) Die Grenze zwischen dem, was in der fiktiven Welt ›tatsächlich‹ passiert ist, und dem, was die Protagonistin geträumt hat, scheint in Rausch und Phantasien zu verschwimmen, und Harry erscheint häufig sowohl für das erlebende als auch für das erzählende Ich als eine Projektionsfigur, in die verschiedene Wünsche und Spekulationen hineinfließen. Soja ist sich bewusst, dass ihre ›Interpretationen‹ vor allem Projektionen sind, die kaum zu ›objektiven‹ Erkenntnissen über Harrys Gefühlsleben, Gedanken und Absichten führen werden:

> Weißt du, Harry, wie ich den *bewundert und gehaßt* habe, deinen üblichen Blick aus extrem geweiteten Pupillen, der mich absichtslos bezwang, der mir, da er unvergleichlich ruhig, aber leer war, *völlige Deutungsfreiheit einräumte und doch dafür sorgte, dass jeder meiner Projektionsversuche an dir abprallte*, der mich, wie eine schwarze Welle, immer wieder auf mich selbst zurückwarf, was *einerseits Kraft kostete, andererseits stark machte*. (43, Hervorhebungen; L.K.)

Sojas Verhältnis zu Harry erscheint in dieser und anderen Passagen (vgl. »Wir liegen [...] nicht Seite an Seite, dennoch Kopf an Kopf [...]. Ich habe nicht das Bedürfnis nach Distanz, aber auch keine Lust, dich zu umarmen« [7]) nicht nur als eine vergebliche Werbung um seine Liebe, sondern auch als ein unaufhörliches Pendeln zwischen »einerseits« und »andererseits«, so dass die Ambivalenz des Romans nicht nur durch das Verhältnis der zwei Erzähldiskurse zueinander hervorgerufen wird, sondern auch innerhalb Sojas eigener Darstellung als eine Art ›Streit‹ der Wahrnehmungsweisen spürbar ist. In all ihrer Ambivalenz ›gewinnt‹ aber Sojas Geschichte über Harrys (die ja ohnehin von Soja gefiltert ist), indem sie von den beiden das letzte Wort bekommt. So wird deutlich, dass das ›Auf-Sich-Selbst-Zurückgeworfen-Werden‹ tatsächlich »stark macht[]« (43), indem Soja sich im Schreiben eine Position erwirbt, von der aus sie Harrys und ihr eigenes Schicksal festlegen kann – unabhängig davon, ob sie ›wahrheitsgetreu‹ berichtet oder phantasiert.

An mehreren Stellen im Roman wird eine Verbindung zwischen Kunst und Schicksal hergestellt, so etwa wenn der Künstler Frank begründet, warum er in der Begleitgruppe bleiben will, obwohl Harry seine Begleitpersonen angelogen hat: »Frank blieb uns erhalten, meinte, daß ihn dein ›Schicksal nun erst recht und vor allem als künstlerische Herausforderung, also auf der professionellen Schiene‹ interessiere [...].« (124) Vor diesem Hintergrund ist es auch einer Bemerkung wert, dass Harry Soja, als er ihr zum ersten Mal von seinem Hintergrund erzählt hat, ihr deutlich macht, dass sein weiteres Schicksal von ihr bestimmt werden wird: »Bitte, Mausepuppe, mein Schicksal liegt in deinen Händen [...].« (58) Bezeichnenderweise ist Harrys erste Frage an die Protagonistin eine Frage nach der Richtung ist: »Na, Mausepuppe, wohin geht's?« (13) Diese beiden Aussagen Harrys auf der thematischen Ebene, in denen er Soja eine Rolle als über die Richtung und das weitere Schicksal Entscheidende zuweist, korrespondieren poetologisch mit der Tatsache, dass sie später – im Schreiben – über die Richtung und Weiterentwicklung der Geschichte entscheiden wird. So erscheint die Schreibende und Erzählende als eine Person, die das Schicksal ihrer Figuren kontrollieren und manipulieren kann (wenn auch nur vorerst, bis ein ›Textfragment‹ verloren geht und einem neuen Kontext einverleibt wird). Die Erzählerin in *Böse Schafe* nimmt im Schreiben auch ihr eigenes Schicksal in die Hand und bewegt sich im Akt des Erzählens aus der Peripherie der Aufzeichnungen einer randständigen Figur ins Zentrum des Textes. Literatur erscheint in dieser Konzeption nicht als eine Spiegelung des Lebens, die mehr oder weniger ›wahr‹ und mehr oder weniger ›fingiert‹ sein kann, sondern als ein polyphones Medium, das Leben *hervorbringt*, und das – indem neue Stimmen und Perspektiven zum Ausdruck kommen, die das bisher Erzählte ergänzen und modifizieren – Leben *verändern* kann.

3 »So echt wie Sie oder ich«

In der Unstimmigkeit der zwei Erzähldiskurse kommt eine grundlegende Ambivalenz des Textes zum Ausdruck, aber die Frage nach Wahrheit und Wirklichkeit einerseits, Schein und Fiktion andererseits, stellt sich, wie oben schon angedeutet, auch auf anderen Ebenen des Romans.

Intertextuelle Bezüge zu anderen fiktionalen Texten und Werken, unter anderem Cervantes' *Don Quichote* und Shakespeares *Sommernachtstraum* – beides metafiktionale Texte, in denen das Verhältnis von Fiktion und Wirklichkeit reflektiert wird – tragen dazu bei, dieses ›Gegensatzpaar‹ und Fragen nach ihrer Abgrenzung in den Vordergrund des Romans zu stellen. Wenn Harry Soja von Abenteuern seiner Kindheit erzählt, vergleicht er seine Tante mit Don Quichotes Mähre (vgl. 49), also mit dem Esel, auf dem Don Quichote durch die Gegend reitet. So wird

Harry assoziativ mit Cervantes' Figur Don Quichote verbunden, einem Mann, der zu viele Ritterromane gelesen hat, von seiner Lektüre verrückt geworden ist und die Fähigkeit verloren hat, Fiktion und Wirklichkeit auseinanderzuhalten. Auch Soja stellt in ihrer Erzählerrede eine Verbindung zwischen sich selbst und fiktiven Figuren – diesmal Titania, Lysander und Demetrius in Shakespeares Drama *Ein Sommernachtstraum* – her (vgl. 146). Die in dem Shakespeare'schen Drama zentrale Verbindung zwischen dem verwandelnden, verschönernden Blick des Liebenden auf die Geliebte und den Wirklichkeit verwandelnden und Träume Gestalt gebenden Verfahren des Poeten[16] ist auch für die Analyse von *Böse Schafe* relevant, wenn Soja ihren Blick auf Harry beschreibt: »Ich sah dich an, verzaubert wie im Sommernachtstraum, als wäre ich Titania, Lysander und Demetrius in einer Person [...].« (146) Im Shakespeare'schen Stück verliebt sich Titania durch eine Verzauberung in den Weber Bottom, der aus der Perspektive der anderen Figuren eher eine lächerliche Figur darstellt, in der Wahrnehmung der verliebten Titania aber als schön und klug erscheint.[17] Im Stück werden Liebende, Verrückte und Poeten miteinander in Verbindung gesetzt, weil ihre Phantasie Dinge wahrnimmt, die pure Vernunft nicht erfassen kann.[18] Indem Soja sich mit den grenzlos liebenden Figuren des Shakespeare'schen Stücks identifiziert, deutet sie auch an, dass nicht nur ihr Blick auf den geliebten Harry, sondern auch ihre Tätigkeit als Erzählerin von ihrer Phantasie gefärbt ist. Die intertextuellen Verweise im Roman bilden somit einen Aspekt der Hervorhebung von Problemen der Grenzziehung zwischen Wirklichkeit und Fiktion, aber auch der Reflexion der Autorenrolle.

Hinzu kommt, dass das Leitmotiv Täuschung/Halluzination/Projektion durch den ganzen Roman läuft und in vielfältiger Weise auf der Handlungsebene zum Ausdruck kommt. Schon indem Harrys Heroinsucht wiederholt von ihm selbst und Soja thematisiert wird, stellt sich die Sehnsucht des Menschen nach Berauschung und Wirklichkeitsflucht in den Vordergrund des Romans. Mehrere Aufzeichnungen Harrys handeln direkt oder indirekt von seiner Drogenbeschaffung:

> *Sterben zu müssen, bei vollem Verstand, ist barbarisch, eine Zumutung. Mit Hero geht es sicher schneller, aber leichter eben auch. Wenn ich drauf bin, gibt es genug Trubel, fiesen und angenehmen, bin ich gezwungen, meinem*

---

[16] Vgl. Shakespeare, William, *A Midsummer Night's Dream*, London 1940, 60.
[17] Vgl. ebd., 32. Auch die Gefühle der beiden jungen Männer Demetrius und Lysander werden in Shakespeares Drama mit einer Liebesdroge manipuliert, so dass beide sich von der zuvor geliebten Hermia abkehren und sich in deren Freundin Helena verlieben. Vgl. ebd. 26, 39.
[18] Vgl. ebd. 60.

> *Körper zu verschaffen, was er braucht, damit es meinem Kopf besser geht, sind sie Komplizen, die der Hals nicht trennt, sondern verbindet. Was, außer ab und an ein paar Happen, sollte ich einwerfen, wenn mein Organismus nur dazu da wäre, dass in meinen Grübelzellen bisschen Rambazamba ist oder wenigstens Ruhe herrscht?* (106–107).

Auch in den Beschreibungen des Geschehens im Rahmen von Harrys Anti-Drogenprogramm stellt sich die Frage nach Wahrheit und Täuschung. Sowohl in der Darstellung durch die Erzählerin und Harry (vgl. 116) als auch wenn der für die sogenannte Triade zuständige Joe über das von ihm betreute Programm spricht, fallen im Zusammenhang mit dem Programm Wörter wie »Show« (62), »Affentheater« (116) und »Showdown« (127). Indem Joe die Gruppenmitglieder als »Groupies« bezeichnet, erscheint Harry als Protagonist einer »Show« – und das Programm als simuliert. Soja zweifelt an Joes Ehrlichkeit und Motiven (vgl. 61), im Zusammenhang mit den Triaden-Treffen erscheinen aber nicht nur Joe und das Programm an sich als verdächtig, es stellt sich auch heraus, dass Harry die Tatsache, dass er HIV-positiv ist, vor seiner Begleitgruppe verborgen hat. Dieses Geheimnis wird nicht von Harry selbst, sondern von Joe aufgedeckt (vgl. 105). Der Show-Charakter der Triadentreffen wird dadurch verstärkt, dass die Gruppe – trotz des allmählich sinkenden Engagements der Begleitpersonen – vor Joe das Bild einer funktionierenden Einheit aufrechtzuerhalten versucht. So empfindet Soja nicht nur Joe und seine Organisation als verdächtig, sondern gleichzeitig wird das Agieren der Gruppe Joe gegenüber als »Theater« bezeichnet:

> […] und du sprachst, den Gerührten mimend, deine Einladung zu einer ›ganz kleinen Feier‹ im *Schwanensee* aus, der selbst Joe folgte. Nicht gerade zu unserem Entzücken, denn niemand war daran interessiert, daß er unser Theater im letzten Moment doch noch durchschaute oder uns auch nur ehrlich sagte, was ihm, falls er nicht ganz blöd war […], kaum entgangen sein konnte. (127)

Das Simulieren, Vorspielen und Lügen prägt im Roman alle menschlichen Beziehungen, so dass diese Strategien der Täuschung nicht nur der Kunst vorbehalten sind, sondern die gesamte fiktionale Wirklichkeit prägen. Die metafiktionalen Elemente des Romans bezwecken somit nicht eine Illusionsdurchbrechung, vielmehr deutet die Poetologie des Romans an, dass jede vermeintliche Wirklichkeit von Fiktion mitgeprägt ist und dass jede Wirklichkeitsdarstellung von subjektiven Wahrnehmungsweisen und Projektionen mitgeformt wird.

Bei Sojas erster Verabredung mit Harry schenkt er ihr einen Harlekin. Indem Harry (vgl. 24 und später auch Soja selbst, vgl. 26–27) eine Ähnlichkeit zwischen der Protagonistin und der Puppe zu erkennen glaubt, erscheint nicht nur Harry als Projektionsfläche, auf welche die Protagonistin ihre Liebessehnsucht projiziert, sondern auch die Protagonistin und Erzählerin wird assoziativ mit einer Puppe verbunden, wie sich auch in Harrys Kosenamen für sie, »Mausepuppe« (13), zeigt.[19] Mit einer Puppe hat sie auch ihre Anpassungsbereitschaft bei der Annahme verschiedener Rollen gemeinsam, eine Eigenschaft, die die Erzählerin selbst anspricht, wenn sie ihren Sprachgebrauch im Umgang mit Harry reflektiert:

> [...] doch jedesmal, wenn ich mich zu dir sprechen hörte, wurde ich mir ein wenig fremd, denn die Worte, die ich gebrauchte und von denen ich annahm, daß sie deinen Geschmack trafen, waren immer andere als jene, die ich kurz vorher gedacht hatte. Ich übte eine Rolle, die mir gefiel, aber nicht lag; ob du das durchschautest, mein falsches Spiel trotzdem mochtest, das, Harry, wüßte ich gern. (73)

Im Nachhinein bleibt aber Sojas Harlekin verschwunden, »als hätte [sie] ihn bloß geträumt« (31). Die Andeutung, dass die Puppe vielleicht nur ein Traum gewesen ist, fügt sich in das Leitmotiv der Täuschung. Gleichzeitig korrespondiert das Verschwinden mit der auch früher im Lange-Müller'schen Werk vorkommenden Vorstellung von umherkreisenden, fragmentierten Lebensdokumenten, die zufällig in fremde Hände gelangen, wo ihnen eine neue Funktion oder Rolle zukommt und ihnen ein neues Schicksal zugeschrieben wird:

> Ach, Harry, möge diese Schachtel unseren Harlekin, wohin auch immer es ihn verschlug, für alle Zeiten bewahren – vor Hunden, Katzen und den Blicken einer jeden angeblich vernunftbegabten Kreatur. (31)

In der zitierten Passage verbindet sich das Umherkreisen von Figuren und Dokumenten mit der Entwicklung ihrer Schicksale: Je nachdem, wo der Harlekin gelandet ist, hat sich sein Schicksal in eine bestimmte Richtung entwickelt, die jedoch der früheren Besitzerin unbekannt bleibt. Auch der Verfasser der Aufzeichnungen im Notizheft konnte nicht ahnen, dass Soja sie später in Teile eines viel umfassenderen Textes verwandeln und damit sein Schicksal (neu) bestimmen sollte. Auf diese Weise entsteht Leben, indem es geschrieben wird, indem Fragmente miteinander in Verbindung gesetzt und nach subjektiven Vorlieben geformt werden.

Auch in den rückblickenden Exkursen, in denen Episoden aus Sojas und Harrys Vergangenheit erzählt werden, stehen zuweilen eine Vorlage

---

[19] Wie der Titel andeutet, kommt auch in Lange-Müllers *Kasper Mauser – Die Feigheit vorm Freund* eine ähnliche Puppenfigur vor. In dieser Erzählung entscheidet sich die Figur Jürgen Amica Hermann im Zusammenhang mit seinem Mauerübertritt für die Rolle des Kaspers, die verschiedene Assoziationen und Projektionen der Umgebung zulässt, letzten Endes aber kernlos und ohne eine eigene Identität bleibt. Vgl. Lange-Müller, Katja, *Kasper Mauser – Die Feigheit vorm Freund*, Köln 1988, 62.

manipulierende Verfahren im Vordergrund. So erzählt etwa Harry über das Herstellen der Anstaltszeitung »Lichtblick« und anderer Druckerzeugnisse zusammen mit dem Fälscher Elmi (vgl. 150). Ähnlich der Figur Heinz Grünebaum in Lange-Müllers Erzählung *Die Letzten* erfindet der Insasse und Kumpel Harrys in *Böse Schafe* eine Technik, um Erfahrungen und Mitteilungen unbemerkt, aber nicht verborgen, zum Ausdruck zu bringen:

> Und du erläutertest mir detailliert, daß Elmi die Mitteilungen für seine Kumpels draußen eben gerade nicht versteckt, sondern direkt in die Briefmarken hineingeschrieben und -gezeichnet hätte, mit den feinsten, zuvor in diverse Tinten getauchten Kanülen. Richtige, durchlaufend numerierte Comicserien seien so entstanden, und die hätten natürlich den größten Wert für die Elmi-Kling-Fans, die es selbst in Japan gäbe. (150)

Diese Technik, subjektive Aussagen in ein vorhandenes Dokument, in diesem Fall ein Briefmarkenmotiv, hineinzuschreiben, korrespondiert mit der Form des Romans, in der Sojas Perspektive auf die Dinge in den Vordergrund tritt und die ›ursprünglichen‹ Aufzeichnungen in den Hintergrund drängt. Künstlerische Tätigkeit erscheint somit als ein subjektives Weiterschreiben und Manipulieren vorhandener Dokumente und Schicksale, die ihrerseits vielleicht schon von den Händen etlicher ›fälschender‹ Künstler geformt sind, und die in der Zukunft neuen Kontexten einverleibt werden können, in denen ihnen neue Rollen und Eigenschaften zukommen.

Wenn Harry eines Tages der Erzählerin sein neues Auto und einen Führerschein zeigt, zweifelt sie daran, dass der Führerschein echt ist und verdächtigt Elmar Kling als Hersteller: »Dein Lappen, so überzeugend er aussah, konnte nur gefälscht sein, und was du gerade tatest, war ganz sicher kriminell.« (159) Als sich die Erzählerin in der Erzählgegenwart den Führerschein nochmals anschaut, erinnert sie sich daran, wie sie ihn einem ehemaligen Polizisten gezeigt hat, woraufhin dieser gesagt hat: »Kein Zweifel, der ist echt. So echt wie Sie oder ich.« (161) Auch in dieser Aussage verschwimmt die Grenze zwischen dem vermutet ›Echten‹ und dem vermutet ›Gefälschten‹ in der erzählten Welt.

In einer Erinnerung Sojas an ihre Jugend in Ostberlin, in der sie von Polizisten auf den S-Bahngleisen erwischt wird, wird das Definieren von ›wahr‹ und ›falsch‹ als Machtfrage thematisiert. Zuerst ist die Protagonistin den Polizisten ausgeliefert, weil sie sich ohne Erlaubnis auf den Gleisen aufgehalten hat. Als sie aber kundgibt, dass sie Funktionärstochter ist, wird deutlich, dass ihre Beschreibung des Geschehens am Bahnhof der Perspektive der Polizisten vorrangig sein wird: »denn die Polizisten, Schiedskommissare, Richter …, die über die Sache zu befinden hätten, würden mir glauben *müssen*, weil ich die Tochter von Alma Krüger war« (98). Diese

Passage weist darauf hin, dass das Dokumentieren eines Geschehens und damit die Definition von Wahrheit immer durch Machtaspekte geprägt und selten eine Frage der Objektivität oder der Beweisführung ist. Der Umstand, dass eine Perspektive auf ein Geschehen ohne weitere Beweisführung kritiklos angenommen wird, sendet ein Signal an die Leserschaft des Romans, die in detailreichen Darstellungen des Geschehens durch die Erzählerin in eine Geschichte hineingeschaukelt wird, wobei eine weitere Möglichkeit des Geschehens, in der Soja gar nicht vorkommt, nebenher vermittelt wird.

Das oben analysierte Bedeutungsfeld der Täuschung tritt in der journalistischen Wahrnehmung des Romans in den Hintergrund, und wie auch in vielen Rezensionen der *Letzten* überwiegen politische Lesarten. Die Beziehung zwischen der ostdeutschen Frau Krüger und dem westdeutschen Herr Krüger[20] wird in mehreren Rezensionen als Allegorie für das Verhältnis der beiden deutschen Staaten zueinander gedeutet: So gehe es in *Böse Schafe* nach Hajo Steiner um die Wiedervereinigung, nach der man »eben weiter auf zwei Matratzen« liege.[21] Diese Interpretationen in journalistischen Rezensionen bleiben meist auf der thematischen Ebene und gehen nicht auf poetologische Fragestellungen des Textes ein. Zu den Ausnahmen, die das Spannungsverhältnis der beiden narrativen Diskurse zueinander erwähnen, gehört Hubert Spiegels Rezension in der *FAZ*, in der Harrys Aufzeichnungen als der »entscheidende dramaturgische Kunstgriff«[22] des Romans bezeichnet werden. Mit Harrys Aufzeichnungen werden nach Spiegel Fragen aufgeworfen, »die die Liebesgeschichte in ihren Grundfesten erschüttern«.[23]

Diese ›Erschütterung‹ der Liebesgeschichte – die Ambivalenz der Darstellung und die daraus folgende mimetische Unentscheidbarkeit des Romans – korrespondiert mit der im Roman skizzierten Unsicherheit des Lebens und aller Lebensgemeinschaften. Ähnlich früheren Berlinporträts Lange-Müllers – etwa in *Bahnhof Berlin*[24] – erscheint das Westberlin der 80er Jahre in *Böse Schafe* als Flucht- und Transitraum verschiedener Menschen aus anderen Ländern und Städten, die ihr Berlindasein als Zwischenstation auf dem Weg zu etwas Anderem verstehen. Aus der Perspektive

---

[20] Soja und Harry heißen beide Krüger mit Nachnahmen, bis Soja den Schweizer Urs Maiwald heiratet und dessen Nachnamen übernimmt (vgl. 60).
[21] Steiner, Hajo, »Sex und tolle Kalauer in Berlin«, in: *Welt Online*, 24.09.07, URL: http://www.welt.de/kultur/article1201807/Sex_und_Kalauer_in_West_Berlin.html, eingesehen am 15.04.2009.
[22] Spiegel, Hubert, »Sich aneinander berauschen«, in: *FAZ*, 10.10.07.
[23] Ebd. Vgl. auch Arend, Ingo, »Ach, Harry...«, in: *Freitag*, 12.10.07.
[24] Vgl. Lange-Müller, Katja, »Nachwort«, in: Katja Lange-Müller (Hg.), *Bahnhof Berlin*, München 1997, 287–288, hier 288.

der Protagonistin stellen die aus der DDR Ausgewanderten/Geflohenen, zu denen sie selbst gehört, keine isolierte Gruppe dar, vielmehr teilen sie Erfahrungen des ›Sich-im-Transit-Befindens‹ mit anderen Bewohnern und Durchreisenden der Stadt:

> Die wenigen Menschen, die ich während der Monate nach Marienfelde näher kennen gelernt hatte, stammten […] aus dem Süden Deutschlands und betrachteten die selbständige politische Einheit als eine Art Zwischenlager […]. Es hat eine Weile gedauert, bis ich begriff, daß sich diese anderen nicht wesentlich von mir ›Exzoni‹ unterschieden, daß auch sie vor etwas geflohen waren, ja, daß all die hierher abgehauenen Nord-, Süd-, West- und Ostdeutschen samt den Türken, Italienern, Griechen, Chinesen, Franzosen, Amerikanern ... etwa die Hälfte der Bevölkerung jenes Teils meiner Stadt stellten, in dem ich nicht geboren wurde. (13–14)

Tatsächlich spielt dieses transitorische Milieu eine zentrale Rolle für die Beziehungen in der erzählten Welt und ihre Darstellung. Die im Roman porträtierten Figuren sind entwurzelte Gestalten ohne feste Verankerung in familiären und beruflichen Kontexten, die sich zufällig und häufig in berauschtem Zustand über den Weg laufen. So begegnet beispielsweise Soja Harry das erste Mal auf der Straße (vgl. 12). Christoph, der später Teil der Begleitgruppe wird, trifft sie in einer Kneipe (»Christoph hatte sich mir gegenüber niedergelassen, weil alle anderen Plätze besetzt waren«, 17). Diese zufälligen Begegnungen von Outsidern scheinen selten zu dauerhaften Freundschafts- oder Liebesbeziehungen zu führen, denn am Ende des Romans sind sämtliche in ihm dargestellte menschliche Beziehungen aufgelöst: Harry ist tot; die Begleitgruppe ist zersplittert, und seit Sojas Freund Christoph eine Postkarte aus »Bella Italia« geschickt hat, hat er nichts mehr von sich hören lassen (vgl. 127). Auch die Ehe zwischen Soja und dem schwulen Schweizer Urs ist aufgelöst worden (vgl. 203). Die Figuren in *Böse Schafe* irren in dem transitorischen Stadtbild umher und begegnen und verlieren sich mehr oder weniger zufällig. Somit spielen sich alle menschlichen Beziehungen und Konflikte des Romans in einem labilen Dazwischen ab – zwischen Begegnung und Auflösung von Gemeinschaften, Nähe und Distanz, Wirklichkeit und Phantasie. Vor diesem Hintergrund ist es kaum verwunderlich, dass die Erzählungen, die diese erzählte Welt des Dazwischen zugleich konstruieren und widerspiegeln, nicht eindeutig sind und nicht eine endgültige, widerspruchsfreie ›wahre‹ Variante des Geschehens festlegen.

4 Zusammenfassung

Während Lange-Müllers Erzählung *Die Letzten Aufzeichnungen aus Udo Posbichs Druckerei* damit endet, dass ein Fragment aus dem *Zauberberg* verloren geht, kreist der Roman *Böse Schafe* um gefundene, in ihrer Form fragmentarische Aufzeichnungen, die durch subjektive Wahrnehmungen und projizierende Verfahren eine neue Form bekommen. Soja findet beim Wühlen in Harrys Hinterlassenschaften ein Notizheft, von dem sie nie gewusst hat, dass es existiert und entdeckt, dass sie, indem sie eine Antwort auf Harrys Notizen verfasst, mit ihm reden kann (vgl. 205). Wenn ein Fragment eines Lebensdokuments gefunden und von jemand anderem weitergeschrieben wird, entsteht – wie in *Böse Schafe* gezeigt wird – ein Spannungsverhältnis unterschiedlicher Erzähldiskurse, Geschichten und Perspektiven, ein Spannungsverhältnis, innerhalb dessen es unmöglich zu sein scheint, souverän, objektiv und definitiv zwischen ›wahr‹ und ›falsch‹ zu unterscheiden. Für den metafiktionalen Roman *Böse Schafe* ergibt es deswegen wenig Sinn, nach einer fiktional ›wahren‹ Variante des Geschehens zu suchen – die mimetische Unentscheidbarkeit korrespondiert mit der unsicheren, heterogenen und sich wandelnden Welt, die im Erzählen dargestellt wird. Literatur, aber auch Leben, entstehen – dies impliziert die Poetologie des Romans – in dynamischen, polyphonen Foren, in denen subjektive Perspektiven miteinander kommunizieren, sich ergänzen und modifizieren, wobei neue Welten entworfen werden. Metanarrative Überlegungen werden in *Böse Schafe* deswegen besonders wichtig, weil das Erzählen in dem Roman nicht nur Text oder Kunst entstehen lässt, sondern auch Leben und Lebensschicksale. Jede Aussage formt somit das Leben mit und jede Selbst-Behauptung existiert innerhalb eines Prozesses, in dem der einzelne Erzählende und Schaffende nur ›vorerst‹ das letzte Wort bekommen kann.

Literaturverzeichnis

Primärliteratur

Lange-Müller, Katja, *Wehleid – wie im Leben. Erzählungen*, Frankfurt a. M. 1986.
Lange-Müller, Katja, *Kasper Mauser – Die Feigheit vorm Freund . Erzählung*, Köln 1988.
Lange-Müller, Katja, »Nachwort«, in: Dies. (Hg.), *Bahnhof Berlin*, München 1997.
Lange-Müller, Katja, *Die Letzten. Aufzeichnungen aus Udo Posbichs Druckerei*, München 2002 [Köln 2000].
Lange-Müller, Katja, *Böse Schafe. Roman*, Köln 2007.

Sekundärliteratur

Arend, Ingo, »Ach, Harry...«, in: *Freitag*, 12.10.07.

Martínez, Matías & Scheffel, Michael, *Einführung in die Erzähltheorie*, 4 Auflage, München 2003.

Nünning, Ansgar, »On Metanarrative: Towards a Definition, a Typology and an Outline of the Functions of Metanarrative Commentary«, in: John Pier (Hg.), *The Dynamics of Narrative Form. Studies in Anglo-American Narratology*, Berlin 2004, 11–58.

Platen, Edgar, *Reden vom Ende. Studien zur kulturellen Selbstbeschreibung in der deutschen Gegenwartsliteratur*, München 2006.

Scheffel, Michael, *Formen selbstreflexiven Erzählens. Eine Typologie und sechs exemplarische Analysen*, Tübingen 1997.

Shakespeare, William, *A Midsummer Night's Dream*, London 1940.

Spiegel, Hubert, »Sich aneinander berauschen«, in: *FAZ*, 10.10.07.

Steiner, Hajo, »Sex und tolle Kalauer in Berlin«, in: *Welt Online*, 24.09.07, URL: http://www.welt.de/kultur/article1201807/Sex_und_Kalauer_in_West_Berlin.html, gesehen am 15.04.2009.

Waugh, Patricia, *Metafiction. The Theory and Practice of Self-Conscious Fiction*, London, New York 1984.

Wolf, Werner, *Ästhetische Illusion und Illusionsdurchbrechung in der Erzählkunst. Theorie und Geschichte mit Schwerpunkt auf englischem, illusionsstörenden Erzählen*, Tübingen 1993.

›Beschädigte Prosa‹ und ›autobiographischer Narzißmus‹ – metafiktionales und metaleptisches Erzählen in Daniel Kehlmanns *Ruhm*

J. Alexander Bareis

1 Einleitung

Wenn es einen Wettbewerb um den Titel des ›metafiktionalsten Romans des Jahres 2009‹ geben würde, dann wäre Daniel Kehlmanns *Ruhm. Ein Roman in neun Geschichten* sicherlich einer, wenn nicht gar *der* aussichtsreichste Anwärter auf diesen Preis, denn die darin vorkommenden Schachtelungen, Illusionsbrüche, Überschreitungen logischer Ebenen und ständig wiederkehrenden Spiegelungen sind aufgrund ihrer Anzahl und Vielschichtigkeit kaum noch überschaubar. Kehlmanns Roman ist ein veritables Feuerwerk des metafiktionalen und metaleptischen Erzählens, was auch die Rezeption des Romans prägt: eine rein mimetische Lesart ist nicht durchgängig möglich, da die metafiktionalen Erzählweisen immer wiederkehrende Illusionsbrüche zur Folge haben.[1] Es überrascht deshalb nicht, dass der zuletzt so erfolgsverwöhnte Autor in der Literaturkritik schlechter wegkam als bei seinem Erfolgsroman *Die Vermessung der Welt* (2005). Denn in der *Vermessung*, so der Tenor mancher Rezensionen, wurde im Gegensatz zu *Ruhm* schließlich schlicht und einfach gut erzählt, und zwar ohne Meta-Geplänkel: Wiebke Porombka bezeichnet den Roman in der *Zeit* als »spiegelglattes Designmöbelstück« ohne jeglichen Humor und mahnt an, dass man gerade nicht das Gefühl habe, »dass es hier jemanden

---

[1] Nicht alle Formen metafiktionalen Erzählens sind notwendigerweise illusionsstörend. Vgl. hierzu grundlegend in der deutschsprachigen Diskussion Wolf, Werner, *Ästhetische Illusion und Illusionsdurchbrechung in der Erzählkunst*, Tübingen 1993, sowie zuletzt Wolf, Werner, »Is Aesthetic Illusion ›illusion référentielle‹? ›Immersion‹ in (Narrative) Representations and its Relationship to Fictionality and Factuality«, in: *Journal of Literary Theory* 2 (2008), 101–128. Zum Verhältnis Fiktionstheorie und Illusion, auch in Bezug auf Wolf, vgl. Bareis, J. Alexander, *Fiktionales Erzählen. Zur Theorie der literarischen Fiktion als Make-Believe*, insbesondere Kap. 3.4.2. Vgl. auch Hauthal, Janine & Nadj, Julijana & Nünning, Ansgar & Peters, Henning, »Metaisierung in Literatur und anderen Medien. Begriffsklärungen, Typologien, Funktionspotentiale und Forschungsdesiderate«, in: Hauthal, Janine u. a. (Hgg.), *Metaisierung in Literatur und anderen Medien. Theoretische Grundlagen – Historische Perspektiven – Metagattungen – Funktionen*, Berlin, New York 2007, 1–21, hier 9, wo eine »Skalierung der möglichen Funktionspotentiale metaisierender Darstellung« zwischen den Polen ›Illusionsförderung‹ und ›Illusionsdurchbrechung‹ graphisch dargestellt wird.

wirklich umtreibt, etwas zu erzählen«.² Auch Lothar Müller in der *Süddeutschen Zeitung* hält das Buch, wenn auch »auf bemerkenswerte Weise«, für »misslungen«.³ Gleichzeitig finden sich aber auch eine Reihe durchaus positiver Rezensionen in den führenden deutschsprachigen Feuilletons, die dem Roman zwar absprechen, ein »Meilenstein in der Geschichte der deutschsprachigen Literatur« zu sein, aber zumindest zugestehen, dass Kehlmann damit »eine kleine Scheherazaderie, ein hübsch gemusterter, nicht ungeschickt gewobener Teppich«⁴ gelungen sei – Fliegen könne er aber nicht.⁵

Dabei zeichnet sich aber nicht nur der bislang letzte Roman von Kehlmann durch die konsequente Anwendung derartiger erzählerischer Stilmittel aus, die – zumindest scheinbar – eine Brechung der Grenze zwischen Fiktion und Wirklichkeit hervorrufen und dabei die erzählerische Illusion einer schlüssig dargestellten Wirklichkeit konsequent in Frage stellen; Kehlmann machte bereits in seinem Debütroman *Beerholms Vorstellung* (1997) Gebrauch von einer unzuverlässigen Erzählinstanz, was sich mehr oder weniger stark auch in den folgenden Erzählwerken Kehlmanns fortsetzte: So werden beispielsweise sowohl die Erzählung *Der fernste Ort* (2001) als auch der anschließende Roman *Ich und Kaminski* (2003) von höchst unzuverlässigen Erzählern erzählt, die eine intakte Illusion des Erzählens und einer schlüssig erzählten Welt zumindest stets in Frage stellen, wenn sie diese nicht gar gänzlich auflösen. Die Unzuverlässigkeit dieser Erzähler⁶

---

2   Porombka, Wiebke, »Spiegelglatte Designerliteratur«, in: *Die Zeit*, 16.01.2009, http://www.zeit.de/online/2009/03/kehlmann-ruhm-contra, gesehen am 30.07.2009.
3   Müller, Lothar, »Sudoku ist kein Roman. Daniel Kehlmanns neues Buch ›Ruhm‹«, in: *Süddeutsche Zeitung*, 16.01.2009, zitiert nach http://www.sueddeutsche.de/kultur/142/454822/text/, gesehen am 30.07.2009.
4   Jung, Jochen, »Wenn das Handy neunmal klingelt«, in: *Die Zeit*, 15.01.2009, zitiert nach http://www.zeit.de/2009/04/L-Kehlmann, gesehen am 30.07.2009.
5   In einer ersten ›Metarezension‹ merkt Felicitas von Lovenberg an, dass es einigen Vertretern des Feuilletons nicht gelungen sei, tatsächlich den Roman und nicht etwa den Autor zu rezensieren – was angesichts der verhandelten Identitätsproblematik in *Ruhm* bestenfalls ironisch zu nennen ist. Darin ähnelt die literaturkritische Vorgehensweise durchaus der Situation nach dem Erscheinen von Judith Herrmanns zweitem Erzählband: Es scheint ein Mechanismus des Feuilletons zu sein, dass »ein Autor, der ein extrem erfolgreiches Buch schreibt, anschließend mit Erwartungen überfrachtet wird« (von Lovenberg, Felicitas, »Der Ruhm und die Rüpel«, in: *Frankfurter Allgemeine Zeitung*, 17.02.2009, zitiert nach URL: http://www.faz.net/s/RubD3A1C56FC2F14794AA21336F72054101/Doc~E8CE67F2776ED47ACB6F0CCF7AD8F16AD~ATpl~Ecommon~Scontent.html, gesehen am 30.07.2009).
6   In *Beerholms Vorstellung* erzählt der Magier Beerholm eben just, wie der doppeldeutige Titel bereits andeutet, von einer Vorstellung, auch und gerade im Sinne von Imagination und nicht etwa nur Vorstellung im Sinne einer Bühnenshow des Magiers; in *Ich und Kaminski* handelt es sich, worauf ebenfalls der Titel durch die ungebräuchliche Reihenfolge bereits deutlich hinweist, um einen autodiegetischen Erzähler, der die Welt auf *seine* ganz eigene Art und Weise betrachtet; in *Der fernste Ort* ist es ein extradiegetischer, heterodiegetischer

ist in einigen Fällen an der Literaturkritik vorbeigegangen, wie Kehlmann selbst in seinen Poetikvorlesungen konstatiert:

> Also, in meinen Romanen ging es mir immer um das Spiel mit der Wirklichkeit, das Brechen von Wirklichkeit. Und, ich sage das jetzt ganz offen, es gehört zu meinen bedrückendsten Erlebnissen als Schriftsteller, dass so etwas in Deutschland einfach nicht verstanden wird.[7]

Für die Poetik des Daniel Kehlmann ist aber die Anwendung solcher illusionsbrechender, unzuverlässiger und metafiktionaler Erzählstrategien von Anfang an grundlegend gewesen, wie in der Forschungsliteratur zu Kehlmann bereits angedeutet wurde:

> Spiel und Reflexion, Misstrauen und Konfusion, und der Sieg der Täuschung – also der Erzählung und der Fiktion. In seinen ersten veröffentlichten literarischen Sätzen verweist Daniel Kehlmann auf eine Grundlage seiner Dichtkunst.[8]

Offensichtlich hat also einer der erfolgreichsten Autoren in der deutschsprachigen Gegenwartsliteratur das Spiel mit Fiktion und Wirklichkeit, mit der illusionsschaffenden Macht und Kunst des Erzählens, zu einer Grundlage seiner Poetologie gemacht, was dessen Werk zu vorzüglich geeignetem Material für eine Analyse metafiktionaler Erzählweisen macht. Diese Analyse soll im Folgenden insbesondere anhand des jüngsten Romans *Ruhm* durchgeführt werden. Hauptaugenmerk wird hierbei auf metanarrativen, metafiktionalen und metaleptischen Erzählweisen liegen, nicht aber auf dem Verhältnis dieser Kategorien zur erzählerischen Unzuverlässigkeit – ein Verhältnis, das sei hier nur angemerkt, das sowohl in Hinblick auf Kehlmann als auch allgemein als höchst relevant und aufgrund der mangelnden Berücksichtigung in der Forschungsliteratur als ein Desiderat der selben erscheint, dem aber aus Platzgründen an dieser Stelle nicht weiter nachgegangen werden kann.[9] Der Fokus des vorliegenden Beitrags liegt deshalb auf

---

Erzähler, der auf die Hauptfigur Julian fokalisiert und dabei nicht ausdrücklich preisgibt, dass das Erzählte allein die halluzinatorischen Vorstellungen im Moment des Todes Julians sind. Auch der Roman *Mahlers Zeit* (1999) weist eine Reihe von Unstimmigkeiten auf, die den Erzählerbericht höchst zweifelhaft erscheinen lassen.

[7] Kehlmann, Daniel, *Diese sehr ernsten Scherze. Poetikvorlesungen*, Göttingen 2007, 2. Auflage 2008, 16.

[8] Zeyringer, Klaus, »Gewinnen wird die Erzählkunst. Ansätze und Anfänge von Daniel Kehlmanns ›Gebrochenem Realismus‹«, in: *Text + Kritik* 177 (2008), 36–44, hier 38. Die ersten Sätze, auf die Zeyringer hier Bezug nimmt, sind die dem Roman *Beerholms Vorstellung* vorangestellten Motti, wovon eines fingiert ist.

[9] In der Narrratologie sind sowohl das unzuverlässige Erzählen als auch Metaisierungen wie metanarratives, metafiktionales und verschiedene Formen des metaleptischen Erzählens etablierte und theoretisch genau umfasste Begriffe, dokumentiert in einer umfassenden Sekundärliteratur. Das Verhältnis zueinander von erzählerischer Unzuverlässigkeit und

den Manifestationen dieser Erzählweisen in Kehlmanns jüngsten Roman *Ruhm*. In einem ersten Schritt soll zunächst das ausgesprochen komplexe Verhältnis von Inhalt, Aufbau und Struktur in *Ruhm* genau beschrieben werden, um danach die unterschiedlichen metanarrativen, metafiktionalen und metaleptischen Erzählweisen in Hinblick auf ihre Bedeutung für die Interpretation des Romans zu analysieren.

2 Zu Struktur und Aufbau von Daniel Kehlmanns *Ruhm*. *Ein Roman in neun Geschichten*

Wie der Untertitel bereits deutlich macht, besteht *Ruhm* aus neun Kapiteln, die jeweils eine scheinbar eigenständige Geschichte erzählen, die aber, wie sich im Laufe der Rezeption herausstellt, alle in unterschiedlicher Verbindung zueinander stehen. Darin ähnelt *Ruhm* stark dem Roman *Nachts unter der steinernen Brücke* von Leo Perutz, den der Herausgeber Hans-Harald Müller auf eine Weise charakterisiert, die genauso für Kehlmanns Roman Geltung beanspruchen könnte:

> Nach der Lektüre der ersten Novelle vermutet der Leser zunächst, *Nachts unter der steinernen Brücke* sei eine Novellensammlung. Irgendwann entsteht aber plötzlich die Ahnung, daß Rudolf II., Mordechai Meisl, dessen Frau Esther und der hohe Rabbi Loew die Protagonisten eines Romans sein könnten. Von diesem Augenblick an wird der Leser zwangsläufig den Versuch unternehmen, aus der zeitlich unzusammenhängenden Folge in sich

---

metafiktionalem Erzählen ist jedoch bislang nur von untergeordnetem Interesse in der Forschung gewesen, wenngleich ein struktureller Vergleich dieser Erzählweisen ausgesprochen ergiebig erscheint. Grundlegende Gemeinsamkeit scheint zunächst einmal in der potentiellen Kraft des illusionstörenden Erzählens zu liegen, aber auch in einer Vervielfachung möglicher Sinnbildung. Zum unzuverlässigen Erzählen vgl. zuletzt D'hoker, Elke & Martens, Gunther (Hgg.), *Narrative Unreliability in the Twentieth-Century First-Person Novel*, Berlin, New York 2008; zur Metalepse vgl. Pier, John & Schaeffer, Jean-Marie (Hgg.), *Métalepses: entorses au pacte de la représentation*, Paris 2005; zur Metafiktion vgl. im deutschsprachigen Raum besonders Frank, Dirk, *Narrative Gedankenspiele. Der metafiktionale Roman zwischen Modernismus und Postmodernismus*, Wiesbaden 2001, der sich kritisch mit dem grundlegenden Beitrag von Wolf, Werner, *Ästhetische Illusion und Illusionsdurchbrechung in der Erzählkunst*, Tübingen 1993 auseinandersetzt – vgl. hierzu auch Bareis, J. Alexander, *Fiktionales Erzählen. Zur Theorie der literarischen Fiktion als Make-Believe*, insbesondere Kap. 3.4.2 und 3.4.3; zur Frage, ob metanarratives, metafiktionales und metaleptisches Erzählen fiktionsspezifische Erzählkategorien darstellen, vgl. ebd., sowie ausführlich in Bareis, J. Alexander, »The Role of Fictionality in Narrative Theory«, in: Lars-Åke Skalin (Hg.), *Narrativity, Fictionality, and Literariness. The Narrative Turn and the Study of Literary Fiction*, Örebro 2008, 155–175; zu Metaisierungen auch außerhalb der Literatur, vgl. zuletzt den breit angelegten Band von Hauthal, Janine & Nadj, Julijana & Nünning, Ansgar & Peters, Henning (Hgg.), *Metaisierung in Literatur und anderen Medien. Theoretische Grundlagen – Historische Perspektiven – Metagattungen – Funktionen*, Berlin, New York 2007.

abgeschlossener Novellen eine zusammenhängende Romanhandlung zu entwerfen. Jedes Ereignis wird nun in Beziehung auf zwei verschiedene Ordnungen gelesen: Während der Leser den inneren Zusammenhang der einzelnen Novellen herstellt, wird er gleichzeitig den Beitrag ermitteln zu suchen, den die Novelle zum Aufbau der Romanhandlung leistet. Auf diese Weise gelingt es Perutz, den Leser zum Konstrukteur eines lückenlos durchkonstruierten Romans zu machen.[10]

In der Tat könnte die hier von Müller gelieferte Beschreibung des Rezeptionsvorgangs ebenso in einem Nachwort zu Kehlmanns Roman stehen – mit einer Ausnahme: Die chronologische Reihenfolge der Geschichten als auch der Gesamthandlung ist in *Ruhm* mehr oder weniger intakt, abgesehen von einer gewissen Gleichzeitigkeit der Ereignisse, und insgesamt auf eine erzählte Zeitspanne von ungefähr einem Jahr begrenzbar, während die Erzählungen in Perutz' Roman sich über einen erzählten Zeitraum von mehreren Jahrzehnten erstrecken.[11]

Für die nachfolgende Analyse der metafiktionalen Erzählweisen in Kehlmanns Roman ist es nötig, zunächst einmal deskriptiv den Aufbau sowohl der einzelnen Geschichten als auch des Romans zu rekonstruieren, um die diversen Querverbindungen und Verzahnungen erkennbar und überschaubar zu machen.

2.1 Erste Geschichte: »Stimmen«

Die Geschichte wird von einem extra- und heterodiegetischen Erzähler erzählt, der konstant auf die Hauptfigur Ebling fokalisiert. Der desillusio-

---

[10] Müller, Hans-Harald, »Das Echo des Lachens«, in: Leo Perutz, *Nachts unter der steinernen Brücke*, herausgegeben und mit einem Nachwort von Hans-Harald Müller, Wien 2000, 287–293, hier 289.

[11] Das hier gesagte bezieht sich ausschließlich auf die analoge Beschreibung des Rezeptionsvorgangs der beiden Romane, basierend auf der strukturellen Gestaltung. Die unterschiedlichen poetologischen Funktionen, die damit verbunden sind, insbesondere für das Werk Perutz', kann an dieser Stelle nicht eingegangen werden. Zu untersuchen wäre insbesondere, wie sich die Elemente der Phantastik bei Perutz zu Kehlmanns metafiktionalen Techniken in Verhältnis setzen lassen. Eine grundlegende Gemeinsamkeit lässt sich im Motiv des Übergangs zwischen Wachsein und Schlaf konstatieren, die bei beiden Autoren als Ausgangspunkt für den Übergang sowohl in das Phantastische als auch Metafiktionale dienen. Für eine genaue narratologische Analyse von *Nachts unter der steinernen Brücke*, vgl. Meister, Jan Christoph, »Leo Perutz' Novellenroman *Nachts unter der steinernen Brücke* oder: Vom Hunger der Interpretation«, in: Kindt, Tom & Jan Christoph Meister (Hg.), *Leo Perutz' Romane. Von der Struktur zur Bedeutung*, mit einem Erstabdruck der Novelle *Von den traurigen Abenteuern des Herrn Guidotto*, Tübingen 2007, 123–140. Zur Herstellung von Kohärenz im Leseakt der einzelnen Novellen des Romans von Perutz, vgl. Meister, Jan Christoph & Hans-Harald Müller, »Narrative Kohärenz oder: Kontingenz ist auch kein Zufall«, in: Julia Abel, Andreas Blödorn & Michael Scheffel, *Ambivalenz und Kohärenz. Untersuchungen zur narrativen Sinnbildung*, Trier 2009, 31–54.

nierte und unglückliche Techniker und Familienvater Ebling hat sich ein Mobiltelefon gekauft, dessen Nummer offensichtlich bereits an eine andere Person vergeben war. Ebling, der zunächst abweisend auf die Anrufe für diese andere Person reagiert, fängt plötzlich an, die Gespräche für Ralf, offensichtlich dem eigentlichen Besitzer der Nummer, in dessen Namen entgegenzunehmen und dann *peu à peu* in dessen Rolle zu schlüpfen, ohne aber eigentlich zu wissen, wer dieser Ralf wohl ist, auch wenn er an einer Stelle »für ein paar schwindelerregende Sekunden« die Vermutung hat, es könne sich tatsächlich um den bekannten Filmschauspieler Ralf Tanner handeln, dessen Anrufe er entgegennimmt.[12]

2.2 Zweite Geschichte: »In Gefahr« (I)

Ein extra- und heterodiegetischer Erzähler berichtet mit wechselnder Fokalisierung auf die beiden Hauptpersonen: Der Schriftsteller Leo Richter, »der Autor vertrackter Kurzgeschichten voller Spiegelungen und unerwartbarer Volten von einer sterilen Brillanz« (29), befindet sich gemeinsam mit seiner Geliebten Elisabeth, einer Ärztin, die für *Médecins sans frontières* arbeitet, auf Einladung eines deutschen Kulturinstituts, das stark an das Goethe-Institut erinnert, auf einer Lesereise in Südamerika. Seine »berühmteste Geschichte« ist die »von einer alten Frau und ihrer Reise ins Schweizer Sterbehilfezentrum« (29). Richter ist ein ängstlicher und leicht neurotischer Schriftsteller, der auch weit entfernt von der Heimat mehr über den Literaturbetrieb in Deutschland nachdenkt als über die wirklichen Sorgen der Menschen vor Ort und sich ständig von allem bedroht fühlt. Elisabeth hingegen verzehrt sich vor Sorge um einige Kollegen, die, wie sie über ihr Mobiltelefon erfährt, in Afrika bei einem Einsatz für *Ärzte ohne Grenzen* verschleppt worden sind. Sie versucht über ihr Telefon von Südamerika aus, ohne dass Richter das merkt, alles in ihrer Macht stehende, um den Kollegen zu helfen.

2.3 Dritte Geschichte: »Rosalie geht sterben«

Hier erzählt ein extra- und heterodiegetischer Erzähler, der in immer wiederkehrenden Kommentaren metanarrativer und metafiktionaler Art nicht nur das Geschehen kommentiert, sondern auch, nach wiederholten metaleptischen Gesprächen mit seiner Hauptfigur und Fokalisierungsinstanz

---

[12] Vgl. Kehlmann, Daniel, *Ruhm. Ein Roman in neun Geschichten*, Reinbek 2009, 18. Im Folgenden werden Zitate aus *Ruhm* stets direkt im laufenden Text in Klammer nachgewiesen.

Rosalie, schließlich zum Teil der erzählten Welt wird. Die Geschichte handelt von Rosalie, die von ihrem Arzt den Bescheid bekommt, unheilbar an Krebs erkrankt zu sein und nur noch wenige Wochen zu leben zu habe. Rosalie beschließt, ihrem Leben vorzeitig ein Ende zu setzen, um sich ein qualvolles Ende zu ersparen. Sie nimmt deshalb mit einem Schweizer Verein für Sterbehilfe Kontakt auf. Sie trifft sich ein letztes Mal mit alten Freundinnen, telefoniert mit ihrer Nichte Lara Gaspard, und nimmt schließlich einen Flug nach Zürich, der aber wegen Nebel nach Basel umgeleitet wird. Dort angekommen, nimmt sie die Bahn zur Weiterfahrt nach Zürich, die aber auf halber Strecke aufgrund eines Selbstmords an der Weiterfahrt gehindert wird. Ein mysteriöser Mann bietet sich an, sie an ihren ihm scheinbar bekannten Bestimmungsort Zürich zu fahren, was Rosalie akzeptiert. Der Mann schließt allem Anschein nach die Zündung eines Autos kurz und fährt Rosalie damit nach Zürich, allerdings nicht zu der erwünschten Adresse. Rosalie nimmt ein Taxi und kommt schließlich in der Sterbewohnung des Vereins an, aber der Erzähler der Geschichte hat unterdessen ihr ständiges metaleptisches Flehen (»Gibt es keine Chance, fragte sie mich. Es liegt doch in deiner Hand. Laß mich leben!«, 64) erhört und verwandelt sie in eine junge Frau. Der extra- und heterodiegetische Erzähler wird abschließend in einer Metalepse selbst Teil der erzählten Welt: »Jetzt ruiniere ich es. Ich reiße den Vorhang weg, werde sichtbar, erscheine neben Freytag vor der Lifttür. Eine Sekunde lang sieht er mich verständnislos an, dann verblaßt er und verweht wie Staub« (75).

2.4 Vierte Geschichte: »Der Ausweg«

Ein extra- und heterodiegetischer Erzähler erzählt mit interner Fokalisierung von Ralf Tanner, einem berühmten Filmschauspieler, dessen Leben plötzlich eine dramatische Wendung erfährt. Tanner wird »sich selbst unwirklich« und erhält von »einem Tag zum nächsten keine Anrufe mehr« (79). Anhand einer Reihe übereinstimmender Details wird deutlich, dass Ebling aus der ersten Geschichte tatsächlich die Nummer des Mobiltelefons von Ralf Tanner zugeteilt bekommen hat. Deutlich wird auch, welche Konsequenzen diese Verwechslung für Tanner und dessen Umgebung bekommt – er wird von einer Frau öffentlich geohrfeigt, die Ebling in der ersten Geschichte zu einem Treffen in Tanners Namen bestellt hatte. Die Szene wird von Passanten gefilmt und landet unmittelbar darauf im Internet, das Tanner regelmäßig nach Einträgen über sich selbst durchsucht. Später wird er dort auch in einem Forum übel beschimpft – er habe »nur Müll im Hirn« und sei »häßlich wie Vieh« (87). Tanner findet im Internet auch einen Filmausschnitt von einem Ralf-Tanner-Imitator, was ihn dazu veranlasst, ebenfalls als ›Imitator‹, und zwar seiner selbst, in einer Disco aufzutreten. Er trifft dort eine Frau, beginnt eine Romanze mit ihr und nimmt sich eine kleine Wohnung, da er die (vermeintliche) Authentizität der Liebe und des Lebens als gewöhnlicher Mensch zu schätzen lernt. Immer mehr verwandelt sich Tanner in einen anderen, bis er schließlich komplett seine ursprüngliche Identität an einen anderen verliert – er wird von seinem ehemaligen Butler an der Pforte seines Anwesens abgewiesen und sieht kurz darauf eine vitalere Version seiner selbst in seinem Wagen vorbeifahren. Glaubt man dem Erzähler, dass es sich bei der Hauptfigur wirklich zu Beginn um den echten Ralf Tanner gehandelt hat, wofür die übereinstimmenden Fakten mit den anderen Geschichten sprechen, dann gibt es für diese Geschichte wohl nur eine logische Erklärung, die auch vom Erzähler angedeutet wird (vgl. 92): Ein Dritter, möglicherweise der Imitator aus der Disco, hat die Gunst der Stunde genutzt und den Wagen mit Chauffeur übernommen, den der echte Tanner am ersten Abend vor der Disco stehenließ, um mit seiner neuen Eroberung unerkannt zu entkommen. Diesem Dritten, einem geschickten Tanner-Imitator, müsste es dann gelungen sein, das Leben des echten Tanner komplett zu übernehmen.

2.5 Fünfte Geschichte: »Osten«

Ein extra- und heterodiegetischer Erzähler fokalisiert überwiegend intern auf die Krimi-Autorin Maria Rubinstein, die sich anstelle von Leo Richter auf einer von der dortigen Regierung organisierten Rundreise für Reisejournalisten in einem namentlich nicht genannten Land in Zentralasien befindet.[13] Durch unglückliche Umstände wird sie von der Reisegruppe getrennt und bricht schließlich ohne Geld und Möglichkeit der Kontaktaufnahme (sie hatte das Ladegerät ihres Mobiltelefons vergessen und konnte nirgends eines leihen) auf der Straße zusammen, wird von einer Bauernfamilie aufs Land gebracht und muss sich dort als Magd verdingen, um überleben zu können.

2.6 Sechste Geschichte: »Antwort an die Äbtissin«

Auch hier erzählt ein extra- und heterodiegetischer Erzähler mit interner Fokalisierung von einer Hauptfigur, in diesem Falle dem Autor Miguel Auristos Blancos, »der vom halben Planeten hochverehrte und vom halben milde verachtete Autor von Büchern über Gelassenheit, innere

---

[13] In der zweiten Geschichte werden von Leo Richter Turkmenistan oder Usbekistan als mögliches Reiseziel genannt – vgl. 40.

Anmut und die Suche nach dem Lebenssinn beim Wandern über hügeligen Wiesengrund« (121), dessen Bücher bislang in allen vorherigen und (mit Ausnahme der achten Geschichte) in allen weiteren Geschichten des Romans vorkommen. Blancos ist ein brasilianischer Schriftsteller, der eine beträchtliche Reihe von Eigenschaften mit dem Bestseller-Autor Paulo Coelho teilt. Er wird dabei geschildert, wie er auf eine Anfrage einer Äbtissin eine Stellungnahme zum Theodizee-Problem verfasst, in der er die »Rücknahme von allem, die Auslöschung seines Lebenswerks« (130) formuliert. Blancos sieht ein, dass er nun durch eine Kombination von Selbstmord und der Antwort an die Äbtissin als Abschiedsbrief wirklich »Epoche machen« könnte – dies, und nur dies würde ihn wirklich »groß machen« (ebd.), ihm wahren Ruhm verleihen. Das Ende der Geschichte lässt diese Frage allerdings unbeantwortet, Blancos erwägt mit einer Pistole im Mund zwar seinen Selbstmord, geschildert wird dieser vom Erzähler allerdings nicht.

2.7 Siebte Geschichte: »Ein Beitrag zur Debatte«

Diese Geschichte stellt erzähllogisch einen Eintrag in einem Internet-Forum dar und ist autodiegetisch von Username *mollwitt* erzählt, einem nach eigenen Angaben »ziemlich sehr groß[en]« Mittdreißiger, der noch bei seiner Mutter wohnt und als Mitarbeiter »in der Zentrale einer Mobiltelefongesellschaft« (134) arbeitet, sich aber hauptsächlich mit frenetischen Kommentaren in diversen Internet-Foren beschäftigt. Er ist derjenige, der Ralf Tanner in der zweiten Geschichte als »häßlich wie Vieh« und mit »Müllmist im Hirn« bezeichnet (137 und zuvor 87), und, wie sich in der folgenden Geschichte herausstellen wird, derjenige, der direkt für die vertauschte Nummer von Ebling und Tanner verantwortlich ist – ohne dies aber selbst je zu erfahren. Auf einer Tagung trifft er in einem Hotel auf Leo Richter, dessen Zimmer er anschließend verwüstet, um auf diese Weise Teil einer Geschichte Richters zu werden, um dadurch der von ihm hoch verehrten Lara Gaspard näherzukommen (*mollwitt* ist großer Fan der Bücher Richters und selbstverständlich auch der Blancos', lediglich die »Story von der alten Lady, die in die Schweiz fährt, um sich niedergiften zu lassen, hab ich gar nicht gemocht, da war nichts von ihm selbst drin, und der Schluß hat gar keinen Sinn gehabt« (144)). Denn *mollwitt* glaubt aufgrund eingehender Internetrecherchen zu wissen, dass sich Richters privates Leben in seinen Geschichten um Lara Gaspard widerspiegelt: »Was ihm zustößt, das passiert dann ihr, was er macht, macht später sie, und wer ihn trifft, kann in einer Story auftauchen. Im literaturhaus-Forum nannte das einer *autobiographischen Narzißmus*« (143).

2.8 Achte Geschichte: »Wie ich log und starb«

Auch in dieser Geschichte erzählt wie schon in der Geschichte zuvor ein autodiegetischer Erzähler vom Zusammenbruch seines Doppellebens mit seiner Frau Hannah und zwei Kindern und seiner Geliebten Luzia. Der zum Zeitpunkt des Erzählens arbeitslose Erzähler berichtet rückblickend über die Zeit, zu der er noch »Leiter der Abteilung für Nummerverwaltung und Nummerzuweisung in einer der großen Telekommunikationsfirmen« (161) gewesen ist. Einer seiner Angestellten ist der ständig in Internetforen kommentierende Mollwitz, dessen Eintrag unter dem Usernamen *mollwitt* die vorherige Geschichte ausmacht. Da der Ich-Erzähler aufgrund seines aufreibenden Doppellebens in Panik gerät, als seine Frau ihn in der Stadt bei Hannover besuchen möchte, wo er arbeitet, unterlässt er es, sich der Probleme anzunehmen, die durch die Versäumnisse von Mollwitz aufgetreten sind – eine Reihe von Kunden haben bereits vergebene Telefonnummern zugeteilt bekommen. Auch die Wahl von Mollwitz als Vertreter der Firma auf dem Kongress, auf dem Mollwitz Richters Hotelzimmer verwüstet, liegt im Doppelleben des Erzählers begründet, da sowohl seine Frau als auch seine Geliebte ihn zu der Konferenz begleiten wollen und er deshalb, um ein Aufeinandertreffen zu vermeiden, Mollwitz als Vertretung schickt. Die Ereignisse kulminieren, als der Erzähler über die Fehler von Mollwitz informiert wird und er gleichzeitig von seiner Frau eine SMS bekommt, dass sie ihn besuchen möchte. Der Erzähler verlässt in Panik das Büro, ruft Luzia an und verabredet ein Treffen in seiner Wohnung, wohin er von einem mysteriösen Fahrer mit fettigen Haaren, Hornbrille und grellroter Mütze gefahren wird – die Beschreibung des Fahrers deckt sich mit der des Fahrers in der dritten Geschichte »Rosalie geht sterben«.[14]

---

[14] Der mysteriöse Fahrer, der gleich einem *deus ex machina* als Bindeglied zwischen Autor und Fiktion die Figuren auf den rechten Weg bringt, oder eher als eine Art *diabolus ex machina* die Durchführung teuflischer Schicksale sicherstellt, teilt seine äußerlichen Attribute mit einer ähnlich mysteriösen Figur in Kehlmanns Roman *Ich und Kaminski*, dem Anhalter »Karl Ludwig« – vgl. Kehlmann, Daniel, *Ich und Kaminski. Roman*, Frankfurt a. M. 2004, 99: »Er war dünn, hatte eine Hornbrille, fettige Haare und hervorstehende Zähne« und ist ebenfalls scheinbar über die Bestimmungsorte der Figuren informiert: »›Ich glaube, Sie sind falsch abgebogen‹, sagte Karl Ludwig. ›Sie wissen doch nicht, wohin wir fahren!‹ sagte ich« (ebd., 103). In dieser Figur einen Mephisto zu vermuten, wird verstärkt durch den intertextuellen Verweis in *Ruhm*, als die mysteriöse Figur den Ich-Erzähler nach der gewünschten Adresse fragt, zu der er ihn fahren soll: »›Viel weiß ich, alles aber nicht.‹« (186), was an das berühmte Wort Wagners in Goethes *Faust* (Teil I, Nacht) erinnert: »Zwar weiß ich viel, doch möcht' ich alles wissen!«

2.9 Neunte Geschichte: »In Gefahr« (II)

Diese Geschichte wird wieder von einem extra- und heterodiegetischem Erzähler erzählt, der überwiegend auf Elisabeth fokalisiert und in einer Reihe von Passagen mittels Gedankenbericht das wachsende Misstrauen Elisabeths über den Inhalt und Status der Geschichte berichtet. Leo Richter begleitet Elisabeth auf einer ihrer Reisen mit den *Ärzten ohne Grenzen* nach Afrika. Beim Anblick eines startenden Flugzeugs sinniert Richter darüber, was es für den Ruhm eines Schriftsteller bedeute, bei einem Flugzeugabsturz in Afrika als verschollen zu gelten und weist darauf hin, dass Maria Rubinsteins Bücher seit ihrem Verschwinden vor einem Jahr »in Mode sind wie noch nie« (194). In einem Dorf trifft die Gruppe auf drei weitere Europäer: »eine kleine Dame, Mitte fünfzig, mit Brille und Strickweste, ein Mann mit Uniform mit dem UN-Zeichen auf der Brust und hinter ihnen eine Frau mit braunen Haaren, schlank und groß gewachsen, von außergewöhnlicher Schönheit« (197). Die kleine Dame stellt sich als Klara Riedergott vom Roten Kreuz vor und entspricht nicht nur namentlich der Vertreterin des deutschen Kulturinstituts in einer der südamerikanischen Hauptstädte, die Richter in der zweiten Geschichte besucht (vgl. 43); der Uniformierte stellt sich als Rotmann von der UNPROFOR vor, während die schöne Frau sich etwas später als Lara Gaspard vorstellt. Elisabeth stellt Leo zur Rede in einem Gespräch darüber, dass sie nun doch gegen ihren Willen teil einer Geschichte geworden sei, in der sie sich nun alle befänden, doch verschwindet Leo am Ende der Geschichte »wie ein zweitklassiger Gott« (203) hinter den Dingen, nicht mehr Figur, sondern wieder allwissender Erzähler, und entzieht sich damit der Möglichkeit, »zur Rechenschaft« (ebd.) gezogen zu werden.

3 »Ein Roman ohne Hauptfigur!«

»Ein Roman ohne Hauptfigur! Verstehst du? Die Komposition, die Verbindungen, der Bogen, aber kein Protagonist, kein durchgehender Held.« (25) Mit diesem Ausruf der Figur des Schriftstellers Leo Richter beginnt das zweite der insgesamt neun Kapitel und Geschichten, die zusammengenommen Kehlmanns jüngsten Roman ausmachen. Diese zweite Geschichte hat, wie auch die letzte und neunte, den Titel »In Gefahr«. Leo Richter, der in beiden Geschichten eine der Hauptfiguren ist (die andere ist in beiden Fällen die Ärztin Elisabeth), wird in der ersten der beiden Geschichten von einem extradiegetischen, heterodiegetischen Erzähler als »der Autor vertrackter Kurzgeschichten voller Spiegelungen und unerwartbarer Volten von einer sterilen Brillanz« (29) beschrieben und ist damit eine der

Schlüsselfiguren für die Entschlüsselungen der Spiegelungen und Volten in Kehlmanns Roman, der – wie könnte es anders sein – aus neun vertrackten, miteinander verzahnten Geschichten voll unerwartbarer Volten bestehen, die – natürlich – keine gemeinsame Hauptfigur haben. Und nicht nur das: Auch die Erzählperspektive wird nicht durchgängig durchgehalten, und man könnte deshalb sagen, dass der Roman nicht nur ohne Hauptfigur, sondern auch ohne Erzähler (im Singular) auskommt – Erzähler (im Plural) gibt es durchaus, eine einheitliche Erzählinstanz für alle neun Geschichten aber nicht – zumindest nicht ohne erheblichen interpretatorischen Aufwand.[15]

In der Autorfigur in den beiden »In-Gefahr«-Geschichten eine genaue fiktionale Entsprechung des wirklichen Autors Kehlmann zu suchen, wäre mit Sicherheit verfehlt[16] – auch wenn der echte Kehlmann wie Leo Richter auf einer Autorenreise in Südamerika gewesen ist und wie Kehlmann an der Mainzer Akademie einen Vortrag gehalten hat (vgl. 31).[17] Der Vorname verweist wohl auf ähnliche Weise wie die Vornamen der vier Ruderer Humboldts in Kehlmanns Erfolgsroman *Die Vermessung der Welt* auf literarische Vorbilder: Carlos (Fuentes), Gabriel (Garcia Márquez), Mario (Vargos Llosa) und Julio (Cortázar) in der *Vermessung*,[18] im Falle von *Ruhm* verweist Leo auf den österreichischen Autor Leo Perutz. Hinweise dafür, dass Perutz zu den literarischen Vorbildern Kehlmanns gehört, gibt es sowohl im Rahmen der Fiktion als auch in einer Reihe Äußerungen des Autors in Interviews: Die Erzählung *Der fernste Ort* kopiert mehr oder weniger die Grundidee des Romans *Zwischen neun und neun* (1918) von

---

[15] Dies ist allerdings wohl nicht die einzige Art, den Roman Kehlmanns zu verstehen; möglicherweise könnte man davon ausgehen, dass der Roman von einer übergeordneten Erzählerinstanz, im Sinne etwa einer Herausgeberfiktion, einem kompilierenden extradiegetischen Erzähler zusammengehalten wird, der möglicherweise als Leo Richter identifiziert werden könnte. Doch wodurch würde sich dieser Erzähler vom Autor unterscheiden? Die Frage nach der Unterscheidung zwischen Autor und Erzähler sowie die Frage, wer als Urheber aller oder zumindest einiger Geschichten im Rahmen der Fiktion als Urheber gelten kann, wird weiter unten eingehend diskutiert.

[16] Dies hängt nun allerdings nicht mit der in der Narratologie immer wieder reflexartig geforderten Trennung von Autor und Erzähler zusammen. Selbstverständlich kann ein wirklicher Autor als fiktionale Figur und ebenso als fiktionaler Erzähler seines eigenen Werkes auftreten. Für den vorliegenden Fall scheint dies aber nicht zutreffend.

[17] Gemeinsam mit Außenminister Dr. Frank-Walter Steinmeier, der Kehlmann nach der Lektüre von *Die Vermessung der Welt* zu dieser Reise einlud, da er erfahren hatte, dass dieser noch nie in Südamerika gewesen sei. Vgl. das Interview mit Kehlmann in der österreichischen Online-Zeitschrift Profil: Paterno, Wolfgang, »Am liebsten würde ich das Buch in die Ecke schmeißen«, in: *profil.at. Das Online-Magazin Österreichs*, 1.06.2006, http://www.profil.at/articles/0622/560/142098/interview-am-buch-ecke, gesehen am 30.07.2009.

[18] Vgl. hierzu unter anderen Gasser, Markus, »Daniel Kehlmanns unheimliche Kunst«, in: *Text + Kritik* 177 (2008), 12–29, hier 28, Fn. 20, sowie Kehlmann, Daniel, *Die Vermessung der Welt. Roman*, Reinbek 2006, 106.

Perutz, das Schildern der halluzinatorischen Gedanken eines Sterbenden; Perutz' Roman *Nachts unter einer steinernen Brücke. Ein Roman aus dem alten Prag* (1953) ist, wie eingangs bereits angedeutet, sicherlich eines der möglichen Vorbilder für den kompositorischen Aufbau von *Ruhm*.[19] Im Falle Perutz' und *Nachts unter der steinernen Brücke* wird allerdings im Gegensatz zu *Ruhm* im Rahmen des Epilogs eine ›fiktionsepistemologische‹ Erklärung geliefert, wie und von wem die diversen Geschichten erzählt, verbürgt und schließlich kompiliert werden; die Erzählinstanz in der Rahmenerzählung wird, so Jan Christoph Meister, »mit dem faktischen Autor Leo Perutz identifiziert«.[20] Im Falle von *Ruhm* bleibt eine solche Herausgeberfiktion und Fiktionalisierung des Autors im Rahmen einer deutlichen Markierung im Text aus. Die Figur Leo Richter kommt aber durchaus in Frage, wenn man Überlegungen nach der Produktionsinstanz – zunächst einmal – der letzten der neun Geschichten von *Ruhm* nachgeht, denn darin wird Leo Richters Geliebte Elisabeth, eine Ärztin, die für *Ärzte ohne Grenzen* arbeitet und ihn in der ersten Geschichte »In Gefahr« auf die Au-

---

[19] Kehlmann selbst weist in einem Interview darauf hin: »Was die Struktur angeht, so fällt mir in der deutschsprachigen Literatur nur ein Beispiel ein, *Nachts unter der steinernen Brücke* von Leo Perutz.« Vgl. Weinzierl, Ulrich, »Daniel Kehlmann ist ein Gefangener der Technik«, in: *Welt Online*, 13.01.2009, zitiert nach http://www.welt.de/kultur/article2999057/Daniel-Kehlmann-ist-ein-Gefangener-der-Technik.html, gesehen am 30.07.2009. Heinrich Detering weist in der *FAZ* (vgl. Detering, Heinrich, »Wenn das Handy zweimal klingelt«, in: *Frankfurter Allgemeine Zeitung*, 30.07.2009, zitiert nach http://www.faz.net/s/Rub48A3E114E72543C4938ADBB2DCEE2108/Doc~E7F6B8880A9BB4DDDB929849D632262BF~ATpl~Ecommon~Scontent.html, gesehen am 30.07.2009) auf die mögliche Verbindung zu J. D. Salinger und dessen *Nine Stories* hin, was Kehlmann zufolge »Salingers eigentliches Hauptwerk« sei – vgl. Kehlmann, Daniel, *Wo ist Carlos Montúfar? Über Bücher*, Reinbek 2005, 2. Auflage 2006, 85. Den Zusammenhang zwischen Salingers *Nine Stories* und *Ruhm* stellt Kehlmann in einem späteren Interview auch selbst her, vgl. Seegers, Armgard, »Daniel Kehlmann: ›Ich kann nicht zaubern‹«, in: *Hamburger Abendblatt*, 24.01.2009, zitiert nach http://www.abendblatt.de/daten/2009/01/24/1022329.html, gesehen am 30.07.2009: »Das ist möglicherweise geprägt von meiner Verehrung für Salinger, dessen *Nine Stories* ich für einen der besten Kurzgeschichtenbände überhaupt halte.« Relativierend sei dem aber auch noch hinzugefügt, dass Daniel Kehlmann der Ansicht ist, dass man Autoren in ihren Interviews nicht glauben sollte – aber auch keinen Poetikdozenten: »Glauben Sie keinem Poetikdozenten. Mißtrauen Sie Interviews gebenden Autoren« (Kehlmann, Daniel, *Diese sehr ernsten Scherze. Poetikvorlesungen*, Göttingen 2007, 2. Auflage 2008, 5). Zudem lässt sich auch für den Fall der Poetikvorlesungen darauf hinweisen, dass es sich hierbei um ein (meta)fiktionales Gespräch zwischen einem Autor und einem vom Autor erfundenen Fragesteller handelt, das gerade nicht frei ist von »postmodernen Spielen« und »billigen Sprüngen auf die Metaebene« (ebd., 6) …

[20] Meister, Jan Christoph, »Leo Perutz› Novellenroman *Nachts unter der steinernen Brücke* oder: Vom Hunger der Interpretation«, in: Kindt, Tom & Jan Christoph Meister (Hg.), *Leo Perutz' Romane. Von der Struktur zur Bedeutung*, mit einem Erstabdruck der Novelle *Von den traurigen Abenteuern des Herrn Guidotto*, Tübingen 2007, 123–140, hier 127. Doch auch wenn man den extradiegetischen Erzähler in *Nachts unter der steinernen Brücke* wie von Meister vorgeschlagen mit dem realen Autor zumindest nominell gleichsetzt, wäre der Leo Perutz der Rahmenhandlung ein fiktionalisierter Leo Perutz, der vom realen Autor dadurch kategorial zu unterscheiden wäre.

torenreise nach Südamerika begleitet, zu einer der Figuren in Leo Richters Geschichten. Der ängstliche Richter der ersten »Gefahr«-Geschichte, dessen Feigheit Elisabeth verachtet, wird in der zweiten »Gefahr«-Geschichte zum furchtlosen Begleiter der *Ärzte ohne Grenzen* im Einsatz in Afrika, während die ansonsten bedeutend furchtlosere Elisabeth äußerst ängstlich erscheint. Dies ändert sich, so kolportiert es der ebenfalls extradiegetische, heterodiegetische Erzähler, der hauptsächlich auf Elisabeth fokalisiert, als Elisabeth auf einmal klar wird, dass dies nicht dieselbe Wirklichkeit wie die der ersten »Gefahr«-Geschichte ist, sondern sie zur Figur einer Geschichte Leos geworden ist – Elisabeth wird in der letzten Geschichte des Romans zur Fiktion in der Fiktion:

> »Das alles passiert nicht wirklich«, sagte sie. »Oder?«
> »Hängt von der Definition ab.« Er zündet sich eine Zigarette an. »Wirklich. Dieses Wort heißt soviel, daß es gar nichts mehr heißt.«
> »Deswegen bist du so souverän. So besonnen und allem gewachsen. Das hier ist deine Version, das ist das, was du daraus gemacht hast. Aus unserer Reise damals und aus dem, was du über meine Arbeit weißt. Und natürlich ist Lara da.«
> »Lara ist immer da, wenn ich da bin.«
> »Ich wußte, du machst das mit mir. Ich wußte, ich komme in einer Deiner Geschichten! Genau das wollte ich nicht!«
> »Wir sind immer in Geschichten.« […] »Geschichten in Geschichten in Geschichten. Man weiß nie, wo eine endet und eine andere beginnt. In Wahrheit fließen alle ineinander. Nur in Büchern sind sie säuberlich getrennt.« (200–201)

Dies lässt sich selbstverständlich auch als Meta-Kommentar zur Struktur des vorliegenden Romans lesen – der metafiktionale Aufbau, der zunächst einmal gängigen Rezeptionsweisen einer mimetisch-realistischen Illusion entgegensteht, erweist sich gemäß der Logik Richters durch die Verzahnung der künstlich getrennten Geschichten als sehr viel realistischer, da die Geschichten eben nicht wie in einem Buch fein säuberlich getrennt sind, sondern alle miteinander in Verbindung stehen.

Im Anschluss an die zitierte Stelle weist Elisabeth Leo darauf hin, dass er als Autor zuvor einen Fehler gemacht hätte, da einer der anwesenden Soldaten sich als Vertreter der UNPROFOR vorgestellt hatte. Diese Truppe der Vereinten Nationen hat aber zwischen 1992 und 1995 ausschließlich auf dem Balkan ihren Dienst getan, nicht aber in Afrika. Diesen Vorwurf des Fehlers pariert Leo Richter mit dem Hinweis, dass er »nicht diese Art Autor« (201) sei – durchaus im offenen Gegensatz zu Kehlmanns eigenen Aussagen in den *Poetikvorlesungen*, in denen er herausstreicht, wie wichtig das Vermeiden von Fehlern für ihn beim Schreiben ist.[21] Ein *alter ego* des ›wirklichen‹ Daniel Kehlmann ist Leo Richter also sicherlich nicht, zentrale

Figur für die Entschlüsselung einer Reihe der Geschichten des Romans aber schon: Die letzte Geschichte, aus der oben zitiert wurde, wird ja in ihrem eigenen Rahmen der Logik der Fiktion von Leo Richter geschrieben, und Richter selbst kommt auch darin vor, ebenso wie Elisabeth, die Ärztin und Geliebte, aber auch Lara Gaspard. Lara und Elisabeth sind sich auch durchaus ähnlich, wie Leo Richter den UNPROFOR-Soldaten hervorheben lässt: »›Erstaunlich‹, sagte Rotman, ›wie ähnlich Sie beide sich sehen.‹« (200) Diese Ähnlichkeit wurde zuvor bereits in der ersten »Gefahr«-Geschichte etabliert: Elisabeth »hatte den gleichen Beruf wie seine Heldin Lara Gaspard, sie war im gleichen Alter wie sie, und wenn sie sich richtig an die spärlichen Beschreibungen ihres Äußeren erinnerte, sah sie ihr sogar ähnlich« (31). Lara Gaspard ist aber auch die Nichte der krebskranken Frau aus der dritten Geschichte, »Rosalie geht sterben«, in der die Hauptfigur Rosalie sich in einen metaleptischen Dialog mit dem Erzähler bzw. Autor der Geschichte einlässt, der, wie es scheint, ebenfalls Leo Richter ist und hier wie in den beiden »Gefahr«-Geschichten in der Form eines extra- und heterodiegtischen Erzählers auftritt,[22] und der schon gleich zu Beginn im ersten Satz mit einem metafiktionalen Erzählerkommentar auch auf die Fiktionalität des Erzählten hinweist: »Von allen meinen Figuren ist sie die klügste.« (51) Zwar hat auch dieser metanarrative Kommentar bereits einen metafiktionalen Klang, da hierbei Rosalie ausdrücklich als Figur bezeichnet wird, zur vollständigen Brechung der Erzählillusion kommt es erst durch eine Reihe ontologischer Metalepsen,[23] auch wenn der Erzähler kurz darauf

---

[21] Vgl. Kehlmann, Daniel, *Diese sehr ernsten Scherze. Poetikvorlesungen*, Göttingen 2007, 2. Auflage 2008, 11: »[…] Details sind nicht nur nicht egal, Details sind alles. Wenn solch eine Einzelheit nicht stimmt, hat die Geschichte als Ganzes einen Fehler; die Welt, die sie aufzubauen vorgibt, ist nicht schlüssig.«

[22] In der vorigen Geschichte wird Richters bekannteste Geschichte diejenige genannt, die »von einer alten Frau und ihrer Reise ins Schweizer Sterbehilfezentrum handelt« (29).

[23] Zum Begriff der Metanarration und der grundsätzlichen Bedeutung der ›Mimesis des Erzählens‹ für die Fiktions- und Erzähltheorie, vgl. Nünning, Ansgar, »Mimesis des Erzählens. Prolegomena zu einer Wirkungsästhetik, Typologie und Funktionsgeschichte des Akts des Erzählens und der Metanarration«, in: Jörg Helbig (Hg.), *Erzählen und Erzähltheorie im 20. Jahrhundert. Festschrift für Wilhelm Füger*, Heidelberg 2001, 13–47 – darauf aufbauend und mit einer Unterscheidung zwischen Metanarration und Metafiktion im Rahmen einer Fiktionstheorie im Sinne Kendall Waltons, vgl. Bareis, J. Alexander, *Fiktionales Erzählen. Zur Theorie der literarischen Fiktion als Make-Believe*, Göteborg 2008, insb. Kap. 3.4.2, zum Begriff der ontologischen Metalepse vgl. ebd., Kap. 3.4.3. Integrativ in Hinblick auf Nünnings Konzept, vgl. Scheffel, Michael, »Metaisierungen in der literarischen Narration: Überlegungen zu ihren systematischen Voraussetzungen, ihren Ursprüngen und ihrem historischen Profil«, in Hauthal, Janine u.a. (Hgg.), Metaisierung in Literatur und anderen Medien. Theoretische Grundlagen – Historische Perspektiven – Metagattungen – Funktion, Berlin, New York 2007, 155–171, hier 158, Fn. 7. Kritisch zu Nünnings Konzept der ›Mimesis des Erzählens‹ und mit weitreichenden Vorschlägen für eine alternative Systematisierung, vgl. Fludernik, Monika, »Metanarrative and Metafictional Commentary: From Metadiscursivity to Metanarration and Metafiction«, in: *Poetica* 35 (2003), 1–39; ebenfalls

noch deutlicher den Fiktionscharakter seiner Erzählung metanarrativ und metafiktional im Zusammenhang mit dem Schweizer Verein für Sterbehilfe diskutiert, den Rosalie aufsucht: »Wahrscheinlich wissen Sie, daß es den wirklich gibt; ich habe ihn nicht erfunden, in einem Vorort von Zürich hat er seinen Sitz, den Namen sollte ich, so rät mir mein Anwalt, hier besser nicht nennen.« (52) Die Grenze zwischen der Diegese des Erzählers und der Figur Rosalie wird aber erst dadurch wirklich durchbrochen, dass die krebskranke Rosalie sich beim Autor ein anderes Ende der Geschichte wünscht als die ihres Todes:

> Und trotzdem kann sie sich nicht ganz in ihr Schicksal ergeben. Deshalb, zur frühen Morgenstunde, wendet sie sich an mich und bittet um Gnade.
> Rosalie, das liegt nicht in meiner Macht. Das kann ich nicht.
> Natürlich kannst du! Das ist deine Geschichte. (55)

Dieses Zwiegespräch zwischen Figur und Erzähler/Autor zieht sich durch die gesamte Erzählung und kulminiert in einem handfesten Streitgespräch zwischen den erzähllogisch voneinander getrennten Instanzen, in dem Rosalie einmal mehr um ihr fiktionales Leben fleht:

> Du klammerst dich an die Illusion, daß es dich wirklich gibt, antworte ich. Aber du bestehts aus Wörtern, aus vagen Bildern und aus ein paar simplen Gedanken, und sie alle gehören anderen. Du meinst, daß du leidest. Aber du bist kein Leidender, da ist niemand.
> Was für kluge Dinge. Schieb sie dir in den Arsch!
> Für einen Moment bleibt mir die Sprache weg. Ich weiß nicht, wer ihr beigebracht hat, so zu reden. Es paßt nicht zu ihr, es ist ein Stilbruch, es beschädigt meine Prosa. Nimm dich bitte zusammen! (72)

Gleichzeitig, und dies entfaltet eine eigentümliche Spannung, behält der Erzähler in Passagen interner Fokalisierung die Fiktionsillusion aufrecht;

---

kritisch zu Nünnings Modell ist Werner Wolf, der in einer aktuellen Publikation erstmals auf die Make-Believe-Theorie von Walton zurückgreift, ohne allerdings die fiktionstheoretischen Konsequenzen daraus zu berücksichtigen: Wolf, Werner, »Is Aesthetic Illusion ›illusion référentielle‹? ›Immersion‹ in (Narrative) Representations and its Relationship to Fictionality and Factuality«, in: *Journal of Literary Theory* 2 (2008), 101–128. Wolf beharrt darauf, dass der zentrale Gegenstand ästhetischer Illusion die erzählte Welt sein müsse, und nicht eine ›Mimesis des Erzählens‹ im Sinne Nünnings, was er damit begründet, dass es erstens in der Literatur sog. *covert*-Erzähler gäbe und zweitens ästhetische Illusion auch in erzählerlosen Medien anzutreffen sei (vgl. bes. Fußnote 9, 110). Dem ist entgegenzuhalten, dass die Illusion auch gerade dessen, was Wolf als ›realistic 19th-century novel‹ (vgl. ebd., 109) bezeichnet, immer eine vermittelte Illusion ist. Man denke nur an die verdeckten Erzähler und die entworfenen Welten in *Madame Bovary* oder *Effi Briest*, beides Texte, die gemäß Wolfs eigener Definition ein hohes Maß an ästhetischer Illusionspotential beinhalten, in denen die Illusion einer Welt aber in höchstem Maße vom Erzähler und dessen subtilen Techniken geprägt ist, trotz der relativen Verdecktheit der jeweiligen Erzähler. Eine ›Mimesis des Erzählens‹ bleibt deshalb meines Erachtens immer einer ›Mimesis von Welt‹ vorgeordnet.

die Geschichte weist eine Reihe von Passagen auf, in denen Rosalie ohne illusionsbrechendes Fiktionalitäsbewusstsein geschildert wird, trotz der mehrfach auftretenden illusionsstörenden und metafiktionalen Passagen wie in der oben geschilderten Metalepse, in der Rosalie sich ja durchaus dessen bewusst zu sein scheint, dass sie eine fiktionale Figur ist. Bisweilen ist dieses Bewusstsein der Fiktionalität nur im Ansatz vorhanden, zum Beispiel während Rosalies Telefongespräch mit der Nichte Lara Gaspard: Ihr scheint das Ganze »plötzlich unwirklich und theatralisch, als wäre es die Geschichte einer anderen oder als hätte jemand sich das alles ausgedacht« (62), was nur dann stimmig bleibt, wenn man sich diese Sichtweise in einer realistisch erzählten Welt vorstellt, in der die Figuren nicht wissen, dass sie Teil einer Fiktion sind. Kehlmann gelingt es hier effektiv, eine Spannung zwischen intakter Illusion der Fiktion und ihrer radikalen Brechung aufrechtzuerhalten, insbesondere durch eine subtile und feingestimmte Anwendung interner Fokalisierungen auf Figuren, aus deren epistemischem Sichtfeld heraus eine intakte Fiktionsillusion beibehalten wird, die punktuell durch die Instanz des Erzählers, dessen Identität nicht offen preisgegeben wird, aber immer wieder unterlaufen und in metafiktionale Brechungen überführt wird.

Diese dritte Geschichte des Romans *Ruhm* ist fiktionslogisch gesehen das Produkt des Autors Leo Richter und somit Teil einer anderen ontologischen Ebene als die erste Geschichte »In Gefahr« (I). Die erste Geschichte des Romans, die von dem Techniker Ebling handelt, der sich aufgrund der Verwechslung der Telefongesellschaft im Besitz derselben Telefonnummer wie Ralf Tanner befindet, ist ebenfalls auf dieser Wirklichkeitsebene innerhalb der Fiktion zu verorten. Das, was als primäre fiktionale Wirklichkeit des Romans betrachtet werden kann und von der sich die letzte Geschichte des Romans also dadurch absetzt, dass die zuvor reale Elisabeth sich nun in einer Geschichte Leo Richters befindet, ist die fiktionale Ebene, auf der sich die erste Geschichte über Ebling befindet. Auch die vierte Geschichte über Ralf Tanner, der ja direkt die Auswirkungen der ersten Geschichte zu spüren bekommt, befindet sich auf dieser primären Ebene. Das Gleiche gilt für die fünfte Geschichte über Maria Rubinstein, die von Leo Richter in der zweiten Geschichte des Romans eine SMS bekommen hat, in der er sie zur Reise nach Zentralasien auffordert. Sie ist gemäß der Logik des Romans auf der gleichen ontologischen Ebene angesiedelt wie auch die siebte Geschichte, der Eintrag des manischen Mollwitz im Prominenten-Forum, der unter anderem den ›realen‹ Ralf Tanner und Leo Richter nennt und trifft. Auch die achte Geschichte über den Abteilungsleiter der Telefongesellschaft befindet sich auf dieser Wirklichkeitsebene, da sich die dortigen Geschehnisse mit denen der anderen Geschichte auf diesem

Niveau decken. Nicht ganz sicher zu verorten ist die sechste Geschichte, die von Miguel Auristos Blancos in Rio de Janeiro berichtet. Blancos Bücher finden sich ja in fast allen Geschichten des Romans (mit Ausnahme der achten) wieder, also auch innerhalb solcher Geschichten, die gemäß der Logik der Fiktion teil der Fiktion in der Fiktion sind – sowohl in »Rosalie geht sterben« als auch in der letzten Geschichte »In Gefahr« (II) spielt Blancos, oder genauer gesagt, spielen seine Bücher eine Rolle. Als Erklärung hierfür bietet sich an, dass der Autor der beiden metafiktionalen Geschichten (in dem Sinne, dass sie innerhalb der Fiktion von *Ruhm* als Fiktion gelten, also Fiktion in der Fiktion sind) Elemente aus der fiktionalen Wirklichkeit verwendet – wenn Blancos ein Teil der fiktionalen Wirklichkeit in fast allen Geschichten des primären Fiktionsniveaus ist, dann können seine Geschichten auch Teil der metafiktionalen Geschichten sein, die ja notwendigerweise auch auf der Fiktion der ersten Stufe aufbauen. Nicht alles, was im Rahmen der Fiktion vorkommt, ist notwendigerweise auch fiktiv, im Sinne von erfunden.[24] Das Verhältnis dessen, was Teil einer Fiktion sein kann, pendelt zwischen dem, was man mit Christoph Eykman als ›erfunden oder gefunden‹ bezeichnen kann.[25] Und diesbezüglich bleibt das Verhältnis zwischen Fiktion und Wirklichkeit auch innerhalb der Fiktion intakt. Das, was im Rahmen der Fiktion von *Ruhm* als Wirklichkeit gilt, also beispielsweise die in der Realität fiktiven Romane von Miguel Auristos Blancos, kann natürlich in einer Fiktion innerhalb der Fiktion, also beispielsweise in den Geschichten Leo Richters, zum Bestandteil dieser innerfiktionalen Ebene werden. Deshalb scheint es naheliegend, dass auch die sechste Geschichte, »Antwort an die Äbtissin«, Teil der gleichen fiktionalen Wirklichkeit ist wie die erste, zweite, vierte, fünfte, siebte und die achte Geschichte. Miguel Auristos Blancos ist Teil der gleichen Wirk-

---

[24] Das Vorhandensein fiktiver, also erfundener Elemente und ihr Verhältnis zu nicht-erfundenen, also ›nur‹ fiktionalen Elementen in der Fiktion ist ein ausführlich diskutiertes Problem der Fiktionstheorie. Vgl. hierzu Zipfel, Frank, *Fiktion, Fiktivität, Fiktionalität. Analysen zur Fiktion in der Literatur und zum Fiktionsbegriff in der Literaturwissenschaft*. Berlin 2001, bes. Kap. 4.6, für den die Verknüpfung von Fiktionalität und Fiktivität »unhintergehbares Faktum für jegliche Theorie der literarischen Fiktion« bleibt (ebd., 167). Vgl. kritisch hierzu Bareis, J. Alexander, *Fiktionales Erzählen. Zur Theorie der literarischen Fiktion als Make-Believe*, Göteborg 2008, bes. Kap. 2.2, hier 62: »Die Nicht-Wirklichkeit des Dargestellten ist für die Erklärung des Phänomens Fiktion grundsätzlich ohne Bedeutung.« Einigkeit besteht allerdings darin, dass Fiktives, also Erfundenes, ebenso Teil von Fiktion sein kann wie Nicht-Erfundenes, sowohl in meinem als auch in Zipfels Modell, aber auch den meisten anderen mir bekannten momentan gängigen theoretischen Modellen. Strittig ist allein die Frage, ob ein Mindestmaß an Erfundenheit definitorischer Bestandteil einer Theorie der literarischen Fiktion sein muss, oder ob es grundsätzlich auch fiktionale Romane geben kann, in denen nichts erfunden (fiktiv) ist.

[25] Vgl. Eykman, Christoph, »Erfunden oder Vor-Gefunden? Zur Integration des Außerfiktionalen in die epische Fiktion«, in: *Neophilologicus* 62 (1978), 319–334.

lichkeit wie Leo Richter, weshalb seine Bücher auch Teil der Geschichten Leo Richters sein können. Kompliziert wird dies allerdings zusätzlich dadurch, dass einer der erfolgreichsten Romane des wirklichen Paulo Coelho auf deutsch den Titel *Veronika beschließt zu sterben* (im Original *Veronika decide morrer*, 1998) trägt, in dem eine scheinbar gesunde junge Frau beschließt, sich das Leben zu nehmen, die aber nach Einnahme der Schlaftabletten an einen Artikel des brasilianischen Schriftstellers Paulo Coelho denken muss, mit dem Titel »Wo liegt Slowenien«, was sie dazu veranlasst, einen Leserbrief schreiben zu wollen aufgrund der mangelnden Bekanntheit und Kenntnisse über ihr Heimatland. In *Veronika beschließt zu sterben* greift der Autor Paulo Coelho also metaleptisch ins Geschehen seiner Geschichte ein und verhindert den Selbstmord einer seiner Figuren. Fraglich ist, ob die Spiegelung dieser Geschichte in »Antwort an die Äbtissin« einen weiteren Wirklichkeitsbezug einfügt und wie dieser in Hinblick auf die Frage nach der Urheberschaft und der fiktionalen Ebene der jeweiligen Geschichte zu beantworten wäre. Sicherlich kann man die Umkehrung der Erzählung als metafiktionalen ›Gag‹ des wirklichen Kehlmann abtun, der sich offensichtlich ein gewisses Vergnügen daran bereitet, indem er den Autor eines in der wirklichen Welt erschienenen Romans, in dem der Autor metaleptisch eingreift und einen Selbstmord verhindert, in seinem eigenen Roman unter anderem Namen, aber dennoch deutlich erkennbar, selbst zum vermeintlichen Selbstmörder werden zu lassen, dazu auch noch ob eines Leserbriefes, der ja in *Veronika beschließt zu sterben* gerade den Selbstmord verhindert. Wer ist nun aber im Rahmen der Fiktion von *Ruhm* der Autor der Geschichte »Rosalie geht sterben«, in der ja die metaleptische Lebensrettung ebenfalls funktioniert? Gemäß den Aussagen in den anderen Geschichten in *Ruhm* ist es Leo Richter. Wer ist aber im Rahmen der Fiktion der Autor *aller* Geschichten? Gibt es möglicherweise einen einzigen Erzähler wie in Perutz' *Nachts unter der steinernen Brücke* in der Form des fiktionaliserten Perutz als Rahmenerzähler?

Wenden wir uns deshalb der narratologischen Beschreibung der unterschiedlichen Erzählinstanzen zu. Die Aufteilung der neun Geschichten in zwei fiktionslogische Ebenen korreliert dabei nicht mit der jeweiligen Erzählform: Von den Geschichten der ersten Ebene werden die erste, zweite, vierte, fünfte und sechste Geschichte von heterodiegetischen Erzählern erzählt, die überwiegend intern auf die Hauptperson fokalisieren. Die siebte und achte Geschichte werden von autodiegetischen Erzählern erzählt, während die beiden Geschichten mit Leo Richter als eine der Hauptfiguren, »Rosalie geht sterben« sowie die letzte Geschichte des Romans, »In Gefahr« (II), ebenso wie die meisten der Geschichten der fiktionslogischen Wirklichkeitsebene, von einem heterodiegetischen Erzähler mit interner

Fokalisierung auf die Hauptperson erzählt werden. Der *Roman in neun Geschichten* entbehrt also nicht nur einer Hauptfigur, wie Leo Richter eingangs über ein mögliches Projekt sinniert (vgl. 25), er entbehrt wie gezeigt auch einer als einheitlich markierten Erzählinstanz. Auch wenn man den einzelnen Geschichten ihre jeweils zugehörige Erzählinstanz zuschreiben kann, wie dies im vorherigen Kapitel geschehen ist, bleibt dennoch die Frage nach dem *Ursprung* dieser zum Teil unterschiedlichen, zum Teil sehr ähnlichen Stimmen, was möglicherweise von der Frage nach deren beziehungsweise dem Autor zu unterscheiden ist. Wäre es denkbar, dass der Roman Kehlmanns im Rahmen der Fiktion andeutet, das Endprodukt Leo Richters schriftstellerischen Schaffens sei etwa *Ruhm*? In der Tat legt zunächst einmal die Tatsache, dass beide Werke ohne Hauptfigur auskommen, eine solche Interpretation nahe. Auch die Fortsetzung des Zitates: »Die Komposition, die Verbindungen, der Bogen, aber kein Protagonist, kein durchgehender Held« (25) trifft auf *Ruhm* zweifellos zu. Liegt die Auflösung der »Spiegelungen und unerwartbare[n] Volten« (29) des gesamten Romans darin, hinter den Erzählern einen fiktionalen Urheber Leo Richter zu vermuten? Insbesondere die Geschichte »Rosalie geht sterben« rückt diese Interpretation in den Mittelpunkt, denn dort scheinen Erzähler und Autor im Rahmen der Fiktion identisch. Daraus könnte man schließen, dass sich auch hinter den anderen heteroediegetischen Erzählern der Geschichten 1, 2, 3, 4, 5, 6 und 9 die gleiche Instanz befindet, nämlich der Autor Leo Richter als Erzähler, und sich auch hinter den autodiegetischen Erzählern der siebten und achten Geschichte dieses Mal nun ein extradiegetischer Leo Richter befindet. Freilich gibt es für einen solchen extradiegetischen Erzähler keinen sichtbaren Hinweis im Text, keine Rahmung, keine Herausgeberfiktion oder andere epistemologische Erklärung im Rahmen der Fiktion dafür, wie diese beiden autodiegetischen Stimmen in diesen Zusammenhang geraten sind. Der extradiegetische Erzähler hinterlässt keine Spuren, außer möglicherweise den Hinweis, dass Leo Richter sich »wie ein zweitklassiger Gott« (203) aus der Rechenschaft zieht, was man als eine der klassischen Metaphern für einen allwissenden Erzähler bezeichnen kann. Zudem sinniert Leo Richter ja darüber, was es für den Ruhm (!) eines Schriftstellers bedeuten würde, in Afrika als verschollen zu gelten – die Bücher Maria Rubinsteins verkauften sich ja seit einem Jahr viel besser, seitdem sie vor einem Jahr nicht von ihrer Reise nach Zentralasien zurückgekehrt ist, auf die Leo Richter in der ersten »In Gefahr«-Geschichte, auf der primären Wirklichkeitsebene des Romans, sie geschickt hatte.[26] Aufgrund dessen lässt sich auch die Vermutung anstellen, dass auch die Geschichte über Miguel Auristos Blancos von Richter stammt, denn dort wird das gleiche Motiv wieder aufgenommen – der Ruhm des

Autors, dieses Mal allerdings beschleunigt durch ein ›Verschwinden‹ *qua* Selbstmord. Da die Bücher Blancos darüber hinaus in fast allen weiteren Geschichten des Romans vorkommen, liegt auch hier ein Hinweis für die Autorschaft Richters vor. Ein weiterer Hinweis auf eine derartige Interpretation lässt sich in der Betitelung der einzelnen Geschichten ausmachen, insbesondere durch die Doppelung des Titels der beiden Geschichten um Leo Richter – »In Gefahr«.[27] Damit wären die Hinweise für diese Interpretation allerdings schon erschöpft und eine hinreichende Beweisführung für diese These wohl kaum erreicht.

Die hier ausführlich beschriebene, hochkomplexe Struktur von *Ruhm* lässt sich unter Berücksichtigung der wichtigsten Parameter in Tabellenform auf folgende Art zusammenfassen:

	1. *Stimmen*	2. *In Gefahr (I)*	3. *Rosalie geht sterben*	4. *Der Ausweg*	5. *Osten*	6. *Antwort an die Äbtissin*	7. *Ein Beitrag zur Debatte*	8. *Wie ich log und starb*	9. *In Gefahr (II)*
Fiktionsebene	1	1	2	1	1	1 oder 2?	1	1	2
Erzählhaltung	hetero-dieg.	hetero-dieg.	hetero-dieg.	hetero-dieg.	hetero-dieg.	hetero-dieg.	auto-dieg.	auto-dieg.	hetero-dieg.
Urheber	?	?	Leo Richter	?	?	?	?	?	Leo Richter
Metaisierungsform			Metalepsen, Fiktionsbewusstsein			Intertextuelle Referenz			Fiktionsbewusstsein
Explizit erwähnte Figuren aus anderen Geschichten	Tanner, Blancos, Carla	Tanner, Carla, Blancos, Rosalie, Lara Gaspard, Maria Rubinstein, Frau Riedergott	Blancos, Leo Richter, Lara Gaspard, Chauffeur	Blancos	Blancos, Richter		Tanner, Carla, Blancos, Richter, Lara, Abteilungsleiter	Mollwitz, Chauffeur	Lara, Frau Riedergott, Maria Rubinstein, Blancos

---

26 Hinzu kommt, dass das Verschwinden Rubinsteins nicht als fiktionalisiertes Element der Wirklichkeit des Romans dargestellt wird, wie beispielsweise Frau Riedergott. Maria Rubinstein wird eben nicht als metafiktionales Element, als von Richter fiktionalisierte Figur dargestellt, sondern als ob sie der gleichen fiktionalen Wirklichkeit angehören würde. Gleichzeitig ist aber gerade dies nicht gänzlich auszuschließen.

27 Der paratextuelle Status der Überschriften der neun Geschichten oszilliert je nach Sichtweise zwischen dem Status als Titel einer eigenständigen Erzählung und thematischem Zwischentitel im Rahmen des Romans – vgl. hierzu grundlegend Genette, Gérard, *Paratexte. Das Buch vom Beiwerk des Buches. Mit einem Vorwort von Harald Weinrich. Aus dem Französischen von Dieter Hornig*, Frankfurt a. M. 2001, insbes. 281–295. Die Doppelung eines (Zwischen-)Titels legt nahe, dass hiermit auf ein besonderes Prinzip der Ordnung sowie der Urheberschaft hingewiesen wird.

In Bezug auf die in der Tabelle aufgeführten, explizit erwähnten Figuren aus anderen Geschichten muss verdeutlicht werden, dass hier allein solche Figuren aufgenommen wurden, die erstens nicht eine der Hauptfiguren der jeweiligen Geschichte sind und zweitens explizit im Text erwähnt werden. Da beispielsweise der Techniker Ebling aus der ersten Geschichte in keiner anderen Geschichte explizit erwähnt wird, fehlt ein Hinweis auf ihn in der Tabelle auch in Bezug auf die Geschichten, in denen es aber durchaus implizit klar wird, dass er derjenige ist, der beispielsweise mit Tanners Geliebten Carla telefoniert hat, die Tanner dann ja aufgrund der geplatzten Rendezvous öffentlich ohrfeigt. Deutlich wird hierbei, dass allein schon durch die frequente Verwendung von Figuren aus anderen Geschichten eine Verbindung zwischen den Geschichten hergestellt wird, die durch die erwähnten impliziten Verbindungen weiter erhöht wird. Der Leser wird also im Akt der Rezeption zunächst einmal anhand der expliziten Namensnennungen Verknüpfungen zwischen den verschiedenen Geschichten herstellen, und darüber hinaus anhand von Kohärenzvermutungen auch implizite Verknüpfungen herzustellen versuchen.[28] Freilich erreicht dieser Versuch, in der Interpretationsarbeit maximale Kohärenz herzustellen, anhand der mannigfachen Faltungen und Spiegelungen, den unterschiedlichen Fiktionsebenen und Bezugnahmen seine Grenzen: Spätestens bei dem Versuch, eine einheitliche Urheberschaft im Rahmen der Fiktion zu rekonstruieren, stellen sich eine Reihe von unbeantwortbaren Fragen ein, die einerseits kohärente Lesarten und Zusammenhänge anzudeuten scheinen, die sich aber, um damit die Überlegungen von Jan Christoph Meister und Hans-Harald Müller für *Nachts unter der steinernen Brücke* aufzugreifen, oftmals als ›bestenfalls‹ kontingente Zusammenhänge rekonstruieren lassen und

---

[28] Vgl. hierzu hierzu besonders in Hinblick auf das Austarieren von Kohärenz und Kontingenz für *Nachts unter der steinenernen Brücke* die genaue Analyse von Meister, Jan Christoph & Müller, Hans-Harald, »Narrative Kohärenz oder: Kontingenz ist auch kein Zufall«, in: Julia Abel, Andreas Blödorn & Michael Scheffel, *Ambivalenz und Kohärenz. Untersuchungen zur narrativen Sinnbildung*, Trier 2009, 31–54 – für den Hinweis auf diesen Beitrag und für eine kritische Lektüre des vorliegenden Beitrages danke ich herzlich Hans-Harald Müller; in der analytischen Philosophie sind Vorschläge gemacht worden, die Rezeptionsweise als Kohärenzprinzip zu beschreiben, vgl. hierzu vor allem Pettersson, Mikael, »What's the Story? On the Issue of Truth in Fiction«, in: Skalin, Lars-Åke (Hg.), *Fact and Fiction in Narrative. An Interdisciplinary Approach*, Örebro 2005, 227–250; für eine Diskussion des Kohärenzprinzips in Bezug auf andere Prinzipien des Generierens fiktionaler Wahrheiten, vgl. Bareis, J. Alexander, »Science Fiction vs. Fiction Science. On the ›Principle of Genre Convention‹ as an Exploration Rule for Fictional Worlds«, in: Birgit Neumann & Ansgar Nünning (Hgg.), *The Politics and Aesthetics of Cultural Worldmaking*, Trier 2010 (im Druck) sowie Bareis, J. Alexander, »Was ist wahr in der Fiktion? Zum Prinzip der Genrekonvention und die Unzuverlässigkeit des Erzählers in Patrick Süskinds *Die Geschichte von Herrn Sommer*«, Scientia Poetica 13, (2009), 230–254.

somit allenfalls ›Probiersteine‹ einer Interpretation darstellen.[29] Denn auch die partielle Unmöglichkeit, Kohärenz herzustellen und dabei Kontingenz beizubehalten, ist keineswegs ein Zufall, sondern genau die ästhetische Qualität, die die Romane Perutz' und Kehlmanns teilen.[30]

4 Zusammenfassung

Die vielfältigen Schachtelungen, Verstrickungen und doppelten ontologischen Böden des komplex zusammengesetzten Romans *Ruhm* stellen den Interpreten des Romans vor scheinbar unlösbare Aufgaben. Das komplizierte Geflecht aus Bezugnahmen der Geschichten untereinander, unterschiedlichen Formen von Metalepsen und anderen Metaisierungen lässt sich zwar bis zu einem gewissen Grad dahingehend entwirren, dass man von zumindest zwei ontologisch unterschiedlichen Erzählebenen ausgehen kann, doch bleibt vor allem die fiktionale Urheberschaft des Romans dadurch in ein spärlich ausleuchtbares Dunkel gehüllt. Kehlmann gelingt es, den Roman in einer eigentümlichen Spannung zwischen mimetisch-realistischer und detektivisch-illusionsbefreiter Rezeption zu halten, zwischen Kohärenz und Kontingenz, in der insbesondere die Frage nach der Urheberschaft in der Interpretationsarbeit an erste Stelle rückt, was ursächlich mit der der frequenten Verwendung metafiktionaler Erzählstrategien zusammenhängt. Kehlmann hat diese und ähnliche Fragen in einer Reihe von poetologischen Äußerungen wiederholt diskutiert, wie hier unter dem Titel »Ironie und Strenge«, was aufgrund der Relevanz für die hier verhandelte Fragestellung etwas ausführlicher zitiert wird:

> Während der vorflaubertsche Autor ein räsonierender und kommentierender, den Leser von der Seite anredender, dem Geschehen mit manchmal mehr und manchmal weniger Aufmerksamkeit folgender Begleiter war, ist sein Nachfolger ein unerreichbares, die Handlungsfäden kontrollierendes Wesen, das sich nicht auffinden lässt und sich nie äußert, obwohl nichts geschieht, das nicht in seiner Macht und Absicht läge, mit anderen Worten: Gott. »Der Künstler«, lässt Joyce sein Alter ego Stephen Dedalus erklären, »wie der

---

[29] Vgl. Meister, Jan Christoph & Müller, Hans-Harald, »Narrative Kohärenz oder: Kontingenz ist auch kein Zufall«, in: Julia Abel, Andreas Blödorn, Michael Scheffel, *Ambivalenz und Kohärenz. Untersuchungen zur narrativen Sinnbildung*, Trier 2009, 31–54.

[30] Auch hier gilt, dass das Austarieren von Kohärenz und Kontingenz nicht als Zufall, sondern kalkuliertes Managment seitens des Autors zu verstehen ist; vgl. einmal mehr die Hinweise Kehlmanns hierzu in seinen Poetikvorlesungen, in denen er ausdrücklich die Schlüssigkeit der fiktionalen Welt betont: Kehlmann, Daniel, *Diese sehr ernsten Scherze. Poetikvorlesungen*, Göttingen 2007, 2. Auflage 2008, 11: »[...] Details sind nicht nur nicht egal, Details sind alles. Wenn solch eine Einzelheit nicht stimmt, hat die Geschichte als Ganzes einen Fehler; die Welt, die sie aufzubauen vorgibt, ist nicht schlüssig.«

> Gott der Schöpfung, bleibt in oder hinter oder jenseits oder über dem Werk seiner Hände, unsichtbar, aus der Existenz hinaussublimiert, gleichgültig, und maniküret sich die Fingernägel.« [...] Zwar haben manche Schriftsteller der sogenannten Postmoderne es mit vielfacher ironischer Brechung wieder gewagt, sich in ihr eigenes Erzählen kommentierend einzumischen; doch auch sie kreieren im Grunde nur einen weiteren, diesmal als Autor maskierten Charakter und sind in der hochraffinierten Bewusstheit solcher Effekte weiter denn je von der ungebrochenen Direktheit entfernt, mit der die Schriftsteller des 18. Jahrhunderts dem Leser dreinreden konnten, wann immer sie gerade Lust hatten.[31]

Fast scheint es, als habe Kehlmann hier, bereits einige Jahre vor dessen Erscheinen, über seinen jüngsten Roman sinniert. Anhand der zitierten Passage ließe sich in Bezug auf *Ruhm* die Überlegung anstellen, ob dieser nicht den Versuch einer Art des Mittelwegs darstellt – zwar ist mit der Autorfigur Leo Richter wieder ein ›als Autor maskierter Charakter‹ ein Teil der Fiktion, doch zieht er sich in der letzten »In-Gefahr«-Geschichte ja gottesgleich zurück und löst sich – man möchte fast meinen, die Fingernägel manikürend – damit mehr oder weniger in Luft aus, um den Blick auf den wirklichen Autor und Urheber zu lenken, oder aber es letztendlich offen zu lassen, wer hier was und wie erzählt hat. Denn eine eindeutige Festlegung auf eine Position der sogenannten Postmoderne stellt *Ruhm* meines Erachtens nicht dar, vielmehr eher ein Spiel mit deren Positionen und Möglichkeiten, die letztlich dennoch einem ›magischen Realismus‹ verpflichtet bleiben, was auch daran deutlich wird, dass Kehlmann gerade auch in den Poetikvorlesungen bewusst mit der Haltung eines postmodernen ›Geplänkels‹ bricht und letztlich ironisierend für das eigene Erzählen ablehnt. Eine klare Kontinuität im poetologischen Programm Daniel Kehlmanns stellt sich gerade dort ein, wo in *Ruhm* – wie bereits im Debut *Beerholms Vorstellung*, in *Der fernste Ort* oder auch *Mahlers Zeit* – an der Grenze zwischen Tag und Nacht, zwischen Bewusstsein und Traum, zwischen wirklich und unwirklich sich der unmerkliche Übergang von einem ›realistischen‹ zu einem ›magischen‹ Erzählen vollzieht. Zwar hat Kehlmann in *Ruhm* mit besonders augenfälligen metafiktionalen, metaleptischen und illusionsstörenden Erzählstrategien diese Effekte extrem verstärkt, doch lässt sich die Grundstruktur des Übergangs vom realistischen zum magischen Erzählen in allen Werken Kehlmanns wiedererkennen.

---

[31] Kehlmann, Daniel, *Wo ist Carlos Montúfar? Über Bücher*, Reinbek 2005, 2. Auflage 2006, 137–138.

Literaturverzeichnis

Primärliteratur

Kehlmann, Daniel, *Beerholms Vorstellung*. Roman, Reinbek 2007 [Erstausgabe Wien 1997].
Kehlmann, Daniel, *Mahlers Zeit*. Roman, Frankfurt a. M. 2001 [Erstausgabe Frankfurt a. M. 1999].
Kehlmann, Daniel, *Der fernste Ort*, Frankfurt a. M. 2004 [Erstausgabe Frankfurt a. M. 2001]
Kehlmann, Daniel, *Ich und Kaminski*. Roman, Frankfurt a. M. 2004.
Kehlmann, Daniel, *Die Vermessung der Welt*. Roman, Reinbek 2006.
Kehlmann, Daniel, *Ruhm. Ein Roman in neun Geschichten*, Reinbek 2009.

Sekundärliteratur

Bareis, J. Alexander, *Fiktionales Erzählen. Zur Theorie der literarischen Fiktion als Make-Believe*, Göteborg 2008.
Bareis, J. Alexander, »The Role of Fictionality in Narrative Theory«, in: Lars-Åke Skalin (Hg.), *Narrativity, Fictionality, and Literariness. The Narrative Turn and the Study of Literary Fiction*, Örebro 2008, 155–175.
Bareis, J. Alexander, »Science Fiction vs. Fiction Science. On the ›Principle of Genre Convention‹ as an Exploration Rule for Fictional Worlds«, in: Birgit Neumann & Ansgar Nünning (Hgg.), *The Politics and Aesthetics of Cultural Worldmaking*, Trier 2010 (im Druck).
Bareis, J. Alexander, »Was ist wahr in der Fiktion? Zum Prinzip der Genrekonvention und die Unzuverlässigkeit des Erzählers in Patrick Süskinds *Die Geschichte von Herrn Sommer*«, in: Scientia Poetica 13 (2009), 230–254.
Detering, Heinrich, »Wenn das Handy zweimal klingelt«, in: *Frankfurter Allgemeine Zeitung*, 16.01.2009, zitiert nach: http://www.faz.net/s/Rub48A3E114E72543C4938ADBB2DCEE2108/Doc~E7F6B8880A9BB4DDDB929849D632262BF~ATpl~Ecommon~Scontent.html, zuletzt eingesehen am 30.07.2009.
D'hoker, Elke & Martens, Gunther (Hgg.), *Narrative Unreliability in the Twentieth-Century First-Person Novel*, Berlin, New York 2008.
Eykman, Christoph, »Erfunden oder Vor-Gefunden? Zur Integration des Außerfiktionalen in die epische Fiktion«, in: *Neophilologicus* 62 (1978), 319–334.
Fludernik, Monika, »Metanarrative and Metafictional Commentary: From Metadiscursivity to Metanarration and Metafiction«, in: *Poetica* 35 (2003), 1–39.
Frank, Dirk, *Narrative Gedankenspiele. Der metafiktionale Roman zwischen Modernismus und Postmodernismus*, Wiesbaden 2001.
Gasser, Markus, »Daniel Kehlmanns unheimliche Kunst«, in: *Text + Kritik* 177 (2008), 12–29.
Genette, Gérard, *Paratexte. Das Buch vom Beiwerk des Buches. Mit einem Vorwort von Harald Weinrich. Aus dem Französischen von Dieter Hornig*, Frankfurt a. M. 2001.
Hauthal, Janine & Nadj, Julijana & Nünning, Ansgar & Peters, Henning (Hgg.), »Metaisierung in Literatur und anderen Medien. Begriffsklärungen, Typologien, Funktionspotentiale und Forschungsdesiderate«, in: Hauthal, Janine u. a. (Hgg.), *Metaisierung in Literatur und anderen Medien. Theoretische Grundlagen – Historische Perspektiven – Metagattungen – Funktionen*, Berlin, New York 2007.
Jung, Jochen, »Wenn das Handy neunmal klingelt«, in: *Die Zeit*, 15.1.2009, zitiert nach: http://www.zeit.de/2009/04/L-Kehlmann, zuletzt eingesehen am 30.07.2009.
Kehlmann, Daniel, *Diese sehr ernsten Scherze. Poetikvorlesungen*, Göttingen 2007, 2. Auflage 2008.
Kehlmann, Daniel, *Wo ist Carlos Montúfar? Über Bücher*, Reinbek 2005, 2. Auflage 2006.
von Lovenberg, Felicitas, »Der Ruhm und die Rüpel«, in: *Frankfurter Allgemeine Zeitung*, 17.02.2009, zitiert nach: http://www.faz.net/s/RubD3A1C56FC2F14794AA21336F72054101/Doc~E8CE67F2776ED47ACB6F0CCF7AD8F16AD~ATpl~Ecommon~Scontent.html, zuletzt eingesehen am 30.07.2009.
Meister, Jan Christoph & Müller, Hans-Harald, »Narrative Kohärenz oder: Kontingenz ist auch kein Zufall«, in: Julia Abel, Andreas Blödorn, Michael Scheffel (Hgg.), *Ambivalenz und Kohärenz*, Trier 2009, 31–54.
Müller, Hans-Harald, »Das Echo des Lachens«, in: Leo Perutz, *Nachts unter der steinernen Brücke*, herausgegeben und mit einem Nachwort von Hans-Harald Müller, Wien 2000, 287–293.

Müller, Lothar, »Soduko ist kein Roman«, in: *Süddeutsche Zeitung*, 16.01.2009, zitiert nach: http://www.sueddeutsche.de/kultur/142/454822/text/, zuletzt eingesehen am 30.07.2009.

Nünning, Ansgar, »Mimesis des Erzählens. Prolegomena zu einer Wirkungsästhetik, Typologie und Funktionsgeschichte des Akts des Erzählens und der Metanarration«, in: Jörg Helbig (Hg.), *Erzählen und Erzähltheorie im 20. Jahrhundert. Festschrift für Wilhelm Füger*, Heidelberg 2001, 13–47.

Paterno, Wolfgang, »Am liebsten würde ich das Buch in die Ecke schmeißen«, in: *profil.at. Das Online-Magazin Österreichs*, 1.06.2006, zitiert nach: http://www.profil.at/articles/0622/560/142098/interview-am-buch-ecke, zuletzt eingesehen am 30.07.2009.

Pier, John & Schaeffer, Jean-Marie (Hgg.), *Métalepses: entorses au pacte de la représentation*, Paris 2005.

Porombka, Wiebke, »Spiegelglatte Designerliteratur«, in: *Die Zeit*, 16.01.2009, zitiert nach: http://www.zeit.de/online/2009/03/kehlmann-ruhm-contra, zuletzt eingesehen am 30.07.2009.

Seegers, Armgard, »Daniel Kehlmann: ›Ich kann nicht zaubern‹«, in: *Hamburger Abendblatt*, 24.01.2009, zitiert nach: http://www.abendblatt.de/daten/2009/01/24/1022329.html, zuletzt eingesehen am 30.07.2009.

Wolf, Werner, »Is Aesthetic Illusion ›illusion référentielle‹? ›Immersion‹ in (Narrative) Representations and its Relationship to Fictionality and Factuality«, in: *Journal of Literary Theory* 2 (2008), 101–128.

Wolf, Werner, *Ästhetische Illusion und Illusionsdurchbrechung in der Erzählkunst*, Tübingen 1993.

Zeyringer, Klaus, »Gewinnen wird die Erzählkunst. Ansätze und Anfänge von Daniel Kehlmanns ›Gebrochenem Realismus‹«, in: *Text + Kritik* 177 (2008), 36–44.

Zipfel, Frank, Frank, *Fiktion, Fiktivität, Fiktionalität. Analysen zur Fiktion in der Literatur und zum Fiktionsbegriff in der Literaturwissenschaft*. Berlin 2001.

Autorinnen und Autoren

J. ALEXANDER BAREIS ist wissenschaftlicher Assistent am Sprachen- und Literaturzentrum der Universität Lund. Er studierte Germanistik und Allgemeine/Skandinavische Literaturwissenschaft in Stockholm, Berlin (Humboldt-Universität) und Göteborg und promovierte 2007 an der Universität Göteborg mit der Arbeit *Fiktionales Erzählen. Zur Theorie der literarischen Fiktion als Make-Believe*. Er ist Mitglied des von der *DFG* geförderten wissenschaftlichen Netzwerkes zum Thema Fiktion. Seine Interessengebiete und Forschungsschwerpunkte sind die Theorie der Fiktion und Narratologie sowie die deutsche Gegenwartsliteratur. E-Mail: alexander.bareis@tyska.lu.se

ANDREAS BÖHN ist Professor für Literaturwissenschaft/Medien an der Universität Karlsruhe/*Karlsruhe Institute of Technology*. Er promovierte 1991 an der Universität Mannheim mit der Arbeit *Vollendende Mimesis. Wirklichkeitsdarstellung und Selbstbezüglichkeit in Theorie und literarischer Praxis* und habilitierte sich 1999 mit der Untersuchung *Das Formzitat. Bestimmung einer Textstrategie im Spannungsfeld zwischen Intertextualitätsforschung und Gattungstheorie*. Seine Interessengebiete und Forschungsschwerpunkte sind Intertextualität und Intermedialität, Metareferenz in Literatur, Film und anderen Medien und Künsten, Erinnerung und Medialität, Komik und Normativität sowie Technik und Kultur. E-Mail: andreas.boehn@kit.edu

REMIGIUS BUNIA ist Juniorprofessor für Allgemeine und Vergleichende Literaturwissenschaft am Peter-Szondi-Institut und an der Friedrich-Schlegel-Graduiertenschule der Freien Universität Berlin. Er studierte Literaturwissenschaft und Mathematik an den Universitäten Bonn, Paris und Hagen, promovierte in Siegen mit *Faltungen* über die Theoriefähigkeit der Literaturwissenschaft und war Mitarbeiter an den Universitäten in Friedrichshafen, Bonn, Siegen und Mainz. Seine Interessengebiete und Forschungsschwerpunkte sind das Verhältnis von Wissenschaft und Kunst sowie postsemiotische Zeichentheorie. Seit April 2009 ist er der Sprecher des von der *DFG* geförderten wissenschaftlichen Netzwerkes zum Thema Fiktion. E-Mail: mail@litwiss.bunia.de

FRANK THOMAS GRUB ist seit 2005 DAAD-Lektor an der Universität Göteborg. Er studierte Deutsch und Französisch für das Lehramt an Gymnasien und Gesamtschulen sowie Deutsch als Fremdsprache an der Universität des Saarlandes, Saarbrücken. Er promovierte 2003 mit einer Arbeit über die literarische Verarbeitung von ›Wende‹ und ›Einheit‹ im Spiegel der deutschsprachigen Literatur. Von 2002-2005 war er wissenschaftlicher Mitarbeiter an der Universität des Saarlandes und von 1999-2005 Lehrbeauftragter in den Bereichen Neuere Deutsche Literaturwissenschaft und Deutsch als Fremdsprache ebenda. Seine Interessengebiete und Forschungsschwerpunkte liegen im Bereich der Literatur des 20. Jahrhunderts und der Gegenwart, des Films sowie der Verbindung von Landeskunde und Literatur. E-Mail: frank.thomas.grub@tyska.gu.se

VILLÖ HUSZAI arbeitet als freie Journalistin, Gymnasiallehrerin sowie als Dozentin an Fachhochschulen in Zürich und in Basel. Sie promovierte an der Universität Zürich mit der Arbeit *Ekel am Erzählen, Metafiktionalität im Werk Robert Musils, gewonnen am Kriminalfall »Tonka«*. Ihre Interessengebiete und Forschungsschwerpunkte sind Metafiktionalität, Erzähltheorie, Robert Musil, Medien- und Netzkultur sowie Cultural Studies. E-Mail: huszai@bluewin.ch

Autorinnen und Autoren

Michael Jaumann ist seit 2005 DAAD-Lektor an der Germanistikabteilung der Universität Lettland in Riga. Er studierte Germanistik, Geschichte und Philosophie an den Universitäten Augsburg und Pittsburgh, war als Dozent für Deutsch als Fremdsprache an verschiedenen Bildungseinrichtungen tätig und promoviert zur Zeit über die Poetik des Historiographischen im 18. Jahrhundert. Von 2000-2004 war er Lehrbeauftragter für Neuere deutsche Literaturwissenschaft an der Universität Augsburg. E-Mail: Michael.Jaumann@gmx.de

Linda Karlsson ist Doktorandin und Lehrbeauftragte am Institut für Baltistik, Fennistik und Germanistik an der Universität Stockholm und promoviert zur Zeit über das literarische Werk Katja Lange-Müllers. Sie studierte Germanistik, Komparatistik und Ideengeschichte an den Universitäten in Innsbruck, Lund, Göteborg und Hamburg. E-Mail: linda.karlsson@tyska.su.se

Brigitte Kaute ist seit 2007 DAAD-Lektorin an der Universität Stockholm. Sie studierte Germanistik und Anglistik in Rostock und Glasgow und promovierte 2005 an der Universität Rostock mit einer Arbeit über *Die Ordnung der Fiktion. Eine Diskursanalytik der Literatur und exemplarische Studien*. Zwischen 1999-2007 war sie mehrmals Lehrbeauftragte im Bereich Allgemeine Literaturwissenschaft an der Universität Rostock. Ihre Interessengebiete und Forschungsschwerpunkte sind die Anwendung philosophischer Diskurstheorie auf Literaturtheorie, Literaturgeschichtsschreibung und Textinterpretation. E-Mail: brigitte.kaute@tyska.su.se

Sonja Klimek ist Assistentin für Neuere deutsche Literatur an der Université de Neuchâtel (Schweiz). Sie studierte Allgemeine und Vergleichende Literaturwissenschaft, Deutsche Philologie und Angewandte Kulturwissenschaften in Münster und Fribourg (CH) und wurde 2008 in Neuchâtel zur »docteure ès lettres« promoviert. Publikation ihrer Dissertation *Paradoxes Erzählen – Die Metalepse in der phantastischen Literatur* im Frühjahr 2010. Forschungsinteressen in den Bereichen Narratologie, Intermedialität, Literatur und Religion sowie europäische Barocklyrik. E-Mail: sonja.klimek@unine.ch

Tilmann Köppe ist seit 2008 Junior Fellow an der School of Language and Literature des Freiburg Institute for Advanced Studies an der Albert-Ludwigs-Universität Freiburg. Von 2004-2007 war er Lehrbeauftragter am Seminar für deutsche Philologie der Universität Göttingen und Mitarbeiter der Arbeitstelle für Theorie der Literatur ebenda. Er promovierte 2007 mit der Arbeit *Literatur und Erkenntnis: Studien zur kognitiven Signifikanz fiktionaler literarischer Werke* an der Universität Göttingen. Seine Interessengebiete und Forschungsschwerpunkte liegen in den Bereichen Narratologie, philosophische Ästhetik und Literaturtheorie. E-Mail: tilmann.koeppe@frias.uni-freiburg.de

Klaus Schenk ist seit 2008 Privatdozent an der Technischen Universität Dresden. Er studierte Germanistik in Tübingen und Konstanz, war von 1992-1998 Lehrbeauftragter an der Universität Konstanz, promovierte 1998 über *Medienpoesie. Moderne Lyrik zwischen Stimme und Schrift* an der Universität Konstanz und habilitierte sich mit der Arbeit *Erzählen – Schreiben – Inszenieren. Zum Imaginären des Schreibens von der Romantik zur Moderne*. Von 1998-2003 war er DAAD-Lektor an der Karls-Universität Prag und von 2005-2008 DAAD-Lektor an der Universität Daugavpils (Lettland). Seine Interessengebiete und Forschungsschwerpunkte sind Romantik, Realismus, moderne Literatur, Kultur- und Medienwissenschaften sowie Literaturdidaktik. E-Mail: Schenk_Klaus@gmx.de

JAN WIELE ist Doktorand der Neueren Deutschen Literaturwissenschaft am Germanistischen Seminar der Universität Heidelberg. Er beschäftigt sich mit Metafiktionalität in deutschsprachigen Erzählungen und Romanen des 20. Jahrhunderts von Rilke bis Handke. E-Mail: jan_wiele@yahoo.com